NATURA 5

Naturwissenschaften

Manfred Bergau
Steffen Faller
Wolfgang Kugel
Wencke Lehmacher
Patrick Letschert
Heike Mesch
Ralf Schröder

Rheinland-Pfalz

Ernst Klett Verlag
Stuttgart Leipzig

Inhalt

Sonderseiten zum Lernen erkennst du an der Farbmarkierung.

INFOGRAFIKEN
Sie erklären dir ein Thema mithilfe von Bildern besonders anschaulich.

WERKSTATT
Hier erhältst du genaue Versuchsanleitungen.

EXTRA
Mit schwierigeren Texten und Aufgaben kannst du dein Wissen vertiefen.

MATERIAL
Diese Seiten enthalten vielfältige und spannend aufbereitete Informationen.

Zusammenfassung, Teste dich selbst, Strategie und Basiskonzept-Seiten erkennst du an der Farbhinterlegung

ZUSAMMENFASSUNG
Hier kannst du das Wichtigste zum Kapitel noch einmal nachlesen.

TESTE DICH SELBST
Mit den Aufgaben am Ende des Kapitels kannst du dich selbst überprüfen.

STRATEGIEN
Auf diesen Seiten werden dir Methoden erklärt.

BASISKONZEPTE
Damit kannst du Zusammenhänge zwischen Themen erkennen.

Symbole im Buch

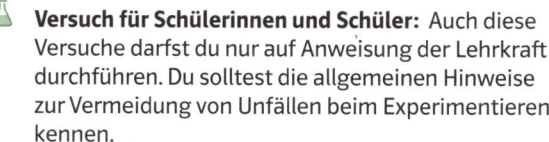

Versuch für Schülerinnen und Schüler: Auch diese Versuche darfst du nur auf Anweisung der Lehrkraft durchführen. Du solltest die allgemeinen Hinweise zur Vermeidung von Unfällen beim Experimentieren kennen.

Versuch für Lehrerinnen und Lehrer

gefährlicher Versuch für Lehrerinnen und Lehrer: Hier müssen besondere Vorsichtsmaßnahmen getroffen werden.

Gib den Code auf https://schueler.klett.de in das Suchfeld ein. Er führt dich zu Filmen, Animationen und vertonten Texten.

○ einfache Aufgabe

◑ mittlere Aufgabe

● schwere Aufgabe

💡 Hilfen zu allen ○-Aufgaben ab Seite 217

LS Lesestrategien: Bei diesen Aufgaben trainierst du, mit Texten umzugehen.

▷B 2 Verweis auf ein Bild

► Verweis auf ein Basiskonzept oder eine andere Seite

Strategien zum Arbeiten mit diesem Buch
Arbeiten mit dem Buch (► S. 208)

Texte verstehen (► S. 209)

Aufgaben verstehen (► S. 210)

MK Medienkompetenz   ⊡ Einführung Basiskonzept

Inhalt

MK Medienkompetenz   Einführung Basiskonzept

1 Arbeiten in den Naturwissenschaften

Warum führen Naturwissenschaftlerinnen und Naturwissenschaftler Experimente durch?

Wie funktioniert ein Gasbrenner?

Wie stellst du dir ein Labor vor?
Male ein Bild und beschrifte es.

Welche Schutzmaßnahmen
muss man beim Experimentieren
beachten?

Mit welchen Geräten kann man
Experimente durchführen?

ri92gs

Dein neues Fach

1 Der Mond geht langsam unter.

2 Verschneiter Weg in Mainz

Jonas ist neugierig und geht mit offenen Augen durch die Welt. Dabei entdeckt er ganz oft spannende Ereignisse in der Natur, die er sich nicht immer erklären kann. Diese Er-
5 eignisse nennt man auch **Naturphänomene**.

Fragen über Fragen

Jonas ist gerade aufgewacht. Es dämmert gerade und der Mond scheint in sein Zimmer (▷ B 1). Wie groß ist der Mond? Wie weit ist er
10 weg? Und wie kann man Sterne beobachten?

Jonas steht auf und schaltet das Licht an. Durch die Helligkeit kneift er die Augen zusammen. Warum reagieren meine Augen so auf das Licht? Warum sehe ich erst jetzt die
15 Farben in meinem Zimmer?

Nach dem Frühstück läuft Jonas zur Schule. Es liegt Schnee und ist ziemlich kalt draußen (▷ B 2). Wie kalt ist es denn heute genau? Warum ist ein Thermometer genauer als mei-
20 ne Haut und wie funktioniert es?

In der Schule lernt Jonas heute etwas über Tiere, die in einem Teich leben (▷ B 4). Aber welche Pflanzen leben im Teich? Welche Tiere gibt es im Boden daneben? Welches Tier ist

25 das kleinste auf der Welt? Und wie kann man ganz kleine Lebewesen überhaupt sehen?

Jonas beschließt am Nachmittag seinen Opa zu besuchen. Der war früher Naturwissenschaftler und kann ihm sicher all seine
30 Fragen beantworten. Normalerweise nimmt Jonas für die kurze Strecke den Bus, aber heute läuft er ganz schnell (▷ B 3). Wie schnell war ich denn jetzt? Kann man das messen? Wieso habe ich nach dem Rennen Hunger?

35 Jonaś Opa freut sich über den Besuch. Als Jonas ihm seine Fragen stellt, erklärt sein Opa ihm, wie er die Antworten selbst finden kann.

Naturphänomene erforschen

Genauso wie Jonas es tut, stellen **Natur-**
40 **wissenschaftlerinnen und Naturwissen-schaftler** Fragen an die Natur. Anschließend stellen sie Vermutungen an, was dahintersteecken könnte, und planen Versuche, die diese Vermutungen beweisen sollen. Ihre Ideen
45 dazu notieren sie z. B. in einer Mind-Map. Für die Versuche verwenden sie Thermometer, Lupen, Waagen, Gasbrenner und viele weitere Laborgeräte. Auch Computer kommen zum

dämmern
morgens oder abends langsam hell/dunkel werden

zusammenkneifen
die Augen bis auf einen kleinen Spalt schließen

3 Manchmal ist man zu Fuß schneller als mit dem Bus.

4 Tiere und Pflanzen im Teich

Einsatz. Oder sie gehen in die Natur und
50 beobachten dort alles ganz genau.

Oft arbeiten sie im Team und verteilen die
Aufgaben untereinander. Deshalb ist es notwendig, dass alle Beobachtungen und Ergebnisse sorgfältig notiert werden, damit man
55 sie anschließend miteinander vergleichen
kann. Zum Austauschen miteinander nutzen
sie z. B. Referate oder Poster, mit denen sie
ihre Ergebnisse anschaulich präsentieren.

Ergebnisse nutzen

60 Die Ergebnisse, die Naturwissenschaftlerinnen und Naturwissenschaftler durch Beobachtungen und Versuche erhalten, können sie
nutzen.

Wenn man zum Beispiel weiß, wie ein
65 Thermometer funktioniert, kann man versuchen, eines nachzubauen. Wenn man weiß,
welche Tiere und Pflanzen in einem Teich
leben, kann man selbst einen Teich anlegen.

Und das schlägt Jonas seinem Opa heute
70 vor: Im Frühling einen kleinen Teich im
Garten zu bauen.

**In deinem neuen Fach Naturwissenschaften
wird du arbeiten wie Naturwissenschaftlerinnen und Naturwissenschaftler: Du wirst
75 Fragen zu Naturphänomenen stellen, Vermutungen äußern, Versuche planen und durchführen und genau beobachten. So wirst du
Ergebnisse erhalten und Antworten finden.**

sorgfältig
gründlich, genau

Aufgaben

1 Wie gehen Naturwissen-
schaftlerinnen und Natur-
wissenschaftler vor, um ihre Fragen zu beantworten? Zähle
mindestens drei Vorgehens-
weisen auf. (💡 S. 217)

2 Erläutere an einem selbst
gewählten Beispiel den
Begriff „Naturphänomen".
(💡 S. 217)

3 Notiere drei der im Text ge-
LS   nannten Naturphänomene,
die Jonas noch nicht versteht.
Sucht zu zweit im Inhalts-
verzeichnis (► S. 2 – 5) die
Kapitel im Buch heraus, in
denen die Fragen beant-
wortet werden.

4 Im Text sind verschiedene
Geräte genannt, die Naturwissenschaftlerinnen und

Naturwissenschaftler ver-
wenden. Wie werden sie genutzt? Beschreibe.

5 Bestimmt habt ihr in der
Klasse selbst einige Fragen
an die Natur. Sammelt diese
Fragen, ordnet sie nach den
Themen im Buch und stellt
sie in einer Mind-Map dar
(► S. 213).

ri92gs

Sicher experimentieren im Fachraum

Experimentieren macht Spaß. Für das sichere Experimentieren im Fachraum müsst ihr jedoch Regeln einhalten. So werden Unfälle verhindert. In einer Laborordnung könnt ihr wichtige Verhaltensregeln für euren Fachraum festlegen, auf Gefahren hinweisen und den Umgang mit Gefahrstoffen regeln. Macht euch mit den Sicherheitseinrichtungen vertraut, damit ihr im Notfall wisst, was zu tun ist.

(A) **Persönliche Schutzausrüstung**
Beim Experimentieren musst du in der Regel eine Schutzbrille tragen, die deine Augen vor Spritzern oder Splittern schützt. Wenn du Schutzhandschuhe trägst, vermeidest du Verletzungen deiner Hände durch ätzende Stoffe. Ein Kittel sorgt dafür, dass deine Kleidung nicht verschmutzt oder beschädigt wird.

B Umgang mit Chemikalien

Arbeite immer mit möglichst kleinen Mengen von Chemikalien. Geruchsproben führst du durch Zufächeln mit der Hand durch, weil Stoffe schädliche Dämpfe abgeben können. Geschmacksproben sind im Fachraum in der Regel verboten. Reste einiger Chemikalien musst du in bestimmte Entsorgungsgefäße geben.

D Brandschutz

Wenn ein Feuer ausbricht, drücke zuerst den NOT-AUS-Schalter, um alle Strom- und Gaszuleitungen zu unterbrechen. Dann solltest du versuchen, den Brand selbst zu bekämpfen: Mit einer Löschdecke kannst du kleine, gerade erst entstehende Feuer abdecken. Bei einem größeren Brand oder einer brennenden Person musst du sofort einen Feuerlöscher zu Hilfe nehmen. Schaffst du es nicht, das Feuer zu löschen, muss du die Feuerwehr rufen.

Im Fachraum gilt die Laborordnung. Sie enthält verschiedene Verhaltensregeln, die für Sicherheit sorgen.

Aufgaben

1 Zähle die Bestandteile der persönlichen Schutzausrüstung auf. (💡 S. 217)

2 Benenne die Sicherheitseinrichtungen im abgebildeten Fachraum und im Fachraum deiner Schule. Beschreibe, wozu diese Sicherheitseinrichtungen dienen. (💡 S. 217)

3 Erstellt eine eigene Laborordnung mit mindestens acht Verhaltensweisen für den Fachraum.

4 Ein unordentlicher Arbeitsplatz ist beim Experimentieren gefährlich. Begründe dies an einigen selbst gewählten Beispielen.

5 Fasse zusammen, wie man beim Experimentieren allgemein vorgehen sollte.

C Sicherheitseinrichtungen

Wenn du dich im Fachraum verletzt, gibt es einen Erste-Hilfe-Kasten. Dort kannst du Pflaster und weiteres Verbandsmaterial finden. Eine Augendusche am Waschbecken dient dazu, Chemikalien aus den Augen auszuspülen. Falls alle wegen einer Gefahr den Fachraum verlassen müssen, zeigt ein grünes Schild den besten Fluchtweg an.

Sicherheit im Fachraum

Im Fachraum ist es besonders wichtig, dass du auf deine Sicherheit achtest und dich an alle Anweisungen hältst (► S.10/11). Sollte trotzdem etwas passieren, gibt es
5 Einrichtungen, die der Sicherheit dienen.
    Du musst dich vor dem Experimentieren mit diesen Sicherheitseinrichtungen vertraut machen. So weißt du im Notfall, was du tun musst.

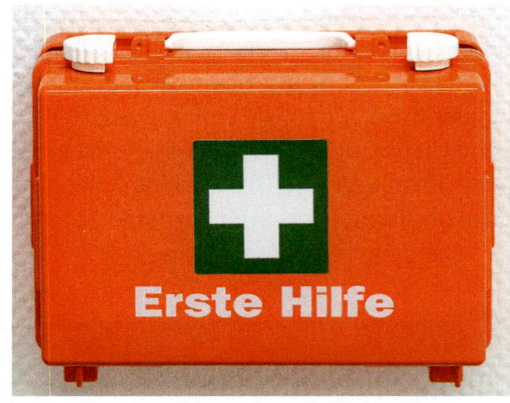

2 Erste-Hilfe-Kasten

10 ### Die Erste Hilfe
Im Fachraum wirst du immer wieder mit Chemikalien arbeiten. Manche dieser Chemikalien können ätzend oder giftig sein. Solltest du sie auf die Haut bekommen, kannst du sie
15 am Waschbecken mit viel Wasser abspülen. An den Waschbecken gibt es außerdem eine Augendusche, mit der du deine Augen ausspülen kannst (▷ B 3).
    Wenn du dich im Fachraum an einem
20 Glasgerät schneidest, gibt es einen Erste-Hilfe-Kasten (▷ B 2). Dort kannst du Pflaster und andere Verbandsmaterialien finden.

Brandschutz im Fachraum
Bei chemischen Experimenten arbeitest du
25 immer wieder mit brennbaren Stoffen. Oft erwärmst du Stoffe mit der Flamme des Gas-

brenners. Bist du dabei unachtsam, kann ein Feuer ausbrechen. **Brandschutz** ist deshalb im Fachraum sehr wichtig.
30   Achte darauf, dass du einen Brand verhinderst. Arbeite vorsichtig mit dem Gasbrenner und entferne brennbare Gegenstände aus seiner Nähe. Du darfst den Gasbrenner nie unbeaufsichtigt brennen lassen. Schalte den
35 Gasbrenner vollständig aus, wenn du mit dem Experiment fertig bist.
    Ist trotzdem ein Feuer ausgebrochen, solltest du zuerst mit dem NOT-AUS-Schalter alle Strom- und Gasleitungen unterbrechen.
40 So strömt kein brennbares Gas mehr aus.

1 Feuerlöscher

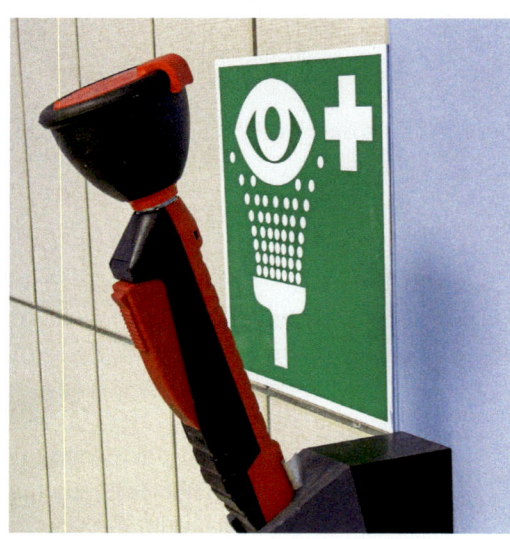

3 Augendusche

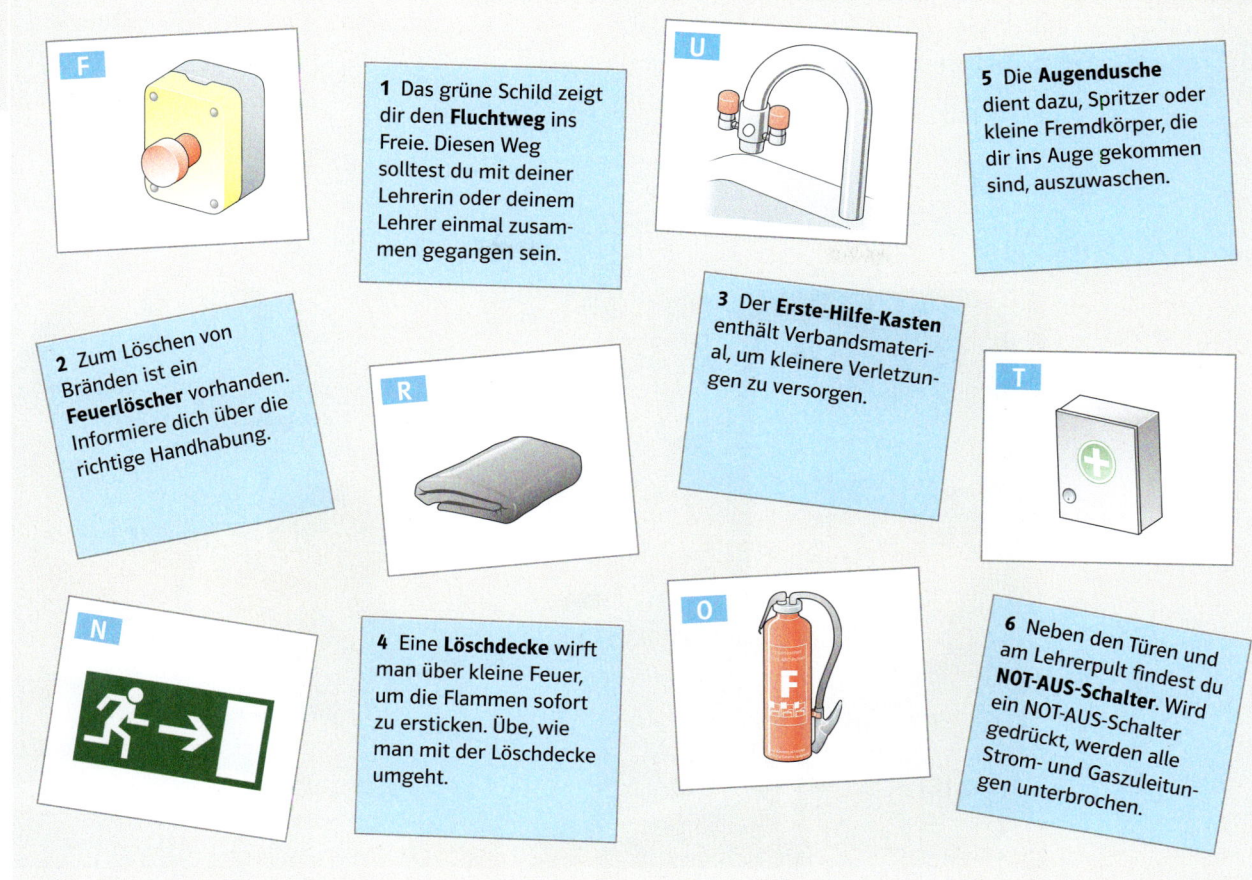

F

1 Das grüne Schild zeigt dir den **Fluchtweg** ins Freie. Diesen Weg solltest du mit deiner Lehrerin oder deinem Lehrer einmal zusammen gegangen sein.

U

5 Die **Augendusche** dient dazu, Spritzer oder kleine Fremdkörper, die dir ins Auge gekommen sind, auszuwaschen.

2 Zum Löschen von Bränden ist ein **Feuerlöscher** vorhanden. Informiere dich über die richtige Handhabung.

R

3 Der **Erste-Hilfe-Kasten** enthält Verbandsmaterial, um kleinere Verletzungen zu versorgen.

T

N

4 Eine **Löschdecke** wirft man über kleine Feuer, um die Flammen sofort zu ersticken. Übe, wie man mit der Löschdecke umgeht.

O

6 Neben den Türen und am Lehrerpult findest du **NOT-AUS-Schalter**. Wird ein NOT-AUS-Schalter gedrückt, werden alle Strom- und Gaszuleitungen unterbrochen.

4 Sicherheitseinrichtungen im Fachraum

Brandbekämpfung im Fachraum

Zur **Brandbekämpfung** gibt es unterschiedliche Hilfsmittel: Feuerlöscher (▷ B 1), Löschdecken und Löschsand. Mit einer Löschdecke
45 kannst du kleine, gerade erst entstehende Feuer abdecken. Bei einem größeren Brand oder einer brennenden Person musst du sofort einen Feuerlöscher zu Hilfe nehmen. Sieh dir die Bedienungsanleitung vorher an,
50 damit du im Notfall weißt, was du tun musst. Löschsand wird vor allem bei Metallbränden eingesetzt.

Kannst du das Feuer nicht selbst löschen, musst du sofort die Feuerwehr rufen.

55 Der Fluchtweg

Sollte ein Brand außer Kontrolle geraten oder eine Gefahr durch chemische Stoffe bestehen, müssen alle den Fachraum über den Fluchtweg verlassen. Ihr solltet ihn einmal
60 mit eurer Lehrkraft abgehen, um zu wissen, wohin ihr im Notfall müsst.

Halte dich beim Experimentieren genau an die Anweisungen. Mach dich mit allen Sicherheitseinrichtungen im Fachraum
65 vertraut.

Brandschutz ist im Fachraum besonders wichtig.

Aufgaben

1 Zähle Geräte und Einrichtungen zum Brandschutz in deinem Fachraum auf. (💡 S. 217)

2 Ordne den Bildkärtchen die richtigen Texte zu (▷ B 4). Die Nummern auf den Textkärtchen geben die Reihenfolge der Buchstaben für das Lösungswort an. (💡 S. 217)

3 Suche alle Feuerlöscher in deinem Schulgebäude und notiere, wo sie sind.

4 Entwickle geeignete Brandschutzmaßnahmen für eure Küche zu Hause.

5 Begründe, warum du dich mit den Sicherheitseinrichtungen im Fachraum auskennen musst.

Das Experiment

1 Mit Experimenten kann man Vermutungen überprüfen.

Das Experiment liefert die Antworten

Warum sieht man durch eine Lupe vergrößerte Bilder? Wie funktioniert ein Thermometer? Was passiert mit dem Salz, wenn man es in Wasser löst? Du hast dir bestimmt schon ähnliche Fragen gestellt.

Oft lässt sich die Antwort auf eine Frage mit einem **Experiment** finden. Experimente nennt man auch **Versuche**.

Vor dem Experiment: Planen

Formuliere vor deinem Experiment eine Frage, die du mithilfe deines Experiments beantworten möchtest.

Stelle Vermutungen auf, was das Ergebnis deines Experiments sein könnte. Überlege, was du messen musst und welche Materialien du benötigst (▶ S. 234).

gewissenhaft
sorgfältig

Während des Experiments: Protokollieren

Führe das Experiment gewissenhaft durch. Beobachte genau, was geschieht. Deine Ergebnisse sind erste Antworten.

Notiere den Ablauf des Experiments Schritt für Schritt in einem **Versuchsprotokoll** (▶ S. 211). Trage im Versuchsprotokoll auch alle Beobachtungen und Messwerte ein.

Nach dem Experiment: Auswerten

Jetzt musst du dein Experiment auswerten. Das bedeutet, dass du mit deinen Beobachtungen und Messwerten die Frage deines Experiments beantworten sollst.

Mit Experimenten kann man naturwissenschaftliche Fragen beantworten.

Aufgaben

1 Notiere drei Fragen, die du mit einem Experiment beantworten willst. (💡 S. 217)

2 Erstelle ein Fließdiagramm LS für den genauen Ablaufs eines Experiments von der Frage zum Ergebnis.

3 Stelle eine Vermutung auf, welche Frage mit dem Experiment in Bild 1 beantwortet werden soll. Begründe.

In einem Chemielabor

1 Blick in ein modernes Chemielabor

Tätigkeiten in einem Chemielabor

In einem Chemielabor stellen Mitarbeiterinnen und Mitarbeiter neue Stoffe her und überprüfen ihre Qualität. Sie arbeiten mit
5 Chemikalien, messen und werten Messergebnisse aus.

Chemielabore sind mit leistungsfähigen Laborgeräten ausgestattet. Welche das sind, hängt von der Art des Labors ab. Es gibt
10 z. B. Labore zur Entwicklung von Farben und Lacken, von Medikamenten oder von Waschmitteln. Die Tätigkeiten können von Labor zu Labor sehr unterschiedlich sein.

Computer in einem Chemielabor

15 Alle Labore benötigen heutzutage Computer, die an vielen Arbeitsschritten beteiligt sind. Computer erfassen Messwerte und werten sie mithilfe geeigneter Programme aus. Die Ergebnisse werden dann in Tabellen
20 oder Diagrammen dargestellt. So kann man deutlich mehr Messergebnisse erfassen, als es einem Menschen möglich wäre. Viele Geräte werden nicht mehr von Menschen bedient, sondern von Computern gesteuert.

Sicherheit in einem Chemielabor

25 Die Sicherheitseinrichtungen in einem Forschungslabor oder einem Labor in der Industrie ähneln der Ausrüstung im Fachraum in deiner Schule. Aber zusätzlich zum
30 NOT-AUS-Schalter, dem Feuerlöscher und der Feuerlöschdecke gibt es oft auch eine Notdusche. Damit kann man im Notfall ätzende oder heiße Chemikalien schnell von sich abwaschen.

35 Der Erste-Hilfe-Kasten in einem Chemielabor enthält deutlich mehr Zubehör. So stehen beispielsweise Augenspülungen, Druckverbände, Fingerverbände, Splitterpinzetten, Kleiderscheren und Materialien
40 zur Wundreinigung zur Verfügung.

Aufgaben

1 Inwiefern unterscheidet sich ein modernes Chemielabor vom Fachraum in deiner Schule? Beschreibe.

2 Manche Messungen in einem Chemielabor benötigen mehrere Tage. Erläutere, inwiefern Computer dabei eine Hilfe sind.

3 Sammle Informationen über Berufe, die in einem Chemielabor ausgeübt werden können. Präsentiere die Ergebnisse (▶ S. 214).

ri92gs

So funktioniert der Gasbrenner

Bei vielen Versuchen benutzt man einen **Gasbrenner** als Wärmequelle. Er wird an eine Gasleitung angeschlossen, durch die ein brennbares Gas in das Brennerrohr strömt. Im Brennerrohr vermischt sich das Gas mit Luft. Das Gemisch aus Gas und Luft wird entzündet. Ein häufig verwendeter Gasbrenner ist der Teclubrenner.

Flammentemperatur an der heißesten Stelle:
~ 900 °C   ~ 1100 °C   ~ 1500 °C

Ⓐ   Ⓑ   Ⓒ

Aufbau und Funktionsweise des Teclubrenners

Brennerrohr
Hier strömt das Gemisch aus Gas und Luft nach oben.

Gasdüse
Durch diese feine Düse strömt das Gas in das Brennerrohr ein und zieht die Luft mit.

Luftregler
Je weiter diese Schraube nach unten gedreht wird, umso mehr Luft strömt von der Seite in den Gasbrenner ein.

Gasregler
Dieser reguliert die einströmende Gasmenge.

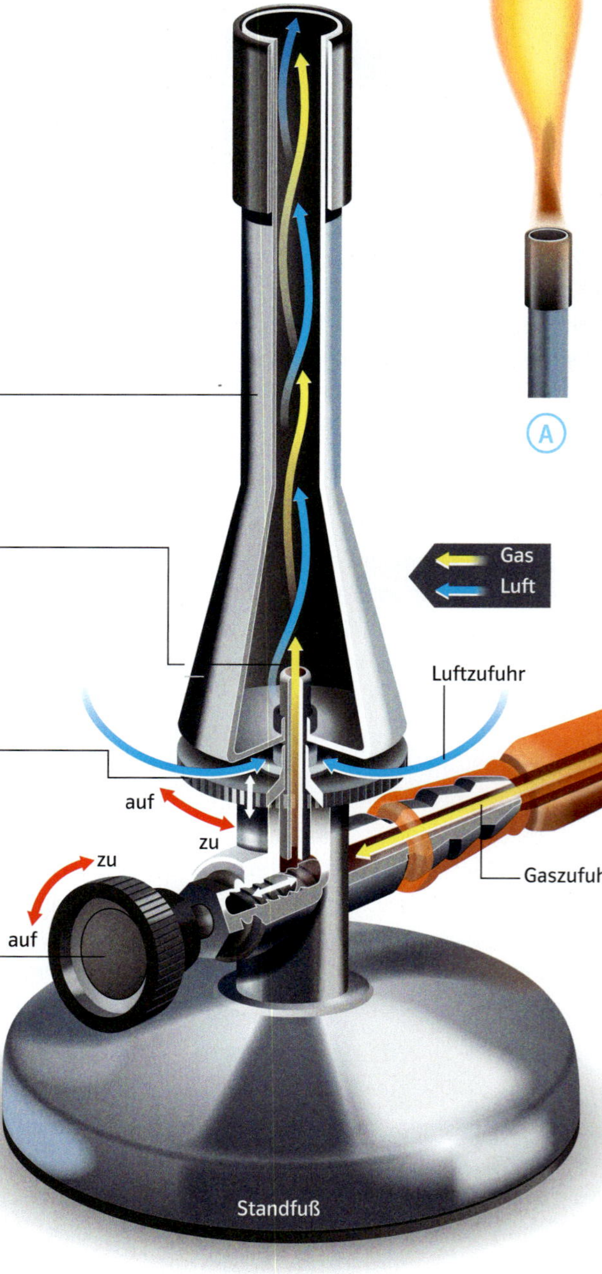

Gas
Luft

Luftzufuhr
Gaszufuhr
auf
zu
zu
auf
Standfuß

Die Flammentypen

Beim Gasbrenner gibt es drei unterschiedliche Flammentypen:

(A) leuchtende Flamme
Ist die Luftzufuhr geschlossen, entsteht eine gelbe, rußende Flamme, die nicht so heiß ist.

(B) nicht leuchtende Flamme
Öffnet man die Luftzufuhr, wird Luft angesaugt. Die Flamme ist bläulich und heißer.

(C) rauschende Flamme
Dreht man die Luftzufuhr noch weiter auf, ist ein Rauschen zu hören. Diese Flamme ist am heißesten.

Der Gasanschluss am Arbeitsplatz

zu

auf

Sicherheitsventil
Durch Drücken und Drehen nach links öffnet sich die Gaszufuhr am Gashahn. Durch Drehen nach rechts schließt sie sich.

Sicherheitsschlauch

Über die Luftzufuhr kann man am Gasbrenner eine leuchtende, eine nicht leuchtende oder eine rauschende Flamme einstellen.

Aufgaben

○ **1** Beschreibe, wie du die unterschiedlichen Flammentypen am Gasbrenner einstellen kannst. (💡 S. 217)

◐ **2** Erkläre, wofür im Bild die kleinen
LS Pfeile im Brennerrohr stehen.

◐ **3** Erläutere, weshalb man immer im Stehen mit dem Gasbrenner arbeiten sollte.

● **4** Kerzenflammen kann man auspusten. Begründe, warum man das bei der Flamme des Gasbrenners nicht tun darf.

Umgang mit dem Gasbrenner

1 So bedienst du den Gasbrenner

Material

Schutzbrille, Haarband (bei langen Haaren), Gasbrenner, Streichhölzer oder Feuerzeug

Versuchsanleitung

a) Setze die Schutzbrille auf. Binde lange Haare zusammen. Entferne brennbare Gegenstände vom Tisch. Sieh dir noch einmal den Aufbau des Gasbrenners an (► S. 16/17).
b) Schließe den Gasregler und den Luftregler am Gasbrenner. Verbinde den Gasbrenner mit dem Gasanschluss an deinem Arbeitsplatz.
c) Stelle den Gasbrenner stabil in die Mitte des Tisches. Achte darauf, dass der Sicherheitsschlauch nicht verdreht ist.
d) Öffne das Sicherheitsventil am Gashahn. Entzünde ein Streichholz oder Feuerzeug und halte es über die Öffnung des Brennerrohrs. Öffne nun den Gasregler am Gasbrenner und entzünde das ausströmende Gas. Halte den Kopf fern.
e) Stelle mithilfe des Luftreglers die verschiedenen Flammentypen ein.
f) Schließe zum Ausschalten des Gasbrenners zuerst den Luftregler und dann das Sicherheitsventil am Gashahn. Drehe zum Schluss den Gasregler wieder zu.

2 Flammenzonen

Material

Schutzbrille, Gasbrenner, Magnesiastäbchen, Holzstäbchen

Versuchsanleitung

a) Stelle die rauschende Flamme ein. Halte das Magnesiastäbchen in verschiedenen Höhen in die Flamme (► B 1).
b) Führe das Holzstäbchen waagerecht durch den unteren Bereich der rauschenden Flamme. Arbeite rasch und achte darauf, dass das Stäbchen kein Feuer fängt.

Aufgabe

1. Notiere deine Beobachtungen und formuliere eine Vermutung, wie sie mit der Temperatur der Flamme zusammenhängen.

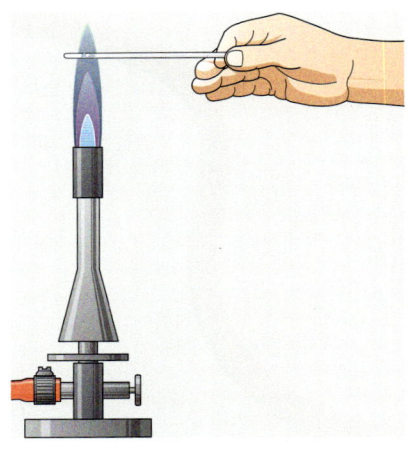

1 So untersuchst du die Flammenzonen der rauschenden Flamme.

3 Erhitzen von wenig Wasser

Material

Schutzbrille, Gasbrenner, Reagenzglasgestell, Reagenzglashalter, Reagenzglas, Siedesteinchen, Wasser

Versuchsanleitung

a) Fülle ein Reagenzglas zwei Finger breit mit Wasser und füge 4 – 5 Siedesteinchen hinzu.
b) Stelle die nicht leuchtende Flamme am Gasbrenner ein.
c) Halte das Reagenzglas leicht schräg und achte darauf, dass die Öffnung auf keine Person zeigt (► B2).
d) Erhitze das Wasser bis zum Sieden. Bewege das Reagenzglas dabei ein wenig, um einen Siedeverzug (plötzliches Aufschäumen) zu vermeiden.

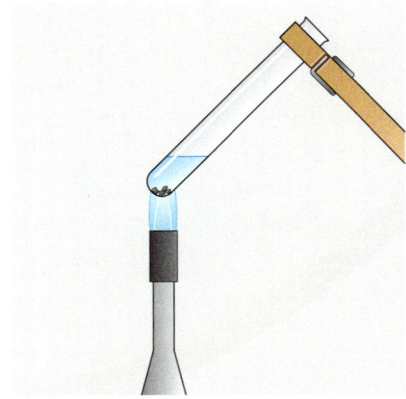

2 Erhitzen von Wasser im Reagenzglas

Aufgaben

◔ 1 Schreibe für eine Partnerin oder einen Partner eine eigene Anleitung zur Bedienung des Gasbrenners.

◑ 2 Erläutere, warum du beim Ausschalten des Gasbrenners zuerst das Sicherheitsventil am Gashahn und nicht erst den Gasregler schließt.

● 3 Erstelle für den Versuch „Erhitzen von wenig Wasser" ein vollständiges Versuchsprotokoll (► S. 211).

Glasgeräte herstellen

1 Glasbläser bei der Arbeit

2 Verarbeitung von Glas

Tätigkeiten eines Glasbläsers

Glasbläser formen aus Glasrohren Gegenstände wie Thermometer und andere Laborgeräte. Sie stellen aber auch Christbaumku-
5 geln oder künstliche Augen aus Glas her. Glasbläser arbeiten dabei mit einem speziellen Gasbrenner und müssen Hitze aushalten können (▷ B 1).

Glassorten für Labor und Alltag

10 Es gibt verschiedene Glassorten. Sie unterscheiden sich in ihrer Zusammensetzung und der Erweichungstemperatur. Die Glassorten werden für unterschiedliche Einsatzgebiete verwendet (▷ B 3). Glasgeräte aus Glassorten
15 mit einer hohen Erweichungstemperatur sind hitzebeständiger und werden deshalb beispielsweise für Reaktionskolben verwendet,

welche auch bei hohen Temperaturen stabil sein müssen.

Die Verarbeitung von Glas
20 Für die Herstellung von Glasgeräten wird ein Glasrohr mithilfe eines Gasbrenners erhitzt. Sobald es gelb glüht und weich wird, kann das Glasrohr bearbeitet werden. Es kann gebogen, zu Kugeln geblasen oder wie Karamell
25 in die Länge gezogen werden (▷ B 2).

Glassorte	Erweichungs-temperatur in °C	Verwendung
Normalglas	ca. 700	Flaschen
Borosilicatglas	ca. 790	Bechergläser, Thermometer, Reagenzgläser
Duranglas 50®	ca. 815	Reaktionskolben, Reagenzgläser

3 Verschiedene Glassorten und ihre Verwendung

Aufgaben

1 Beschreibe, wie du verschiedene Glassorten voneinander unterscheiden kannst.

2 Begründe, warum Reagenz-
LS gläser sowohl aus Borosilicatglas als auch aus Duranglas 50® hergestellt werden. Nutze hierfür die Tabelle (▷ B 3) und den Text.

3 Recherchiere, welche Arbeitsgeräte ein Glasbläser verwendet.

Versuch

1 Halte für die Herstellung eines Trinkhalms aus Glas ein Glasrohr (15 cm lang) mit einer Reagenzglasklammer an einem Ende fest. Erwärme das andere Ende des Glas-

rohrs vorsichtig in der rauschenden Brennerflamme. Denke daran, das Rohr ständig zu drehen. Sobald das Glasrohr gelb glüht, kannst du es aus der Flamme nehmen. Lege das Glasrohr auf einen Holzblock und biege es mithilfe einer Tiegelzange in einen gewünschten Winkel. Lass es dann abkühlen.

ri92gs

Laborgeräte bedienen

Material 1

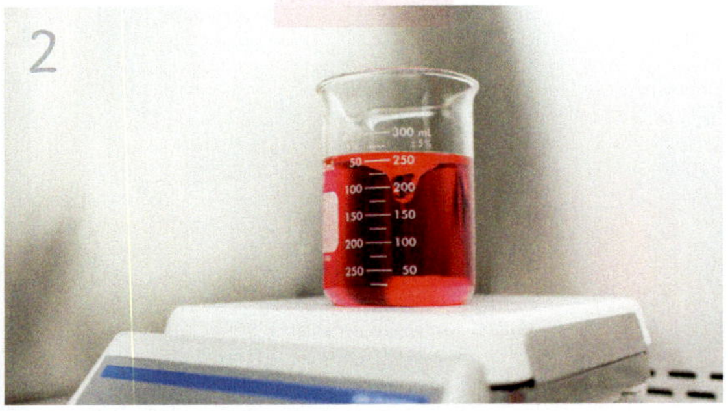

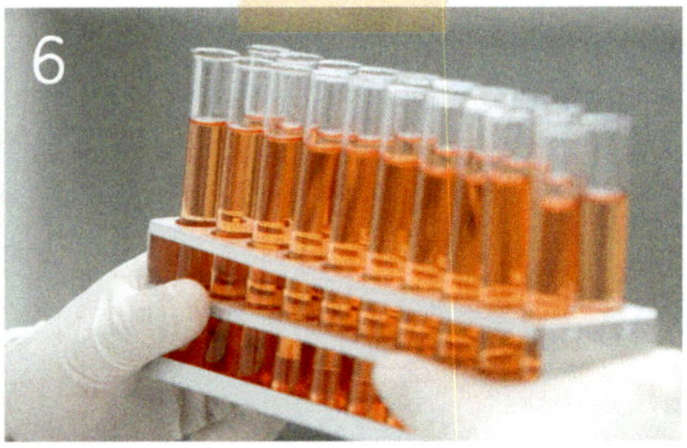

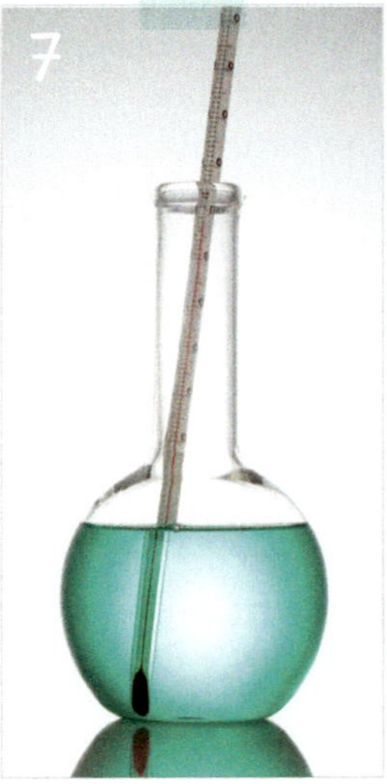

Material 2

So entsteht eine Schnittzeichnung

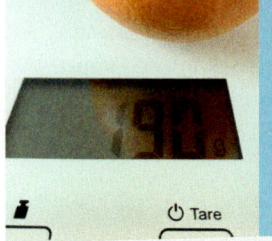

Die Waage

Es gibt viele verschiedene Waagen. Mit manchen bestimmst du dein Gewicht. Mit anderen kannst du die Masse von Stoffen bestimmen: in der Küche von Backzutaten und im Labor von Chemikalien. Der Aufbau der Waagen ist aber immer ähnlich.

Lisa:	Ich brauch' mal Hilfe.
Ahmed:	Was ist denn los?
Lisa:	Ich habe mir eine neue digitale Küchenwaage gekauft, aber ich verstehe nicht, was die Beschriftung der Knöpfe bedeutet.
Ahmed:	Was steht denn auf den Knöpfen?
Lisa:	Auf dem einen Knopf steht „Off", auf dem anderen „On/Tara" – was heißt das?
Ahmed:	„Off" bedeutet „ausschalten", damit schaltest du die Waage aus. „On" ist der Knopf zum Einschalten und „Tara" bedeutet, dass du die Waage auf „0" einstellen kannst.
Lisa:	O.k., aber wenn ich „On" drücke, zeigt die Waage doch schon Null an. Wozu brauche ich dann Tara?
Ahmed:	Du kannst ein Gefäß draufstellen und die Waage dann nochmal auf Null stellen. So kannst du deine Zutaten ganz leicht abmessen.
Lisa:	Danke, dann wiege ich jetzt mal meine Zutaten alle ab…

Aufgaben

1 Sieh dir die Laborgeräte in Material 1 an.

a) Ordne jedem Gerät (▷ B1 – 9) den richtigen Namen zu, indem du die Laborgeräte-Seite 234 zu Hilfe nimmst. (💡 S. 217)

b) Gib an, wozu man das Gerät braucht.

2 Sieh dir Material 2 an.

a) Hole dir fünf verschiedene Laborgeräte aus dem Materialschrank und erstelle zu jedem Laborgerät mithilfe von Material 2 eine Schnittzeichnung. (💡 S. 217)

b) Benenne deine Geräte mithilfe der Seite 234 und beschrifte deine Schnittzeichnungen. (💡 S. 217)

3 Lies Material 3 und erläutere, was die Knöpfe auf einer digitalen Waage bedeuten. (💡 S. 217)

4 Untersucht gemeinsam, wie die Waage funktioniert, die es bei euch im Fachraum gibt.

a) Wiegt in einer Abdampfschale genau 10 Gramm Kochsalz ab.

b) Vergleicht die Waage mit der Küchenwaage, die in Material 3 beschrieben wird.

c) Erklärt euch gegenseitig, wie eure Waage bedient werden muss.

d) Findet heraus, wodurch die Waage negative Werte anzeigen kann. Beschreibt.

5 Erstelle mithilfe von Material 1 und Material 2 ein Laborgeräte-Memory. Erstelle 10 Kärtchen mit passenden Schnittzeichnungen und 10 Kärtchen mit dem richtigen Namen. Spiele das Memory am Schluss mit einem Partner.

6 Es gibt auch sogenannte Feinwaagen, auf denen man kleinste Mengen abwiegen kann. Sie reagieren aber bereits auf Wind oder Unebenheiten der Unterlage. Entwickelt im Team eine Skizze für eine solche Waage.

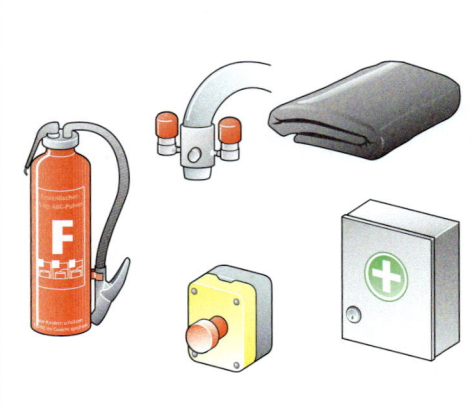

1 Sicherheitseinrichtungen

Naturwissenschaften

So heißt deine neues Fach. Du wirst Naturphänomene erforschen, Versuche durchführen und mehr über die Welt lernen.

Schutzausrüstung

5 Beim Experimentieren wird in der Regel
eine Schutzbrille getragen, manchmal auch
Schutzhandschuhe und Schutzkleidung.

Sicherheitseinrichtungen

10 Zu den Sicherheitseinrichtungen im Fachraum gehören der NOT-AUS-Schalter, der
Feuerlöscher, die Löschdecke, die Augendusche und der Erste-Hilfe-Kasten
(▷ B1).

Brandschutz

15 Zum Brandschutz gehören Maßnahmen,
die Brände verhindern, und Maßnahmen,
mit denen man Brände bekämpfen kann.
Im Fachraum gibt es zur Brandbekämpfung
20 Feuerlöscher und eine Löschdecke.

Laborordnung

Für ein sicheres und erfolgreiches Experimentieren im Fachraum ist es wichtig, Verhaltensregeln einzuhalten. Diese werden in einer
25 Laborordnung festgehalten. Beispiele für
Verhaltensregeln sind das Tragen einer
Schutzbrille oder von Schutzhandschuhen.

Gasbrenner

Gasbrenner werden häufig verwendet, um
30 Stoffe zu erhitzen. Bei geöffneter Gaszufuhr
kann man über die Luftzufuhr am Gasbrenner
eine leuchtende, nicht leuchtende oder rauschende Flamme einstellen. Meist wird mit
der nicht leuchtenden Flamme gearbeitet.

Laborgeräte

35 Für jeden Zweck gibt es im Labor ein passendes Laborgerät. Zu den wichtigsten Laborgeräten im Fachraum gehören der Gasbrenner,
Reagenzgläser, Bechergläser, Erlenmeyer-
40 kolben, Trichter und Messzylinder (▷ B2). Der
richtige Umgang mit den Laborgeräten ist
wichtig.

2 Einige wichtige Laborgeräte

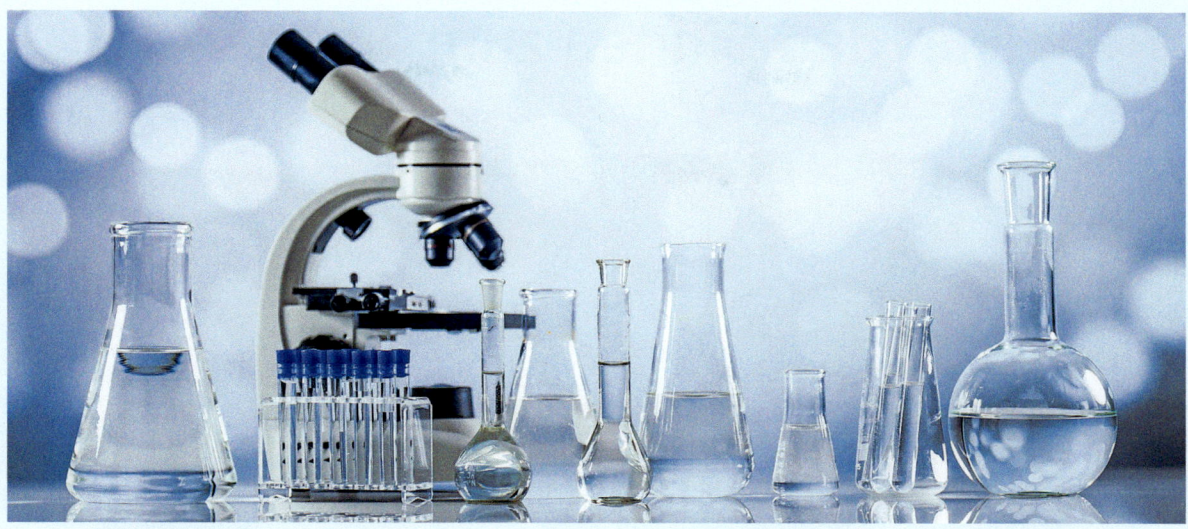

1 Mit diesen Geräten arbeitet man in einem Labor.

1 Der Fachraum muss mit besonderen Sicherheitseinrichtungen ausgestattet sein. Zähle sie auf und erläutere ihre Funktionen.
► S.10/11, 12/13

2 Nenne das Laborgerät, das hier beschrieben wird: Es wird zum Erhitzen von Stoffen benutzt. Man muss bei der Nutzung eine Schutzbrille tragen.
► S.16/17

3 Der Gasbrenner ist eines der wichtigsten Laborgeräte.
a) Nenne die Bestandteile eines Gasbrenners.
► S.16/17
b) Beschreibe, welche Schritte notwendig sind, um einen Gasbrenner in Betrieb zu setzen.
► S.18

4 Beschreibe einer Mitschülerin oder einem Mitschüler, was das Besondere am Fach „Naturwissenschaften" ist.
► S.8/9

5 Begründe, warum es besonders wichtig ist, dass alle im Fachraum den Ort des NOT-AUS-Schalters genau kennen.
► S.10/11, 12/13

6 Gegenseitige Rücksicht im Fachraum ist ganz besonders wichtig. Stelle dies an einem selbst gewählten Beispiel dar.
► S.10/11, 12/13

7 Laura ist Brillenträgerin und weigert sich deshalb, bei einem Versuch eine Schutzbrille aufzusetzen. Beurteile dies.
► S.10/11, 12/13

8 Erstelle eine Schnittzeichnung für den Aufbau des folgenden Versuchs: Wasser wird in einem Becherglas auf dem Dreifuß mit Keramik-Drahtnetz über dem Gasbrenner erhitzt. Im Becherglas steht ein Glasstab.
► S.20/21

9 Kennst du die wichtigsten Laborgeräte? Nenne das Laborgerät, das sich hinter folgender Beschreibung verbirgt:
Das Gefäß wird zum Eindampfen von Lösungen benutzt. Es darf nicht im heißen Zustand mit kaltem Wasser abgespült werden.
► S.20/21

10 Warum sollte eine Löschdecke nicht zum Löschen von Personen eingesetzt werden? Begründe.
► S.12/13

11 Begründe, warum in einem Labor viele Experimente mehrfach durchgeführt werden.
► S.14

11 Wie sollte die Luftzufuhr eines Gasbrenners in einer Experimentierpause eingestellt werden? Begründe.
► S.10/11, 12/13, 16/17

2 Von den Sinnen zum Messen

Welche Sinne hat der Mensch?

Warum können Fledermäuse
im Dunkeln fliegen?

Überlege Möglichkeiten, wie Menschen sich verständigen können. Notiere deine Ergebnisse.

Wie kann ich mit dieser Waage die Masse eines Apfels bestimmen?

Kann ich die Temperatur so genau fühlen wie ein Thermometer?

24z66i

Was können deine Sinnesorgane?

1 Der Tastbeutel

Material

Undurchsichtige Beutel mit Band zum Zuziehen, 10 verschiedene kleine Gegenstände (z. B. Lineal, Löffel, Radiergummi, Armbanduhr, Münze, Büroklammer, …)

Versuchsanleitung

Arbeitet in Gruppen:

a) Tragt 10 verschiedene Gegenstände zusammen, an denen man sich nicht verletzen kann.

b) Legt die Gegenstände in den Beutel und zieht das Band zu. Legt den Beutel auf einen Tisch. Setzt euch um diesen Tisch herum.

c) Greift der Reihe nach in den Beutel und nehmt einen Gegenstand. Benennt diesen, wenn ihr ihn erkennt, bevor ihr ihn herausnehmt.

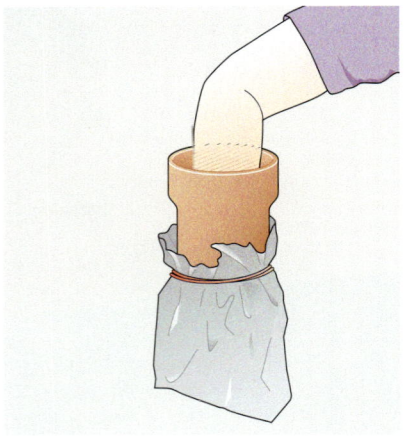

1 Fühlen

Aufgaben

1. Protokolliert, wie viele Gegenstände die einzelnen Gruppenmitglieder erkannt haben.

2. Stellt Vermutungen darüber an, warum manche Gegenstände eher erraten werden als andere.

2 Das Geräusche-Memory

Material

10 kleine, gleiche Dosen (z. B. Filmdosen), Reis, Erbsen, kurze und dünne Gummibänder, Büroklammern aus Metall, Papierschnipsel, 10 kleine Aufkleber (die unter die Dosen passen), Stift

2 Utensilien zum Rascheln

Versuchsanleitung

Arbeitet in Gruppen:

a) Füllt jeweils zwei Dosen mit dem gleichen Füllmaterial. Verschließt die Dosen.

b) Klebt die Aufkleber auf den Boden der Dosen. Schreibt auf die Aufkleber, was sich in den Dosen befindet.

c) Mischt die Dosen und stellt sie auf einen Tisch. Setzt euch um diesen Tisch herum.

d) Schüttelt nacheinander die Dosen und lauscht. Stellt die zwei Dosen nebeneinander, die sich gleich anhören.

e) Überprüft euer Ergebnis mithilfe der Aufkleber.

Aufgaben

1. Schreibt die Ergebnisse des Versuchs für jedes Gruppenmitglied auf.

2. Führt den Versuch noch einmal mit anderen Füllmaterialien durch.

3 Der Geruchstest

Material

8 Petrischalen, 1 Messer, 1 Brettchen, 8 Lebensmittel (z. B. Zwiebel, Senf, Oregano, Gurke, Ketchup, Zitrone, Mehl), 1 Tuch

Versuchsanleitung

Arbeitet in Gruppen:

a) Schneidet einige Lebensmittel klein.

b) Gebt die Lebensmittel getrennt in jeweils eine Petrischale. Stellt die Petrischale auf euren Tisch.

c) Verbindet der Versuchsperson die Augen.

d) Haltet der Versuchsperson nacheinander die verschiedenen Lebensmittel unter die Nase. Die Versuchsperson versucht jeweils die Lebensmittel zu erraten.

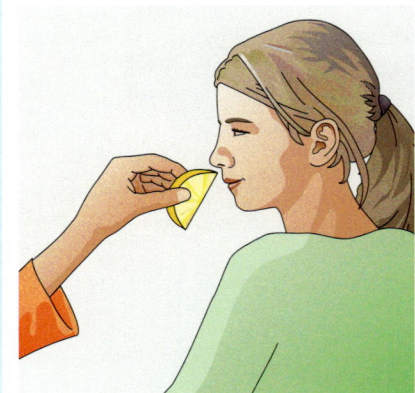

3 Riechen

e) Tauscht dann die Rollen. Jedes Gruppenmitglied soll einmal Versuchsperson sein.

Aufgabe

1. Protokolliert die Ergebnisse des Geruchstests für alle Gruppenmitglieder.

4 Der Geschmackstest

Material

8 Petrischalen, 3 Messer, 3 Brettchen, 8 Lebensmittel (z. B. Banane, Apfel, Birne, Tomate, Gurke, Schokolade), Zahnstocher, 1 Tuch

Versuchsanleitung

a) Schält oder wascht die Lebensmittel, wenn nötig.
b) Schneidet sie dann in kleine Stücke. Legt sie in die Petrischalen.
c) Verbindet der Versuchsperson die Augen.
d) Gebt der Versuchsperson jeweils ein Lebensmittel in den Mund. Die Versuchsperson versucht, die Lebensmittel zu benennen.
e) Tauscht dann die Rollen.

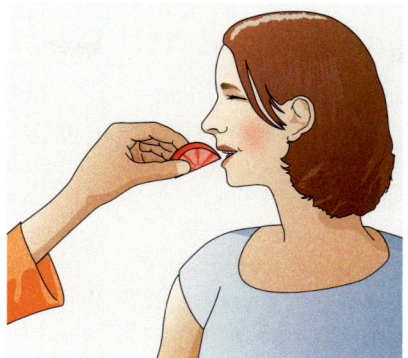

4 Schmecken

Aufgaben

1. Protokolliert die Versuchsergebnisse für alle Gruppenmitglieder.
2. Führt den Versuch noch einmal durch. Die Versuchsperson hält sich dabei die Nase zu.

Lebensmittel	Elisa	Janus	Paul
Banane		✓	✓
Apfel	f	✓	✓
Birne	f	✓	✓
Tomate	✓	f	✓
Gurke	✓	✓	✓
Kartoffel, gekocht	✓	✓	f
Brot, 1 Scheibe	✓	f	✓
Schokolade	✓	✓	✓

5 Versuchsprotokoll

3. Vergleicht die Versuchsergebnisse.
4. Begründet mögliche Abweichungen der Versuchsergebnisse.

5 Der Augentrick

Material

Pappe, Schere, Bleistift, Gummibänder

Versuchsanleitung

a) Schneide einen Kreis mit ungefähr 6 cm Durchmesser aus der Pappe aus.
b) Male auf eine Seite einen Vogel, auf die andere Seite einen Käfig.

c) Befestige rechts und links jeweils ein halbes Gummiband am Pappkreis.
d) Schaue auf den Pappkreis und drehe dabei die Gummibänder zwischen den Fingern, sodass sich die Pappscheibe dreht.

Aufgabe

1. Beschreibe, was du siehst, wenn du auf die sich drehende Pappscheibe schaust. Notiere.

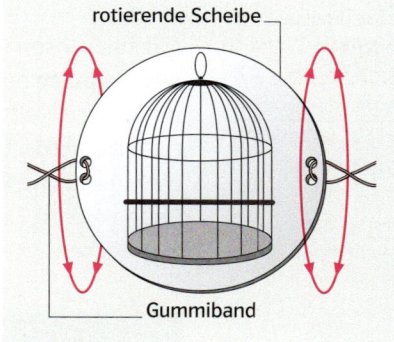

6 Käfig ohne Vogel?

6 Aus dem Gleichgewicht

Material

Drehstuhl, Krepp-Klebeband

Versuchsanleitung

a) Stelle den Drehstuhl in die Mitte des Klassenzimmers. Klebe vom Stuhl aus eine 2 Meter lange gerade Linie auf den Boden.
b) Eine Versuchsperson setzt sich auf den Drehstuhl, senkt den Kopf und schließt die Augen.

c) Drehe nun den Stuhl im Uhrzeigersinn. Halte den Stuhl nach etwa 6 Umdrehungen an.
d) Die Versuchsperson öffnet die Augen und läuft entlang der Linie.

Aufgaben

1. Lass die Versuchsperson beschreiben, wie sie sich nach dem Abstoppen fühlt.
2. Versucht, das Ergebnis zu erklären.

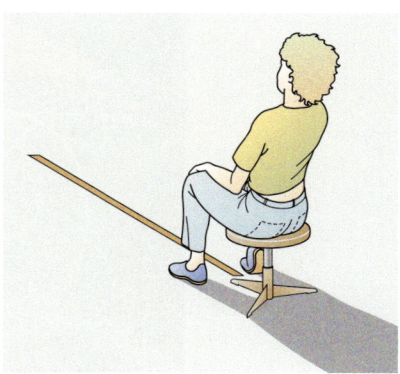

7 Auf dem Drehstuhl

Erfahrungen mit allen Sinnen

Stell dir vor, du könntest nicht sehen. Viele Dinge, die du tagtäglich tust, wären nicht möglich: Fahrradfahren zum Beispiel. Wenn du Fahrrad fährst, reicht es nicht, nur die
5 Technik des Fahrens zu beherrschen. Du musst zusätzlich auf den Weg achten, Verkehrszeichen berücksichtigen, die anderen Verkehrsteilnehmer im Blick haben – und auf sie reagieren.

Unsere fünf Sinne

10 Augen, Ohren, Nase, Zunge und Haut sind unsere **Sinnesorgane**. Sie melden uns ständig, was in unserer Umgebung gerade geschieht. Signale, die wir aus der Umwelt empfangen,
15 nennt man **Reize**. Solche Reize können Licht, Schall, Druck, Wärme, Duftstoffe oder Geschmacksstoffe sein.

Ohne unser Gehirn geht gar nichts

Die Reize lösen in den Sinnesorganen **elektri-**
20 **sche Impulse** aus. Diese Impulse werden an das Gehirn weitergeleitet. Unser Gehirn wertet die elektrischen Impulse aus. Jetzt findet die eigentliche **Wahrnehmung** statt: das Sehen, Hören, Tasten, Fühlen, Riechen oder
25 Schmecken.

Ständig gelangen gleichzeitig sehr viele Reize an unsere Sinnesorgane. Das Gehirn muss daher blitzschnell entscheiden, welche Informationen wirklich wichtig sind. Nur die-
30 se wertet das Gehirn aus.
(▶ System, S. 198/199)

Grenzen unserer Sinnesorgane

Jedes unserer Sinnesorgane ist nur für einen ganz bestimmten Reiz empfindlich: das Auge
35 für Licht, das Ohr für Schall und die Nase für Duftstoffe (▷ B 2). Magnetische Felder oder radioaktive Strahlung können wir nicht wahrnehmen. Dafür haben wir keine Sinnesorgane. Wir sind auf Messgeräte angewiesen.
40 Unsere Sinnesorgane sind teilweise auch nur für bestimmte Bereiche empfindlich. Wir können beispielsweise sehr hohe Töne, die man Ultraschall nennt, nicht hören. Fleder-
45 mäuse dagegen nutzen Ultraschall, um sich im Raum zu orientieren und um ihre Beute aufzuspüren.

Gut geschützt

Die Sinnesorgane sind unsere Verbindungen zur Umwelt. Wird eines geschädigt, bist du in
50 deiner Wahrnehmung eingeschränkt. Daher

tagtäglich
jeden Tag

blitzschnell
sehr schnell,
so schnell wie
ein Blitz

angewiesen sein
etwas unbedingt
brauchen

aufspüren
suchen und finden

1 Gut geschützt mit allen Sinnen unterwegs

2 Duftstoffe nehmen wir über die Nase wahr.

ist es besonders wichtig, deine Sinnesorgane vor Gefahren und Verletzungen zu schützen (▷ B 1). Bei Arbeiten an einer lauten Maschine trägst du einen **Gehörschutz**. Bei gefährli-
50 chen Arbeiten im Labor setzt du eine **Schutz-brille** auf. Geruchsproben einer unbekannten Substanz fächelst du dir behutsam mit der Hand zu. Ein Gericht probierst du vorsichtig: Es könnte zu scharf oder zu heiß sein.

60 Unsere Sinnesorgane liefern uns wichtige In-formationen aus unserer Umwelt. Über sie nehmen wir unsere Umwelt wahr und orien-tieren uns in ihr. Die Wahrnehmung entsteht im Gehirn.

behutsam
vorsichtig

BASISKONZEPT System

Systeme bestehen aus verschiedenen Einzeltei-len. Jedes dieser Einzelteile hat eine bestimmte Aufgabe und trägt damit dazu bei, dass das Sys-tem als Ganzes funktioniert. Auch im menschli-chen Körper arbeiten einzelne Teile als Systeme zusammen. Beispiel Sehen: Licht erregt die Sehsinneszellen im Inneren des Auges. Die Sehsinneszellen senden elektrische Impulse ans Gehirn. Das Gehirn verarbeitet die Impulse: Wir sehen.

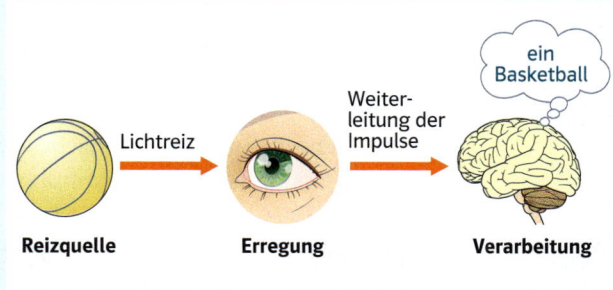

3 Auge und Gehirn arbeiten zusammen.

Aufgaben

1 Lege eine Lernkartei an: Schreibe jeweils ein Sin-nesorgan auf die Vorderseite eines Karteikärtchens. Schreibe den passenden Reiz und die Sinnesleistung auf die Rückseite. (💡 S. 217)

2 Du fährst mit dem Rad zur Schule: Beschreibe, welche Informationen dir deine Sinnesorgane liefern.

3 Beschreibe Situationen, in denen du deine Sinnesorga-ne schützen solltest.

4 Fertige eine Mind-Map zum Thema „Sinnesorgane des Menschen" an. (► S. 213)

5 Recherchiere im Buch, wie Riechen und Schmecken zusammenhängen, und be-richte.

24z66i

Sinnesleistungen von Tieren

Die Augen der Tiere sind ihrer Lebensweise angepasst. Sie funktionieren aber so ähnlich wie unsere Augen. Die meisten Tiere nutzen die gleichen Sinne wie wir, aber ihre Leis-
5 tungen übertreffen unsere manchmal bei Weitem. Manche Tiere verfügen außerdem über Sinne, die wir gar nicht haben. Lebewesen haben die Sinnesorgane, die sie zum Überleben brauchen.

Schnecken mit „Stielaugen"
Landschnecken haben zwei Fühlerpaare am Kopf. Am hinteren Fühlerpaar sitzen die Augen: Bei genauem Hinsehen erkennst du einen schwarzen Punkt (▷ B 1). Das ist das
15 Auge. Es ist einfach aufgebaut. Schnecken können nicht scharf sehen. Sie unterscheiden hell und dunkel und Bewegungen.

Spinnen haben acht Augen
Spinnen orientieren sich mit ihren tastemp-
20 findlichen Beinen. Vorne erkennt man jedoch acht Augen: vier große in der Mitte und je zwei kleinere an der Seite (▷ B 2). Damit sieht die Spinne nur in der Nähe gut.

Wie Fledermäuse hören
25 Fledermäuse (▷ B 3) jagen nachts und können auch bei vollständiger Dunkelheit

fliegende Insekten fangen. Dazu stoßen sie Ultraschalllaute aus. Das sind sehr hohe Töne, die Menschen nicht hören. Die Beutetiere
30 reflektieren die Töne als Echo. Die Fledermaus erkennt so, wo sich ihre Beute befindet, und kann sie blitzschnell fangen.

„Lesen" mit der Nase
Hunde laufen häufig mit der „Nase am Bo-
35 den". Sie „lesen" dabei Botschaften aus der Umgebung (▷ B 4). Wir nutzen diese Fähigkeit bei Suchhunden. Ihre Nase ist mehr als 40-mal so empfindlich wie unsere.
   Auch Schlangen orientieren sich über Ge-
40 rüche. Mit ihrer an der Spitze gespaltenen Zunge prüfen sie ständig die Luft. Im Gaumen der Schlange befindet sich ein besonderes Organ, in das die Zungenspitzen eingeführt werden. Dieses „liest" die daran haftenden
45 Duftstoffe ab.

Sehen wie ein Adler
Die Augen der Greifvögel sind viel leistungsfähiger als unsere. Turmfalken erkennen eine winzige Maus noch aus 300 m Höhe (▷ B 5).
50 Außerdem können Greifvögel ihren Kopf weiter nach hinten drehen. So können sie einen großen Ausschnitt aus ihrer Umgebung beobachten.

übertreffen
besser sein

reflektieren
zurückwerfen

ständig
immer

leistungsfähiger
sein
mehr können

1 Schnecke: Augen am Ende der Fühler

2 Augen einer Spinne

3 Fledermaus im Flug

4 Hund beim „Lesen" mit der Nase

5 Turmfalken haben scharfe Augen.

Der Wärmesinn der Schlangen

55 Klapperschlangen finden auch mit verdeckten Augen und verschlossenen Nasenlöchern zielsicher ihre Beute. Zwischen Auge und Nasenloch befindet sich auf jeder Seite eine kleine Grube (▷ B 6). In ihr liegen dicht zu-
60 sammen zahlreiche Sinneszellen, die empfindlich auf Wärme reagieren. Man bezeichnet dieses Sinnesorgan der Schlangen als Grubenorgan. Über das Grubenorgan nehmen Klapperschlangen Wärmebilder ihrer
65 Beute wahr. So können sie auch bei Dunkelheit eine Maus aufspüren.
(► Struktur-Eigenschaft-Funktion, S. 200/201)

6 Grubenorgan einer Schlange

Aufgaben

1 Beschreibe, wie Hunde sich in ihrer Umwelt hauptsächlich orientieren. (💡 S. 217)

2 LS Erstellt zu zweit ein Quiz zum Text. Spielt das Quiz mit euren Mitschülerinnen und Mitschülern. Wer gewinnt?

3 Die Sinnesorgane der Lebewesen sind an ihre Lebensweise angepasst. Erläutere dies an einem Beispiel.

4 Berühre eine Schnecke vorsichtig an einem Augenfühler. Beschreibe ihre Reaktion und erkläre ihr Verhalten.

5 LS Informiere dich über Tiere, die sich mit Infraschall orientieren (► S. 44/45). Berichte darüber (► S. 214).

6 Informiert euch über weitere Sinne bei Tieren. Vergleicht sie mit den Sinnen des Menschen.

24z66i

Die Augen des Menschen

Ein gut geschütztes Sinnesorgan

Die Augen liegen gut geschützt in knöchernen **Augenhöhlen**. Die **Augenlider** (▷ B 1) schließen sich blitzschnell, wenn du etwas
5 ins Auge bekommst. **Tränenflüssigkeit** hält deine Augen immer feucht und sauber. An den **Wimpern** bleiben Staubkörnchen hängen. Die **Augenbrauen** verhindern, dass Schweiß in die Augen tropft.

10 Aufbau des Auges

Die Wand des Auges besteht aus mehreren Schichten (▷ B 2). An der **Lederhaut** setzen die Augenmuskeln an. Sie können das Auge in fast alle Richtungen bewegen. Dort, wo
15 Licht ins Auge fällt, ist die Lederhaut durchsichtig wie Glas und heißt **Hornhaut**. Die **Aderhaut** enthält viele Blutgefäße, die das Auge mit Sauerstoff und Nährstoffen versorgen. In der **Netzhaut** sitzen viele lichtemp-
20 findliche **Sehsinneszellen**. Sie reagieren auf Licht und erzeugen elektrische Impulse.

So gelangt Licht ins Auge

Das Licht fällt durch die Hornhaut und die **Pupille** ins Auge. Die **Iris** umgibt die Pupille.
25 Sie bestimmt die Augenfarbe. Außerdem vergrößert oder verkleinert die Iris die Pupille. So regelt sie, wie viel Licht ins Auge fällt. Hinter der Pupille liegt die elastische Linse. Ringmuskeln können sie so verändern, dass ein
30 scharfes Bild entsteht. Durch den Glaskörper fällt das Licht auf die Netzhaut mit den Sehsinneszellen. Am **Gelben Fleck** sieht man besonders gut. Am **Blinden Fleck** gibt es keine Sehsinneszellen, denn dort verlässt der Seh-
35 nerv das Auge. Der Sehnerv leitet die elektrischen Impulse von den Sehsinneszellen zum Gehirn weiter. Dort entsteht die Wahrnehmung: Wir sehen. (▶ System, S. 198/199)

**Das Licht gelangt durch die Pupille zur
40 Netzhaut mit den Sehsinneszellen. Die Sehsinneszellen erzeugen elektrische Impulse. Der Sehnerv leitet die Impulse zum Gehirn.**

knöchern
besteht aus
Knochen

elastisch
lässt sich
verformen und
geht danach
wieder in die
ursprüngliche
Form zurück

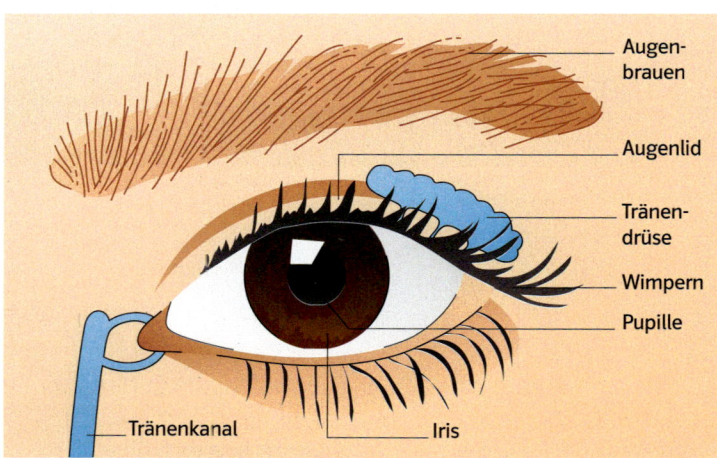

1 Schutzeinrichtungen des Auges

Labels: Augenbrauen, Augenlid, Tränendrüse, Wimpern, Pupille, Tränenkanal, Iris

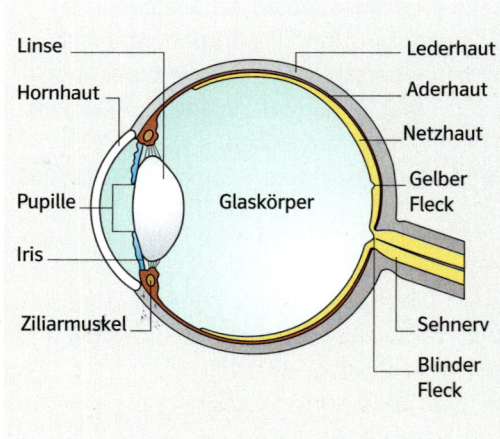

2 Aufbau des Auges

Labels: Linse, Hornhaut, Pupille, Iris, Ziliarmuskel, Lederhaut, Aderhaut, Netzhaut, Gelber Fleck, Glaskörper, Sehnerv, Blinder Fleck

Aufgaben

○ 1 Liste die Schutzvorrichtungen des Auges auf. Beschreibe ihre Funktion. (💡 S. 217)

◔ 2 Beschreibe mithilfe von
LS Text und Bild 2 den Aufbau des Auges deinem Nachbarn oder deiner Nachbarin.

● 3 Beurteile, ob das Vergrößern
10 und Verkleinern der Pupille auch eine Schutzeinrichtung ist. Begründe deine Antwort.

Versuche zum Sehen

1 Der Sehtest
Versuchsanleitung
a) Betrachte die Buchstaben in Bild 1 aus 1,5 m Entfernung. Kannst du sie ohne Schwierigkeiten lesen?
b) Protokolliere das Ergebnis und vergleiche mit deinen Mitschülern.

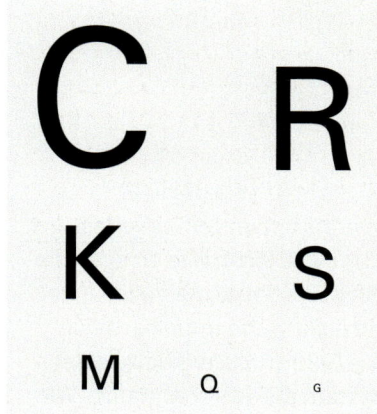

1 Buchstaben für den Sehtest

2 Alles Einbildung?
Material
weißes Blatt Papier

Versuchsanleitung
a) Lege das Blatt neben das Buch.
b) Schließe ein Auge und betrachte mit dem anderen Auge Bild 2 etwa eine Minute lang. Fixiere dabei den Punkt in der Mitte. Schaue dann sofort auf das weiße Blatt.
c) Beschreibe deine Beobachtung und versuche, sie zu erklären.

2 Fixiere den Punkt in der Mitte.

3 Wie reagieren die Pupillen?
Versuchsanleitung
a) Führt diesen Versuch zu zweit durch: Die Versuchsperson schließt beide Augen und deckt sie zusätzlich mit beiden Handflächen ab (▷ B 3).
b) Nach etwa einer halben Minute nimmt sie die Hände weg, öffnet die Augen und schaut sofort direkt in die eingeschaltete Lampe.

Aufgaben
1. Beobachte sofort die Pupillen der Versuchsperson. Notiere deine Beobachtung und erkläre sie.

4 Ein Loch in deiner Hand
Material
DIN-A4-Blatt

Versuchsanleitung
a) Rolle das Blatt zu einer Röhre, halte sie vor dein linkes Auge und führe die rechte Hand an die Röhre (▷ B 4). Schaue mit beiden Augen.
b) Beschreibe und erkläre deine Beobachtung.

5 Rettung für den Wurm?
Versuchsanleitung
a) Halte das Buch mit ausgestrecktem Arm in Augenhöhe. Decke mit der rechten Hand das rechte Auge

2. Wiederholt den Versuch. Diesmal wird nur ein Auge geschlossen.
3. Vergleicht die Ergebnisse und zieht eine Schlussfolgerung.

3 Zuerst die Augen schließen

4 Was siehst du?

ab und schaue mit dem linken Auge auf die Henne (▷ B 5).
b) Nähere das Buch nun langsam dem linken Auge. Beschreibe und erkläre deine Beobachtung.

5 Fängt sie den Wurm?

24z66i

Kannst du deinen Augen trauen?

1 Nur ein Apfelrest?

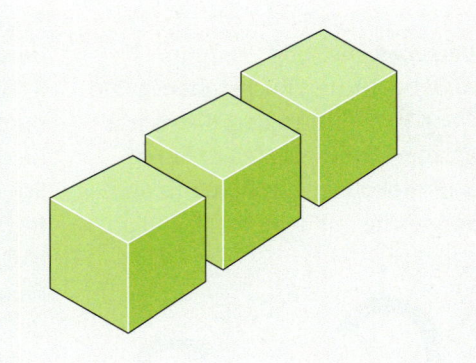

2 Groß, größer, am größten?

Merkwürdige Beobachtungen

Bild 2 zeigt drei Würfel. Aus Erfahrung wissen wir, dass gleich große Gegenstände umso kleiner erscheinen, je weiter sie entfernt sind. Es ist also ganz klar: Der vordere Würfel ist der kleinste, der hintere der größte. Stimmt das wirklich? In Bild 3 siehst du jeweils zwei farbige Linien. Sie sind gebogen, oder?

Wenn du Bild 4 eine Zeit lang betrachtest, macht du eine besonders merkwürdige Beobachtung. Kannst du deinen Augen trauen?

merkwürdig
seltsam, „komisch"

zuverlässig
glaubwürdig, sicher

optisch
alles, was mit dem Sehen zu tun hat

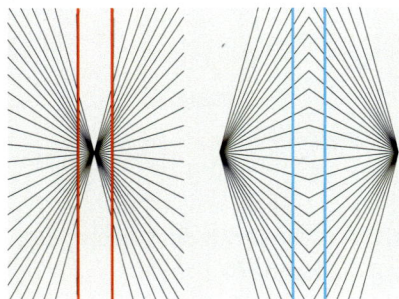

3 Gerade oder gebogen?

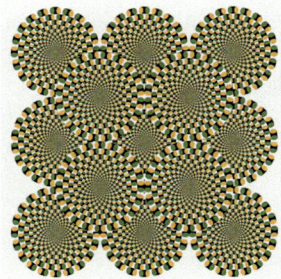

4 Dreht sich da etwas?

Augen und Gehirn arbeiten zusammen

Der Sehsinn vermittelt uns ein zuverlässiges Bild unserer Umwelt. Lichtreize erregen die Sehsinneszellen. Die Sehsinneszellen erzeugen daraufhin elektrische Impulse. Diese werden an das Gehirn weitergeleitet. Erst im Gehirn entsteht die Wahrnehmung: Wir sehen. Manchmal sehen wir aber etwas ganz anders, als es in Wirklichkeit ist. Wie ist das möglich?

Im Gehirn werden die elektrischen Impulse zu Bildern verarbeitet. Das Ergebnis wird auch mit früheren Bildern der Umwelt verglichen. So kann es zu fehlerhaften Deutungen kommen. Man nennt das **optische Täuschung**.

Das Gehirn verarbeitet die ankommenden elektrischen Impulse zu Bildern. Dabei vergleicht es auch mit früheren Bildern der Umwelt. Dadurch kann es zu optischen Täuschungen kommen.

Aufgaben

1 Betrachte Bild 1 und beschreibe, was du siehst. Vergleiche mit deinem Nachbarn oder deiner Nachbarin. (💡 S. 217)

2
a) Überprüfe die Aussagen zu den Bildern 2 und 3. Notiere die Ergebnisse.
b) Vermute, wie diese optischen Täuschungen jeweils zustande kommen.

3 Erläutere, wie es zu optischen Täuschungen kommt.

4 Informiere dich über eine weitere optische Täuschung und stelle sie der Klasse vor (► S. 214).

Schutz für die Augen

24z66i

Material 1

Eine coole Sonnenbrille?

Emre und Fabian sind nach der Schule auf dem Heimweg. Fabian zieht seine neue Sonnenbrille aus der Jackentasche und setzt sie auf.

Emre: Coole Sonnenbrille, gefällt mir! Ist die neu?

Fabian: Die hab ich mir gestern gekauft, war ein super Angebot, ganz billig!

Emre: Aber hat die auch einen UV-Filter, wenn sie so billig war?

Fabian: Keine Ahnung. Wozu? Die Brille hat doch dunkle Gläser, damit kann ich sogar in die Sonne gucken.

Emre: Da wär ich aber vorsichtig! Die dunklen Gläser schirmen ja nur das sichtbare Licht ab. Dann blendet dich die Sonne nicht mehr. Aber es gibt ja auch noch die UV-Strahlung, die wir nicht sehen können. Sie ist schädlich für die Augen. Und besonders gefährlich wird es, wenn du eine dunkle Sonnenbrille trägst.

Fabian: Was? Wieso denn das?

Emre: Ganz einfach: Hinter den dunklen Gläsern sind die Pupillen weit geöffnet und das UV-Licht kommt ungehindert ins Auge und bis zur Netzhaut.

Fabian: Hmmm. Woher weißt du das eigentlich alles?

Emre: Ich war mit meiner Mutter beim Optiker, der hat uns das alles genau erklärt. Er hat gesagt, eine gute Sonnenbrille sollte innen auf dem Bügel ein CE-Zeichen haben oder zumindest einen Aufkleber „UV 400".

Fabian: Dann ist meine neue Sonnenbrille vielleicht gar nicht so cool?

Wenn der Mond die Sonne verdeckt

Material 2

Bei einer Sonnenfinsternis schiebt sich der Mond auf seiner Umlaufbahn genau zwischen die Sonne und die Erde. Dabei verdeckt er die Sonne ganz oder teilweise. Wer dieses seltene Schauspiel einmal beobachten konnte, wird es nie wieder vergessen: Licht und Schatten verändern sich, es wird kühler und plötzlich ganz still.
Aber Achtung: Ohne eine spezielle Sonnenfinsternisbrille drohen ernsthafte Augenschäden. Wenn man gezielt in die Sonne schaut, trifft die gefährliche UV-Strahlung direkt auf den Gelben Fleck, die Stelle des schärfsten Sehens auf der Netzhaut. Das kann zur Erblindung führen oder Krebs hervorrufen. Außerdem können ein sehr schmerzhafter Sonnenbrand der Hornhaut und eine Trübung der Linse die Folge sein.

Aufgaben

1 Lies Material 1.

a) Erläutere, worauf du beim Kauf einer Sonnenbrille achten solltest. (💡 S. 217)

b) Erkläre, warum dunkle Gläser allein zum Schutz der Augen nicht ausreichen.

c) Diskutiert die Aussage: „Eine Sonnenbrille sollte nicht nur cool aussehen."

2 Lies Material 2.

a) Beschreibe den Verlauf einer Sonnenfinsternis. (💡 S. 217)

b) Vermute, welche Auswirkung eine Trübung der Linse hat.

c) Begründe, warum das Beobachten einer Sonnenfinsternis die Augen schwer schädigen kann.

d) Arbeitet zu zweit: Tragt weitere Alltagssituationen zusammen, in denen eine Schutzbrille wichtig ist.

Leben ohne Licht

Für die meisten Menschen ist es selbstverständlich, dass sie ihre Umgebung sehen können. Stell dir einmal vor, du würdest nichts sehen. Wie könntest du dich dann in deiner Umgebung zurechtfinden?

1 Orientierung ohne Licht

Material
Tuch, Stock

Versuchsanleitung
a) Gehe mit verbundenen Augen vom Fachraum zu deinem Klassenzimmer. Bitte eine Mitschülerin oder einen Mitschüler, dich zu begleiten. Lass dir jeweils die Richtung angeben. Meide das Treppenhaus! An gefährlichen Stellen sichert dich dein Partner.

b) Versuche, den Rückweg alleine zu finden. Benutze zur Orientierung den Stock. Deine Mitschülerin oder dein Mitschüler warnt dich vor gefährlichen Stellen. Wie kannst du den Stock einsetzen, um den Weg zu finden? An welchen Stellen hast du Schwierigkeiten bei der Orientierung?

Aufgabe
1. Berichte in der Klasse über deine Erfahrungen.

1 Blinde benötigen Hilfe.

2 Stockeinsatz

2 Geld zählen

Material
Tuch, verschiedene Geldstücke (u. a. 1,38 € in Münzen)

Versuchsanleitung
a) Auf einem Tisch vor dir liegen verschiedene Geldstücke. Versuche, den Wert dieser Geldstücke mit verbundenen Augen zu ertasten.

b) Zähle anschließend einen Betrag von 1,38 € mit verbundenen Augen ab.

Aufgabe
1. Beschreibe, woran du die verschiedenen Münzen erkennen kannst.

3 Gegenstände aufheben

Material
Tuch, verschiedene kleine Gegenstände (z. B. Schlüssel)

Versuchsanleitung
a) Eine Person lässt einen Schlüssel zu Boden fallen.
b) Hebe den Schlüssel mit verbundenen Augen auf.
c) Wiederholt den Versuch mit anderen Gegenständen, z. B. mit einer Münze oder einem Blatt Papier.
d) Welche Gegenstände hast du problemlos gefunden? Begründe.

4 Wasser umgießen

Material
Tuch, 2 Wassergläser, Wasser

Versuchsanleitung
Mit geöffneten Augen ist es einfach, Wasser von einem Glas in ein anderes zu gießen. Schaffst du das auch mit verbundenen Augen (▷ B 2)? Probiere es aus und finde heraus, welcher „Trick" dir dabei helfen kann.

2 Wasser umgießen

Hilfsmittel für Blinde

1 Das Alphabet in der Braille-Schrift

Fehlendes Augenlicht

Viele Menschen können ihre Umwelt nur ein-geschränkt wahrnehmen. Wusstest du, dass in Deutschland mehr als 150 000 Menschen
5 blind sind? Blinde Menschen haben gelernt, ihre anderen Sinne besonders gut zu nutzen: Viele blinde Menschen können sehr gut hören und tasten.

Leben in der Dunkelheit

10 Für blinde Menschen ist die Orientierung au-ßerhalb der gewohnten Umgebung schwie-rig. Das wichtigste Hilfsmittel für sie ist der **Langstock**. Er heißt so, weil er vom Erdboden bis zur Brust reicht. Mit dem Langstock tastet
15 ein Blinder den Bereich vor sich ab, wobei die Stockspitze immer am Boden bleibt. So sichert er seine nächsten Schritte.

Auch ein **Blindenhund** hilft bei der Orien-tierung. Blindenhunde werden sorgfältig

20 ausgebildet und sind verlässliche Partner. Sie suchen selbstständig den Weg, erkennen Zebrastreifen, Eingänge an Häusern und freie Sitzplätze in Bussen. Dabei lassen sie sich auch von anderen Hunden nicht ablenken.

Mit den Fingern lesen

25 Blinde Menschen können eine Schrift lesen, die aus ertastbaren Punkten besteht (▷ B 1). Diese Schrift hat der Franzose Louis Braille (1806 – 1852) im Jahr 1822 erfunden. Nach ihm
30 wird sie **Braille-Schrift** genannt. Heute be-nutzt man diese Schrift auf der ganzen Welt. Vielleicht hast du sie schon einmal auf einer Packung von Medikamenten gesehen.

Blinde Menschen können nicht sehen. Sie
35 **können aber zum Beispiel besonders gut hören oder tasten. Für blinde Menschen gibt es verschiedene Hilfsmittel.**

eingeschränkt
nur zum Teil, nicht vollständig

ertastbar
etwas, das man tasten kann

Aufgaben

1 Benenne Hilfsmittel für blin-de Menschen. (💡 S. 217)

2 Finde heraus, welche Hilfs-
LS mittel es für blinde Men-schen an Bahnhöfen und öffentlichen Plätzen gibt. Beschreibe, wie sich Blinde dort orientieren können.

3 Arbeitet in Gruppen.
a) Überlegt, welche Bedeutung der Sehsinn für die Verständi-gung hat. Tragt eure Ergebnis-se zusammen.
b) Welche Folgen hat das Blind-sein für das Zusammenleben mit anderen Menschen? Diskutiert darüber.

Versuch

1 Drücke mit einem stumpfen Stift spiegelverkehrt Wörter in der Braille-Schrift in ein Löschblatt. Lass dann deinen Partner oder deine Partnerin die Erhebungen auf der Rückseite des Papiers lesen.

24z66i

Unsichtbares Licht

1 Verdächtiger im Wald

Das menschliche Auge kann nur einen Teil des Lichts sehen, das sogenannte sichtbare Licht. Die für uns unsichtbaren Bereiche des Lichts sind das infrarote Licht (IR-Licht) und das ultraviolette Licht (UV-Licht).

Infrarotes Licht im Alltag

In deiner Heimatstadt ist ein Einbrecher unterwegs, der meistens in der Dunkelheit zuschlägt. Die Polizei ist sich sicher, dass er sich in einem Wald versteckt hat. Um den Verdächtigen zu finden, setzt die Polizei eine Wärmebildkamera ein (▷ B 1). Diese Kamera kann infrarotes Licht für uns sichtbar darstel-len. Alle Körper senden infrarotes Licht aus. Ein kalter Körper wird in blauen und violetten Farbtönen dargestellt. Warme Körper werden gelb, orange und rot angezeigt. Der Verdächtige kann also aufgrund seiner Körperwärme im Wald sichtbar gemacht werden.

Diese Technik wird auch bei Häusern eingesetzt. Mit einer Wärmebildkamera kann man die Stellen erkennen, an denen ein Haus Wärme abgibt (▷ B 2).

Die gelben und roten Bereiche zeigen, an welchen Stellen das Haus viel Wärme aussendet. Dort könnten die Hauseigentümer die Isolierung verbessern.

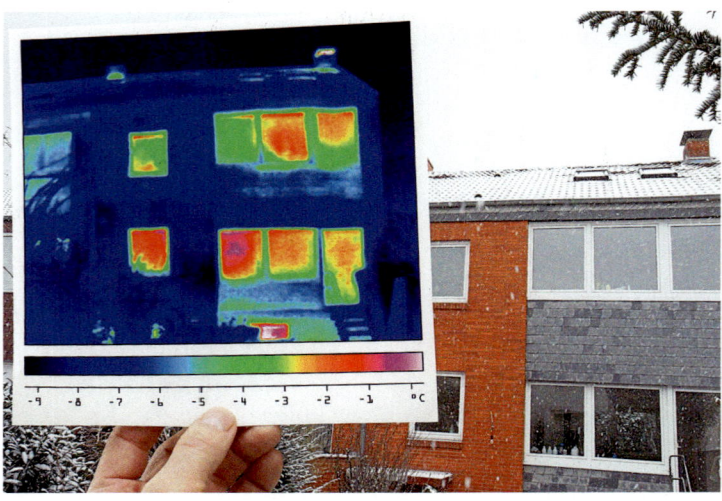

2 Die Wärmebildkamera zeigt an, wo ein Haus Wärme abgibt.

3 Die unteren zwei Geldscheine sind gefälscht.

4 Etwa so sehen Bienen eine Wiese mit Gänseblümchen.

Ultraviolettes Licht im Alltag

Wenn man in Geschäften mit Geldscheinen
bezahlt, kann es vorkommen, dass an der
Kasse der Geldschein mithilfe eines besonderen Gerätes auf seine Echtheit geprüft wird.
Leuchten durch die UV-Strahlung des Prüfge-
räts die Sterne der EU-Flagge gelblich, wie
rechts oben in Bild 3, ist der Geldschein echt.

Auch die Polizei verwendet UV-Licht, um
mögliche Blutspuren oder auch Fingerab-
drücke an einem Tatort sichtbar zu machen.

Wirkungen von IR-Licht und UV-Licht

Infrarotes Licht und ultraviolettes Licht sind
sehr energiereich.

Dringt IR-Licht in die Haut ein, erwärmt es
das Gewebe darunter. Infrarotlampen setzt
man deshalb zur Behandlung von Muskel-
verspannungen, Rheuma und chronischen
Entzündungen ein. Zu viel IR-Licht ist allerdings schädlich für das Gewebe.

Der menschliche Körper benötigt UV-Licht
zum Aufbau von Vitamin D. Da das Sonnenlicht sehr viel UV-Licht enthält, sollte man
sich im Winter oft draußen aufhalten. Zu viel

UV-Strahlung ist aber ebenfalls schädlich,
denn sie verursacht Sonnenbrand oder sogar
Hautkrebs. Im Sommer- und im Winterur-
laub solltest du daher immer Sonnenschutzmittel verwenden. (► Energie, S. 206/207)

Besondere Sinnesleistungen von Tieren

Dass es Schlangen gibt, die das IR-Licht wahrnehmen können, hast du bereits kennengelernt (► S. 30/31). Das Grubenorgan der Klapperschlange ist also eine eingebaute
Wärmebildkamera zum Orten der Beutetiere.

Bienen können UV-Licht sehen, das von
gelben, weißen oder roten Blüten zurückgeworfen wird (▷ B 4). Dafür können Bienen
die Farbe Rot nicht sehen. Dies zeigt der Vergleich der Sehbereiche in Bild 5.

Gewebe
Stoff, aus dem die
Haut und die
Organe bestehen

chronisch
lange andauernde
Krankheit

5 Vergleich der Sehbereiche von Biene und Mensch.

Aufgaben

1 Vergleiche in Bild 2 die obere
und die untere Fensterreihe.
Erläutere, in welcher Etage
bereits renoviert wurde.

2 Gib an, welche Farben
Bienen bei einer Löwen-
zahnblüte wahrnehmen.

3 Betrachte Bild 3. Beschreibe,
woran der Kassierer erkennen kann, ob ein Geldschein
gefälscht ist.

4 Alexej kauft für den Ski-
Urlaub eine neue Packung
Sonnencreme. Beurteile
diese Reisevorbereitung.

5 Erläute, wie Bienen eine Rot-
kleeblüte wahrnehmen.

6 Klapperschlangen haben ein
Grubenorgan. Begründe da-
mit, warum sie auch bei
Nacht gute Jäger sind.

24z66i

Die Ohren als Schallempfänger

Das Ohr kann man in verschiedene Bereiche unterteilen (▷ B 1). Das **Außenohr** umfasst den Abschnitt von der Ohrmuschel bis zum Trommelfell. Im **Mittelohr** befinden sich die
5 Gehörknöchelchen und im **Innenohr** liegt die Hörschnecke.

Wie wir Schall hören

Die **Ohrmuschel** fängt den Schall auf. Über den etwa 2 cm langen **Gehörgang** gelangt
10 der Schall zum **Trommelfell**. Die Schallwellen bringen das Trommelfell zum Schwingen. Die Schwingungen werden auf die drei **Gehörknöchelchen**, Hammer, Amboss und Steigbügel, übertragen. Sie leiten die Schwingun-
15 gen zur **Hörschnecke** weiter. Hier erregen die Schwingungen die **Hörsinneszellen**. Die Hörsinneszellen erzeugen daraufhin elektrische Impulse. Der **Hörnerv** leitet die Impulse zum Gehirn. Jetzt nehmen wir den Schall wahr:
20 Wir hören.

Immer im Gleichgewicht

Die Ohren sind nicht nur für das Hören, sondern auch für das Gleichgewicht zuständig. Drehen wir uns schnell im Kreis, wird uns
25 schwindelig. Dieses Gefühl löst das **Gleichgewichtsorgan** aus. Es liegt neben der Hörschnecke. Seine drei Bogengänge sind mit Flüssigkeit gefüllt. Wenn wir uns bewegen, drückt die Flüssigkeit in den Bogengängen
30 auf Sinneszellen: Sie erzeugen elektrische Impulse. Auch diese gelangen über den Hörnerv zum Gehirn. Wir erkennen auf diese Weise, wenn sich unsere Lage ändert.
(► System, S. 198/199)
35 (► Struktur-Eigenschaft-Funktion, S. 200/201)

Schallwellen erregen die Hörsinneszellen. Die Hörsinneszellen erzeugen elektrische Impulse, die zum Gehirn geleitet und dort verarbeitet werden: Wir hören. Im Innenohr
40 **liegt auch das Gleichgewichtsorgan.**

umfasst
besteht aus,
enthält

Schwingen
gleichmäßiges
Hin- und Her-
bewegen

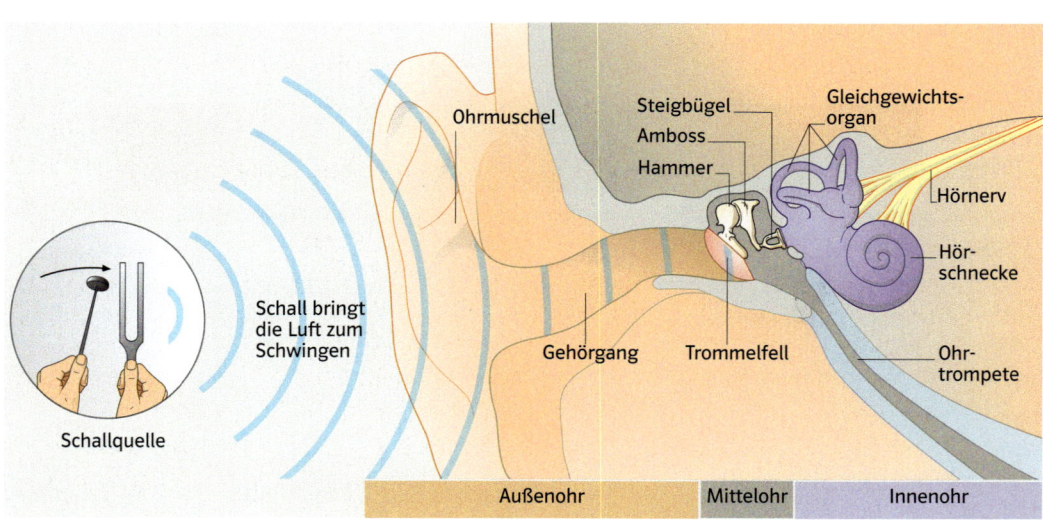

Schall bringt
die Luft zum
Schwingen

Schallquelle

Ohrmuschel

Steigbügel
Amboss
Hammer

Gleichgewichts-
organ

Hörnerv

Hör-
schnecke

Gehörgang   Trommelfell

Ohr-
trompete

Außenohr   Mittelohr   Innenohr

1 Aufbau des Ohrs

Aufgaben

○ **1** Beschreibe den Aufbau von Außen-, Mittel- und Innenohr (▷ B 1). (💡 S. 217)

◖ **2** Stelle den Weg von der
LS Schall-Entstehung bis zur Wahrnehmung in einem Flussdiagramm dar.

● **3** Herrn Müllers Trommelfell ist durch den lauten Knall einer Explosion geschädigt. Recherchiere mögliche Folgen.

Versuche zum Hören

Für die folgenden Versuche muss es im Klassenraum ganz still sein!
Protokolliere die Ergebnisse.

1 Unser Ohr fängt den Schall
Material
2 Bogen Papier

Versuchsanleitung
a) Stelle dich mit dem Rücken zur Klasse. Ein Mitschüler oder eine Mitschülerin flüstert dir etwas zu.
b) Dreh dich dann so, dass du seitlich zur Klasse stehst. Lass dir erneut etwas zuflüstern.
c) Dreh dich nun zur Klasse und halte die Hände hinter die Ohren. Es wird nochmals geflüstert.
d) Rolle die beiden Bögen Papier zu zwei großen Trichtern. Halte die Trichter an deine Ohren (▷ B 1). Wiederhole die Versuche a) und b).

Aufgaben
1. Schreibe auf, wie du das Flüstern jeweils wahrnimmst.
2. Erläutere, welche Wirkung die Hände im Versuchsteil c) haben.
3. Erläutere, welche Wirkung die Trichter im Versuchsteil d) haben.

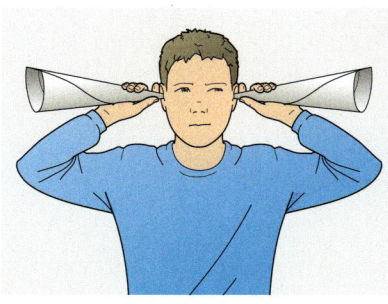

1 Papiertrichter als Hörhilfe

2 Woher kommt der Schall?
Material
Kunststoff- oder Gummischlauch (ca. 1 m lang), Farbstift, Maßband

Versuchsanleitung
Arbeitet zu zweit.
a) Markiert zuerst mit dem Stift genau die Mitte des Schlauches.
b) Die Testperson sitzt mit dem Rücken zum Tisch und hat die Schlauchenden in den Ohren (▷ B 2).

d) Der Partner oder die Partnerin klopft mit einem Stift leicht (!) auf den Schlauch.
e) Die Testperson soll sagen, ob sie das Klopfen rechts oder links von der Mitte wahrnimmt. Wenn sie sich nicht entscheiden kann, dann wird der Schlauch auch an dieser Stelle als „Mitte" markiert.
f) Überprüft mit dem Maßband, wie genau die Testperson die Mitte getroffen hat.

3 Eingeschränkt hören
Material
Watte, 2 Plastikbecher, langer Stoffstreifen

Versuchsanleitung
Wie nehmen schwerhörige Menschen Geräusche wahr? Plane einen Versuch, der dies zeigt, und führe den Versuch durch.

Aufgaben
1. Beschreibe, wie du die Geräusche aus deiner Umgebung wahrnimmst. Wie klingt es, wenn du sprichst?
2. Finde heraus, wie du dich mit einem Mitschüler ohne Worte verständigen kannst.

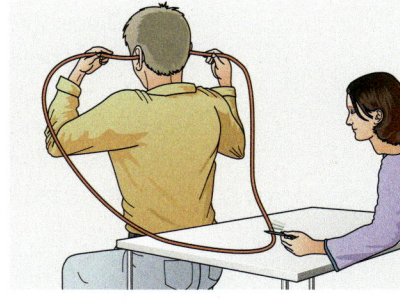

2 Wo hat's geklopft?

Aufgabe
1. Erklärt das Versuchsergebnis.

Aufgaben
○ **1** Nehmt verschiedene Geräusche auf (z. B. Vogel, Regen, Fluss, Säge). Spielt sie in der Klasse vor und lasst die Geräusche erraten. (💡 S. 217)

◑ **2** Beschreibe die Ohren einer Katze, wenn sie ein Geräusch wahrnimmt. Vergleiche dazu das Verhalten des Menschen. Erkläre den Unterschied.

● **3** Hören ist wichtig für die Verständigung mit anderen Menschen und für die Orientierung in der Umwelt. Erkläre dies an Beispielen.

Was ist Schall?

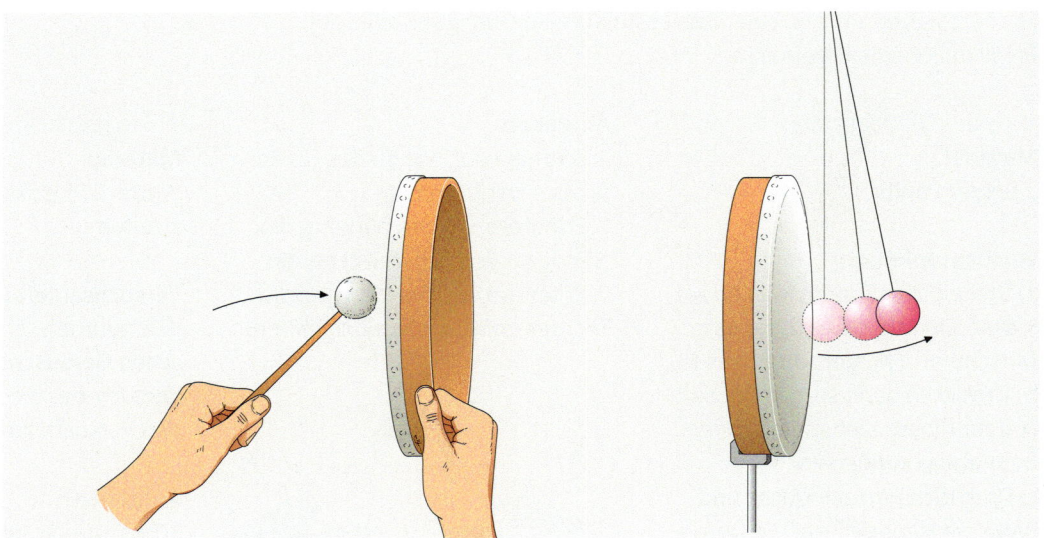

1 Wieso bewegt sich die rechte Kugel?

Wie breitet sich Schall aus?

Stell dir vor, du schlägst das linke Tamburin in Bild 1 an. Dabei beobachtest du gleichzeitig die Kugel am rechten Tamburin. Du wirst fest-
5 stellen, dass sich auch die rechte Kugel bewegt. Dieser Versuch zeigt, dass sich Schall in der Luft ausbreitet. Durch das Anschlagen des Tamburins schwingt seine Haut. Stell dir vor, die Luft besteht aus vielen kleinen
10 unsichtbaren Teilchen. Diese Luftteilchen vor dem linken Tamburin werden beim Anschla-

Tamburin
eine Handtrommel

gen angestoßen. Die angestoßenen Luftteil-chen stoßen weitere Luftteilchen an. Schließ-lich stoßen die Luftteilchen auf das rechte
15 Tamburin. Dessen Haut beginnt ebenfalls zu schwingen. Schall breitet sich also durch schwingende Luftteilchen aus. Luft ist ein Schallträger.
(► Struktur-Teilchen-Materie, S. 204/205)

Töne und Geräusche im Alltag
20 Im Alltag hörst du viele Töne und Geräusche. Ein Vogel macht einen hohen Ton (► B 2), eine Trommel einen tiefen Ton (► B 3). Das Blätter-rascheln ist leise, ein Flugzeugstart sehr laut.
25 Mit einem einfachen Versuch kannst du herausfinden, wie verschiedene Tonhöhen und Lautstärken erzeugt werden. In Versuch 1 drückst du das Ende eines Lineals fest auf eine Tischplatte (► B 4) und zupfst du am
30 anderen freien Ende. Das Lineal schwingt und es entsteht ein Ton.

Hohe und tiefe Töne
Die Höhe des Tons hängt davon ab, wie lang der schwingende Teil des Lineals ist.
35 Schwingt ein langes Stück des Lineals (► B 4), kann man diese Bewegung meist sehen.

2 Singvögel erzeugen hohe Töne.

3 Eine große Trommel erzeugt einen tiefen Ton.

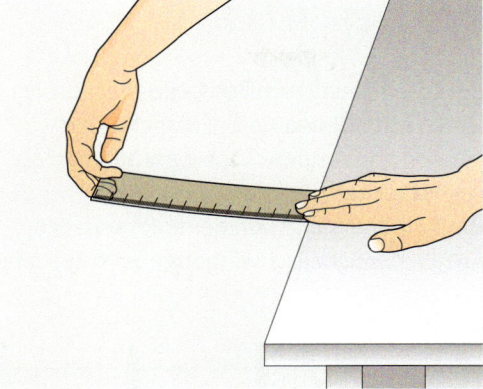

4 Zu Versuch 1

Das Lineal schwingt langsam und erzeugt einen tiefen Ton.

40   Schwingt ein kurzes Stück des Lineals (▷ B 4), lässt sich die Schwingung kaum sehen. Das Lineal schwingt jetzt schnell und erzeugt einen hohen Ton. Die Tonhöhe wird auch als Frequenz bezeichnet. Die Anzahl der Schwingungen pro Sekunde gibt man in der 45 Einheit Hertz (Hz) an. Singvögel erzeugen z. B. Töne im Bereich von 3 000 Hz bis 5 000 Hz.

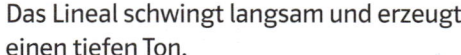

Laute und leise Töne

Um einen lauten Ton zu erzeugen, muss man die Schallquelle stärker anschlagen. Das 50 bedeutet beim Lineal, dass man das freie Ende stärker biegen muss. Nach dem Loslassen schwingt dann das Lineal stärker aus. Schlägst du z. B. die Saite einer Gitarre vorsichtig an, macht sie einen leisen Ton. 55 Schlägst du sie fest an, macht sie einen lauten Ton. (► System, S. 198/199)

Singvogel
Vogel, der sich mit schönem Gesang verständigt, z. B. Rotkehlchen

Aufgaben

1 Gib mindestens vier Schall-quellen an, die Schall in deinem Klassenraum erzeugen.

2 Zu Beginn des Unterrichts schlägt deine Lehrerin eine Klangschale an. Die Klasse wird ruhig. Beschreibe, wie der Schall von der Klang-schale zu deinen Ohren gelangt.

3
a) Beschreibe, wie mit einer Gitarre Schall erzeugt wird.
b) Erkläre, wie man mit der Gitarre laute und leise Töne erzeugen kann.

c) Erkläre, wie man mit der Gitarre hohe und tiefe Töne erzeugen kann.

4 Beschreibe, was die Angabe „440 Hz" auf einer Stimm-gabel bedeutet.

5 Im Physikunterricht schließt deine Lehrerin eine Klingel an eine Batterie an. Sie klingelt. Dann legt sie die Klingel auf eine weiche Unterlage unter eine Glasglocke. Mit einer Pumpe pumpt sie die Luft aus der Glasglocke. Vermute, was du hören wirst. Begründe deine Vermutung.

6 Recherchiere, wie man Schallschwingungen sicht-

bar machen kann. Beschreibe einen entsprechenden Versuch.

Versuch

1 Drücke ein Ende eines langen Lineals fest auf eine Tischkante (▷ B 4).
a) Zupfe nun am freien Ende des Lineals. Ändere die Länge des überstehenden Teils mehrmals. Notiere, was du hörst und siehst.
b) Lasse das Lineal so viel überstehen, dass du einen Ton deutlich hören kannst. Zupfe nun ganz vorsichtig und danach kräftiger an dem freien Ende. Notiere, was du hörst und siehst.

24z66i

Hörbereiche

Bei einem Besuch im Zoo begegnest du vielen verschiedenen Tieren. Manche Tiere können ganz andere Töne wahrnehmen als wir Menschen.
Die Tonhöhe hängt von der Frequenz, der Anzahl der Schallschwingungen pro Zeit, ab.

Sie wird in der Einheit Hertz (Hz) angegeben. 1 Hz ist eine Schwingung pro Sekunde.

Töne mit Frequenzen unter 16 Hz nennt man **Infraschall**. Elefanten unterhalten sich im Infraschall-Bereich. Die Töne sind so tief, dass wir sie nicht hören. Elefanten können andere Elefanten noch in mehreren Kilometern Entfernung hören. Auch Giraffen hören Infraschall.

Der Hörbereich des Menschen liegt etwa zwischen 16 Hz und 20 000 Hz. Ältere Menschen hören nur noch in einem kleineren Bereich. Ein Fünfzigjähriger kann etwa bis 12 000 Hz hören, ein Achtzigjähriger oft nur noch bis 5 000 Hz.

Hunde können Töne mit Frequenzen zwischen 40 Hz und 50 000 Hz hören. Töne mit Frequenzen über 20 000 Hz nennt man **Ultraschall**. Hundepfeifen erzeugen Ultraschall-Töne. Sie sind so hoch, dass wir sie nicht hören können.

Ultraschall nutzt man in der Medizin. Werdende Eltern können schon Monate vor der Geburt ihr Kind auf Ultraschallbildern sehen.
Hier siehst du ein Ultraschallbild eines Delfin-Babys im Leib der Mutter. Delfine hören Frequenzen zwischen 10 Hz und 100 000 Hz.

Löwen und andere Katzen können Schall mit Frequenzen zwischen 80 Hz und etwa 60 000 Hz hören.

Schallsignal

Echo

Änderung der Flugrichtung

Änderung der Flugrichtung

Elefanten   Raubkatzen
Pinguine
Delfine

Hohe Töne mit Frequenzen über 20 000 Hz nennt man Ultraschall. Tiefe Töne mit Frequenzen unter 16 Hz sind Infraschall.

Der Hörbereich der Fledermäuse liegt zwischen 2000 und 400 000 Hz. Fledermäuse orten Hindernisse und Beutetiere mithilfe von Ultraschall. Dabei stoßen sie sehr hohe Töne aus. Die Töne werden von Hindernissen oder Beutetieren reflektiert (zurückgeworfen). Die Fledermaus empfängt den reflektierten Schall. So weiß sie, wo sich ein Hindernis oder ein Beutetier, zum Beispiel eine Fliege oder ein Nachtschmetterling, befindet.

Aufgaben

○ **1** Gib eine Frequenz an, die Hunde hören, wir Menschen aber nicht. (💡 S. 218)

○ **2** Nenne drei Tiere, die Ultraschall hören können. (💡 S. 218)

◐ **3** Beschreibe, wie sich der Hörbereich eines Menschen mit der Zeit verändert.

◐ **4** Fasse zusammen, was du im Text auf
LS dieser Seite über Infraschall erfährst.

● **5** Zeichne ein Diagramm, das zeigt,
LS wie sich die Hörbereiche von Delfin, Mensch, Hund, Katze und Fledermaus unterscheiden (► S. 212).

24z66i

Gehör

Material 1

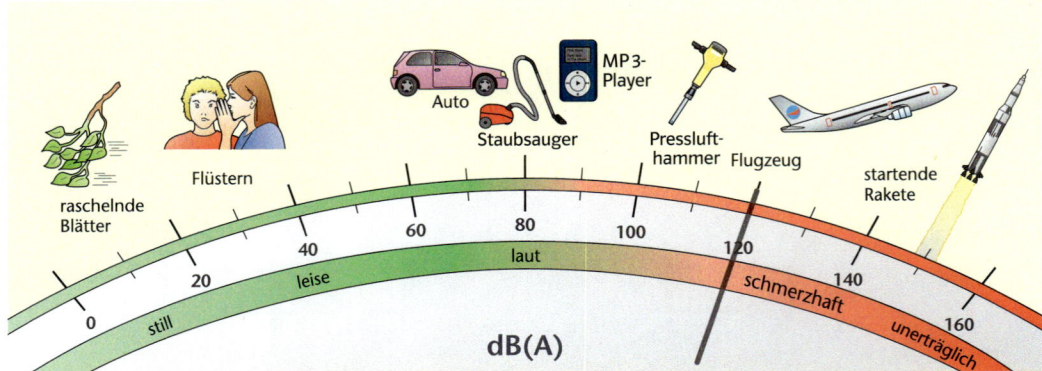

Lautstärken verschiedener Schallquellen

Immer mehr Jugendliche brauchen ein Hörgerät

Berlin. (mz) Dauerhafte Lärmbelastung: Das ist nach neuesten Untersuchungen die häufigste Ursache für die zunehmende Schwerhörigkeit bei Jugendlichen.

Die Lautstärke wird in der Einheit Dezibel (A), kurz dB(A), angegeben. Lärm schädigt die Hörsinneszellen schon ab 85 dB(A). Bei einem Musik-Festival können über 100 dB(A) erreicht werden. Ein besonderes Problem stellt nach Meinung von Experten das ständige Musikhören über Kopfhörer dar. Dort ist nicht nur die oftmals zu hohe Lautstärke schädlich, sondern auch die Dauerbelastung bei niedrigerer Lautstärke. Neben Schwerhörigkeit können Kreislaufprobleme sowie Konzentrations- und Schlafstörungen die Folge sein. Wissenschaftler warnen vor häufigen Überlastungen des Gehörs: „Am Ende ist es immer die Summe des Ganzen, die zu Schwerhörigkeit führt", erklärt Professor Leise.

Material 2

Hannas stiller Morgen

„Mein Wecker klingelt morgens nicht. Mit sechs Jahren hatte ich eine schwere Mittelohrentzündung. Seitdem bin ich gehörlos. Deshalb gibt mein Wecker Lichtsignale ab, die mich wecken. Heute mag ich gar nicht aufstehen. Aber meine Mutter steht schon in der Tür und spricht energisch mit mir. Wie geht das? Wir unterhalten uns in der Gebärdensprache. Es war ganz schön mühsam, das zu lernen, aber jetzt bin ich richtig gut darin. Ich kann mich mit Gesten der Hände, mit Körperhaltung und Mimik verständigen. Außerdem kann ich Wörter von den Lippen ablesen. Mit Blicken und der Körpersprache kann man auch die Stimmung gut ausdrücken, und die ist bei meiner Mutter gerade eindeutig nicht so gut! Es ist schon spät, ich soll endlich aufstehen und mich für die Schule fertig machen."

Hanna unterhält sich mit Gebärdensprache.

Ein Ersatzteil für das Ohr

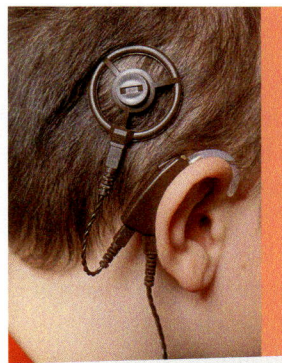

Tim ist nun fast ein Jahr alt. Seine Eltern machen sich große Sorgen. Sie haben festgestellt, dass Tim nicht auf Geräusche reagiert. Er dreht zum Beispiel nicht den Kopf, wenn jemand neben ihm in die Hände klatscht. Dr. Hörer, die Hals-Nasen-Ohren-Ärztin, stellt fest, dass Tims Hörschnecken nicht richig entwickelt sind.

Tims Mutter:	Tim ist also tatsächlich gehörlos. Kann man denn da gar nichts machen?
Dr. Hörer:	Da kann ich sie beruhigen: Da die Hörnerven Ihres Sohnes normal funktionieren, können wir ihm mit einem Cochlea-Implantat helfen.
Tims Mutter:	Was ist denn das? Wird Tim denn damit hören können?
Dr. Hörer:	„Cochlea" ist der wissenschaftliche Name für die Hörschnecke. Sie müssen sich das so vorstellen: Ihr Sohn ist gehörlos, weil seine Hörschnecken nicht funktionieren. Das Cochlea-Implantat ist sozusagen eine künstliche Hörschnecke – eine Hörprothese.
Tims Vater:	So weit habe ich es verstanden, aber was kommt jetzt auf Tim und uns zu?
Dr. Hörer:	Das Gerät besteht aus drei Teilen: einem Mikrofon, einem Sender und einem Empfänger. Das Mikrofon sitzt hinter der Ohrmuschel und der Sender wird darüber auf der Kopfhaut angeheftet. Der Empfänger ist das eigentliche Implantat. Er wird neben der Ohrmuschel unter der Haut befestigt. Das geschieht bei einer Operation unter Narkose.
Tims Vater:	Und wie funktioniert dieses Gerät?
Dr. Hörer:	Das Mikrofon nimmt wie das Ohr Schallschwingungen auf und übersetzt sie in elektrische Impulse. Der Sender leitet die elektrischen Impulse zum Empfänger. Der Empfänger gibt sie über Elektroden an den Hörnerv weiter. Über den Hörnerv gelangen die elektrischen Impulse zum Gehirn und Tim kann die Töne dann hören.
Tims Mutter:	Und wenn Tim hören kann, wird er auch sprechen lernen! …

Aufgaben

1 Lies Material 1 und sieh dir das Bild an.

○ **a)** Nenne Situationen, in denen Menschen Lärm ausgesetzt sind. (🔆 S. 218)

○ **b)** Ordne die Lautstärke bei einem Musik-Festival dem Bild zu. (🔆 S. 218)

◒ **c)** Beschreibe, wie du dein Gehör schützen kannst.

● **d)** Erläutere die Aussage von Professor Leise.

2 Lies Material 2.

○ **a)** Beschreibe, wie Hanna sich trotz ihrer Gehörlosigkeit verständigen kann. (🔆 S. 218)

◒ **b)** Liste Vor- und Nachteile der Gebärdensprache auf.

● **c)** Stell dir vor, du wärst selbst gehörlos. Beschreibe, wie ein Schultag ablaufen würde, und erläutere mögliche Schwierigkeiten.

3 Lest Material 3 mit verteilten Rollen.

○ **a)** Ergänze den Satz: Das Cochlea-Implantat ist eine … (🔆 S. 218)

◒ **b)** Erläutere die Folgen, die für Tim entstehen, wenn er kein Cochlea-Implantat erhält.

● **c)** Erkläre, warum es wichtig ist, dass Tim das Cochlea-Implantat möglichst früh bekommt.

Der Geruchssinn

Das riecht gut

Frische Plätzchen aus dem Backofen riechen lecker (▷ B 1), schlecht gewordene Milch riecht unangenehm säuerlich. Unser Geruchs-
5 sinn liefert uns wichtige Informationen über die Qualität unserer Lebensmittel.

Verdorbene Lebensmittel riechen meistens nicht gut. Wenn wir sie trotzdem essen, könnten wir davon krank werden.

Ist die Luft rein?
10 Mit der Nase prüfen wir die Luft, die wir einatmen. Die Nasenhöhle ist innen mit einer dünnen, feuchten Schleimhaut überzogen. Sie sondert Schleim ab, der die Atemluft befeuchtet und reinigt. Oben in den Nasenhöh-
15 len sitzt die **Riechschleimhaut** (▷ B 2). Darin liegen jeweils über 20 Millionen **Riechsinnes-**

zellen. Sie reagieren auf Geruchsstoffe und erzeugen elektrische Impulse. Die **Riech-**
20 **nerven** leiten die Impulse zum Gehirn weiter.

Gute und schlechte Riecher

Unser Geruchssinn ist nicht immer gleich gut. Er verändert sich zum Beispiel, wenn wir krank werden: Bei Schnupfen ist die Schleim-
25 haut entzündet. Sie ist angeschwollen und sondert mehr Schleim ab: Die Nase ist „verstopft" und wir können nicht gut riechen.

Auch im Alter oder durch das Rauchen kann der Geruchssinn schlechter werden.

30 **Geruchsstoffe erregen die Riechsinneszellen in der Riechschleimhaut. Die Riechsinneszellen erzeugen elektrische Impulse, die zum Gehirn geleitet werden.**

verdorben
schlecht geworden, nicht mehr genießbar

sondert … ab
absondern, etwas abgeben

angeschwollen
anschwellen, dicker werden

1 Wie das duftet!

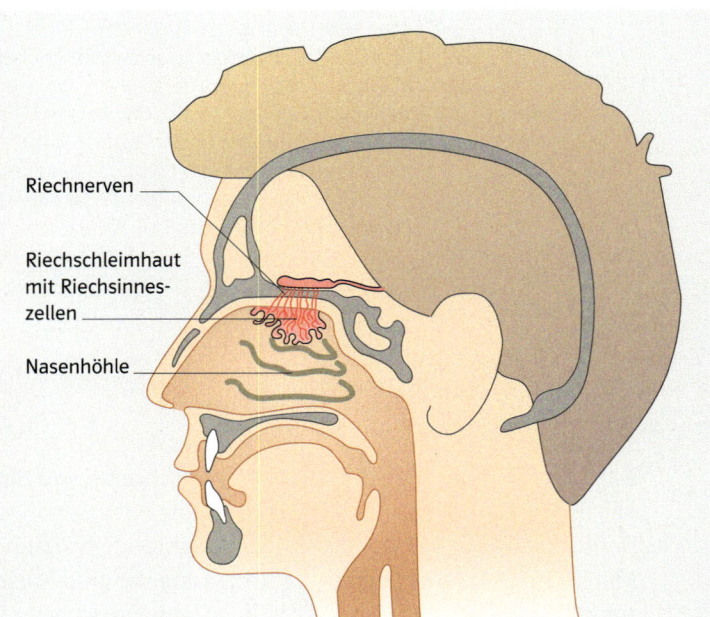

Riechnerven

Riechschleimhaut mit Riechsinneszellen

Nasenhöhle

2 Längsschnitt durch einen Kopf

Aufgaben

○ **1** Beschreibe, wie der Geruchssinn uns vor Gefahren schützen kann. (💡 S. 218)

◔ **2** Skizziere Bild 2 und zeichne
LS den Weg vom Geruchsstoff in der Atemluft bis zur Wahrnehmung des Geruchs ein.

● **3** Erläutere, welche Folgen der Verlust des Geruchsinns für die Betroffenen haben kann.

Der Geschmackssinn

Der Geschmack liegt auf der Zunge

Die Oberfläche der Zunge ist mit verschiedenen kleinen Erhebungen bedeckt (▷ B 1). Du kannst sie sogar im Spiegel sehen. In den Er-
5 hebungen liegen die **Geschmacksknospen** (▷ B 2). Sie enthalten die **Geschmackssinneszellen**. Geschmacksstoffe erregen die Geschmackssinneszellen. Diese erzeugen elektrische Impulse, die zum Gehirn geleitet
10 werden: Wir nehmen einen Geschmack wahr.

Süß, sauer oder salzig?

Über die Zunge können wir fünf **Geschmacksrichtungen** unterscheiden: süß, sauer, salzig, bitter und umami. Das japanische Wort „uma-
15 mi" bedeutet „wohlschmeckend". Es bezeichnet den Geschmack von eiweißreicher Nahrung. Tatsächlich können wir aber viel mehr verschiedene Geschmacksrichtungen wahrnehmen – denke nur an deine Lieblingsspei-
20 se. Wie ist das möglich?

Geruch und Geschmack ergänzen sich

Der volle Geschmackseindruck einer Speise kommt erst durch das Zusammenspiel von Geschmackssinn und Geruchssinn zustande:
25 Schon vor dem ersten Bissen nehmen wir die Düfte der Speisen wahr. Im Mund werden beim Kauen noch mehr Geruchsstoffe frei. Sie gelangen über den Rachenraum zur Riechschleimhaut. Wenn die Schleimhäute
30 angeschwollen sind, z.B. bei Schnupfen, erreichen die Geruchsstoffe die Riechschleimhaut nicht: Dann schmeckt das Essen <u>fade</u>.
(► System, S.198/199)

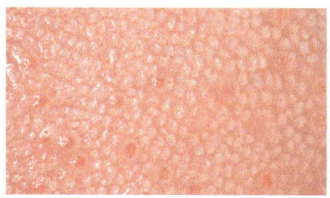

1 Oberfläche der Zunge

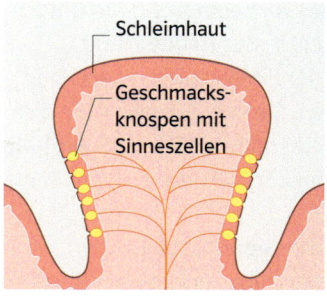

2 Geschmacksknospen

3 Einfach lecker: Vanilleeis

Erst prüfen, dann schlucken

35 Mit dem Geschmacks- und Geruchssinn prüfen wir alles, was in unseren Mund gelangt. Dadurch können wir mögliche Gefahren erkennen: Wenn etwas sehr bitter schmeckt, kann das ein Zeichen für giftige Inhaltsstoffe
40 sein. Ein Beispiel dafür sind Bittermandeln. Wenn ein Nahrungsmittel seltsam schmeckt, sollten wir es nicht essen. Möglicherweise ist es verdorben! So schützen wir uns im Extremfall vor einer Lebensmittelvergiftung.

45 **Über die Geschmackssinneszellen der Zunge nehmen wir fünf Geschmacksrichtungen wahr. Der volle Geschmackseindruck einer Speise kommt durch das Zusammenspiel von Geschmackssinn und Geruchssinn zustande.**

<u>fade</u>
ohne Geschmack, langweilig

Aufgaben

○ 1 Erläutere, warum man den Geschmackssinn und den Geruchssinn braucht, um Vanilleeis und Schokoladeneis zu unterscheiden.
(💡 S.218)

◐ 2 Erkläre genau, auf welche Weise eine Erkältung die Wahrnehmung eines Geschmacks, z. B. von Vanilleeis, verändern kann.

● 3 Manche Speisen sind
LS „scharf". Recherchiere, warum dies nicht als Geschmacksrichtung bezeichnet werden kann. Berichte in der Klasse darüber (► S. 214).

24z66i

Die Haut ist ein Sinnesorgan

Die Haut ist dein größtes Organ. Ihre Fläche beträgt ungefähr zwei Quadratmeter. Sie grenzt den Körper nach außen hin ab.

Die Haut ertastet die Umwelt

Über die Haut „erfühlen" wir unsere Umgebung. Man bezeichnet sie deshalb auch als „Tastorgan". **Sinneskörperchen** sind in unterschiedlicher Anzahl in der Haut verteilt (▷ B 1). Die Haut der Fingerspitzen kann besonders gut tasten. Sie enthält sehr viele Sinneskörperchen. Die Haut des Rückens enthält viel weniger Sinneskörperchen.

Verschiedene Sinneskörperchen

Über die **Tastkörperchen** nehmen wir Berührungen und leichten Druck wahr. Für stärkeren Druck sind die **Druckkörperchen** empfindlich. Das **Nervengeflecht** reagiert auf leichte Berührungen der Haare. Bestimmte **freie**

Nervenendigungen vermitteln uns Schmerzempfindungen, andere reagieren auf Kälte oder Wärme. Die **Lamellenkörperchen** liegen in tieferen Hautschichten. Sie sind für Vibrationen empfindlich.

Mit den Händen sehen

Der Tastsinn kann andere Sinne ergänzen. Wir prüfen z. B. die Reife von Obst auch zusätzlich mit den Händen. Blinde Menschen sind auf die Hilfe ihrer Fingerspitzen angewiesen. Beim Lesen der Blindenschrift ertasten sie die Buchstaben. Diese sind als eine bestimmte Anordnung von Punkten in das Papier eingedrückt (► S. 37).

In der Haut befinden sich verschiedene Sinneskörperchen und freie Nervenendigungen. Sie reagieren auf Berührungen, Druck, Schmerz, Wärme, Kälte und Vibrationen.

Vibrationen
leichte Erschütterungen, die man über die Haut wahrnimmt

Obst
Früchte

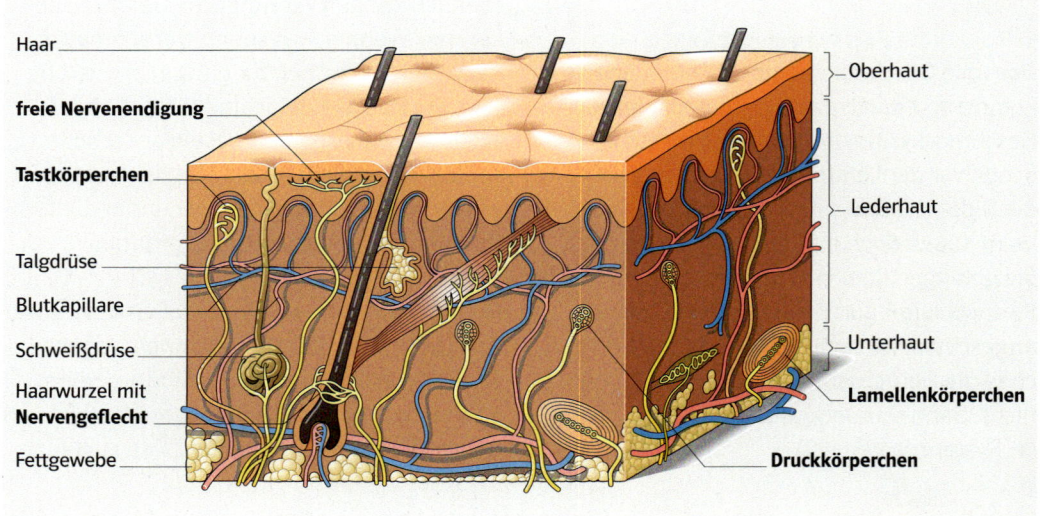

1 Aufbau der Haut

Aufgaben

1 Liste die genannten Sinneskörperchen auf und ordne ihnen Reize zu. (S. 218)

2 Stellt euch vor, ihr könntet mit den Händen nichts fühlen. Tragt die möglichen Auswirkungen zusammen.

3 Vergleiche den Text mit Bild 1. Ergänze den Text mit den zusätzlichen Informationen aus dem Bild.

Der Tastsinn

Alle Versuche auf dieser Seite solltet ihr zu zweit durchführen.

1 Feingefühl

Material

Erbsen, mehrere Film- oder Kosmetikdöschen, Waage, Schal oder Tuch

Versuchsanleitung

a) Fülle die Döschen mit 10, 20, 30 und 40 Erbsen. Verbinde deine Augen mit dem Tuch und lege deine Hand entspannt auf den Tisch.
b) Ein Mitschüler oder eine Mitschülerin stellt dir nun nacheinander die unterschiedlich schweren Döschen auf den Handrücken.

Aufgaben

1. Gib an, ob du Gewichtsunterschiede wahrnimmst.
2. Gib in das Döschen mit den 10 Erbsen noch 2, 4, 6 bzw. 8 weitere Erbsen dazu.
Gib an, bis auf wie viele Erbsen genau du noch eine Gewichtsveränderung spürst.

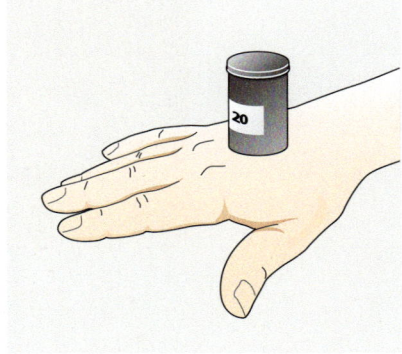

1 Erkennst du den Unterschied?

2 Verteilung der Tastkörperchen

Material

Schal oder Tuch, Büroklammer aus Metall

Versuchsanleitung

a) Biege eine Büroklammer so auf, dass sie eine U-Form bekommt. Miss dann den Abstand zwischen den Enden (▷ B 1).
b) Spreize die Klammer weit auseinander. Biege sie dann immer mehr zusammen und drücke die Spitzen jeweils vorsichtig auf eine Hautstelle am Rücken, am Unterarm, auf dem Handrücken und der Wange deines Partners.

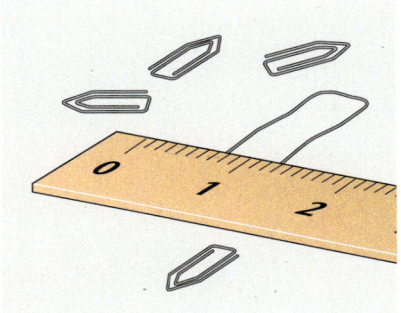

2 Den Abstand messen

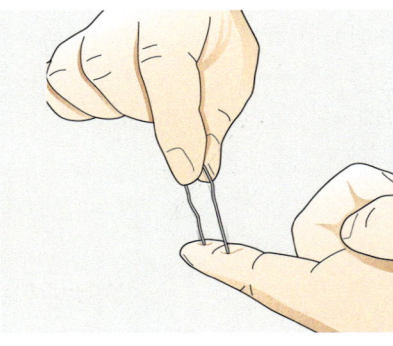

3 Leichter Druck genügt!

Bei welchem Abstand der Spitzen nimmt dein Partner nur noch eine Spitze wahr? Notiere.
c) Wechselt anschließend die „Rollen".

Aufgabe

1. An welchem Körperteil könnt ihr einen Abstand von wenigen Millimetern noch feststellen? Notiert das Ergebnis und erklärt es.

3 Wärmer oder kälter?

Material

Wasser, 2 Bechergläser (1 ø), Heizplatte, 1 Thermometer

Versuchsanleitung

a) Fülle die Bechergläser zur Hälfte mit Wasser.
b) Erwärme das Wasser im ersten Becherglas auf 24 °C und im zweiten Becherglas auf 25 °C.
c) Lass nun die Versuchsperson erspüren, welches Wasser kälter ist. Sie darf zuerst nur einen Finger, später die ganze Hand eintauchen.

Aufgaben

1. Wertet den Versuch aus. Beschreibt das Ergebnis.
2. Erläutert, was das Ergebnis über die Temperatur-Empfindlichkeit der Haut aussagt.

24z66i

Gefahren für die Haut

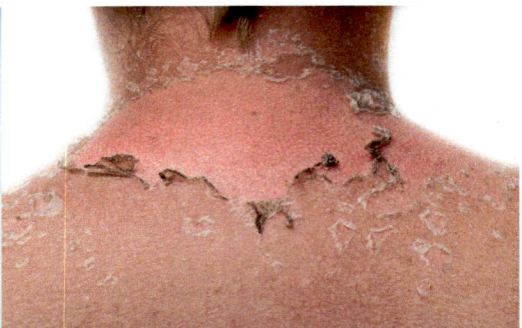

Licht- und Schattenseiten der Sonne:

+

- Sonnenlicht steigert unser Wohlbefinden.
- Sonnenlicht fördert die Bildung des Vitamins D_3. Dieses Vitamin unterstützt die Einlagerung von Calcium in die Knochen. Das macht die Knochen stabil.
- Sonnenlicht wirkt sich positiv auf unsere Immunabwehr aus.

–

- Die UV-Strahlen* der Sonne können die Zellen der Haut stark schädigen. Am stärksten sind die UV-Strahlen während der Mittagszeit, in südlichen Ländern, am Meer und im Gebirge.
- Sonnenbrand ist schmerzhaft und lässt die Haut schneller altern.
- Sonnenbrände vervielfachen das Risiko, an Hautkrebs zu erkranken.

* UV-Strahlung = Ultraviolett-Strahlung; so nennt man den Teil der Sonnenstrahlung, der für unsere Haut gefährlich ist.

Tipps zum Verhalten bei starker Sonneneinstrahlung:

- Schütze deine Haut durch luftige, leichte Kleidung!
- Vermeide den Aufenthalt in der Mittagssonne!
- Benutze ein Sonnenschutzmittel mit ausreichend hohem Lichtschutzfaktor! Der Lichtschutzfaktor (LFS) gibt an, wie viel Mal länger man sich mit einem Sonnenschutzmittel der Sonne aussetzen kann, ohne einen Sonnenbrand zu bekommen.
- Trage beim Ski-Fahren eine gute Schutzbrille, wenn die Sonne scheint. Denn auch deine Augen können Sonnenbrand bekommen und du kannst „schneeblind" werden.
- Vermeide langes Sonnenbaden – suche öfter den Schatten auf!
- Vorsicht: Menschen mit empfindlicher Haut können auch im Schatten einen Sonnenbrand bekommen.

Eigenschutz bei niedriger bis mittlerer Strahlungsintensität			
Hauttyp 1	**Hauttyp 2**	**Hauttyp 3**	**Hauttyp 4**
– Haut sehr hell	– Haut hell	– Haut mittel pigmentiert	– Haut stark pigmentiert
– Haare blond oder rötlich	– Haare blond	– Haare blond oder dunkel	– Haare dunkel
– Augen blau oder grün	– Augen blau oder grün	– Augen braun	– Augen braun
– keine Bräunung	– schwache Bräunung	– gute Bräunung	– sehr gute Bräunung
Eigenschutz: 5–10 Minuten	Eigenschutz: 10–20 Minuten	Eigenschutz: 20–30 Minuten	Eigenschutz: 30–40 Minuten

Sieben Sonnencremes im Test

Name der Sonnencreme	LSF**	Preis pro 100 ml	Sonnen-schutz*	wasserfest	auch haut-pflegend*	Testergebnis
Sunny Sun	20	6,10 €	++	ja	++	sehr gut
Sun pro Hautschutz	20	3,95 €	++	nein	++	gut
Anti-Burn Creme	20	4,50 €	+	nein	+	befriedigend
Sonnencreme Avina	20	2,70 €	+	ja	– –	befriedigend
Lotion Hautwohl	20	6,90 €	–	nein	+	ausreichend
Sun protect plus	20	2,99 €	–	ja	– –	ausreichend
Sonnenspaß Creme	20	3,50 €	– –	nein	–	mangelhaft

* – – = ungenügend; – = ausreichend; + = gut; ++ = sehr gut   ** Lichtschutzfaktor

Aufgaben

1 Lies Material 1.

a) Überlege, zu welchem Hauttyp du gehörst. (💡 S. 218)

b) Erläutere, welche Gefahren für die Haut von der Sonne ausgehen und wie du dich schützen kannst. (💡 S. 218)

c) Tina hat Hauttyp 2. Sie möchte fünf Stunden im Freibad verbringen. Welchen LSF braucht sie mindestens? Gib Tina eine begründete Empfehlung.

d) Formuliere eine Vermutung, warum man auch im Schatten einen Sonnenbrand bekommen kann.

2 Sieh dir Material 2 an.

a) Gib das Testergebnis mit eigenen Worten wieder. (💡 S. 218)

b) Kannst du am Preis erkennen, ob eine Creme gut oder schlecht ist? Begründe.

c) Erläutere, welche Sonnencreme du für einen Tag im Freibad wählen würdest?

d) Sven hat Hauttyp 1 und möchte in den Bergen einen Wanderurlaub machen. Welche der getesteten Sonnencremes würdest du ihm empfehlen? Begründe.

24z66i

Temperatursinn und Thermometer

K	°F	°C	
373	212	100	Wasser siedet
310	100	37	Körper-temperatur
273	32	0	Wasser gefriert
255	0	-18	Kältemischung

1 Im Freibad

2 Verschiedene Temperatur-Skalen

Im Freibad

Jochen und Anke gehen an einem heißen Sommertag in ein Freibad. Sie ziehen sich um, legen ihre Sachen auf die Liegewiese und
5 gehen zum Schwimmbecken.

Jochen duscht sich noch kalt ab, während Anke gleich die Stufen in das Becken hinab-steigt. „Ist das kalt!", ruft Anke und geht langsam Stufe für Stufe tiefer in das Wasser.
10 Jochen springt in das Becken und taucht wieder auf. „Ist doch ganz warm", sagt er. „Komm endlich rein, du Frostbeule."

Warum empfinden die beiden die Wasser-temperatur so unterschiedlich?

15 Der Temperatursinn

In der Haut liegen „Sensoren", mit denen wir Wärme oder Kälte fühlen. Anke und Jochen empfinden die gleiche **Temperatur** des Wassers unterschiedlich, weil sie vorher

20 unterschiedlichen Temperaturen ausgesetzt waren.

Jochen empfindet das Wasser nach dem kalten Duschen als warm. Anke erscheint das Wasser aber kalt im Vergleich zur warmen
25 Luft.

Der **Temperatursinn** ist für uns Menschen überlebenswichtig, damit wir unseren Körper entsprechend schützen.

Das Thermometer

30 Wenn wir aber genau wissen wollen, wie warm oder kalt es ist, benutzen wir dazu ein Messgerät. Temperaturen werden mit dem **Thermometer** gemessen.

Grad Celsius

35 Thermometer, die bei uns im täglichen Ge-brauch sind, haben eine **Celsius-Skala**. Diese ist benannt nach dem schwedischen

Wissenschaftler ANDERS CELSIUS (1701–1744). Auf der Celsius-Skala liegt der Gefrierpunkt von Wasser bei 0 °C (lies: Null Grad Celsius). Der **Siedepunkt** ist die Temperatur, bei der Wasser siedet. Er liegt bei 100 °C.

Kelvin

Eine weitere Temperatur-Skala ist die **Kelvin-Skala**. Thermometer mit dieser Skala werden meistens im technischen Bereich eingesetzt. Der Engländer Lord KELVIN (1824–1907) nahm als Nullpunkt für seine Skala die tiefste mögliche Temperatur. Sie liegt bei –273 °C. Auf der Kelvin-Skala siedet Wasser also bei 373 K (lies: 373 Kelvin).

Temperaturunterschiede werden immer in Kelvin (K) angegeben. Beispiel: Der Temperaturunterschied von +10 °C bis +85 °C beträgt 75 K.

Grad Fahrenheit

In den USA werden Thermometer mit der **Fahrenheit-Skala** verwendet. Der deutsche Forscher GABRIEL FAHRENHEIT (1687–1736) entwickelte seine Skala etwa 30 Jahre vor Celsius.

Bei der Fahrenheit-Skala spielt die Körpertemperatur des Menschen von 37 °C eine wichtige Rolle. Diese Temperatur wurde als 100 °F festgelegt.

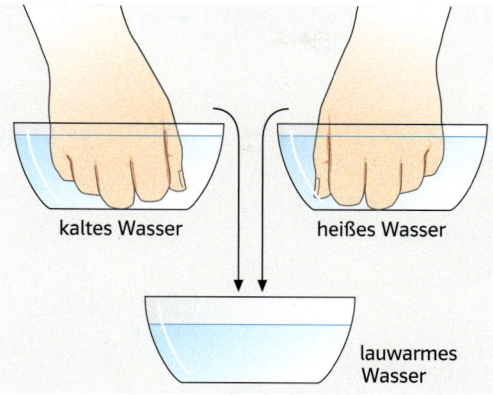

3 Thermometer und Temperatursinn

kaltes Wasser   heißes Wasser

lauwarmes Wasser

Temperaturen richtig gemessen

Beim Ablesen der Temperaturen solltest du Messfehler vermeiden. Dazu musst du Folgendes beachten:
– Tauche das Vorratsgefäß des Thermometers vollständig in die Flüssigkeit ein.
– Schaue beim Ablesen senkrecht auf die Skala des Thermometers.

Mit dem Temperatursinn spüren wir, ob es warm oder kalt ist. Genaue Aussagen über die Temperatur können wir mithilfe des Thermometers machen. Temperaturen werden in Grad Celsius (°C), in Kelvin (K) oder Grad Fahrenheit (°F) angegeben.

Skala
in Abschnitte unterteilt, zum Ablesen

Lord
englischer Adelstitel

Aufgaben

1 Gib die Einheit für Temperaturunterschiede an. (💡 S. 218)

Temperaturunterschiede werden in Kelvin angegeben!

2 Lies aus Bild 2 für 37 °C die ungefähren Temperaturwerte in °F und K ab. Erstelle eine Tabelle mit weiteren Werten. (💡 S. 218)

3 Begründe, warum Jochen das Wasser im Schwimmbad wärmer als Anke empfindet.

4 Bei einem Besuch in den USA ist Petra erstaunt: „Am nächsten Tag soll die Temperatur 50 °F betragen. Das ist ja furchtbar heiß!" Beurteile Petras Aussage.

5
a) Tobias schaut flüchtig auf das Außenthermometer: „Oh, nur 10 Grad!" Korrigiere sein Messverhalten.

b) Erstelle ein Plakat zum korrekten Messverhalten. LS (► S. 214)

Versuche

1 Führe den Versuch wie in Bild 3 durch. Halte eine Hand in kaltes (10 °C), die andere Hand in heißes (35 °C) Wasser. Tauche anschließend beide Hände in lauwarmes (25 °C) Wasser. Beschreibe und erkläre, was du empfindest.

2 Messt zu zweit an unterschiedlichen Stellen die Temperatur. Tauscht eure Ergebnisse aus und vergleicht.

Thermometer bauen

Material
2 Bechergläser, Wasser, einige
Eiswürfel, Thermometer ohne Skala,
wasserfester Stift, Zeichenkarton,
Schere, Lineal, Heizplatte oder
Gasbrenner mit Gestell

Versuchsanleitung
a) Lege die Eiswürfel in ein Becherglas und fülle etwas Wasser ein.
Warte, bis das Eis größtenteils
geschmolzen ist.
b) Tauche das Thermometer ohne
Skala hinein. Der untere Teil muss
von der Eis-Wasser-Mischung bedeckt sein. Bewegt sich die Flüssigkeitssäule nicht mehr, kannst du auf
dem Thermometer die Stelle markieren, an der sie endet: 0 °C (▷ B 1).

1 Kennzeichnung des Gefrierpunkts

c) Fülle das zweite Becherglas mit
Wasser und bringe das Wasser auf
der Heizplatte zum Sieden.
d) Halte das Thermometer in das
siedende Wasser. (Vorsicht! Spritz-
gefahr!) Wenn die Flüssigkeitssäule
im Thermometer zur Ruhe gekom-

men ist, markiere auf dem Thermometer die Stelle, an der sie endet:
100 °C (▷ B 2).

2 Kennzeichnung des Siedepunkts

e) Übertrage die Markierungen im
richtigen Abstand auf den Zeichenkarton. Verbinde sie mit einem
Lineal und teile die Strecke in
10 gleiche Teile ein (▷ B 3).

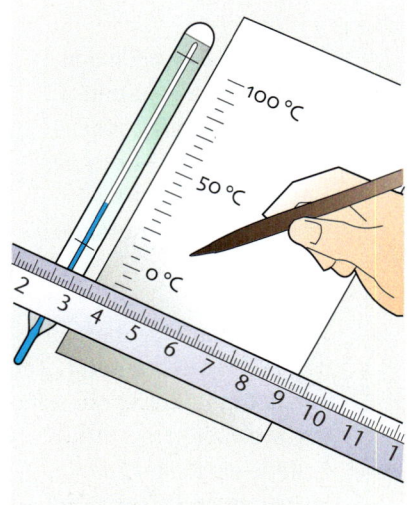

3 Einteilung der Skala

f) Beschrifte die Skala (▷ B 3):
0 °C, 10 °C, 20 °C, ..., 100 °C. Vielleicht
gelingt dir eine noch feinere Unter-
teilung in 5 °C-Schritte. Verlängere
die Skala nach oben und unten.
Temperaturen unter 0 °C bekommen ein Minuszeichen. Schneide
die Skala zurecht und befestige sie
am Thermometer. Achte dabei auf
die korrekte Ausrichtung (▷ B 4).

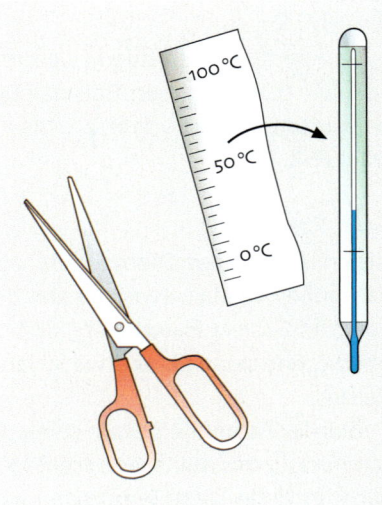

4 Anbringen der Thermometerskala

g) Miss die Temperatur im Klassenraum: einmal mit deinem Thermometer und einmal mit einem
bereits vorhandenen Thermometer.
Vergleiche die Messwerte.

Aufgabe
Im Versuch hier hast du ein Flüssig-
keitsthermometer gebaut. Es gibt
auch andere Thermometer, z. B. Bi-
metall-Thermometer. Notiere sinnvolle Suchbegriffe für eine Suche im
Internet, z. B. zu ihrem Aussehen
und ihrer Funktion.

Temperaturen messen und berechnen

Material
Thermometer, Heft, Lineal, Stift

Versuchsanleitung
Zeichne in dein Heft eine Tabelle wie in Bild 1 gezeigt. Hänge ein Thermometer im Freien an einem schattigen Platz auf. Lies die Temperatur jeden Tag 3-mal ab. Achte darauf, dass du die Temperatur immer zu den gleichen Zeiten misst (z. B. um 7 Uhr, um 14 Uhr und um 21 Uhr). Trage die Messwerte in die Tabelle ein.

Datum	14. Juli
7 Uhr	18 °C
14 Uhr	24 °C
21 Uhr	19 °C
Tagesmittel-temperatur	20 °C

1 Gemessene Temperaturwerte

Aufgaben
1. Um die Temperaturen verschiedener Tage vergleichen zu können, musst du die **Tagesmitteltemperatur** berechnen. Addiere dazu die Temperaturwerte, die du zu verschiedenen Tageszeiten gemessen hast. Damit du nachts nicht messen musst, wird der letzte Messwert

des Tages doppelt gezählt. Die Summe der Messwerte durch 4 geteilt, ergibt die Tagesmitteltemperatur (▷ B 2).

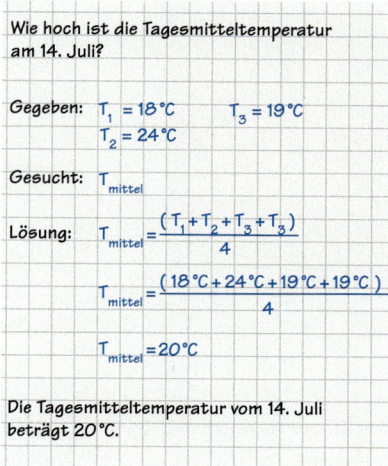

Wie hoch ist die Tagesmitteltemperatur am 14. Juli?

Gegeben: $T_1 = 18\,°C$ $T_3 = 19\,°C$
$T_2 = 24\,°C$

Gesucht: T_{mittel}

Lösung: $T_{mittel} = \dfrac{(T_1 + T_2 + T_3 + T_3)}{4}$

$T_{mittel} = \dfrac{(18\,°C + 24\,°C + 19\,°C + 19\,°C)}{4}$

$T_{mittel} = 20\,°C$

Die Tagesmitteltemperatur vom 14. Juli beträgt 20 °C.

2 Berechnung der Tagesmitteltemperatur

2. Notiere die Werte in einer Tabelle wie in Bild 3.

Datum	1.4.	2.4.	3.4.	...
Tages-mittel-temperatur	12 °C	14 °C	17 °C	...

3 Temperaturverlauf eines Monats

3. Erstelle aus den berechneten Werten ein Diagramm (▷ B 4).

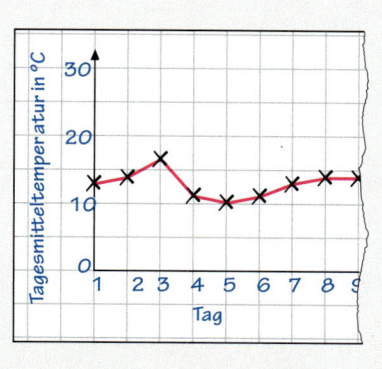

4 Temperaturverlauf eines Monats

Monat	Monatsmittel-temperatur
Januar	7 °C
Februar	8 °C
März	11 °C
April	14 °C
Mai	18 °C
Juni	22 °C
Juli	25 °C
August	24 °C
September	21 °C
Oktober	16 °C
November	12 °C
Dezember	9 °C

5 Monatsmitteltemperaturen von Rom

Aufgaben

○ 1 Beschreibe, wie man die Tagesmitteltemperatur berechnet. (💡 S. 218)

○ 2 Es gibt auch die Monats-mitteltemperatur. Überlege und beschreibe, wie man die Monatsmitteltemperatur berechnet, und schreibe es in knappen Stichworten auf.

● 3 Erstelle aus den in Bild 5
LS angegebenen Werten die

Temperaturkurve eines Jahres für Rom. Zeichne das Diagramm ähnlich wie in Bild 4. Trage aber nur die 12 Monatsmitteltemperaturen ein. (► S. 212)

24z66i

Mit der Waage Masse bestimmen

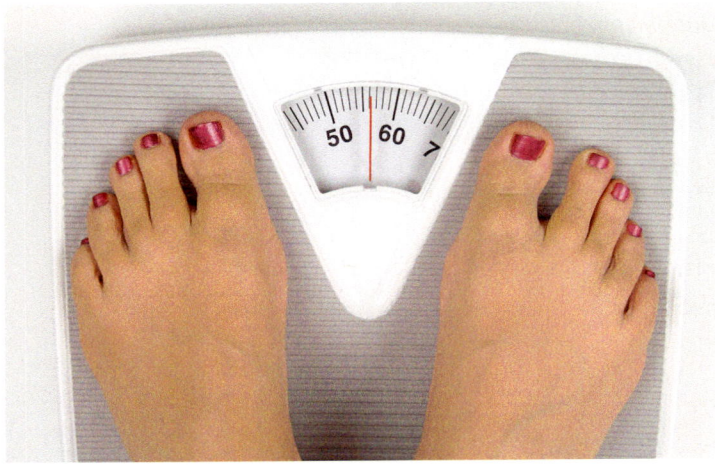

1 Messung des „Körpergewichts"

2 Balkenwaage

Die Waage

Lisa steht im Supermarkt. Sie möchte Bananen kaufen. An der Preistafel steht „1 kg kostet 1,29 Euro". Lisa fragt sich, wie viel fünf
5 Bananen kosten werden. Ist das schon ein Kilogramm? Mit den Händen versucht sie, die Masse zu schätzen. Das hilft ihr aber auch nicht weiter. Sie kann nur vergleichen, welche fünf Bananen schwerer sind als andere. Die
10 genaue Masse kann sie so nicht bestimmen. Hierzu braucht Lisa ein Messgerät, und zwar eine **Waage**.

Masse wird in Einheiten angegeben

Mit einer Waage messen wir, wie viel etwas
15 wiegt. Im Alltag bezeichnen wir das meist als Gewicht. Der richtige Fachbegriff in den Naturwissenschaften ist allerdings **Masse** (*m*).

Wer beim Einkaufen im Supermarkt aufmerksam ist, wird auf den Verpackungen
20 Angaben zur Masse finden.

Die Masse wird meist in drei verschiedenen Einheiten angegeben: Du kennst sicherlich die Einheit **Gramm** (**g**). 1000 g ergeben ein **Kilogramm** (**kg**). Wiederum 1000 kg
25 ergeben eine **Tonne** (**t**).

Die Einheit Tonne wirst du auf Lebensmittelverpackungen nicht finden, denn es handelt sich bei einer Tonne um eine sehr große Masse.

anerkannt
genehmigt

Wie funktionieren Waagen?
30 Es gibt verschiedene Arten von Waagen. Möchtest du die Masse einer Banane mit der **Balkenwaage** bestimmen, musst du die Banane auf eine Waagschale der Balkenwaage
35 legen (▷ B 2). Auf die andere Waagschale werden sogenannte Wägestücke gelegt. Die Masse der Wägestücke muss bekannt sein. Sobald sich die Waagschalen der Balkenwaage genau im **Gleichgewicht** befinden, kannst
40 du die Masse der Banane berechnen: Du musst nur die Massen der Wägestücke addieren. Das Ergebnis entspricht der Masse der Banane. Mit der Balkenwaage vergleichst du also die Massen von bekannten Wägestücken
45 mit der bis dahin unbekannten Masse eines Körpers.

Waagen werden kalibriert

Eine Waage sollte richtig **kalibriert** sein. Dies bedeutet, dass ein Gegenstand gewogen
50 wird, von dem man genau weiß, wie schwer er ist. Zeigt die Waage genau diese Masse an, dann funktioniert sie einwandfrei.

Wird eine Waage durch eine staatlich anerkannte Prüfstelle kalibriert, dann nennt
55 man dies **eichen**. Man erkennt das an einem Aufkleber auf der Waage. Geeichte Waagen zeigen garantiert die genaue Masse an. (▶ System, S. 198/199)

Zuckerwürfel
ca. 3 g

Standardbrief
bis 20 g

Blauwal
bis 200 t

Lkw beladen bis 40 t

bol-1

Sibirischer Tiger ca. 230 kg

Amsel ca. 100 g

3 Große und kleine Massen

Waagen im Alltag

60 Schon vor Tausenden Jahren haben Menschen Massen gewogen. Die ältesten Waagen sind Balkenwaagen. Seither hat sich die Technik und Genauigkeit von Waagen immer weiter verbessert.

65 Im Alltag benutzen wir Waagen sehr häufig. Willst du einen Brief verschicken, wird die Masse mit einer **Briefwaage** ermittelt. Dein „Körpergewicht" misst du mit einer **Personenwaage** (▷ B 1). Zum Backen oder Kochen 70 benötigst du eine **Küchenwaage**. Forschende nutzen oftmals **Feinwaagen**. Mit diesen Waagen können sehr kleine Massen bestimmt werden. Es gibt auch Waagen, die sehr große Massen wiegen können. Mit **Fahrzeugwaa-** 75 **gen** kann man zum Beispiel die Masse eines vollbeladenen Lkws bestimmen.

Welche Waage man benutzt, richtet sich also nach der Masse, die man wiegen möchte. Mit einer Fahrzeugwaage kann man zum 80 Beispiel keinen Brief wiegen.
(► Struktur-Eigenschaft-Funktion, S. 200/201)

Waagen sind Messgeräte, mit denen die Masse gemessen wird. Die Masse wird oft in den Einheiten Gramm (g), Kilogramm (kg) 85 **und Tonne (t) angegeben.**

BASISKONZEPT Struktur – Eigenschaft – Funktion

Mit Waagen bestimmt man die Masse von Körpern. Es gibt verschiedene Arten von Waagen. Eine Balkenwaage misst aufgrund ihrer Bauart die Masse anders als eine Personenwaage. Je nachdem, von welchem Körper man die Masse bestimmen möchte, benötigt man andere Waagen mit einem speziellen Messbereich. Ein Apotheker benötigt zum Herstellen von Medikamenten eine Feinwaage, um sehr kleine Mengen genau bestimmen zu können. Bei der Post hingegen braucht man Paketwaagen, die Massen bis zu 50 kg bestimmen können. Mit Fahrzeugwaagen muss man teilweise viele Tonnen messen können.

Aufgaben

1 Der folgende Satz ist nicht ganz korrekt: „Mit einer Waage misst man das Gewicht." Verbessere den Satz. (💡 S. 218)

2 Nenne drei Einheiten, in denen Masse angegeben werden kann. (💡 S. 218)

3 Liste die Tiere und Gegenstände aus Bild 3 nach ihrer
LS Masse aufsteigend in einer Tabelle auf.

4 Waagen müssen im Supermarkt geeicht sein. Erkläre.

5 In Gesprächen werden immer noch die Masseeinheiten Pfund und Zentner angegeben. Informiere dich und rechne sie in g und kg um.

Mit der Waage wiegen

Du schaust in dein Mäppchen und siehst einen Buntstift und einen Radiergummi (▷ B 1). Was ist wohl schwerer? Mit den Händen kannst du den Unterschied nur abschätzen. Willst du den Masseunterschied genau bestimmen, brauchst du eine Waage.

1 Masse schätzen
Material
verschiedene Körper aus deinem Mäppchen

1 Verschiedene Körper im Mäppchen

Versuchsanleitung
Schätze die Masse der Körper mit deinen Händen.

Aufgaben
1. Erstelle eine Tabelle mit fünf Spalten. Trage die Körper in die linke Spalte und deine Schätzung der Massen in die zweite Spalte (von links) ein.
2. Arbeitet zu zweit. Vergleicht eure Ergebnisse. Trage die Ergebnisse der anderen Person in die mittlere Spalte deiner Tabelle ein.
3. Erstelle ein Versuchsprotokoll. (► S. 211)

2 Bau einer Kleiderbügelwaage
Material
Kleiderbügel, 2 leere gleiche Joghurtbecher, Nagel, Schnur, Wägestücke, verschiedene Körper aus deinem Mäppchen, unbekannter Körper

Versuchsanleitung
Steche mit dem Nagel jeweils 2 kleine Löcher in den oberen Rand der beiden Joghurtbecher. Schneide nun zweimal die gleiche Länge Schnur ab, jeweils 20 cm bis 30 cm. Fädele die Schnüre so durch die Löcher der leeren Joghurtbecher, dass Halterungen entstehen. Verknote dazu die beiden Schnüre und hänge sie mit dem Joghurtbecher in die Einkerbungen des Kleiderbügels ein. Du hast eine Balkenwaage gebaut. Nun kannst du die Masse von verschiedenen Körpern aus deinem Mäppchen bestimmen. Lege dafür den Körper in einen Joghurtbecher. In den anderen Joghurtbecher legst du nun so lange Wägestücke, bis die beiden Joghurtbecher genau im Gleichgewicht sind.

Aufgaben
1. Bestimme mithilfe der Massestücke, wie schwer verschiedene Körper aus deinem Mäppchen sind. Trage diese Messwerte in die vierte Spalte der Tabelle ein (▷ V 1).
2. Arbeitet zu Zweit. Vergleicht eure Messergebnisse mit eurer Schätzung aus Versuch 1. Notiert jeweils, wie genau eure Schätzung war.
3. Von deiner Lehrkraft erhältst du einen Körper. Bestimme die Masse mit deiner Waage möglichst genau.

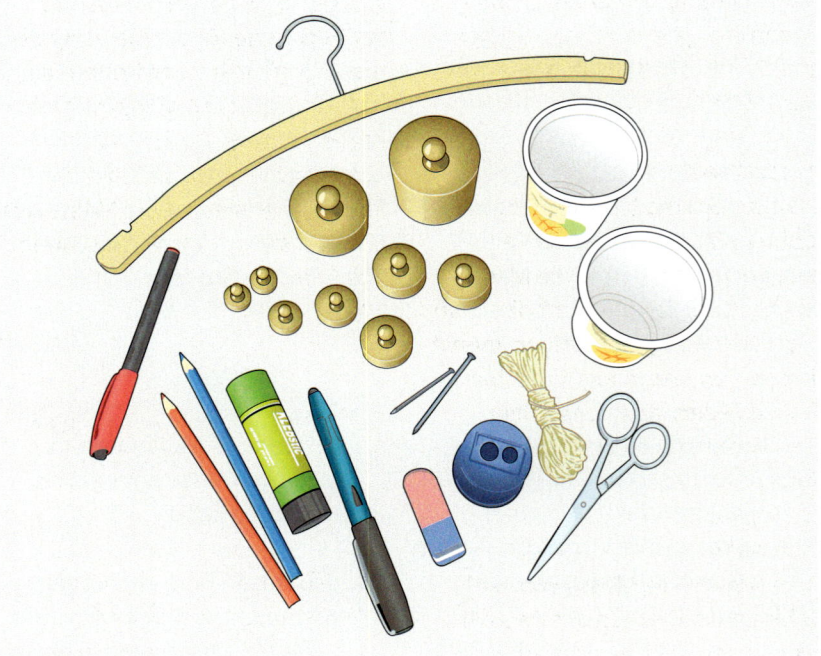

2 Zu Versuch 2

3 Herstellung von Wägestücken

Material
Balkenwaage (aus Versuch 2) oder Digitalwaage, Plastiktüte, Sand, Körper aus deinem Mäppchen

Versuchsanleitung
Nun stellst du für deine Balkenwaage eigene Wägestücke her. Lege dafür ein echtes Wägestück in einen leeren Joghurtbecher. In den anderen Joghurtbecher stellst du die Plastiktüte und füllst sie so lange mit Sand, bis die Balkenwaage im Gleichgewicht ist. Die sandgefüllte Tüte ist nun dein Wägestück. Beschrifte sie mit der richtigen Masse.

Aufgaben
1. Erstelle folgende Wägestücke: 1 g, 2 g, 5 g, 10 g, 20 g, 50 g und 100 g. Manche Wägestücke musst du vielleicht mehrmals herstellen.
2. Bestimme nun noch einmal die Masse von verschiedenen Körpern aus deinem Mäppchen und trage die Ergebnisse in die letzte Spalte deiner Tabelle ein (▷ V 1).
3. Vergleiche in der letzten Spalte deine Ergebnisse mit denen der vierten Spalte. Bewerte die Genauigkeit deiner Wägestücke.

4 Wie schwer ist Wasser?

Material
Balkenwaage (Versuch 2), Wägestücke (Versuch 3), Messzylinder (200 ml), Wasser

Versuchsanleitung
Bestimme jeweils die Masse von 50 ml und 100 ml Wasser. Miss dafür die Wassermenge jeweils im Messzylinder ab und gieße dieses Wasser langsam in einen leeren Joghurtbecher der Balkenwaage. In den anderen Joghurtbecher gibst du so lange deine selbst gebauten Wägestücke, bis die Balkenwaage im Gleichgewicht ist.

Aufgaben
1. Notiere die Massen von 50 ml und 100 ml Wasser. Vergleiche. Notiere Besonderheiten.
2. Berechne mithilfe deiner Beobachtung, wie viel 1 Liter Wasser wiegt.

3 Wägestücke herstellen

5 Messen mit der Federwaage

Bei „Federwaagen" kann man die Masse einfach auf der Mess-Skala ablesen (▷ B 4).

Material
Federwaage (mit Masse-Skala), verschiedene Körper aus deinem Mäppchen, leerer Joghurtbecher mit Schnur (Versuch 2), Messzylinder (200 ml), Wasser, Öl

Versuchsanleitung
Hänge verschiedene Körper aus deinem Mäppchen an die Federwaage und bestimme die Masse. Wenn du die Körper nicht direkt an der Federwaage befestigen kannst, hänge den leeren Joghutbecher an die Federwaage. Lege dann den Gegenstand in den Joghurtbecher.

Aufgaben
1. Bestimme die Masse von verschiedenen Körpern aus deinem Mäppchen mithilfe der Federwaage.

2. Wenn du für die Messung den leeren Joghurtbecher verwendet hast, sind deine Ergebnisse nicht genau. Beschreibe, welchen Arbeitsschritt du zusätzlich machen musst, damit das Ergebnis genau ist.
3. Bestimme nun mit der Federwaage die Masse von 150 ml Wasser. Verwende für die Messung den leeren Joghurtbecher. Notiere deine Vermutung. Schau dir dazu deine Ergebnisse aus Versuch 4 an.
4. Bestimme nun die Masse von 150 ml Öl. Vergleiche die Masse des Öls mit der von Wasser. Beschreibe deine Beobachtung.

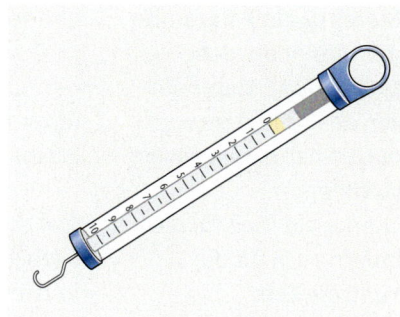

4 Eine „Federwaage"

Körper abmessen

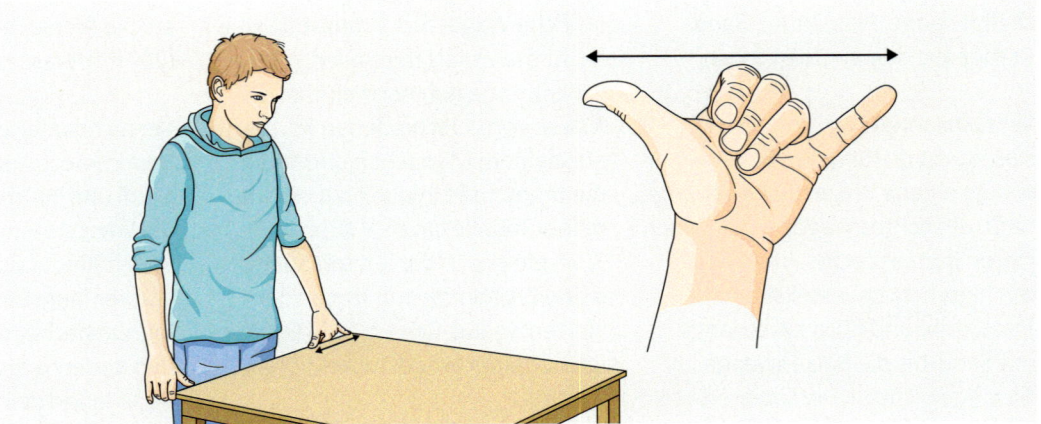

1 Messung der Tischlänge mit der gespreizten Hand

Messen – aber wie?

Sven möchte sein Zimmer umstellen. Sein Schreibtisch soll zwischen Schrank und Bett platziert werden. Reicht der Platz dafür aus?

5 Da Sven keinen Meterstab und auch kein Lineal hat, sucht er nach einer anderen Lösung. Er hat eine Idee: Mit seiner gespreizten Hand (▷ B 1) misst Sven die Länge des Schreibtischs. Dann misst er genauso die Län-

10 ge zwischen Schrank und Bett und vergleicht.

Einheitliches Maß

Das erste Längenmaß war die sogenannte **Elle**. Das ist die Länge des Arms vom Ellbogen bis zu den Fingerspitzen. Da die Länge der

15 Elle aber von Mensch zu Mensch verschieden ist, musste ein einheitliches Maß für die Länge festgelegt werden: Man benutzte dann das sogenannte Ur-Meter, das in Paris aufbewahrt wurde. Es wurde vereinbart, dass die

20 Länge dieses Ur-Meters genau 1 **Meter** entspricht. Genaue Kopien des Ur-Meters wurden in der Welt verteilt. So hatte man ein einheitliches Maß für die **Länge**.

Es wurde aber nicht nur ein Maß für die

25 Länge festgelegt, sondern auch für die Masse, das Volumen und die **Zeit**. Heute benutzt man für alle Maße die **Naturkonstanten**. Die Naturkonstanten sind Werte aus der Natur, die immer gleich bleiben.

gespreizt
auseinander gestreckt

Ur-…
etwas Ursprüngliches (vergleiche: Urgroßvater)

Flächen vergleichen und bestimmen

30 Die Rechtecke in Bild 2 haben den gleichen **Umfang** von jeweils 14 cm. Trotzdem sind die Flächen unterschiedlich groß. Der **Flächeninhalt** gibt an, wie groß eine Fläche ist. Der

35 Flächeninhalt kann in verschiedenen Einheiten angegeben werden: **Quadratmillimeter** (mm²), **Quadratzentimeter** (cm²), **Quadratdezimeter** (dm²) oder **Quadratmeter** (m²).

40 Beim gelben Rechteck beträgt der Flächeninhalt 12 cm², beim blauen Rechteck sind es nur 10 cm².

Die Größe von Flächen kannst du mithilfe der **Parkettierungsmethode** vergleichen. Da-

45 bei legst du beide Flächen mit gleich großen Vergleichsflächen aus, z. B. kleinen Quadraten oder Rechtecken. Diese kannst du abzählen und so die Flächen vergleichen.

Du kannst den Flächeninhalt auch rech-

50 nerisch bestimmen. Aus dem Mathematikunterricht kennst du:
Flächeninhalt = Länge · Breite

Auf das Volumen kommt es an

Sven gießt für sich und seine Schwester Saft in zwei verschieden geformte Gläser (▷ B 3).

55 Seine Schwester glaubt nicht, dass beide Gläser die gleiche Menge Saft enthalten. Sven misst mit einem Messbecher aus der Küche

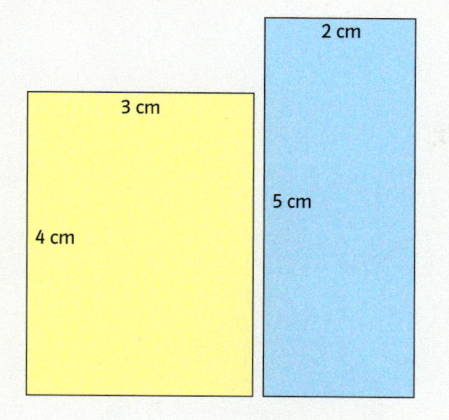

2 Flächen vergleichen

3 Gleich viel Saft?

zuerst den Inhalt des einen Glases, danach
den Inhalt des anderen Glases. Die Messergebnisse beider Gläser sind gleich: Der Rauminhalt eines Glases hängt von seiner Breite
und seiner Höhe ab.

Bestimmung von Volumen

In den Gläsern füllt die Flüssigkeit einen
bestimmten Raum aus. Dieser Rauminhalt
heißt **Volumen**. Das Volumen kannst du z. B.
mit einem Messbecher bestimmen: Ein
Messbecher hat eine Skala, an der du das
Volumen ablesen kannst. Das Volumen wird
in den Einheiten **Milliliter** (ml), **Liter** (l) oder
Kubikzentimeter (cm^3) angegeben.

Messwert

In jedem Glas sind 200 ml Saft. Dies ist der
Messwert. Er besteht aus dem **Zahlenwert**
„200" und der **Einheit** „ml" (Milliliter). Auch
bei jeder anderen Messung muss man zum
Zahlenwert eine Einheit angeben. Das
Volumen selber bezeichnet man als **Größe**.
Weitere Größen sind z. B. die Zeit und die
Masse. Es gibt darüber hinaus noch viele
weitere Größen in den Naturwissenschaften.

Messen heißt, mit einem festgelegten Maß
zu vergleichen. Bei einer Messung erhält
man einen Messwert. Er besteht aus einem
Zahlenwert und einer Einheit.

Aufgaben

1 Früher war die Elle ein
Längenmaß. Beschreibe die
Probleme. (💡 S. 218)

2 Beschreibe, aus welchen
Bestandteilen ein Messwert
besteht. (💡 S. 218)

3 Beurteile folgende Aussage:
„Die Masse der Zuckertüte
beträgt 5."

4 Recherchiere, was die alte
Einheit „Morgen" bedeutet.

Rechne sie in eine aktuelle
Einheit um.

5 Verschiedene Messgrößen
LS haben unterschiedliche
Einheiten z. B. cm, km und m.
Erstelle mithilfe des Textes
eine Tabelle mit Umrech-
nungen.

Versuche

1 Miss die Länge eines Schultischs. Du darfst aber nur
deine gespreizte Hand verwenden (▷ B 1). Gib die Län-

ge des Schultischs dann mit
der Anzahl „gespreizter Hände" an. Vergleiche mit dem
Ergebnis deiner Mitschülerinnen und Mitschüler.

2 Bestimme die Länge und
Breite des Schulhofs mit folgenden Hilfsmitteln: Meterstab, Tafellineal, Lineal aus
deinem Mäppchen, Maß-
band, Abzählen von Schrit-
ten. Notiere deine Ergebnisse in einer Tabelle. Vergleiche
die Ergebnisse.

24z66i

Uhren sind Zeitmesser

1 Antike Sonnenuhr

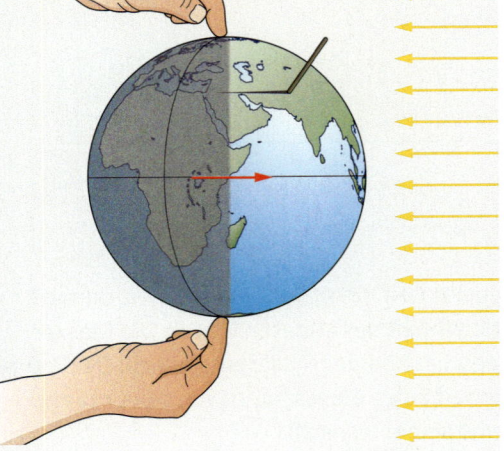

2 Erddrehung und Schattenbewegung der Sonnenuhr

Die Zeit messen . . .

Als es noch keine Uhren gab, haben die Menschen die Zeit mit unterschiedlichen Methoden eingeteilt: Sie richteten sich nach den
5 sich wiederholenden Jahreszeiten, nach den Abständen zwischen zwei Vollmonden oder nach dem Wechsel von Tag und Nacht.

Aber auch das regelmäßige Tropfen von Wasser aus einem Gefäß, das Schwingen eines
10 Pendels oder die Länge einer brennenden Kerze ermöglichten eine Einteilung der Zeit.

. . . mit Sonnenuhren

Schon im Altertum wurde die Zeit mithilfe von Schatten gemessen. Ein in den Boden
15 gesteckter Stab wirft bei Sonnenschein einen Schatten. Der Schatten ändert sich mit der Tageszeit, aber auch mit der Jahreszeit.

Bild 2 zeigt, wie die Bewegung des Schattens entsteht: Die Erde dreht sich um ihre eigene Achse. Der Stab dreht sich mit. Der Stab
20 verändert dabei seine Stellung zur Sonne. Daher verändert sich auch der Schatten. (► System, S. 198/199)

Sonnenuhren und andere Uhren

Eine der ältesten Sonnenuhren stammt aus der Zeit um 1400 v. Chr. aus Ägypten. Erst im
25 14. Jahrhundert n. Chr. wurden die ersten Uhren mit einem Antrieb durch Gewichte gebaut. PETER HENLEIN (1480 – 1542) baute im
30 Jahr 1510 in Nürnberg die erste mechanische Taschenuhr. Doch noch bis in das 19. Jahrhundert blieb die Sonnenuhr für die meisten Menschen die einzige Uhr.

Pendel
Gegenstand, der an längerer Schnur schwingt

Aufgaben

1 Beschreibe die Vorteile und Nachteile von Sonnenuhren.

2 Warum sind die Schatten von Gegenständen und Menschen morgens länger als mittags? Fertige Skizzen an und begründe.

3 Suche im Internet Bilder von drei verschiedenen Sonnenuhren. Entscheide dich für ein Modell. Begründe deine Wahl.

Einfache Uhren bauen

1 Die Sonnenuhr

Material
Blumentopf, Sand, helle Pappe, Holzstab, Stift

Versuchsanleitung
Schneide aus der Pappe eine kreisförmige Scheibe aus, die den gleichen Durchmesser hat wie der Topf. Fülle den Topf mit Sand. Stecke den Holzstab mitten durch die Pappscheibe. Stelle ihn dann in den Topf. Stelle nun den Topf an einen sonnigen Ort. Markiere nach jeder vollen Stunde mit einem Stift die Position des Schattens auf der Pappe (▷ B 1). Nun kannst du an Sonnentagen die Zeit ablesen. Du darfst aber den Standort deiner Sonnenuhr nicht verändern.

Aufgabe
1. Kontrolliere die Genauigkeit deiner Sonnenuhr über einen Zeitraum von mehreren Tagen oder Wochen.

1 Blumentopf als Sonnenuhr

2 Bau einer Sanduhr

Material
2 gleiche Schraubgläser oder 2 gleiche Flaschen mit Deckeln, Kraftkleber, möglichst feiner Sand (z. B. Chinchilla-Sand), dicke Pappe, großer Nagel, Hammer, Gewebeband, Stoppuhr

Versuchsanleitung
Schraube die Deckel der beiden Gläser oder Flaschen ab und klebe diese mit ihren Oberseiten zusammen. Sobald der Kleber getrocknet ist, lege die Deckel auf die Pappe und schlage mit Hammer und Nagel ein Loch durch die Mitte der Deckel. Fülle nun etwas Sand in eines der beiden Gefäße. Verschließe das Gefäß mit dem Deckel und schraube das andere, leere Gefäß auf der anderen Seite fest. Wenn du den Doppeldeckel mit Gewebeband umwickelst, wird deine Sanduhr stabiler.
Mit einer Stoppuhr kannst du nun die Dauer deiner Sanduhr bestimmen. Drehe dafür die Sanduhr einmal um und miss, wie lange es dauert, bis der komplette Sand in das andere Gefäß gerieselt ist.

Aufgaben
1. Bestimme, welche Zeitspanne deine Sanduhr misst, wenn der gesamte Sand in das andere Gefäß gerieselt ist.
2. Du willst mit deiner Sanduhr eine Zeitdauer von 2 Minuten stoppen. Beschreibe, wie diese Messung gelingt.

2 Gläser und Flaschen als Sanduhren

Aufgaben

● 1 Notiere drei Situationen aus deinem Alltag, bei denen eine Zeitmessung mit einer Sonnenuhr nur schwer oder gar nicht möglich ist.

● 2 Deine Sonnenuhr und deine Sanduhr können im Alltag hilfreich sein. Erläutere für jede Uhr eine Situation, in der du sie sinnvoll einsetzen kannst. (► S. 215)

● 3 Marcel fragt, ob man eine Sonnenuhr auch als Armbanduhr bauen kann. Nimm Stellung zu dieser Frage.

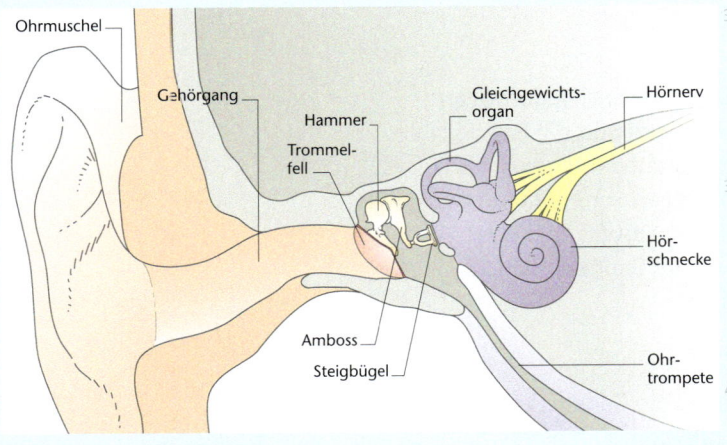

1 Aufbau des Ohrs

Sinnesorgane

Sinnesorgane liefern Menschen und Tieren Bilder der Umwelt. Je nach Lebensweise sind sie unterschiedlich aufgebaut und unter-
5 schiedlich leistungsfähig.

Augen, Ohren, Nase, Zunge und Haut sind unsere Sinnesorgane. Jedes Sinnesorgan ist nur für einen ganz bestimmten Reiz empfind-lich: das Auge für Licht, das Ohr (▷ B 1) für
10 Schall, die Nase für Duftstoffe und die Zunge für Geschmacksstoffe. Die Haut ist unser größtes Sinnesorgan. Über die verschiedenen Sinneskörperchen in der Haut nehmen wir Berührung, Druck, Schmerz, Hitze, Kälte und
15 Vibrationen wahr.

Vom Reiz zur Wahrnehmung

Reize aus der Umwelt erregen die Sinnes-zellen in den Sinnesorganen. Die Sinneszellen erzeugen daraufhin elektrische Impulse. Die
20 elektrischen Impulse gelangen über Nerven-bahnen zum Gehirn. Dort werden sie verar-beitet: Wir sehen, hören, riechen, schmecken oder fühlen.

Ausfall von Sinnesorganen

25 Wenn ein Sinnesorgan ausfällt, übernehmen andere Sinnesorgane zum Teil dessen Aufga-be. Blinde Menschen orientieren sich z. B. ver-stärkt mit dem Gehör und mit dem Tastsinn. Auch der Geruchssinn ist besser ausgebildet.

Hörbereiche

30 Menschen hören Frequenzen zwischen 16 und 20 000 Hz. Tiefe Töne mit Frequenzen un-ter 16 Hz bezeichnet man als Infraschall. Hohe Töne über 20 000 Hz bezeichnet man als Ul-traschall. Die Hörbereiche der Tiere unter-
35 scheiden sich von dem des Menschen.

Schall und Lärm

Die Lautstärke wird in Dezibel (A), kurz dB(A), gemessen. Lärm schädigt die Hörsinneszellen
40 schon ab 85 dB(A). Dabei ist nicht nur die Lautstärke ausschlaggebend, sondern auch die Dauer der Belastung.

Temperaturen bestimmen

Mit einem Thermometer kannst du Tempera-
45 turen objektiv messen. Wir geben Temperatu-ren in Grad Celsius (°C) an. Es gibt aber auch die Kelvin-Skala und die Fahrenheit-Skala.

Aus der Temperaturangabe wird klar, ob wir etwas als kalt oder warm empfinden wür-
50 den, ohne es zuvor fühlen zu müssen. Lies dazu die Temperaturskala korrekt ab.

Masse wiegen

Masse ist der Fachbegriff für das alltäglich gebrauchte Wort Gewicht. Masse wird in den
55 Einheiten Gramm (g), Kilogramm (kg) und Tonne (t) angegeben. Mit einer Waage kannst du Masse objektiv messen.

Zeit bestimmen

Bei einer Sonnenuhr wirft ein Stab bei Son-
60 nenlicht Schatten. Ist die Skala der Uhr richtig eingestellt, zeigt der Schatten des Zeigers die aktuelle Uhrzeit an.

Sanduhren zeigen an, wie viel Zeit vergan-gen ist. Dabei fließt der Sand aus einem Vor-
65 ratsgefäß in das andere Vorratsgefäß. Ist ein Gefäß komplett leer, endet die korrekte Zeit-messung.

1 Zeit mit dem Haustier: ein Erlebnis für alle Sinne

1 Benenne alle wichtigen Teile des menschlichen Auges und deren Funktion.
► S.32/33

2 Benenne alle wichtigen Teile des menschlichen Gehörs und deren Funktion.
► S.40/41

3 Nenne die Fachbegriffe für die Bereiche, die ein Mensch nicht hören kann.
► S.44/45

4 Temperatur kann in verschiedenen Einheiten angegeben werden. Nenne 3 Einheiten.
► S.54/55

5 Beschreibe am Beispiel des Auges die eingeschränkte Leistungsfähigkeit eines Sinnesorgans und die Folgen.
► S.22, 23

6 Erstelle eine Mind-Map zu den Sinnesorganen des Menschen. Ordne darin die entsprechenden Reize und Sinnesleistungen zu.
► S.28/29

7 Tiere nehmen die Umwelt anders wahr als wir. Nenne Beispiele und beschreibe sie.
► S.30/31

8 Der Ton einer Stimmgabel hat eine Frequenz von 1000 Hz. Gib an, was das bedeutet.
► S.44/45

9 Gib Möglichkeiten an, deine Augen und deine Ohren zu schützen.
► S.28/29, 35, 46/47

10 Erkläre, warum du mit den Fingerspitzen besonders gut tasten kannst.
► S.50

11 Sortiere die folgenden Masse der Größe nach:
2 kg, 200 g, 40 kg, 150 g, 2 t, 50 g, 30 t, 2 500 g, 3 500 kg
Beginne mit der kleinsten Masse.
► S.58/59

12 Nenne, welche Waagen beim Kochen und im Büro verwendet werden. Begründe.
► S.58/59

13 Beschreibe, wie es zu optischen Täuschungen kommen kann.
► S.34/35

14 Thilo sagt: „Ich brauche kein Thermometer. Ich habe einen guten Temperatursinn." Erläutere ihm, was sein Temperatursinn leistet und warum er bei der Temperaturbestimmung trotzdem ein Thermometer einsetzen muss.
► S.54/55

15 Ein Händler bestimmt auf dem Wochenmarkt mit selbst hergestellten Wägestücken die Masse von Obst und Gemüse.
a) Beschreibe eine Möglichkeit, korrekte Wägestücke herzustellen.
b) Nimm Stellung, ob und wie das korrekt sein kann.
► S.58/59, 60/61

3 Vom ganz Kleinen und ganz Großen

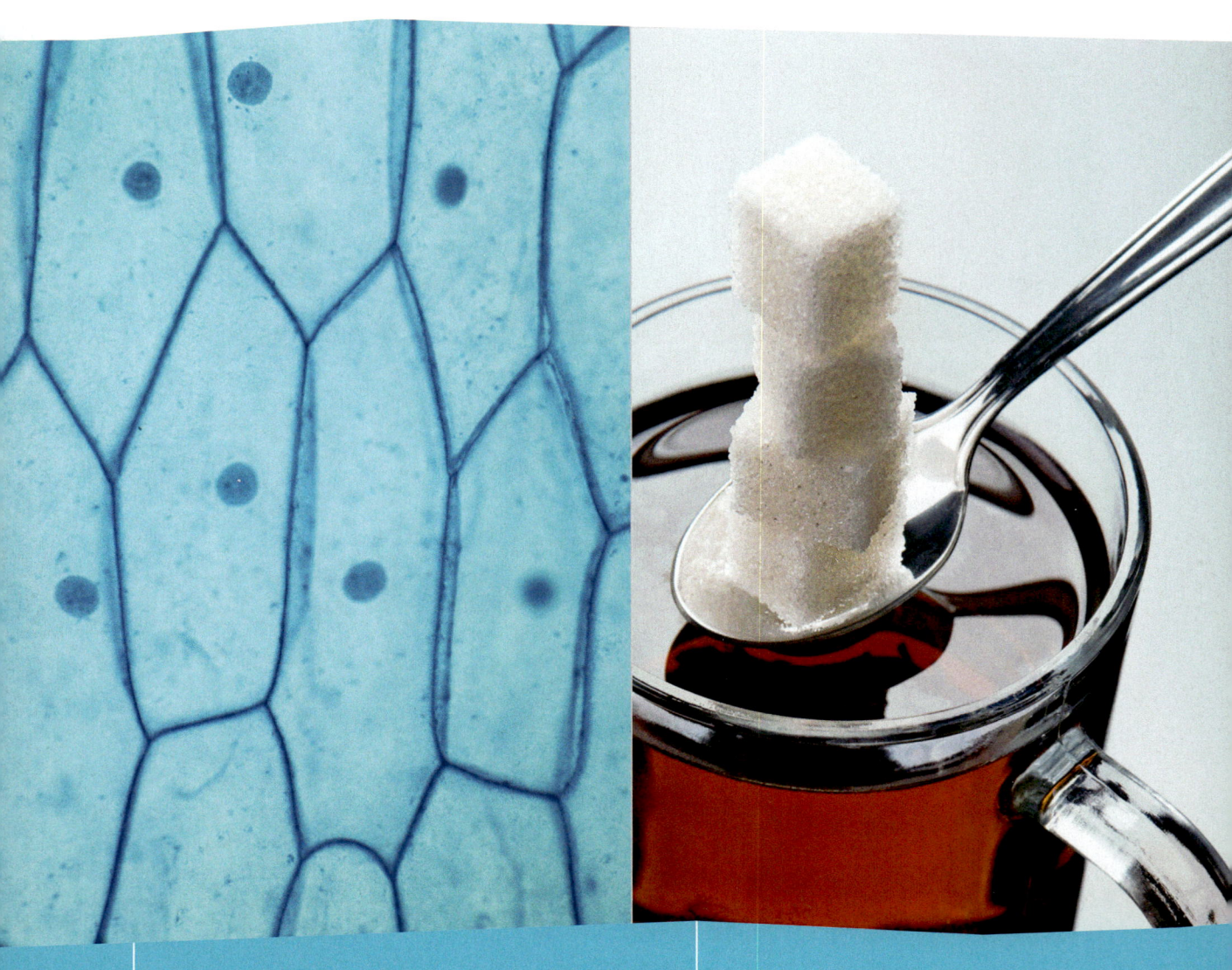

Wie sehen Zellen aus?

Was passiert mit dem Zucker im Tee?

Schreibe eine Geschichte, in der drei ganz große und drei ganz kleine Dinge vorkommen.

Was ist die Milchstraße?

Welche Tiere leben im Boden?

6yz8q2

Versuche mit der Lupe

1 Ein Wassertropfen als Lupe

Material
große Sicherheitsnadel, dünner Trinkhalm oder Pipette, Klarsichthülle, Zeitungspapier

Versuchsanleitung
a) Lege ein Stück Zeitungspapier in eine Klarsichthülle. Tropfe mit dem dünnen Trinkhalm oder mit der Pipette einige Tropfen Wasser auf die Hülle. Versuche dabei, unterschiedlich große Wassertropfen zu erzeugen. Betrachte den Zeitungstext unter den unterschiedlich großen Wassertropfen. Beschreibe, was dir auffällt.
b) Gib einen Wassertropfen in die Öse einer großen Sicherheitsnadel (▷ B 1). Beschreibe die Form des

Tropfens in der Öse der Sicherheitsnadel. Betrachte anschließend den Zeitungstext durch den Wassertropfen. Beschreibe deine Beobachtungen.

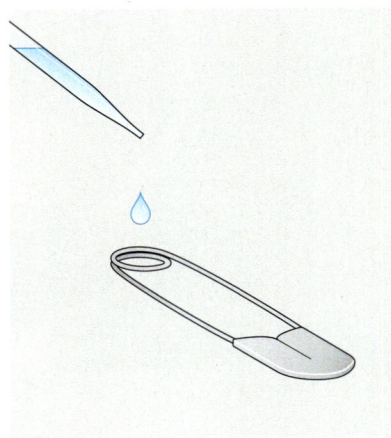
1 Zu Versuch 1b

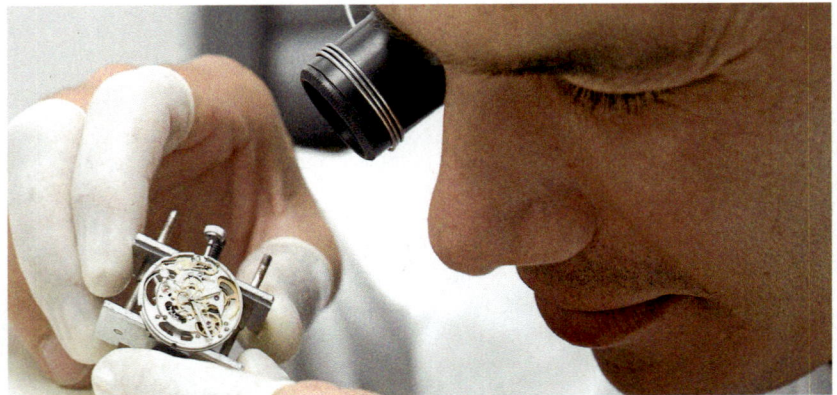
3 Zu Aufgabe 1: Ein Uhrmacher bei der Arbeit

2 Lupen mit unterschiedlichen Vergrößerungen

Material
verschiedene Lupen, Blatt Millimeterpapier oder kariertes Papier

Versuchsanleitung
a) Lege zunächst eine Lupe direkt auf das Millimeterpapier oder auf das karierte Papier (▷ B 2). Betrachte das Papier durch die Lupe. Verändere dann den Abstand zwischen Lupe und Papier. In welchem Abstand ergibt sich die stärkste Vergrößerung? Beschreibe deine Beobachtungen.
b) Wiederhole den Versuchsteil a) mit den anderen Lupen und vergleiche ihre Vergrößerungen. Beschreibe die Form der Lupen, die am stärksten vergrößern.
c) Erstelle ein Versuchsprotokoll. (► S. 211)

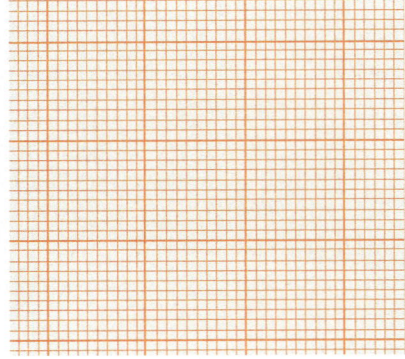
2 Zu Versuch 2

Aufgaben

1
a) Informiere dich, in welchen Berufen man mit Lupen arbeitet.

b) Recherchiere im Internet, welche Vergrößerungen die Lupen für bestimmte Berufsgruppen erreichen.

2 Deine Familie nimmt an einem Natur-Erlebnistag teil. An einer Station fehlen die Lupen. Erkläre, wie das Reise-Nähset helfen kann.

Die Lupe

1 Wassertropfen auf Feder

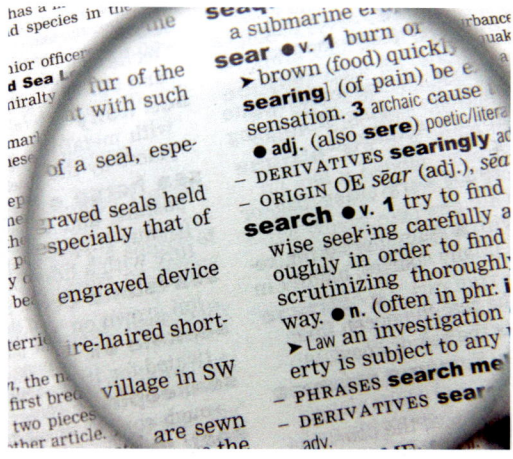

2 Eine Lupe vergrößert.

Die Lupe – eine Sammellinse im Einsatz

In Bild 1 siehst du einen Wassertropfen auf einer Feder. Der Tropfen besitzt eine ähnliche Form wie eine **Sammellinse**, da Sammellin-
5 sen in der Mitte dicker sind als am Rand. Deshalb kann man die Details der Feder durch den Wassertropfen vergrößert sehen.

In Bild 2 siehst du eine Leselupe auf einem Text. Auch sie vergrößert die Schrift. Eine
10 Lupe enthält eine Sammellinse. Man nennt die Sammellinse auch **Konvexlinse**.

Der Strahlenverlauf bei einer Lupe

Bild 3 zeigt den Strahlenverlauf von parallelen Lichtstrahlen bei einer Sammellinse. Die
15 Lichtstrahlen werden an der Sammellinse gebrochen.

Die Lichtstrahlen verändern also nach der Sammellinse ihre Richtung. Nach der Linse
20 sammeln sich daher die Strahlen in einem Punkt. Diesen Punkt nennt man **Brennpunkt**.

Eine Lupe enthält eine Sammellinse und erzeugt ein vergrößertes Bild. Parallele Lichtstrahlen sammeln sich im Brennpunkt.

Detail
Ausschnitt, einzelner Bereich

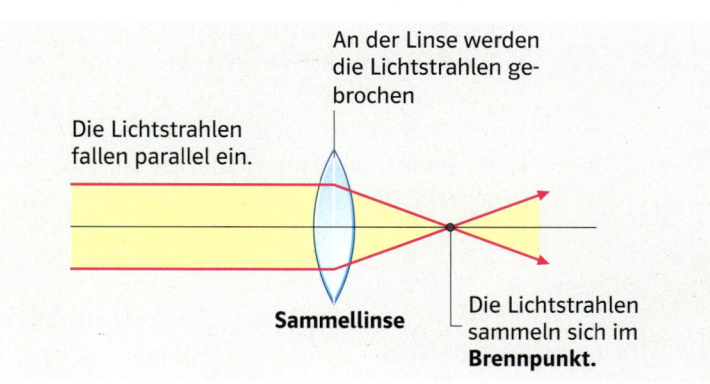

An der Linse werden die Lichtstrahlen gebrochen

Die Lichtstrahlen fallen parallel ein.

Sammellinse

Die Lichtstrahlen sammeln sich im **Brennpunkt.**

3 Strahlenverlauf bei einer Lupe

Aufgaben

1 Nenne die Linsenart, die bei einer Lupe verwendet wird. (💡 S. 218)

2 Betrachte Bild 1. Finde zwei weitere Beispiele für Alltagsgegenstände, die wie eine Lupe wirken. (► S. 215)

3 Ayse hält ein dünnes Papier
LS in die Lichtstrahlen hinter einer Lupe. Auf einmal fängt es Feuer. Gib an und begründe mit dem Text und Bild 3, wo dies der Fall ist.

4 Betrachte diese Aufgabe durch eine Lupe. Untersuche, wie du die Linse für ein scharfes Bild halten musst.

Bilder durch Linsen

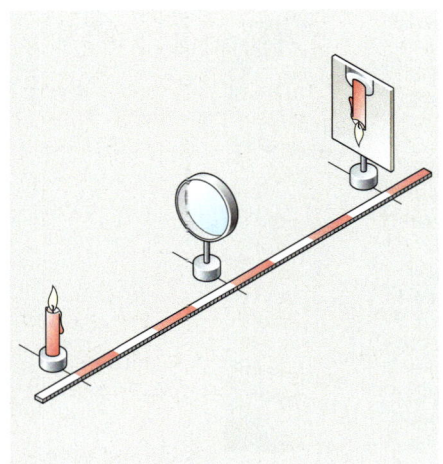

1 Linsen erzeugen Bilder.

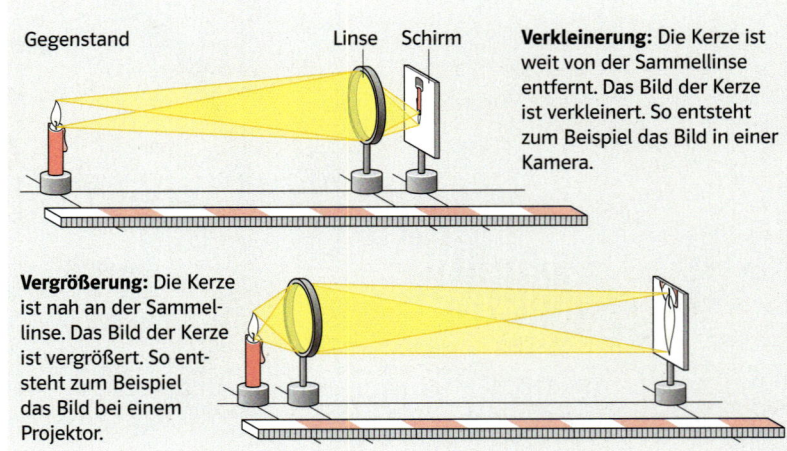

Gegenstand   Linse   Schirm

Verkleinerung: Die Kerze ist weit von der Sammellinse entfernt. Das Bild der Kerze ist verkleinert. So entsteht zum Beispiel das Bild in einer Kamera.

Vergrößerung: Die Kerze ist nah an der Sammellinse. Das Bild der Kerze ist vergrößert. So entsteht zum Beispiel das Bild bei einem Projektor.

2 Entstehung verkleinerter und vergrößerter Bilder an einer Sammellinse

Sammellinsen erzeugen Bilder

Sammellinsen findet man in fast allen optischen Geräten (z. B. Kamera, Beamer). Bild 1 und Versuch 1 zeigen, dass eine Sammellinse
5 ein Bild erzeugen kann. Das Bild steht auf dem Kopf. Pustest du von der Seite gegen die Kerze, bewegt sich das Bild entgegengesetzt: Das Bild ist zusätzlich seitenverkehrt.

Deutliche und scharfe Bilder

10 Du erhältst nur dann ein deutliches und scharfes Bild von der Kerze, wenn der Schirm den richtigen Abstand von der Sammellinse hat. Ist der Schirm zu nah an der Sammellinse oder zu weit entfernt, wird das Bild der
15 Kerze undeutlich und unscharf.

Große und kleine Bilder

Auch der Abstand zwischen Kerze und Sammellinse ist wichtig: Wenn du den Abstand zwischen der Kerze und der Sammellinse
20 veränderst, dann erkennst du, dass sich die Größe des Bilds verändert (▷ B 2).
(► System, S. 198/199)

Aufgaben

⊜ 1 Du betrachtest das Bild einer Kerze, das durch eine Sammellinse entsteht. Die Kerze ist weit von der Linse entfernt. Beschreibe die Eigenschaften des Bilds.

⊜ 2 Auch ein Fotoapparat enthält eine Sammellinse. Stelle eine Vermutung auf, welche Aufgabe diese Linse hat.

● 3 Ein Zoomobjektiv in einem Fotoapparat kann große und kleine Bilder erzeugen. Überlege dir, wie dies möglich ist.

Versuch

 1

a) Baue den Versuch wie in Bild 1 auf. Verschiebe den Schirm so lange, bis darauf ein deutliches Bild der Kerze zu sehen ist.

b) Vergrößere nun die Entfernung zwischen der Kerze und der Sammellinse. Wie musst du den Schirm verschieben, um ein deutliches Bild der Kerze zu erhalten? Beschreibe.

c) Nähere die Kerze der Sammellinse. Beschreibe, wie sich das Bild verändert.

Bodentiere unter der Lupe

6yz8q2

1 Bau eines Berlese-Apparats

Bodentiere leben meist versteckt unter dem Laub oder in der Erde. Mit dem Berlese-Apparat könnt ihr den lichtscheuen Tieren auf die Spur kommen.

Material
Schuhkarton, Becherglas, Glycerin, Kaffeefilter, Stativ, großen Trichter, grobmaschiges Sieb (das in den Trichter passt), Schreibtischlampe, Bodenprobe, Haarpinsel, Federstahl-Pinzette, große Petrischale, Lupe

Versuchsanleitung
a) Legt einen gut befeuchteten Kaffeefilter in das Becherglas.

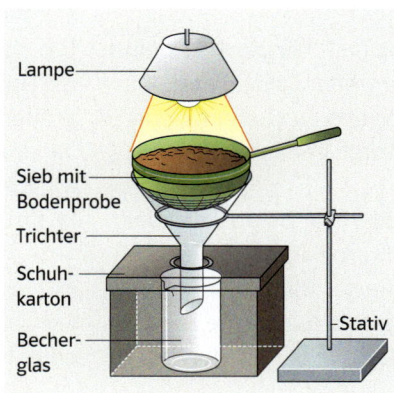

1 Berlese-Apparat

b) Bestreicht den Rand des Becherglases innen etwa 1 cm hoch mit Glycerin.
c) Schneidet in den Deckel des Schuhkartons ein Loch für den Trichterauslauf.

d) Baut nun den Berlese-Apparat auf, wie es in Bild 1 gezeigt ist.
e) Füllt die Bodenprobe in das Sieb.
f) Schaltet das Licht ein.
g) Kontrolliert das Becherglas nach etwa einer Stunde zum ersten Mal: Sind Tiere im Gefäß?

Aufgaben
1. Gebt einige der gefangenen Tiere vorsichtig mit dem Pinsel oder der Pinzette in die Petrischale. Betrachtet sie mit der Lupe.
2. Nehmt Bild 2 zu Hilfe und unterscheidet die gefundenen Tiere nach der Anzahl der Beine.
3. Notiert eure Ergebnisse in einer Tabelle.
4. Vergleicht euer Ergebnis mit den Ergebnissen der anderen Gruppen.

Anzahl der Beine	Gruppe	Beispiele
0	Würmer, Schnecken und einige Insektenlarven	Regenwurm, Schnecke, Fliegenlarve
6	Insekten und einige Insektenlarven	Doppelschwanz, Käferlarve, Ameise, Ohrwurm
8	Spinnentiere	Pseudoskorpion, Bodenspinne, Milbe
14	Krebse	Assel
> 20	Hundert- und Tausendfüßer	Schnurfüßer, Steinläufer

2 Bodentiere bestimmen

Bau und Funktion des Mikroskops

Eine Lupe allein reicht nicht

Mit einem **Mikroskop** (▷ B 1) kannst du kleine Dinge viel stärker vergrößern als mit der Lupe. Das Mikroskop setzt du also ein, wenn
5 du sehr kleine Strukturen genau erkennen möchtest.

Doch wie funktioniert ein Mikroskop? Das **Objektiv** enthält mehrere Sammellinsen. Sie erzeugen ein vergrößertes Bild. Dieses Bild
10 wird durch das **Okular** wie durch eine Lupe noch weiter vergrößert.

Die Vergrößerung berechnen

Um die Vergrößerung zu berechnen, musst du die Objektivvergrößerung mit der Okularver-
15 größerung multiplizieren. Eine 10-fache Okular- und eine 40-fache Objektivvergrößerung ergeben eine 400-fache Gesamtvergrößerung. (► Struktur-Eigenschaft-Funktion, S. 200/201)

Mit dem Mikroskop kann man Strukturen er-
20 **kennen, die mit dem bloßen Auge oder mit einer Lupe nicht zu erkennen sind.**

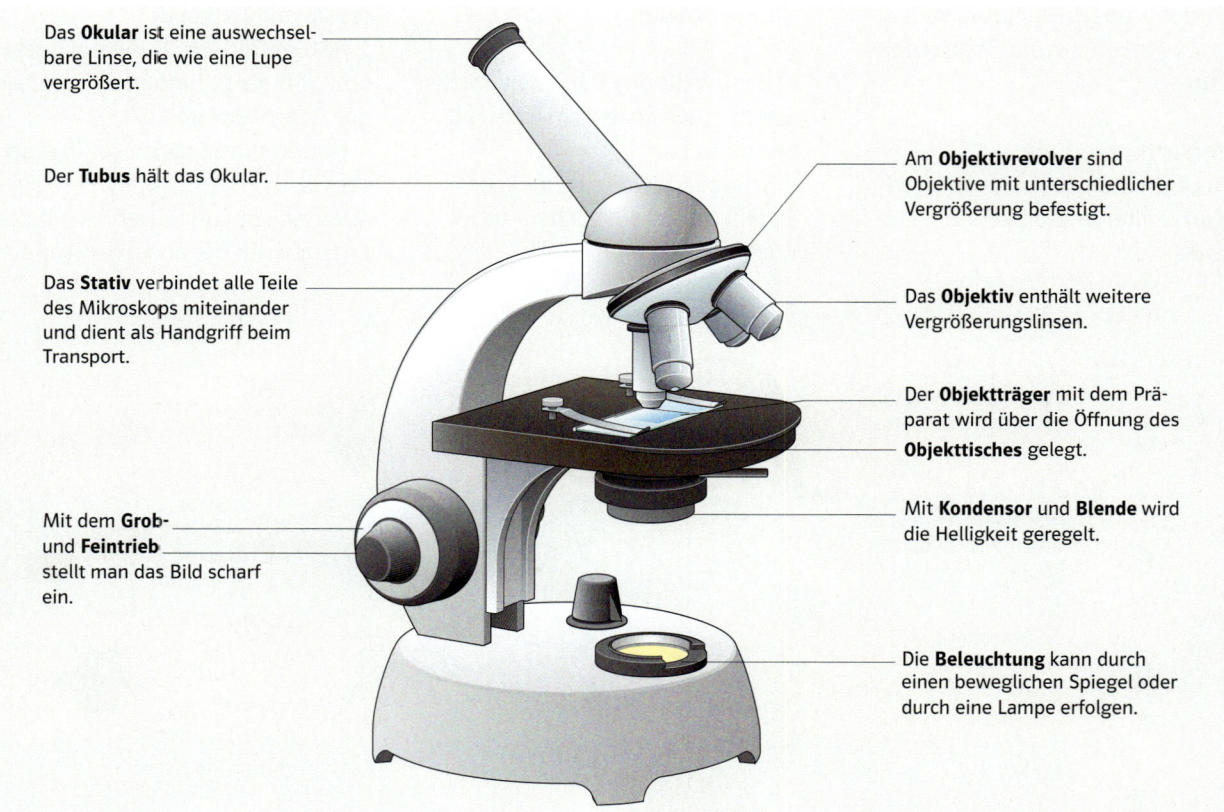

Das **Okular** ist eine auswechselbare Linse, die wie eine Lupe vergrößert.

Der **Tubus** hält das Okular.

Das **Stativ** verbindet alle Teile des Mikroskops miteinander und dient als Handgriff beim Transport.

Mit dem **Grob-** und **Feintrieb** stellt man das Bild scharf ein.

Am **Objektivrevolver** sind Objektive mit unterschiedlicher Vergrößerung befestigt.

Das **Objektiv** enthält weitere Vergrößerungslinsen.

Der **Objektträger** mit dem Präparat wird über die Öffnung des **Objekttisches** gelegt.

Mit **Kondensor** und **Blende** wird die Helligkeit geregelt.

Die **Beleuchtung** kann durch einen beweglichen Spiegel oder durch eine Lampe erfolgen.

1 Aufbau eines Mikroskops

Aufgaben

○ 1 Benenne alle Bauteile des Mikroskops und deren Funktion. (💡 S. 218)

● 2 Berechne alle an deinem Mikroskop einstellbaren Gesamtvergrößerungen und stelle sie in einer Tabelle dar.

● 3 Beurteile, ob ein Präparat beim Scharfstellen auf das Objektiv zubewegt oder langsam davon wegbewegt werden sollte.

Die Pflanzenzelle

6yz8q2

Beim Mikroskopieren eines Laubblatts kannst du kleine Kammern erkennen. Man bezeichnet sie als **Zellen**. Bei stärkerer Vergrößerung sind kleinere Zellkörperchen zu unterscheiden, die **Organellen** (▷ B 3).

Jedes Organell hat eine bestimmte Aufgabe in der Zelle. (► System, S. 198/199)

Pflanzen bestehen aus Zellen mit unterschiedlichen Organellen.

Kammer
kleiner Raum

1 Laubblatt

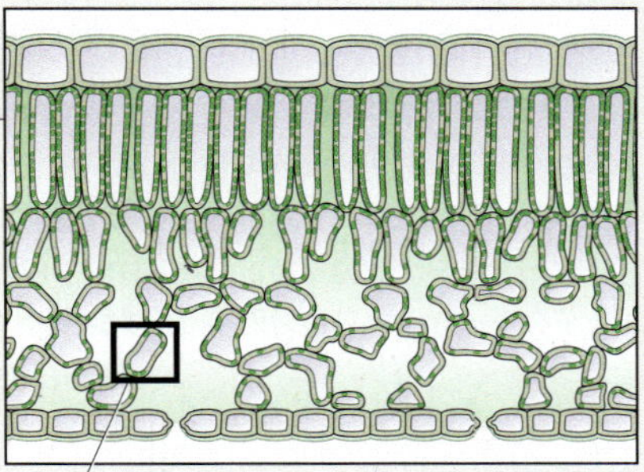

2 Blattquerschnitt

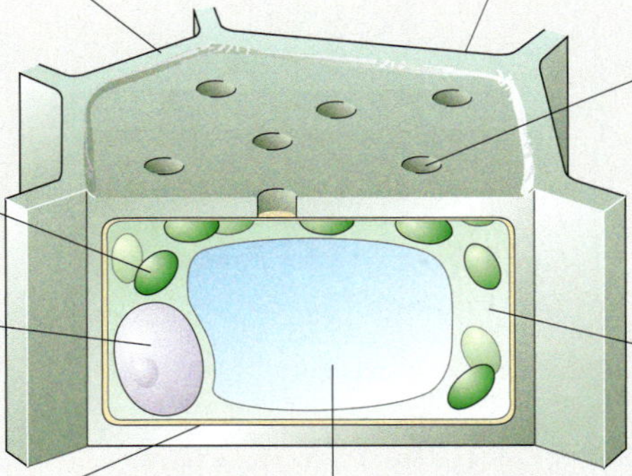

Die Pflanzenzelle ist von einer dicken **Zellwand** umschlossen. Diese gibt der Zelle Festigkeit.

Grüne Pflanzenteile besitzen **Chloroplasten**. Sie enthalten einen grünen Farbstoff und wirken bei der Herstellung von Nährstoffen mit.

Der **Zellkern** steuert alle Vorgänge in der Zelle.

Durch **Tüpfel** werden Stoffe zwischen den Zellen ausgetauscht.

Die Zelle ist mit flüssigem **Zellplasma** ausgefüllt. Hier sind die Zellbestandteile eingelagert.

Die dünne **Zellmembran** liegt an der Innenseite der Zellwand.

In den **Vakuolen** werden Wasser und auch Öle gelagert.

3 Pflanzenzelle

Aufgaben

1 Benenne die Teile der Pflanzenzelle, die du mit dem Mikroskop erkennst. (💡 S. 218)

2 Erkläre deinem Nachbarn LS oder deiner Nachbarin, weshalb die meisten Pflanzenteile grün sind.

3 Ein Laubblatt besteht aus verschiedenen Zellen. Vermute, welche Aufgaben diese Zellen haben könnten.

Wir mikroskopieren verschiedene Zellen

Du benötigst folgende Grundausstattung: ein Mikroskop, einige Objektträger und Deckgläschen, eine Pipette, eine Pinzette und eine Päpariernadel.

1 Zwiebelhautzellen

Material
Grundausstattung, Schutzbrille, Küchenzwiebel, Messer, Schneidebrett, einseitig überklebte Rasierklinge, Methylenblau, Filterpapier

Versuchsanleitung
a) Schneide die Küchenzwiebel mit dem Messer durch und schäle sie.
b) Löse mit der Pinzette eine Zwiebelschuppe heraus.

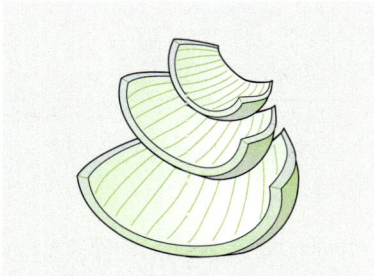

1 Zwiebelschuppe herauslösen

c) Ritze vorsichtig mit der Rasierklinge ein kleines Rechteck in die Innenhaut der Zwiebelschuppe.

2 Zwiebelschuppe einritzen

d) Gib mit der Pipette einen Tropfen Wasser auf den Objektträger.

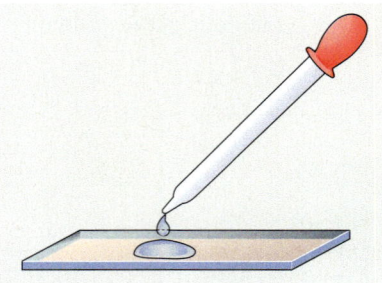

3 Wasser auftropfen

e) Löse das eingeritzte Rechteck mit der Pinzette heraus und lege das Häutchen möglichst glatt in den Wassertropfen.

4 Zwiebelhaut lösen und auflegen

f) Setze das Deckgläschen leicht schräg am Wassertropfen an und senke es langsam ab.

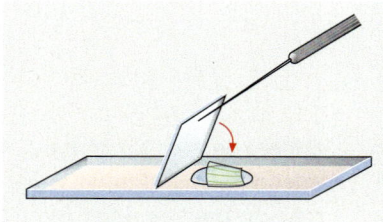

5 Deckgläschen vorsichtig absenken

g) Sauge überschüssiges Wasser mit dem Filterpapier ab.

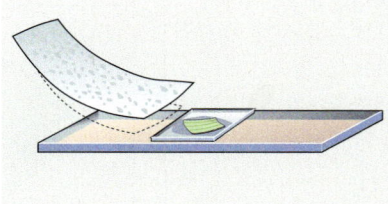

6 Überschüssiges Wasser absaugen

h) Mikroskopiere das Präparat.
i) Gib mit der Pipette einen Tropfen Methylenblau seitlich neben das Deckgläschen. Sauge das Methylenblau dann von der gegenüberliegenden Seite mit Filterpapier unter das Deckgläschen.

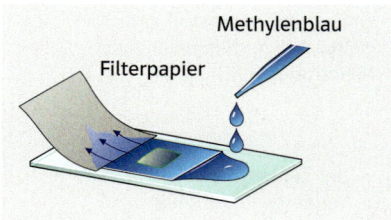

7 Anfärben mit Methylenblau

j) Mikroskopiere das Präparat erneut und prüfe es auf Veränderungen.
k) Entsorge die Präparate im dafür vorgesehenen Behälter.

Aufgabe
1. Vergleiche eine Zelle deines Präparates mit dem Bau einer Pflanzenzelle (► S.75). Benenne alle erkennbaren Einzelheiten.

2 Zellen in Moosblättchen

Bei vielen Moosarten haben die Blättchen nur eine einzige Zell-Schicht. Deshalb kannst du sie mit dem Mikroskop gut untersuchen.

Material
Grundausstattung, Moospflanze

Versuchsanleitung
a) Fertige von einem Blättchen der Moospflanze ein Nasspräparat wie in Versuch 1 an. Führe dazu die Schritte e) bis h) durch.

3 Zellen der Wasserpest

Die Wasserpest kommt häufig in Fließgewässern vor. In Aquarien und Gartenteichen lässt sich die Pflanze gut halten.

Material
Grundausstattung, Wasserpest, Reagenzglas, Reagenzglasständer, starke Lichtquelle

Versuchsanleitung
a) Fertige von einem Blättchen der Wasserpest ein Nasspräparat wie in Versuch 1 an.
b) Beobachte mögliche Bewegungen innerhalb der Zelle.
c) Gib anschließend einen Zweig der Wasserpest in ein mit Wasser gefülltes Reagenzglas und stelle das Reagenzglas in den Reagenzglasständer.

Aufgabe
1. Zeichne von deinem Präparat mindestens drei benachbarte Zellen (► S. 212).

8 Frauenhaarmoos

9 Wasserpest

d) Beleuchte die Wasserpest etwa 20 Minuten lang von der Seite mit einer starken Lichtquelle.
e) Zupfe nun erneut ein Blättchen ab, fertige ein Nasspräparat an und mikroskopiere es.

Aufgabe
1. Vergleiche die Zellen der Wasserpest vor und nach der Belichtung.

4 Zellen der Mundschleimhaut

Material
Grundausstattung, Schutzbrille, Teelöffel oder Holzspatel, Methylenblau

Versuchsanleitung
a) Gib einen Tropfen verdünnter Methylenblau-Lösung auf den Objektträger.
b) Schabe mit dem Löffel an der Innenseite deiner Wange entlang und gib etwas davon auf den Objektträger.
c) Lege das Deckgläschen auf.
d) Mikroskopiere das Präparat.
e) Entsorge die Präparate im dafür vorgesehenen Behälter.

Aufgaben
1. Beschreibe, was du erkennst.
2. Vergleiche eine Zelle deines Präparates mit dem Bau einer tierischen Zelle (► S. 78/79). Benenne erkennbare Einzelheiten.

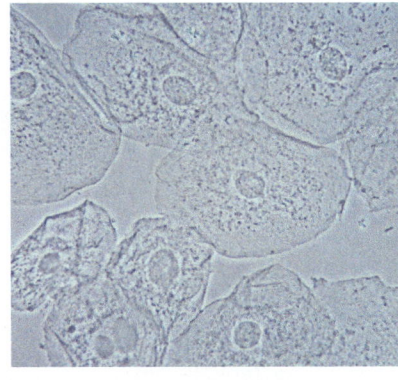
10 Zellen der Mundschleimhaut

Aufgaben

1 Vergleiche die Zellen vom Frauenhaarmoos mit den Zellen der Wasserpest. Beschreibe Gemeinsamkeiten und Unterschiede. (S. 218)

2 Vergleiche die Pflanzenzellen mit den Zellen der Mundschleimhaut. Stelle Gemeinsamkeiten und Unterschiede in einer Tabelle dar.

Pflanzenzelle und Tierzelle im Vergleich

Alle Lebewesen bestehen aus Zellen. Zellen sind die Grundbausteine der Lebewesen. Sie wachsen, betreiben Stoffwechsel und vermehren sich.

Zellen sind mit bloßem Auge oder mit der Lupe meist nicht zu erkennen. Erst im Mikroskop kannst du sie sehen. Bei stärkerer Vergrößerung kannst du in den Zellen kleine Zellkörperchen unterscheiden, das sind die Organellen. Sie sind von Membranen umgeben, die sie nach außen abgrenzen. Die Organellen erfüllen unterschiedliche Aufgaben in den Zellen.

Vergleicht man Tierzelle und Pflanzenzelle, so stellt man viele Gemeinsamkeiten, aber auch einige Unterschiede fest.

Ⓓ Zellen benötigen Energie für ihre Lebensvorgänge. Die Freisetzung der Energie erfolgt in den **Mitochondrien**. Die Mitochondrien werden deshalb als „Kraftwerke" der Zelle bezeichnet.

Ⓐ Pflanzenzellen sind von einer **Zellwand** umgeben. Die Zellwand bietet der Zelle Schutz und gibt ihr Form und Stabilität.

Ⓑ **Chloroplasten** enthalten den grünen Blattfarbstoff Chlorophyll. In den Chloroplasten findet die Fotosynthese statt (▶ S. 127). Dabei stellen grüne Pflanzen ihre Nährstoffe selbst her.

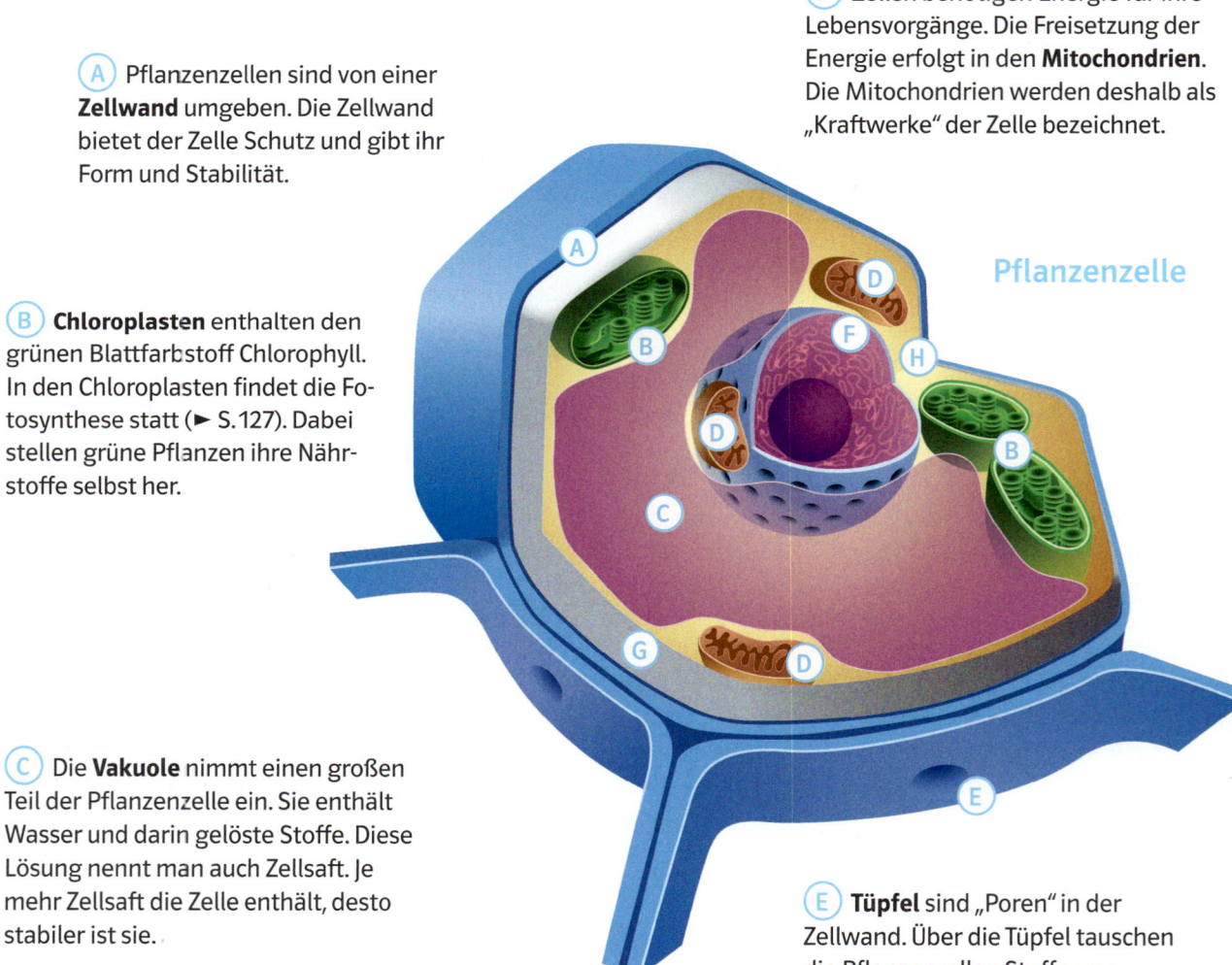

Pflanzenzelle

Ⓒ Die **Vakuole** nimmt einen großen Teil der Pflanzenzelle ein. Sie enthält Wasser und darin gelöste Stoffe. Diese Lösung nennt man auch Zellsaft. Je mehr Zellsaft die Zelle enthält, desto stabiler ist sie.

Ⓔ **Tüpfel** sind „Poren" in der Zellwand. Über die Tüpfel tauschen die Pflanzenzellen Stoffe aus.

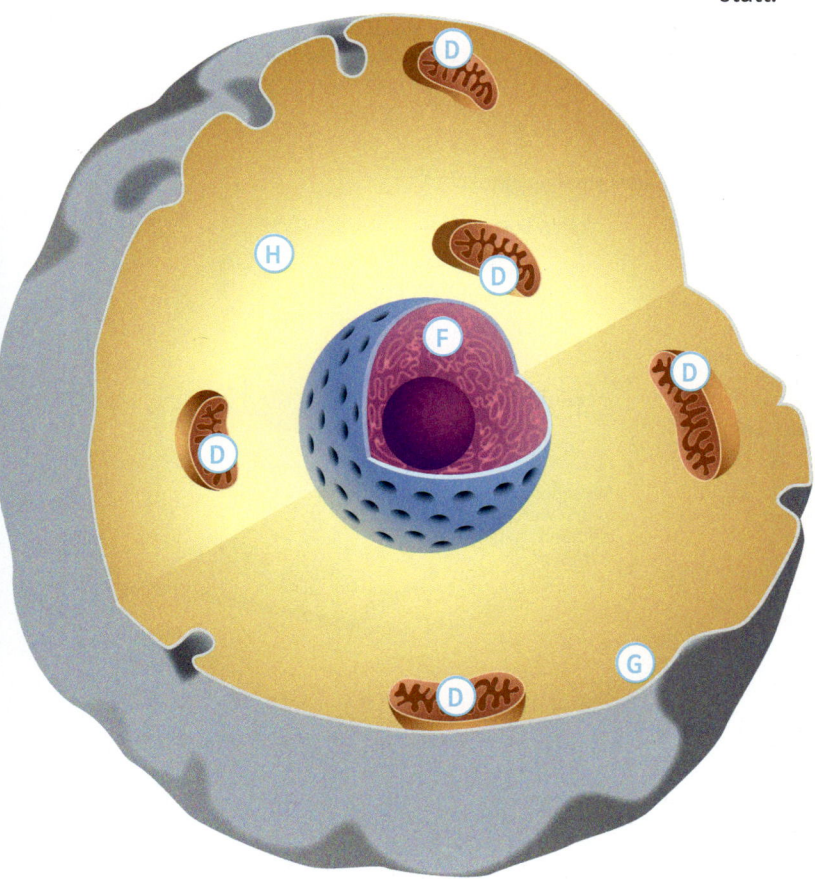

F Der **Zellkern** ist die zentrale Steuereinheit der Zelle. Er enthält das Erbmaterial.

G Die **Zellmembran** ist eine dünne Haut. Sie umhüllt die gesamte Zelle. Über die Zellmembran findet der Stoffaustausch mit anderen Zellen statt.

Zellen sind die Grundbausteine aller Lebewesen. Man unterscheidet tierische und pflanzliche Zellen. Die Organellen haben ganz bestimmte Aufgaben.

Tierzelle

H Das Innere der Zelle ist mit einer gelartigen Masse, dem **Zellplasma**, ausgefüllt. Darin befinden sich die Organellen.

Aufgaben

1 Zeichne eine Tierzelle. Beschrifte die Zelle mit den richtigen Fachwörtern. Beachte dabei die Zeichenregeln (► S. 212). (💡 S. 219)

2 **LS** Finde Gemeinsamkeiten und Unterschiede von Pflanzenzelle und Tierzelle heraus. Lies dazu die Texte und vergleiche sie mit den Bildern. Notiere dein Ergebnis in einer Tabelle.

3 Fertige ein räumliches Modell einer Pflanzenzelle an. Wähle dazu passende Materialien aus. Erkläre dein Modell deinem Nachbarn oder deiner Nachbarin. Vergleiche dein Modell dabei auch mit der Wirklichkeit.

4 Erläutere den Begriff „Organell".

5 Recherchiere zum Thema „Entdeckung von Zellen" und stelle deine Ergebnisse in einem Zeitstrahl dar.

6yz8q2

Mikroorganismen: sehr kleine Lebewesen

Material 1

Woher kommen Schimmelpilz und Co?

Schimmelpilze verbreiten sich mit Sporen. Das sind winzig kleine Fortpflanzungszellen der Pilze. Sie sind fast überall zu finden. Auf Lebensmitteln keimen sie aus und bilden Schimmel.
Schimmelpilze und auch Bakterien lassen Lebensmittel verderben. Früher glaubte man, solche Mikroorganismen würden von selbst aus den Lebensmitteln entstehen – also z.B. aus Milch oder Brot.

Der französische Wissenschaftler LOUIS PASTEUR wollte es vor mehr als 150 Jahren jedoch genau wissen. Er kochte in zwei Glasgefäßen mit langem „Schwanenhals" eine zuckerhaltige Nährlösung für Schimmelpilze. Durch das Kochen wurde die Nährlösung sterilisiert, das heißt, jedes Leben darin wurde abgetötet. Den Hals eines der Gefäße brach der Forscher ab (Bild b). Beide Gefäße ließ er nun einfach stehen. Schon nach wenigen Tagen zeigte sich ein eindeutiges Ergebnis:

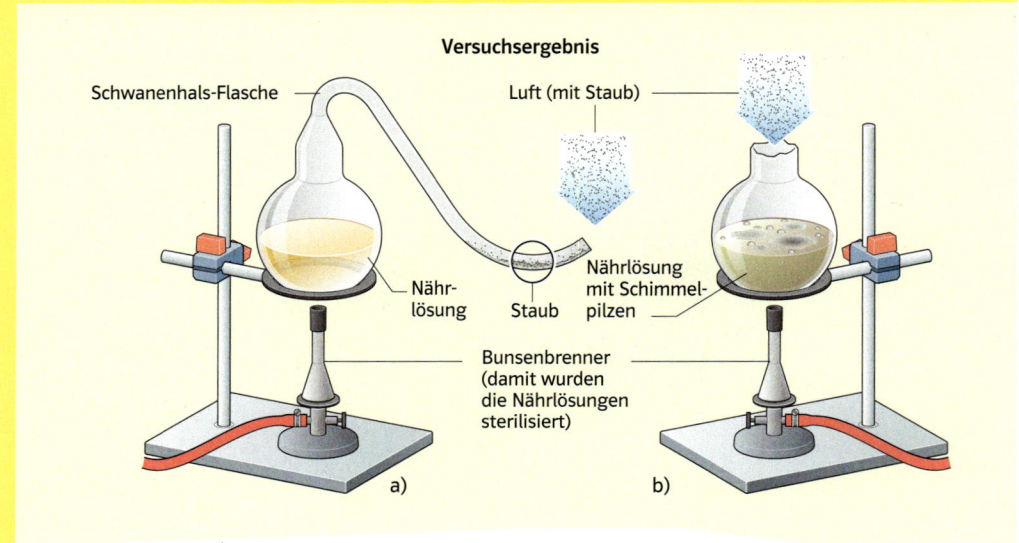

Versuchsergebnis

Schwanenhals-Flasche — Luft (mit Staub)

Nährlösung — Staub — Nährlösung mit Schimmelpilzen

Bunsenbrenner (damit wurden die Nährlösungen sterilisiert)

a)   b)

Material 2

Joghurt selbst zubereiten
Ganz einfach

Ihr braucht einen Liter H-Milch und als Starthilfe etwas Naturjoghurt. Darin sind Milchsäurebakterien enthalten, die aus Milch Joghurt machen.
Ihr erwärmt nun die Milch auf etwa 40 Grad. Bei dieser Temperatur vermehren sich die Bakterien besonders schnell. Aber passt auf, die Milch darf nicht zu heiß werden!
Jetzt verrührt ihr einen Esslöffel Naturjoghurt in der warmen Milch und verteilt die Milch auf mehrere Gefäße.
Ich nehme dazu kleine Marmeladengläser mit Schraubdeckel. Die Gläser müsst ihr nun einige Stunden warm stellen. Danach ist euer Joghurt fertig. Mit frischem Obst und ein wenig Zucker schmeckt er besonders lecker!

Ich hoffe, das Rezept gefällt euch!
Eure Küchenfee

Die ersten Bakterienjäger

Paul: Frau Professorin Klein, hat es schon jemals eine solche Seuche wie die Corona-Pandemie gegeben?

Prof. Klein: Ja, zum Beispiel Mitte des 14. Jahrhunderts, also vor etwa 700 Jahren. Damals wütete in Europa eine furchtbare Seuche – die Pest. Etwa ein Drittel der Weltbevölkerung starb damals einen qualvollen Tod. Als Ursache der Seuche vermutete man schlechte „verpestete" Luft. Von Bakterien und anderen Krankheitserregern wusste man damals noch nichts. Man kann sie schließlich mit bloßem Auge nicht sehen.

Lela: Und was machten die Menschen dagegen?

Prof. Klein: Ärzte bedeckten ihren gesamten Körper. Man verbrannte gut riechende Kräuter. Feuer sollten vor Ansteckung schützen. Aber das half alles nicht wirklich.

Hanna: Wann gab es denn erste richtige Erfolge gegen die Krankheit?

Prof. Klein: 300 Jahre später hatte der Wissenschaftler ATHANASIUS KIRCHER eine Vermutung: Winzige Lebewesen könnten die Krankheit auslösen. Durch ein sehr einfach gebautes Mikroskop will er kleine „Würmchen" entdeckt haben, obwohl das mit der damaligen Technik kaum möglich war. Zum ersten Mal vermutete damit jedoch ein Forscher einen Erreger als Ursache einer Krankheit.

Alex: Und wie ging es dann weiter?

Prof. Klein: 1894 entdeckte der Schweizer ALEXANDRE YERSIN ein Bakterium als den Übeltäter. Es wird durch Flohbisse übertragen. Die Flöhe leben auf Ratten, die sich gerne dort aufhalten, wo viele Menschen sehr eng zusammenleben. Durch wirksame Arzneimittel und durch Hygiene kommt die Pest inzwischen in Europa so gut wie nicht mehr vor.

Lela: Vielen Dank, Frau Professorin Klein! Das war sehr interessant!

Schutzkleidung eines Pest-Arztes

Aufgaben

1 Lies Material 1.

○ a) Was wollte LOUIS PASTEUR mit seinem Versuch klären? Notiere. (💡 S. 219)

◐ b) Schau dir das Bild in Material 1 genau an und beschreibe das Versuchsergebnis.

◐ c) Erkläre, warum sich im ersten Glasgefäß kein Schimmel bildete.

● d) Erläutere, was LOUIS PASTEUR mit dem Versuch zeigen konnte.

2 Lies Material 2.

○ a) Nenne ein Beispiele für Bakterien, die dem Menschen nützen. (💡 S. 219)

◐ b) Begründe, warum die Milch auf etwa 40 Grad erwärmt werden muss.

◐ c) Beschreibe, was in der Milch-Joghurt-Mischung geschieht.

● d) Vermute, warum du H-Milch verwenden sollst, um Joghurt herzustellen.

3 Lies Material 3.

○ a) Beschreibe, wie die Menschen früherer Zeiten sich die Ursachen der Pest erklärten. (💡 S. 219)

◐ b) Erläutere, wie man sich damals vor der Pest zu schützen versuchte.

● c) Erkläre, warum erst die Entwicklung guter Mikroskope die Bekämpfung von Infektionskrankheiten möglich machte.

Von der Zelle zum Organismus

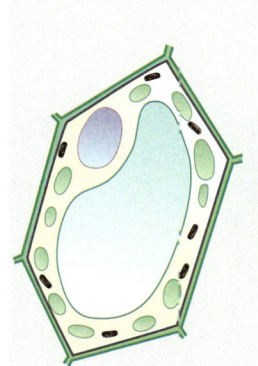
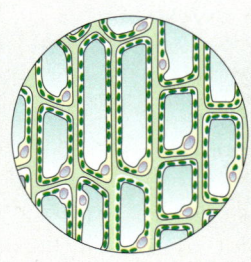
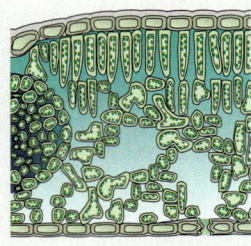

Zelle
kleinste lebende Einheit, beinhaltet die Zellorganellen

Gewebe
besteht aus gleichartigen Zellen mit einer bestimmten Aufgabe

Organ
besteht aus mehreren Geweben, die gemeinsam eine übergeordnete Aufgabe haben

Organsystem
ist aus mehreren Organen aufgebaut, die gemeinsam eine größere Funktionseinheit bilden

Organismus
ist das Lebewesen, das sich aus mehreren Organen und Organsystemen zusammensetzt

1 Die fünf Systemebenen der Pflanze

Von den Zellen ...

Alle Lebewesen bestehen aus Zellen. Zellen enthalten verschiedene Zellorganellen. Die Zellorganellen haben bestimmte Aufgaben. In der Zelle wirken sie zusammen. Nur so funktioniert die Zelle als Ganzes. Immer wenn einzelne Bestandteile zusammenwirken, spricht man von einem System. (►System, S.198/199)

10 ... über Gewebe und Organe ...

Gleichartige Zellen bilden Gewebe. Eine Pflanze besteht aus vielen verschiedenen Geweben. Oft haben verschiedene Gewebe gemeinsam eine übergeordnete Aufgabe. Sie bilden ein Organ. Ein Beispiel für ein Organ ist das Laubblatt einer Pflanze (►S.75).

Die Blüten sind aus verschiedenen Organen zusammengesetzt: Sie bilden ein Organsystem aus Kron- und Kelchblättern, Staubblättern und Stempel.

... zum Organismus

Die komplette Pflanze bezeichnet man schließlich als Organismus. Dieser setzt sich aus mehreren Organen und Organsystemen zusammen.

gleichartig
gleich aufgebaut

Aufgaben

1 Erläutere den Begriff „Organsystem" am Beispiel der Blüte.

2 Was versteht man unter einem „System"? Definiere den Begriff und notiere.

3 Wende die fünf Systemebenen auf ein Beispiel aus der Tierwelt an. Präsentiere dein Ergebnis in der Klasse (► S. 214).

Mit Kristallen forschen

1 Kristalle untersuchen

Material
Schutzbrille, schwarze Pappe, Objektträger, Zucker, Kochsalz, Brausepulver, Sand, Lupe oder Binokular, Mikroskop

Versuchsanleitung
a) Streue etwas Zucker auf die schwarze Pappe. Betrachte ihn mit der Lupe oder dem Binokular.
b) Gib wenige Zuckerkristalle auf einen Objektträger. Schau sie dir mithilfe des Mikroskops an.
c) Wiederhole die Versuchsteile a) und b) mit Kochsalz, Brausepulver und Sand.

Aufgaben
1. Skizziere, was du sehen kannst.
2. Vergleiche die verschiedenen Proben miteinander, indem du eine tabellarische Übersicht erstellst. Fasse deine Beobachtungen in Stichworten zusammen.

1 Zucker oder Salz?

2 Kristalle zerkleinern und in Wasser lösen

Material
Schutzbrille, Becherglas (250 ml), Mörser und Pistill, Glasstab, Steinsalz oder Kandiszucker, Wasser

Versuchsanleitung
a) Zerkleinere das Steinsalz oder den Kandiszucker vorsichtig mit Hilfe von Mörser und Pistill.
b) Fülle das Becherglas halb voll mit Wasser und gib die zerkleinerten Kristalle hinein. Rühre mit dem Glasstab um, bis sich die Kristalle vollständig gelöst haben.

Aufgaben
1. Beschreibe, wie sich das Aussehen beim Zerkleinern verändert.
2. Formuliere eine Vermutung, was mit den Kristallen beim Zerkleinern und Lösen passiert.

2 In Wasser lösen

3 Kristalle herstellen

Material
Schutzbrille, Becherglas (250 ml), Waage, Petrischale, Glasstab, Alaun, Wasser

Versuchsanleitung
a) Löse 6 g Alaun in 50 ml Wasser vollständig auf.
b) Gieße von der klaren Lösung so viel in die Petrischale, dass diese zur Hälfte gefüllt ist.
c) Stelle die Schale für einige Tage an einen warmen Ort.

Aufgaben
1. Gib an, was du nach einiger Zeit mit bloßen Augen beobachten kannst.
2. Untersuche die entstandenen Kristalle mit einer Lupe oder einem Mikroskop. Vergleiche sie mit den Kristallen aus Versuch 1.
3. Erkläre, was mit dem Wasser bei diesem Versuch passiert.

4 Kristalle zerstören

Material
Schutzbrille, Steinsalz oder Kandiszucker, Papiertuch, Hammer

Versuchsanleitung
1. Wickle den Kristall in das Papiertuch ein.
2. Schlage mit dem Hammer vorsichtig auf den Kristall und zerstöre ihn nach und nach.

Aufgaben
○ 1 Schreibe zu allen Versuchen ein Versuchsprotokoll.
(💡 S. 219)

● 2 Vergleiche die Zerstörung mit dem Hammer in Versuch 4 mit der Zerkleinerung durch Mörser und Pistill in Versuch 2.

6yz8q2

Salz – ein wichtiger Kristall

1 Salz aus Meerwasser

2 Abbau von Steinsalz

Die Bedeutung von Kochsalz

Noch im Mittelalter war Kochsalz so selten und wertvoll, dass es als „weißes Gold" bezeichnet wurde. Es diente nicht nur als Gewürz, sondern wurde auch dazu genutzt,
5 Fleisch durch Pökeln haltbar zu machen. Kochsalz wurde früher häufig aus Meerwasser gewonnen. Erst als auch die im Gestein eingelagerten Salzvorkommen
10 abgebaut werden konnten, wurde es erschwinglicher.

Kochsalz aus Meerwasser

Um Kochsalz aus Meerwasser zu gewinnen,
15 wird das Meerwasser in große, flache Becken geleitet. In diesen Salzgärten verdunstet das Wasser durch die Wärme der Sonne. Zurück bleibt das Meersalz, das gereinigt als Kochsalz in den Handel kommt. Am Mittelmeer
20 findet man viele solcher Salzgärten (▷ B 1).

erschwinglich
bezahlbar

verdunsten
langsam
gasförmig werden

Kochsalz aus Lagerstätten

Große Mengen an Kochsalz werden aus Salzlagerstätten unter der Erde gewonnen, den sogenannten Salzstöcken. Diese Salzablage-
25 rungen entstanden vor vielen Millionen Jahren. Das Festland sank gelegentlich unter den Meeresspiegel und wurde dadurch großflächig überflutet. Stellenweise entstanden flache Meere. Das Wasser verdunstete und
30 das Salz blieb zurück. Dieser Vorgang konnte sich im Laufe langer Zeiten mehrmals wiederholen. Dadurch entstanden Salzschichten, die heute tief unter der Erdoberfläche liegen. Das Salz aus diesen Schichten wird in Salzberg-
35 werken durch Bohren und Sprengen abgebaut (▷ B 2). Dieses Salz ist aber noch nicht essbar. Es enthält noch Verunreinigungen. Durch Anwendung verschiedener Trennverfahren wird es dann essbar gemacht.

Aufgaben

1 Begründe, warum an Nordsee und Ostsee keine Salzgärten zu finden sind.

2 Man kann Salz aus Meerwasser gewinnen. Begründe, weshalb solches Salz gut gereinigt werden muss, bevor es gegessen werden kann.

3 Vergleiche die unterschiedlichen Möglichkeiten zur Gewinnung von Salz. Bewerte die Vorteile und Nachteile der einzelnen Verfahren.

Modelle helfen verstehen

6yz8q2

Eine Modellbau-Landschaft ist faszinierend. Ganze Stadtteile mit Modellhäusern, Modell-Eisenbahnen und Modellautos bilden die Wirklichkeit ab (▷ B 1).

Modelle können verschieden sein
Die meisten Modelle, die du kennst, stellen die Wirklichkeit verkleinert dar, beispielsweise Spielzeug-Autos, Puppen, Bausteine oder ein Globus. Sie sind verschieden, haben aber
10 einiges gemeinsam: Die Modelle sind stark vereinfacht und erfüllen eine andere Funktion als das Original. Meistens bestehen sie auch aus anderen Materialien als dieses.

Modelle in der Wissenschaft
15 Wissenschaftliche Modelle stellen Dinge häufig vergrößert dar. So dient ein Augen-Modell dazu, den Aufbau und die einzelnen Bestandteile eines Auges zu verdeutlichen (▷ B 2).

Auch sehr kleine Dinge, die für das
20 menschliche Auge nicht sichtbar sind, können mithilfe von Modellen dargestellt werden.

Andere Modelle, die in den Naturwissenschaften verwendet werden, dienen dazu,
25 Beobachtungen zu erklären. Sie sind keine Kopien des Originals, sondern dienen als Erklärungshilfen. Je mehr Einzelheiten in dem Modell enthalten sind, umso besser können sie einen Sachverhalt erklären.
30 (▶ Stoff – Teilchen – Materie, S. 204/205)

Modelle helfen, komplizierte Sachverhalte zu verstehen. Sie bilden Teile der Wirklichkeit stark vereinfacht ab.

Globus
verkleinerte
Weltkugel

1 Modell-Landschaften faszinieren.

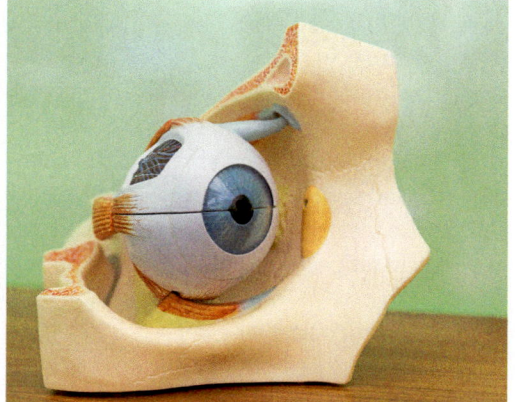

2 Modelle machen Dinge sichtbar.

Aufgaben
○ 1 Fasse zusammen, was alle Modelle gemeinsam haben. (💡 S. 219)

○ 2 Zähle Modelle von Gegenständen, Geräten und Körperteilen auf, die es in deiner Schule gibt. (💡 S. 219)

◗ 3 Erläutere anhand eines selbst gewählten Beispiels den Zweck, den ein Modell erfüllt.

◗ 4 Welche Gemeinsamkeiten
LS und Unterschiede gibt es zwischen Spielzeug-Modellen und Modellen in der Wissenschaft? Erstelle dazu eine Tabelle.

● 5 Formuliere Vermutungen, warum ein Modell zur Erklärung eines Sachverhalts ungeeignet sein kann.

Das Teilchenmodell

Zucker gibt es in verschiedenen Formen zu kaufen. Trotzdem schmeckt er immer süß. Woran liegt das? Und was passiert mit dem Zucker, wenn er sich in heißem Tee löst?

Eine einfache Vorstellung

5 Zucker kann man immer weiter zerkleinern: Zuerst hat man Kandiszucker, anschließend Kristallzucker und schließlich Puderzucker (▷ B 1–3). Unter dem Mikroskop sieht man,
10 dass sich sogar Puderzucker noch weiter zerkleinern lässt. Doch bis zu welchem Punkt geht das?

In der Vorstellung der Naturwissenschaften gibt es einen Punkt, an dem Zucker nicht
15 weiter zerkleinert werden kann. Man stellt sich vor, dass Zucker aus kleinsten **Teilchen** aufgebaut ist. Diese Zucker-Teilchen sind untereinander alle gleich. Sie sind gleich groß, gleich schwer und haben die gleiche Form
20 (▷ B 4). Erst wenn sehr viele Zucker-Teilchen eng zusammenliegen, bilden sie den Zucker, den wir mit unseren Augen sehen können.

Diese Vorstellung nennt man das **Teilchenmodell**. Man spricht von einem Modell, da die
25 Teilchen so klein sind, dass noch niemand sie in Wirklichkeit gesehen hat.

Nicht alle Teilchen sind gleich

Nicht nur Zucker besteht aus diesen kleinsten Teilchen, sondern auch alles andere um uns
30 herum. Die Teilchen von Wasser, Salz oder

Zucker sind jedoch verschieden. Sie unterscheiden sich in ihrer Größe, ihrer Form und ihrer Masse. Außerdem können die Teilchen einen unterschiedlichen Abstand zueinander
35 haben und sich auch bewegen. (► Stoff – Teilchen – Materie, S. 204/205)

Das Teilchenmodell hilft beim Erklären

Was geschieht beispielsweise, wenn man Zucker in Wasser auflöst?

40 Das Teilchenmodell hilft, das zu verstehen: Im Modell siehst du, dass die Zucker-Teilchen dicht nebeneinander liegen (▷ B 5). Die Wasser-Teilchen bewegen sich hin und her. Die äußeren Zucker-Teilchen lösen sich von den
45 anderen Zucker-Teilchen ab und verteilen sich zwischen den Wasser-Teilchen. So schieben sich immer mehr Zucker-Teilchen zwischen die Wasser-Teilchen. Der Zucker ist nach einiger Zeit nicht mehr zu erkennen. Wenn der
50 Zucker vollständig gelöst wurde, liegen alle Zucker-Teilchen getrennt voneinander im Wasser vor. Das Wasser schmeckt süß, weil unsere Zunge in der Lage ist, diese Zucker-Teilchen <u>wahrzunehmen</u>.

Die Teilchen sind in Bewegung

55 Wenn man ein Stück Würfelzucker in Wasser legt, zerfällt er, obwohl man gar nicht umrührt (▷ V 1). Mit der Zeit löst er sich völlig im Wasser. Mithilfe des Teilchenmodells kann
60 man auch diese Beobachtung erklären: Die

wahrnehmen
mit den Sinnen
erkennen

1 Kandiszucker

2 Kristallzucker

3 Puderzucker

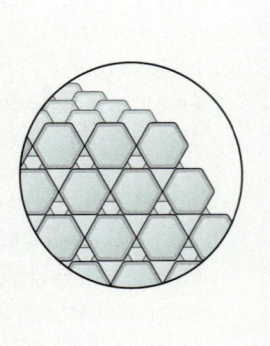

4 Zucker-Teilchen

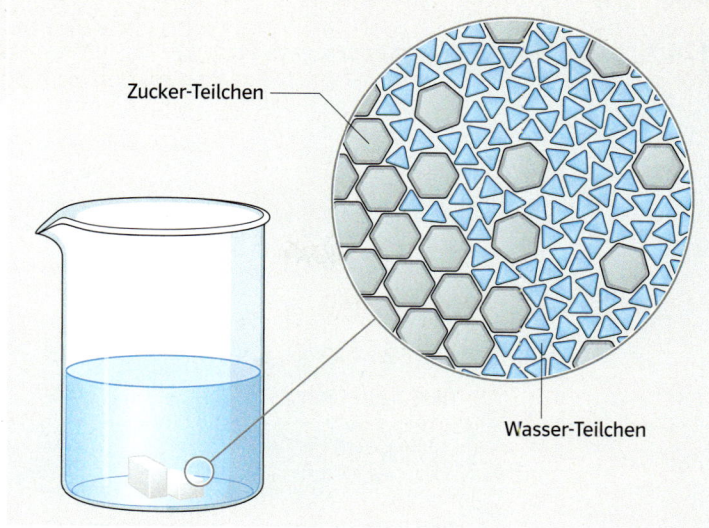

Zucker-Teilchen

Wasser-Teilchen

Wasser-Teilchen, die die Flüssigkeit bilden, bewegen sich die ganze Zeit. Je wärmer das Wasser ist, desto schneller bewegen sich auch die Zucker-Teilchen. In kaltem Wasser
65 bewegen sich die Teilchen nur langsam.

Grenzen des Teilchenmodells

Nicht alle Beobachtungen in der Natur können mit dem Teilchenmodell erklärt werden. So kann man z. B. den Magnetismus nicht da-
70 mit erläutern. Wenn sich Versuchsergebnisse mithilfe eines Modells nicht erklären lassen, gibt es zwei Möglichkeiten: Entweder verbessert man das vorhandene Modell oder man entwickelt ein neues Modell, mit dem man
75 die Ergebnisse wieder erklären kann.

5 Der Lösungsvorgang im Teilchenmodell

Nach dem Teilchenmodell ist die ganze Welt aus kleinsten Teilchen aufgebaut.
Verschiedene Teilchen unterscheiden sich in ihrer Größe, Form und Masse voneinander.

BASISKONZEPT Stoff – Teilchen – Materie

Um Beobachtungen des Alltags zu erklären, nutzt man in den Naturwissenschaften Modelle. Beim Teilchenmodell stellt man sich vor, dass alles um uns herum aus kleinen, beweglichen Teilchen aufgebaut ist. Da Zucker fest ist, liegen die Zucker-Teilchen sehr eng aneinander. Viele Zucker-Teilchen bilden dann den Zucker, den wir sehen können. Auch Wasser und Kochsalz bestehen aus Teilchen. Diese unterscheiden sich jedoch von den Zucker-Teilchen.

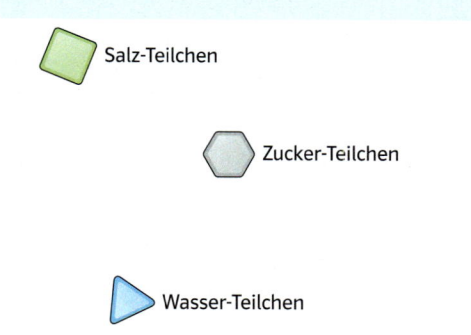

Salz-Teilchen

Zucker-Teilchen

Wasser-Teilchen

Aufgaben

○ 1 Nenne drei Eigenschaften, die nach dem Teilchenmodell bei allen Zucker-Teilchen gleich sind. (💡 S. 219)

○ 2 Erläutere, warum Zuckerwasser süß schmeckt, obwohl man den Zucker nicht sehen kann. (💡 S. 219)

◐ 3 Beschreibe das Lösen von
LS Salz in Wasser mit dem Teilchenmodell (▷ B 5).

◐ 4 Erkläre mit dem Teilchenmodell folgende Beobachtung: Wir riechen Duftöl im ganzen Raum.

● 5 Vergleiche die Möglichkeiten
LS und Grenzen des Teilchenmodells in einer Tabelle.

Versuch

🧪 1 Fülle zwei kleine Bechergläser mit Wasser: eines mit heißem und eines mit kaltem. Lege nun gleichzeitig zwei Würfelzucker hinein und beobachte genau. Erkläre die Beobachtungen mit dem Teilchenmodell.

6yz8q2

Kristalle

Material 1

Kristallisation

Tina: Gestern ist bei mir was Komisches passiert.

Alexej: Was denn?

Tina: Ich hatte mir einen leckeren Tee gemacht, mit Zucker gesüßt. Aber dann ist er kalt geworden, weil ich lange telefoniert habe. Da habe ich ihn zum Aufwärmen auf die Heizung gestellt. Leider habe ich ihn dort wieder vergessen.

Alexej: Ja, und?

Tina: Jetzt sind da nur noch viele weiße Stückchen in der Tasse zu sehen.

Alexej: Achso. Das Weiße ist kristallisierter Zucker, das ist doch klar!

Tina: Hä? Verstehe ich nicht.

Alexej: Naja, das gesamte Tee-Wasser ist auf der Heizung durch die Wärme verdunstet. Und dann sind aus dem Zucker, der im Tee gelöst war, wieder Kristalle entstanden. Das nennt man Kristallisation!

Tina: Ach so. Verstehe. Na dann ...

Material 2

Verschiedene Kristallformen

Elif hat für ein Nawi-Projekt zu verschiedenen Kristallformen recherchiert und am Schluss folgende Bilder und Skizzen zusammengestellt:

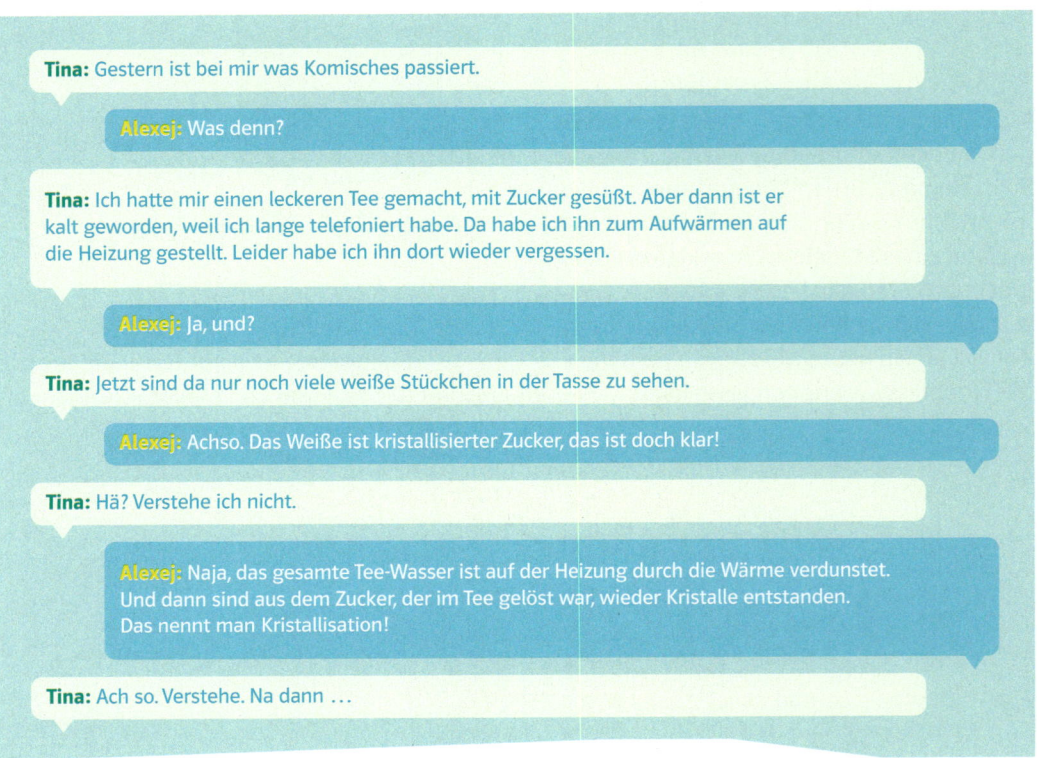

Pyrit

Bergkristall

Smaragd

Würfel

Prisma mit 2 Pyramiden

Sechseck-Prisma

×   Prismapedia

Kristallgitter

In einem Kristallgitter besitzen die Teilchen eine besondere Anordnung. Sie sind sehr gleichmäßig angeordnet, haben einen festen Platz und bilden dabei eine bestimmte Form aus, die später auch im Kristall sichtbar wird. Sehr schöne oder große Kristallgitter entstehen, wenn viel Zeit für die Kristallisation bleibt. Durch den regelmäßigen Aufbau der Teilchen haben die Kristalle meist glänzende oder spiegelnde Flächen sowie scharfe Kanten.

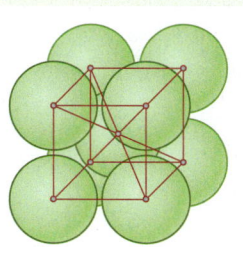

Unglaubliche Zahlen

Ein 0,5 mm großer Zuckerkristall besteht aus etwa 1 000 000 000 000 000 000 (1 Trillion) Zucker-Teilchen.

Ein Stück Würfelzucker enthält etwa 30 000 einzelne Zuckerkristalle.

Ein Kilogramm Zucker besteht aus etwa 10 000 000 (10 Millionen) Zuckerkristallen.

Aufgaben

1 Lies Material 1.

a) Berichte einem Partner oder einer Partnerin in eigenen Worten, was Tina mit ihrem Tee passiert ist. (💡 S. 219)

b) Erkläre den Vorgang der Kristallisation. Verwende dazu Fachbegriffe.

c) Erläutere, wo die Wasser-Teilchen geblieben sind.

2 Sieh dir Material 2 an.

a) Beschreibe, was alle dargestellten Kristalle gemeinsam haben. (💡 S. 219)

b) Elif soll ihre Ergebnisse der
LS Klasse vortragen. Erstelle einen Text, der beschreibt, wie sich die verschiedenen Kristallformen voneinander unterscheiden.

3 Lies Material 3.

a) Erkläre, wann Kristalle besonders schöne Formen bilden. (💡 S. 219)

b) Baue mit geeigneten Materialien das Modell eines Kristallgitters nach.

c) Stelle das Lösen und Kristallisieren eines Zuckerkristalls im Modell dar.

d) Stelle eine Vermutung auf,
LS warum Kristalle beim Zerbrechen scharfe Kanten haben. Begründe mit dem Teilchenmodell.

e) Übertrage die Skizzen aus Material 2 in dein Heft und zeichne anschließend ein, wie die Teilchen darin angeordnet sind.

4 Sieh dir Material 4 an.

a) Berechne, wie viele Zuckerkristalle in 3 Stück Würfelzucker enthalten sind. (💡 S. 219)

b) Formuliere eine Vermutung, ob 1 kg Salz ebenso viele Salz-Teilchen enthält wie ein 1 kg Zucker. Begründe.

c) Recherchiere, mit welchem Versuch man die Anzahl an Zuckerkristallen in 1 kg Zucker bestimmen kann.

6yz8q2

Der Himmel fasziniert die Menschen

1 Der nächtliche Himmel von der Erde aus gesehen

Menschen haben schon immer den Himmel beobachtet. Bereits im Altertum schauten sie zu, wie sich die Sonne, der Mond und die Sterne am Himmel bewegten (▷ B 1). Man sah,
5 wie die Sonne auf- und unterging und die Sternbilder ihren Standort am Himmel veränderten.

Frühe Weltbilder

Altertum
Zeit der Antike
Die Menschen vermuteten früher, dass die
10 Erde eine Scheibe sei (▷ B 2).

2 Vorstellung von der Erde als Scheibe

Die Seefahrer hatten deshalb große Angst, den Rand der Scheibe zu erreichen und herunterzufallen. Die Menschen stellten sich zudem vor, dass über der Scheibe der Himmel
15 war. Am Himmel waren die Sterne und andere Himmelskörper angeheftet. Man glaubte, dass sich der Himmel mit den Sternen drehen konnte. Die Menschen konnten sich damals nicht vorstellen, dass sich die Erde dreht.

Die Erde im Mittelpunkt – das geozentrische Weltbild
Damals konnten die Menschen noch nicht mit einem Raumschiff in das Weltall fliegen. Deshalb glaubten die Menschen bis vor
25 500 Jahren, dass die Erde der Mittelpunkt unseres Sonnensystems und des gesamten Universums sei.
Für die Menschen sah es auch so aus, als bewege sich die Sonne im Verlauf eines Tages
30 einmal um die Erde. Diese Vorstellung bezeichnet man als **geozentrisches Weltbild**. „Geo" ist die griechisch für Erde.

Himmelsbeobachtungen und Fernrohre
NIKOLAUS KOPERNIKUS (1473 – 1543) beobachte-
35 te den Sternenhimmel mit einfachen Hilfs-

3 Heute stellen wir uns unser Sonnensystem so vor.

mitteln. Bereits 1514 stellte er auf dieser Grundlage seine Theorie auf, dass die Erde um die Sonne kreist. Diese Vermutung war aber sehr umstritten.

40 Um 1600 entwickelte GALILEO GALILEI (1564 – 1642) das erste Fernrohr und machte damit genauere Beobachtungen am Himmel. GALILEI konnte so KOPERNIKUS' Theorie beweisen. Seine Entdeckung war aber nicht will-
45 kommen, denn GALILEI hatte mächtige Gegner in der katholischen Kirche. Das geozentrische Weltbild wurde noch einige Zeit beibehalten.

JOHANNES KEPLER (1571 – 1630) entwickelte
50 ungefähr zeitgleich ebenfalls ein Fernrohr. (► Entwicklung S. 202/203)

Die Sonne im Mittelpunkt – das heliozentrische Weltbild

Die Weiterentwicklung des Fernrohrs und die
55 genauen Beobachtungen vieler Forschenden ließen immer mehr Zweifel am geozentrischen Weltbild aufkommen. Als Ergebnis stellte sich immer wieder heraus, dass die Sonne der Mittelpunkt unseres Sonnen-
60 systems sein musste.

Im neuen Weltbild steht daher die Sonne im Zentrum unseres Sonnensystems (▷ B 3). Dieses Weltbild wird als **heliozentrisches Weltbild** bezeichnet. „Helios" ist die griechi-
65 sche Bezeichnung für Sonne. (► System, S. 198/199)

Heutzutage können mit hoch entwickelten Fernrohren und Spiegelteleskopen weit entfernte Planeten beobachtet werden, die
70 wegen der modernen Technik erst jetzt genau betrachtet werden können.

Bis vor etwa 600 Jahren glaubten die Menschen, die Erde sei das Zentrum des Universums. Dies war das geozentrische Weltbild.
75 Forscher wie KOPERNIKUS, GALILEI und KEPLER begründeten das moderne und bis heute gültige Bild unseres Sonnensystems. Hier steht die Sonne im Zentrum. Dies ist das heliozentrische Weltbild.

Aufgaben

○ 1 Ordne folgende Begriffe richtig zu: altes Weltbild, neues Weltbild, heliozentrisches Weltbild, geozentrisches Weltbild. (💡 S. 219)

● 2 Beschreibe, was man unter dem geozentrischen und dem heliozentrischen Weltbild versteht.

● 3 Beschreibe, welche Bedeutung die Erfindung des Fernrohrs für die Begründung des neuen Weltbilds hatte.

● 4 Stelle auf einem Zeitstrahl
LS die Entwicklung zum heutigen Weltbild dar. (► S. 212)

● 5 Recherchiere Informationen zu GALILEO GALILEI und erstelle einen Steckbrief über ihn.

● 6 Simona sagt: „Mit den heutigen Fernrohren und Teleskopen können wir alles im Weltall sehen und verstehen." Nicolai widerspricht. Entscheide, wer recht hat, und begründe.

Fernrohr und Spiegelteleskop

Die Lupe oder ein Mikroskop vergrößern nahe Gegenstände. Doch wie kannst du weit entfernte Gegenstände genauer betrachten?

Das Fernrohr

5 Wenn du einen Gegenstand durch das **Fernrohr** betrachtest, scheint er näher an dich heranzurücken (▷ B 1).

Das Fernrohr hat zwei Sammellinsen. Die vordere Linse ist das **Objektiv**. Es erzeugt ein 10 umgekehrtes Zwischenbild des Gegenstands. Dieses Zwischenbild wird durch eine zweite Linse, wie durch eine Lupe, vergrößert. Die zweite Linse nennt man **Okular**. Mit deinen Augen siehst du dieses vergrößerte Bild.

15 Das Spiegelteleskop

Um einen Blick in die Tiefen des Weltalls zu werfen, benutzt man heute **Spiegelteleskope** (▷ B 2). Beim Spiegelteleskop verwendet man Spiegel anstelle der Objektivlinse. Das 20 Licht von weit entfernten Sternen fällt durch die vordere, große Öffnung des Rohres auf einen Hohlspiegel am hinteren Ende. Er bündelt das einfallende Licht und wirft es zurück auf einen zweiten Spiegel, der sich unter dem 25 Okular befindet. So gelangt das Bild der Himmelskörper ins Okular. (► System, S. 198/199)

Fernrohre arbeiten mit Linsen. Spiegelteleskope arbeiten mit Spiegeln.

1 Fernrohr

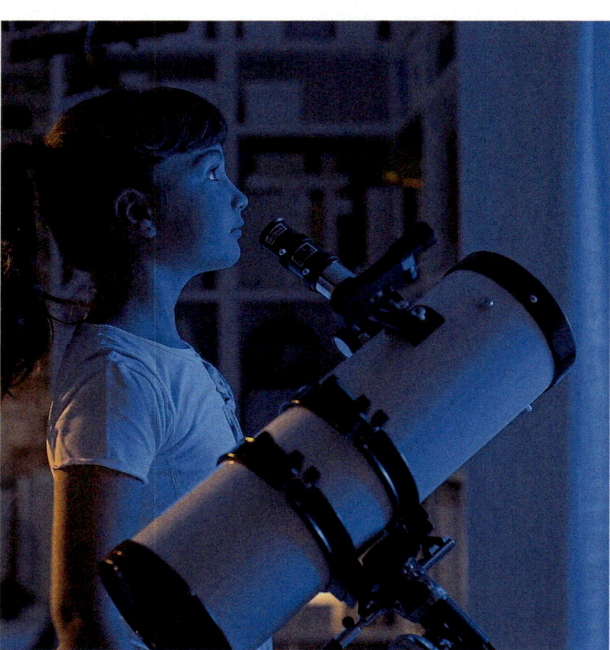

2 Spiegelteleskop

Aufgaben

1 Beschreibe den wesentlichen Unterschied zwischen einem Fernrohr und einem Spiegelteleskop. (► S. 215) (💡 S. 219)

2 Wodurch ist es möglich, auch schwaches Licht von einem weit entfernten Stern mit einem Spiegelteleskop zu empfangen? Erkläre dies mithilfe des Textes.

3 Linus nimmt auf eine Bootstour ein Spiegelteleskop mit, um in die Ferne schauen zu können. Berate ihn, welches Hilfsmittel geschickter ist. Begründe deine Auswahl.

Wir bauen ein Fernrohr

Material

1 lange Pappröhre (aus einer Küchenpapierrolle), 1 kurze Pappröhre (aus einer Toilettenpapierrolle), Malkasten, dicker Pinsel, Schere, Klebestreifen, Knetmasse, 2 Linsen unterschiedlicher Dicke (zum Beispiel Brennweiten: 5 cm und 20 cm).

Bauanleitung

a) Kürze die lange Pappröhre auf 22 cm.

b) Schneide die kurze Röhre der Länge nach auf.

c) Male beide Röhren innen schwarz an.

d) Rolle die kurze Röhre etwas zusammen, sodass du sie in die lange Röhre hineinstecken kannst. Klebe die kurze Röhre mit dem Klebestreifen zusammen, wenn sie gerade so in die lange Röhre hinein passt (▷ B 1, oben).

e) Befestige an einem Ende der langen Röhre die flachere, dünnere Linse. Verwende hierzu Knetmasse.

f) Befestige an einem Ende der kurzen Röhre die gewölbtere, dickere Linse.

g) Stecke die kürzere Röhre mit dem offenen Ende voraus in die längere Röhre. Nun ist vorne und hinten eine Linse (▷ B 1, unten).

Versuchsanleitung

Nun ist dein einfaches Fernrohr fertig gebaut. Durch die kurze Röhre mit der dickeren Linse am Ende schaust du hinein. Dies ist das Okular. Die Linse am längeren Rohr ist das Objektiv. Durch sie schaust du hinaus. Der Abstand zwischen den beiden Linsen ist veränderbar.

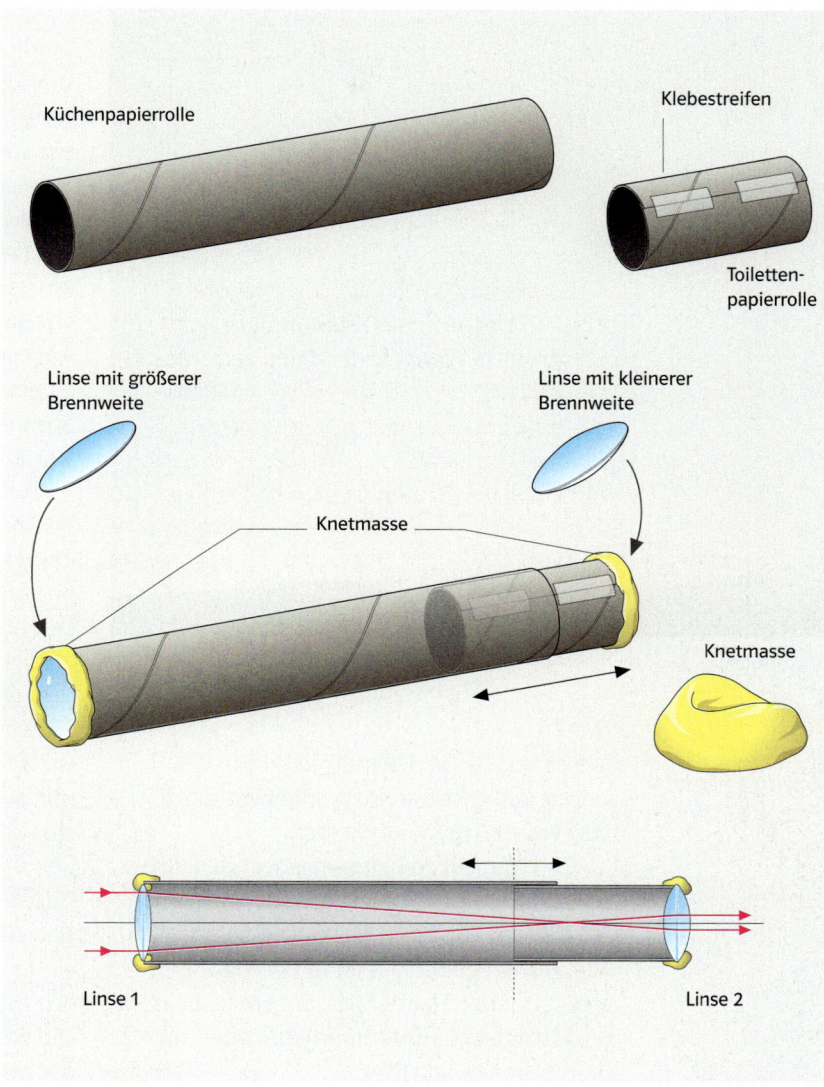

1 Ein selbst gebautes Fernrohr

Aufgabe

1. Probiere nun dein fertiges Fernrohr aus. Schiebe hierzu die innere Röhre so weit in die äußere, wie es geht. Halte die Röhre in Richtung Fenster. Sieh dir durch dein Fernrohr beispielsweise einen Baum an. Damit du ein scharfes Bild bekommst, musst du die Röhren langsam gegeneinander verschieben.

Achtung: Du wirst feststellen, dass das Bild zunächst auf dem Kopf steht. Dein Fernrohr kann das nicht anders. Wenn du den Sternenhimmel betrachtest, spielt dies aber keine Rolle.

Wichtig: Schaue mit dem Fernrohr nicht direkt in die Sonne! Dies kann zu Verletzungen am Auge führen.

Die Erde – Heimat im Weltraum

1 Die Milchstraße

Unsere Galaxie

Merkur, Venus, Erde, Mars, Jupiter, Saturn, Uranus und Neptun umkreisen die Sonne in verschiedenen Entfernungen. Die Sonne ist ein **Stern**, denn sie erzeugt selbst Licht. Unser Sonnensystem ist eines von vielen in der **Milchstraße**. Du kannst sie in einer wolkenlosen Nacht als milchiges Band erkennen. Daher kommt auch ihr Name (▷ B 1). Die Milchstraße ist eine **Galaxie**, also eine große Ansammlungen von Sternen. Die Milchstraße ist ein System aus mindestens 100 Milliarden Sternen. Das sind ausgeschrieben 100 000 000 000 Sterne. (► System, S. 198/199)

Zwischen den Himmelskörpern liegen große Abstände. Im Weltall befindet sich da aber keine Luft, wie auf der Erde, sondern gar keine Materie. Dies nennt man ein **Vakuum**. (► Struktur-Teilchen-Materie, S. 204/205)

Die Erde

Die Erde ist unser Heimatplanet. Für das Leben, wie wir es kennen, sind bestimmte Voraussetzungen notwendig.

Es darf nicht zu kalt sein, aber auch nicht zu warm. Wasser muss in großer Menge vorhanden sein und es muss genug Sauerstoff zum Atmen geben. All diese Bedingungen erfüllt nur der Planet Erde. Die Erde ist aktuell der einzige bekannte Himmelskörper, auf dem Leben möglich ist.

Die Erde dreht sich um die Sonne und braucht dafür ein Jahr. Unsere Erde hat einen Mond, der die Erde umkreist. Er ist vergleichsweise groß und beeinflusst das Leben auf der Erde, z. B. mit Ebbe und Flut.

Entfernungen im Weltraum

Die Entfernungen im Weltraum sind unvorstellbar groß. In Kilometern würde man unlesbare Zahlen erhalten. Daher gibt man sie in dieser Einheit an: das **Lichtjahr**. In einer Sekunde legt das Licht 300 000 Kilometer zurück. In einem Jahr sind das 9 460 000 000 000 Kilometer, also 9,46 Billionen Kilometer.

Wo ist unsere Erde?

Die Erde befindet sich 30 000 Lichtjahre von der Mitte der Milchstraße entfernt.

Die Erde liegt am Rande der Milchstraße. Die Milchstraße ist eine Galaxie. Das ist eine Ansammlung von Sternen. Entfernungen im Weltall werden in Lichtjahren angegeben.

Aufgaben

○ **1** Gib an, woher die Milchstraße ihren Namen hat.
(💡 S. 219)

2 Berechne, wie viele Kilometer das Licht …
● a) … in einer Sekunde zurücklegt.
● b) … in einem Jahr zurücklegt.

● **3** Begründe, warum man die Milchstraße von der Erde aus nicht komplett fotografieren kann.

Die Planeten unseres Sonnensystems

6yz8q2

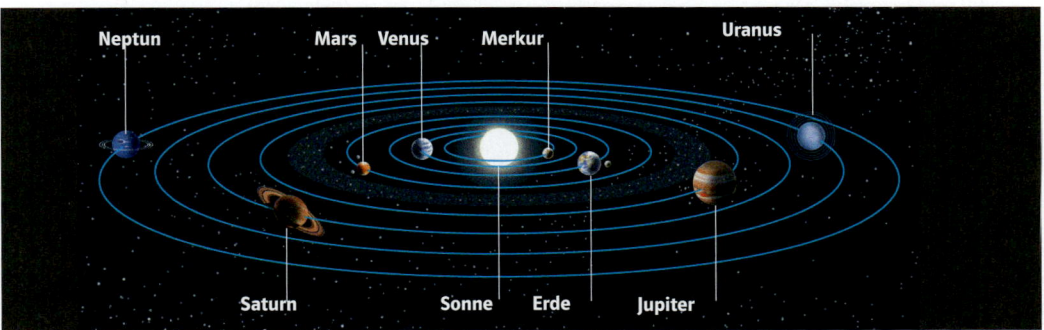

1 Unser Sonnensystem

Unser Sonnensystem besteht aus acht Planeten. Die ersten vier Planeten umkreisen die Sonne mit einem relativ kleinen Abstand. Dies sind die **inneren Planeten**. Die Abfolge
5 kannst du dir so merken: Mein Vater erklärt mir jeden Sonntag unseren Nachthimmel.

Die inneren Planeten

Der **Merkur** ist der sonnennächste und kleinste Planet. Die Oberfläche besteht aus
10 vielen Kratern. Die Sonnenseite hat 430 °C.

Die **Venus** ist etwas kleiner und leichter als die Erde. Die Temperatur beträgt auf der Venus bis zu 500 °C. Die Venus umgibt eine Wolkendecke aus giftiger Schwefelsäure.
15 Durch den Abstand der **Erde** von der Sonne beträgt die Temperatur durchschnittlich 15 °C. Die Oberfläche der Erde besteht zum größten Teil aus Wasser und es gibt genug Sauerstoff zum Atmen. Diese Voraussetzungen haben
20 das Leben auf der Erde ermöglicht.

Der Planet **Mars** ist weiter von der Sonne entfernt als die Erde, daher ist es auf dem

Mars kälter. Die durchschnittliche Temperatur beträgt – 55 °C.

Die weiteren Planeten

25 Der **Jupiter** ist der größte Planet unseres Sonnensystems. Er besteht hauptsächlich aus Gasen. Deshalb hat der Jupiter keine feste Oberfläche.
30 Der zweitgrößte Planet unseres Sonnensystems ist der **Saturn**. Er ist von Tausenden Ringen aus Eis- und Staubteilchen umgeben. Einige Teilchen sind nur so groß wie ein Kieselstein, andere können die Größe eines
35 Hauses haben.

Der **Uranus** ist der drittgrößte Planet. Ein Gas gibt ihm das bläuliche Aussehen.

Neptun ist der sonnenfernste Planet. Er ist auch ein Gasplanet. Die Temperatur ist mit
40 rund – 200 °C sehr niedrig.

Unser Sonnensystem besteht aus diesen acht Planeten: Merkur, Venus, Erde, Mars, Jupiter, Saturn, Uranus und Neptun.

Oberfläche
Hülle, die einen
Körper umgibt

Aufgaben

1 Nenne den größten Planeten unseres Sonnensystems. (💡 S.219)

2 Nenne die drei Voraussetzungen für die Entstehung des Lebens auf der Erde.

3 Begründe mit dem Text und LS Bild 1, warum auf der Venus kein Leben möglich ist.

4 Recherchiere weitere Informationen zu den einzelnen Planeten und erstelle jeweils einen kurzen Steckbrief. Halte damit einen Kurzvortrag über einen (oder mehrere) Planeten. (▶ S.214)

Der Planetenweg

1 Planetenweg auf dem Schulhof

1 Was ist ein Planetenweg?

Ein **Planetenweg** ist ein Weg, auf dem man spazieren oder wandern kann. Am Wegrand findest du Bilder oder Modelle von Planeten und Sonne. Der Weg hilft dir, zu verstehen, wie weit die Planeten in unserem Sonnensystem voneinander entfernt liegen und wie groß sie sind.

Es gibt mindestens neun Stationen. Für die Abstände zwischen den Stationen wird oft der Maßstab 1 : 1 Milliarde verwendet. Ein Kilometer auf dem Planetenweg entspricht dann einer Milliarde Kilometern im Sonnensystem.

Auch für die Modelle der Sonne und der Planeten wird ein einheitlicher Maßstab verwendet. So kannst du erkennen, dass der Merkur ein ziemlich kleiner Planet ist und der Jupiter ein sehr großer. Lege nun mit deiner Klasse einen kleinen Planetenweg auf dem Schulhof oder dem Sportplatz an.

Material
Taschenrechner, langes Maßband (z. B. aus der Sporthalle), lange Schnur (ca. 15 m), bunte Kreide

Durchmesser der Sonne im Modell

Durchmesser der Sonne: 1 400 000 km
Maßstab 1 : 500 000 000

Rechnung:

1 m   —>   500 000 000 m

2,8 m —>   1 400 000 000 m

Ergebnis:
Im Modell beträgt der Durchmesser der Sonne 2,8 m.

2 Modellgröße der Planeten berechnen

Planet	Durchmesser
Merkur	4 900 Kilometer
Venus	12 100 Kilometer
Erde	12 800 Kilometer
Mars	6 800 Kilometer
Jupiter	143 000 Kilometer
Saturn	120 500 Kilometer
Uranus	51 100 Kilometer
Neptun	49 500 Kilometer

3 Die gerundeten Durchmesser der Planeten

Planet	Abstand zur Sonne (real)	Abstand im Modell
Merkur	60 Mio. km	0,4 m
Venus	110 Mio. km	
Erde	150 Mio. km	1 m
Mars	230 Mio. km	
Jupiter	780 Mio. km	5,2 m
Saturn	1 400 Mio. km	
Uranus	2 800 Mio. km	
Neptun	4 500 Mio. km	

4 Die gerundeten Abstände der Planeten zur Sonne

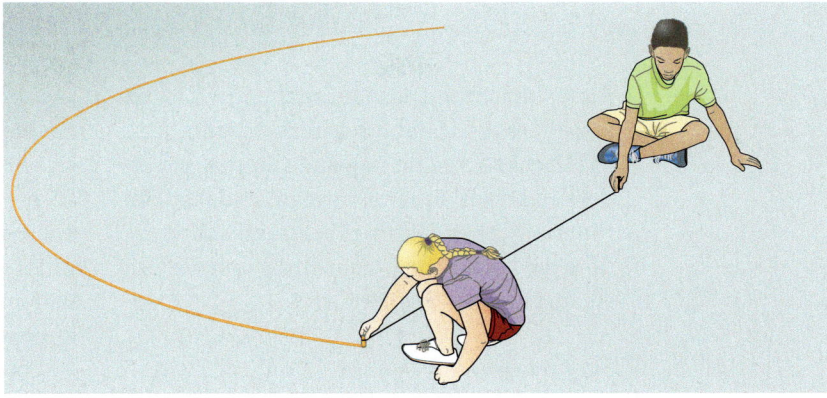

5 Zu Versuchsteil d)

Versuchsanleitung

a) Berechne zuerst die Modellgröße der Planeten für deinen Planetenweg.

Um die Planeten auf dem Schulhof aufzuzeichnen, eignet sich der Maßstab 1 : 500 000 000. Ein Meter auf deinem Planetenweg entspricht dann 500 000 Kilometern im Weltall. Ein Modell der Sonne hat bei diesem Maßstab einen Durchmesser von 2,8 m (▷ B 2).

b) Bestimmt nun für euer Modell die Abstände der Planeten zur Sonne. Verwendet diesen Maßstab: Die Entfernung zwischen Erde und Sonne wird im Modell mit 1 Meter angesetzt. Im Weltall sind das 150 Millionen Kilometer. Dieser Abstand wird als **1 Astronomische Einheit** definiert, kurz **1 AE**. Bestimmt mithilfe von Bild 4 die Abstände im Modell. Notiert die Ergebnisse wie in Bild 4.

c) Gehe mit deiner Klasse auf den Schulhof oder auf den Sportplatz und sucht euch einen großen leeren Platz.

d) Beginnt mit der Sonne. Zeichnet mit der Kreide die Sonne auf den Boden. Befestigt dazu die Kreide an der Schnur. Da der berechnete Durchmesser der Sonne 2,8 Meter beträgt,

hat der Radius 1,4 Meter. Die Schnur muss also 1,4 Meter lang sein.

Eine Person hält das Ende der Schnur fest. Eine andere Person zeichnet mit der Kreide am anderen Ende den Kreis (▷ B 5).

e) Messt mithilfe des Maßbands den Abstand zwischen Merkur und Sonne ab. Beginnt mit eurer Messung am Rand der Sonne. Der Abstand wurde mit 0,4 Meter berechnet (▷ B 4). Markiert diesen Abstand mit einem Kreidepunkt (▷ B 6).

f) Zeichnet nun den Planeten Merkur auf. Geht dabei vor wie in Versuchsteil d).

Achtung: Der Kreidepunkt aus Teilschritt e) ist der Mittelpunkt des Planeten.

g) Wiederholt für alle weiteren Planeten die Arbeitsschritte e) und f).

Achtung: Messt den Abstand der Planeten immer vom Rand der Sonne aus.

6 Zu Versuchsteil e)

Astronomische Beobachtungen

Die Beobachtung des Sternenhimmels ist ein faszinierendes Erlebnis. In einer klaren, dunklen Nacht kannst du Tausende Sterne und andere Himmelskörper erkennen. Leider ist der Himmel oft bewölkt. In den Städten stört zudem die nächtliche Beleuchtung und die Luft ist dort oft sehr verschmutzt.

Sternwarte

In einer **Sternwarte** schaut man durch ein riesiges Teleskop in den Himmel.

Die heutigen Sternwarten (Observatorien) für astronomische Beobachtungen baut man weit ab von den Städten. In den Bergen der Atacama-Wüste in Chile (in Südamerika) steht eines der leistungsfähigsten Observatorien der Welt (▷ B 1).

Weltraumteleskope

Im Weltraum gibt es ideale Bedingungen für astronomische Beobachtungen. **Weltraumteleskope** umrunden außerhalb unserer Atmosphäre die Erde. Sie blicken tief in das Universum hinein. Die Forschenden können so z. B. andere Sonnensysteme untersuchen.

Planetarium

Ein **Planetarium** ist ein Gebäude, in dem man sich Sterne, Planeten und andere Himmelskörper digital anschauen kann. Das Gebäude hat meist eine halbkreisförmige Kuppel. Unter der Kuppel steht ein Projektor, der die Bilder von den Himmelskörpern auf der Kuppel abbildet.

Computer können den Projektor so steuern, dass die Himmelskörper zu jedem Zeitpunkt der Vergangenheit, Gegenwart oder Zukunft abgebildet werden können.

Astronomie-App

Mit deinem Smartphone kannst du auch den Himmel beobachten. Es gibt dafür viele Apps, die du einfach auf dein Handy herunterladen kannst. Du musst dein Smartphone nur in Richtung Himmel halten und schon siehst du auf deinem Display, wo in diesem Moment beispielsweise der Große Wagen steht.

Der Sternenhimmel wird mit Teleskopen beobachtet. Sternbilder können mithilfe von Apps bestimmt werden.

Kuppel
großes Dach in Form einer Halbkugel

Großer Wagen
wichtiges Sternbild der nördlichen Halbkugel

1 Das Very Large Telescope (VLT) auf dem Cerro Paranal, Chile

2 Der Sternenhimmel mit Sternbildern

Aufgaben

○ 1 Nenne die zwei Möglichkeiten für astronomische Beobachtungen. (💡 S. 219)

◕ 2 Erkläre, warum man Sternwarten weit ab von Städten baut.

◕ 3 Beschreibe, wie im Planetarium die Himmelskörper an die Kuppel gelangen.

● 4 Recherchiere zum Hubble-Weltraumteleskop und erstelle dazu einen Steckbrief.

Versuch

🧪 1 Beobachte (mithilfe einer Astronomie-App) den Nachthimmel und skizzere den Großen Wagen (▷ B 2).

Sonnensystem fürs Klassenzimmer

Unser Sonnensystem kannst du mithilfe eines Mobiles nachbauen. Die Größenverhältnisse der Planeten sind maßstabsgerecht, die Entfernungen aber nicht. Das Mobile zeigt nur die Reihenfolge der Planeten.

Material
1 Sonnen-Kugel, 8 Planeten-Kugeln (z.B. Styropor®, Watte oder Holz) (▷ B 1), Acrylfarben, 9 Reisnägel, Angelschnur (u.a. 9 Stücke), 3 stabile Drähte oder Rundhölzer (Länge: 50 cm, 90 cm, 130 cm)

Versuchsanleitung
a) Die Sonne würde bei diesem Mobile einen Durchmesser von 1,40 m haben. Da das viel zu groß ist, verwende dafür eine Kugel mit ca. 30 cm Durchmesser (▷ B 1).
b) Bemale die Kugeln zuerst in den passenden Farben.
c) Nachdem die Kugeln getrocknet sind, befestige sie an den Holzstäben. Stecke in jede Kugel einen Reißnagel und befestige daran ein Stück Angelschnur.
d) Befestige nun die Kugeln richtig an den Holzstäben. Kontrolliere dein Modell mithilfe von Bild 2.
1. **Holzstab** (ca. 50 cm): in der Mitte die Sonne, rechts Merkur und Venus, links die Erde
2. **Holzstab** (ca. 90 cm): rechts Jupiter (nicht ganz außen), links zuerst Mars und ganz außen Saturn
3. **Holzstab** (ca. 130 cm): ganz rechts Neptun, links Uranus (nicht ganz außen)
e) Befestige jetzt die Stäbe mithilfe der Angelschnur miteinander (▷ B 2). Achte darauf, dass du die drei Stäbe mit den Planeten so

Himmelskörper	Durchmesser
Sonne	ca. 30 cm
Merkur	ca. 5 mm
Venus	ca. 12 mm
Erde	ca. 12 mm
Mars	ca. 7 mm
Jupiter	ca. 14 cm
Saturn	ca. 12 cm
Uranus	ca. 5 cm
Neptun	ca. 5 cm

1 Kugelgrößen im Modell

miteinander verbindest, dass sie im Gleichgewicht sind.

2 fertiges Mobile

Die Erforschung des Mars

Unser äußerer Nachbar – der Mars

Der Mars ist einer unserer Nachbarplaneten (▷ B 1). Sein Abstand zur Erde ist nicht immer gleich. Im Durchschnitt ist seine Umlaufbahn 78 Millionen Kilometer entfernt. Ein Flug zum Mars dauert daher ziemlich lange.

Der Mars hat den halben Durchmesser der Erde. Er hat auch eine geringere Masse. Die Masse der Erde ist etwa zehn Mal größer als die des Mars.

1 Unser Nachbarplanet Mars

Wie die Erde dreht sich der Mars um sich selbst. Ein Mars-Tag ist 30 Minuten länger als ein Tag auf der Erde.

Der Mars benötigt etwa 2 Jahre, um die Sonne zu umkreisen. Der Mars hat zwei Monde: Phobos und Deimos.

Ein Planet der Extreme

Der Mars gilt als erdähnlich. Das bedeutet zum Beispiel, dass er eine feste Oberfläche hat. Trotzdem könnten Menschen ohne Hilfsmittel nicht auf dem Mars leben. Auf dem Mars ist es extrem trocken, felsig und sehr kalt. Die Durchschnittstemperatur liegt bei unter – 50 °C. Die nur dünne Atmosphäre besteht fast vollständig aus Kohlenstoffdioxid. Wir könnten also auf dem Mars nicht atmen.

Den Mars erforschen

Forschende interessieren sich sehr für den Mars. Immer wieder werden Missionen zu ihm geplant und unternommen.

Bereits ab 1960 planten verschiedene Länder Forschungsflüge zum Mars. Dabei handelte es sich aber meist um sogenannte Vorbeiflüge. Viele Missionen scheiterten zunächst. Die erste erfolgreiche Mission gelang 1964 der amerikanischen Weltraumbehörde NASA. Sie schickte eine Rakete im Abstand von etwa 10 000 km am Mars vorbei. Es konnten erstmals Fotos von der Planetenoberfläche gemacht werden.

Anfang der 70er-Jahre sollten dann Forschungssonden auf dem Mars landen. Dabei handelt es sich um Untersuchungsgeräte, die auf dem Mars abgesetzt werden. Sie werden als **Lander** bezeichnet (▷ B 2).

Die erste Landung gelang 1976. Die NASA setzte einen Lander mit dem Namen Viking 1 ab. Dieser Lander schickte bis 1982 Informationen zur Erde.

Mars-Rover gelandet

Alle bisherigen Lander waren Geräte, die an einem Ort blieben. Daher war der nächste

Schritt, eine bewegliche Forschungseinheit auf die Marsoberfläche zu bringen. Der größ-
te Erfolg gelang 2004. Die NASA transportierte zwei fahrbare Roboterwagen auf den Mars: die **Mars-Rover**. Diese sind von der Erde aus steuerbar. Einer sendete ab 2010 aber keine Signale mehr. Der zweite ist nach wie vor in Betrieb.

Seit 2012 befindet sich zusätzlich ein großer Rover auf dem Mars. Dieser wurde an einer anderen Stelle abgesetzt. Zudem ist er technisch auf einem neueren Stand.

Leben auf dem Mars?

Die interessanteste Frage ist natürlich, ob es auf dem Mars Lebewesen gibt oder gab. Die Sonden lieferten viele Fotos und Daten, die Forscher auswerten. Daher weiß man, dass es auf dem Mars Wasservorkommen gibt. Teilweise ist dieses als Eis vorhanden.

Man weiß auch, dass der Mars zu 16 % aus Eisen besteht. Dies gibt ihm seine Farbe, denn Eisen rostet und wird dabei rot.

Die Marsoberfläche besteht aus Felsen. Es gibt zahlreiche Schluchten und Vulkane. Aber bisher gibt es keine Anzeichen für Leben auf dem Mars.

Gefunden wurden mittlerweile Reste eines Tümpels. Aus Erfahrungen von der Erde gehen Wissenschaftlerinnen und Wissenschaftler davon aus, dass es auch in diesem stehenden Gewässer Leben gegeben haben könnte. Beweise konnten sie aber bisher kei-

2 Ein Mars-Lander: die Marssonde Phoenix

ne dafür finden. So bleibt die Frage nach Leben auf dem Mars weiter ungeklärt.

Aktuelles und Ausblick

Allein 2021 landeten bis Juli drei Missionen auf dem Mars: aus den Vereinigten Arabischen Emiraten, aus der Volksrepublik China und aus den USA. Die NASA-Mission „Mars 2020" hat das wichtige Ziel, Mars-Proben zu sammeln, die zu einem späteren Zeitpunkt auf die Erde transportiert werden sollen.

Auch wenn bemannte Flüge zum Mars immer wieder im Gespräch sind, so sind für die nächsten Jahre keine geplant. Erste Planungen gibt es hier für den Zeitraum ab 2030.

Probe
zu untersuchendes Material von der Marsoberfläche

Aufgaben

1 Der Text liefert dir zahlreiche Informationen über den Mars. Erstelle aus ihnen eine informative Mind-Map. (► S.213)

2 Erstelle eine Tabelle über die einzelnen Marsmissionen, die im Text genannt werden.

3 Eine Rakete schafft ungefähr 10 Millionen Kilometer pro Monat. Berechne, wie lange eine Reise von der Erde zum Mars durchschnittlich dauert.

4 Finde heraus, was die Namen der Mars-Monde bedeuten und weshalb man ihnen diese Namen gegeben hat.

5 Ein niederländisches Unternehmen plant eine Reality-Show auf dem Mars. Sie möchte ab 2029 Menschen auf dem Mars ansiedeln und deren Leben im Fernsehen übertragen. Beurteile ausführlich, auch verglichen mit den Planungen von ESA und NASA, für wie realistisch du dieses Vorhaben hältst.

Lupe

Die Lupe ist eine Sehhilfe, mit der man Gegenstände und kleine Lebewesen vergößert beobachten kann.

Sammellinsen

Sammellinsen werden auch Konvexlinsen genannt und sind in der Mitte dicker als am Rand.

Parallel einfallende Lichtstrahlen verändern nach der Linse ihre Richtung und sammeln sich in einem Punkt, dem Brennpunkt.

Lichtmikroskope

Lichtmikroskope machen Kleines erkennbar. Sie vergrößern stärker als eine Lupe, denn sie enthalten mindestens zwei Sammellinsen – eine im Objektiv und eine im Okular. Um die eingestellte Vergrößerung zu berechnen, multipiziert man die Objektivvergrößerung mit der Okularvergrößerung.

Zellen

Alle Lebewesen bestehen aus Zellen. Mit bloßem Auge sind die Zellen meist nicht zu erkennen. Mit dem Mikroskop kann man verschiedene Zellbestandteile unterscheiden. Tierzellen haben eine Zellmembran, Zellplasma, einen Zellkern und Mitochondrien. Pflanzenzellen haben außerdem eine Zellwand und Chloroplasten. Alle diese Zellbestandteile haben bestimmte Aufgaben und wirken zusammen. Die Zelle ist ein System.

Systemebenen in Natur und Technik

Gleichartige Zellen bilden Gewebe. Organe bestehen aus verschiedenen Geweben. Sie arbeiten in Organsystemen zusammen. Organe und Organsysteme bilden den Organismus.

Fernrohre und Spiegelteleskope sind optische Systeme, die aus mehreren Bestandteilen (Linsen oder Spiegeln) bestehen.

Das Teilchenmodell

Nach dem Teilchenmodell besteht alles um uns herum aus kleinsten Teilchen, die sich ständig bewegen. Zucker-Teilchen beispielsweise sind untereinander alle gleich. Zucker-Teilchen, Wasser-Teilchen und Salz-Teilchen unterscheiden sich jedoch in ihrer Masse, ihrer Größe und ihrer Form voneinander.

Kristalle

Kristalle haben unterschiedliche Formen. Die Form ist eine Folge der Anordnung der kleinsten Teilchen. In einem Kristallgitter ordnen sich die Kristall-Teilchen regelmäßig an. Beim Lösen wird diese Form aufgegeben. Verdampft man das Lösungsmittel, so erhält man durch Kristallisation wieder neue Kristalle.

Fernrohr und Spiegelteleskop

Mit Fernrohren und Spiegelteleskopen beobachtet man weit entfernte Gegenstände.

Fernrohre eignen sich vor allem für Beobachtungen auf der Erde. Spiegelteleskope werden vor allem für die Beobachtung von weit entfernten Himmelskörpern genutzt.

Lichtjahr

Da Entfernungen im Weltraum sehr groß sind, werden sie in Lichtjahren angegeben. Die Längeneinheit ein Lichtjahr entspricht dabei der Strecke, die das Licht in einem Jahr zurücklegt: 9,46 Billionen Kilometer.

Milchstraße

Die Milchstraße können wir als milchig wirkendes Band am Nachthimmel sehen. Unser Sonnensystem ist ein Teil dieser großen Spiralgalaxie.

Planet

Ein Planet ist ein nicht selbst leuchtender Körper, der sich auf einer festen Bahn bewegt. In unserem Sonnensystem gibt es acht Planeten: Merkur, Venus, Erde, Mars, Jupiter, Saturn, Uranus und Neptun.

1 Mensch und Milchstraße – ganz Kleines und ganz Großes

1 Gib an, wo sich bei Lupen der Brennpunkt befindet.
► S. 71

2 Dein Mikroskop enthält ein Okular mit dem Aufdruck 12x. Du hast das Objektiv mit der Vergrößerung 40x eingestellt. Berechne die Gesamtvergrößerung.
► S. 74

3 Vergleiche Tierzelle und Pflanzenzelle miteinander. Erstelle dazu eine Tabelle und trage Unterschiede und Gemeinsamkeiten ein.
► S. 78/79

4 Nenne die wichtigsten Aussagen des Teilchenmodells.
► S. 86/87

5 Beschreibe, wie unser Sonnensystem aufgebaut ist. Nenne dabei auch alle Planeten.
► S. 95

6 Beschreibe, wie du mithilfe einer Sicherheitsnadel eine Lupe bauen kannst.
► S. 70

7 Erläutere die Aufgaben der einzelnen Bestandteile einer Pflanzenzelle.
► S. 75

8 Du möchtest ein Blättchen einer Moospflanze mikroskopieren. Beschreibe Schritt für Schritt, wie du dabei vorgehst.
► S. 76/77

9 Erläutere den Unterschied zwischen dem geozentrischen und dem heliozentrischen Weltbild.
► S. 90/91

10 Beschreibe kurz, wie ein Fernrohr funktioniert
► S. 92

11 Zucker und Salz werden vermischt und anschließend in Wasser gelöst.
a) Zeichne die Lösung im Teilchenmodell.
b) Begründe, ob man durch Erhitzen wieder reines Salz und reinen Zucker gewinnen kann.
► S. 86/87, S. 88/89

12 Bei einem Planetenweg wird der Abstand der Planeten zur Sonne in Astronomischen Einheiten angegeben. Dabei gilt: 1 AE = 1 m.
a) Gib an, wie groß im Modell der Abstand zwischen Sonne und Erde ist.
b) Berechne den Abstand zwischen Mars und Jupiter in diesem Modell. Runde das Ergebnis auf ganze Meter.
► S. 96/97

13 Erläutere, inwiefern die Erfindung leistungsfähiger Mikroskope entscheidend zum medizinischen Fortschritt beigetragen hat.
► S. 80/81

14 Ordne den Begriffen Zelle, Gewebe, Organ, Organismus folgende Beispiele zu: Schleimhaut, Eiche, Eichenblatt, Zwiebelhaut, Zwiebelschuppe, Hund, Auge, Eizelle.
► S. 82

4 Bewegung zu Wasser, zu Lande und in der Luft

Wie schnell ist ein Gepard?

Warum muss ich immer atmen?

„Sport ist für mich . . . "
Schreibe mindestens vier Sätze
nach diesem Muster.

Wie kann ich auf meinem
Schulweg Energie sparen?

Warum können Pinguine
nicht fliegen?

hc9f4c

Fitness ist „in"

Was ist Fitness?

Das englische Wort „Fitness" bedeutet „Leistungsfähigkeit". Dazu gehören Ausdauer, Kraft und Konzentration. Mit Bewegung und
5 gesunder Ernährung kannst du deine Fitness erhalten.

Bewegungsmangel – ein Problem!

Kinder brauchen viel Bewegung und toben gern. Wenn sie in die Schule kommen, bleibt
10 oft wenig Zeit dafür. Viele Kinder verbringen auch einen großen Teil ihrer Freizeit am Tablet oder vor dem Fernseher. Wenn sie dazu noch sehr oft Dinge wie z. B. Pommes, Süßigkeiten oder Pizza essen, lässt die Fitness
15 schnell nach. Es können Gelenk- und Rückenschmerzen auftreten und auch die Konzentration kann nachlassen.

Bewegung tut gut!

Es gibt verschiedene Möglichkeiten, Bewegung in den Alltag einzubauen.
20 Fahre zum Beispiel möglichst mit dem Fahrrad zur Schule statt mit dem Bus.

Verabrede dich mit Freunden zum Schwimmen. Du trainierst dabei nicht nur deine Muskeln, sondern zugleich auch deine Ausdauer.
25 Trainierte Muskeln entlasten das Skelett. Kräftige Rückenmuskeln schützen zum Beispiel langfristig vor Rückenschmerzen und einem Bandscheibenvorfall (► S. 113).

Fit for Fun
30
Suche dir eine Sportart aus, die zu dir passt und die dir Spaß macht. Dann wird der Anfang leicht. Bevor du dich anmeldest, kannst du die meisten Sportarten erst einmal
35 ausprobieren. Wenn du regelmäßig trainierst, wirst du dich schnell fit fühlen. Es gibt Sportarten, die man in der Mannschaft betreibt oder die du alleine ausführen kannst (▷ B 1 – B 3). Beim Sport lernst du viele Men-
40 schen kennen und Teamgeist und Fairness trainierst du gleich mit.

Bewegung macht Spaß und hält fit. Viele Sportarten trainieren Muskeln und Ausdauer. Trainierte Muskeln entlasten das Skelett.

entlasten
helfen,
unterstützen

langfristig
lange Zeit
andauern

Fairness
gerechtes
Verhalten

1 Mannschaftssport Fußball

2 Kampfsport Judo

3 Auf dem Mountainbike

Aufgaben

1 Schreibe auf, welche Sportarten du gern einmal ausprobieren würdest. (💡 S. 219)

2 Nenne sechs Beispiele dafür, wie du dich im Alltag mehr bewegen kannst.

3 Schreibe einen Merkzettel, auf dem du auflistest, was Fitness ist und wodurch sie beeinflusst wird.

Jetzt machen wir uns fit!

Für die Übungen 3 und 4 brauchst du eine weiche Unterlage. Lockere dich nach jeder Übung: Lass dazu die Arme seitlich herabhängen und schüttel leicht die Handgelenke aus. Schüttel dann die Beine und Füße aus. Mit Musik machen die Übungen noch mehr Spaß.

1 Aufwärmen

Um Verletzungen zu vermeiden, solltest du dich vor dem Sport aufwärmen.

Versuchsanleitung

a) Sorge dafür, dass du genügend Platz um dich herum hast.
b) Stelle die Füße aneinander und lege die Arme eng an den Körper. Deine Hände berühren die Seiten der Oberschenkel (Position A).
c) Spring in den weiten Stand und schlage gleichzeitig die Hände über dem Kopf zusammen (Position B).
d) Wiederhole die Übung mindestens zehnmal.

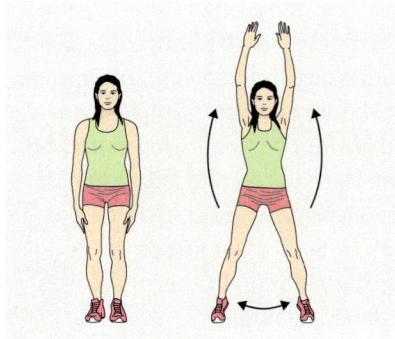

1 Aufwärmen mit dem „Jumping Jack"

2 Dehnen

Dehnübungen halten deine Muskeln elastisch und entspannen den Körper. So kannst du Verletzungen vorbeugen. Dehne immer vorsichtig. Stoppe eine Dehnung, falls sie schmerzt!

Versuchsanleitung

a) Stell dich aufrecht und lass die Knie etwas gebeugt. Kippe aus der Hüfte langsam mit dem Oberkörper nach vorne.
b) Umgreife mit den Händen deine Ellenbogen und lass deinen Oberkörper entspannt hängen. Spürst du eine angenehme Dehnung in den Beinen und im unteren Rücken?

2 Dehnen: die „stehende Vorwärtsbeuge"

3 Kräftigen

Mit „Push-ups" kräftigst du die Muskeln deiner Arme und Beine.

Versuchsanleitung

a) Knie dich auf eine weiche Unterlage. Lehne dich nach vorne und setze die Hände etwas breiter als deine Schultern auf.
b) Hebe die Unterschenkel an und überkreuze sie.
c) Spanne Po, Bauch und Rücken an und drücke dich mit den Armen nach oben.
d) Senke dann den Oberkörper langsam wieder ab.
e) Wiederhole die Übung zehnmal.

3 „Knee-Push-Ups"

4 Entspannen

Zum Entspannen eignen sich Lockerungs- und Dehnübungen. Deine Muskeln und dein Herz-Kreislaufsystem können sich erholen.

Versuchsanleitung

a) Knie dich auf eine weiche Unterlage. Lasse den Po auf die Fersen sinken.
b) Beuge den Oberkörper nach vorn und lege die Stirn auf dem Boden ab.
c) Lege deine Arme seitlich neben den Körper und bleibe einige Minuten in dieser Position.

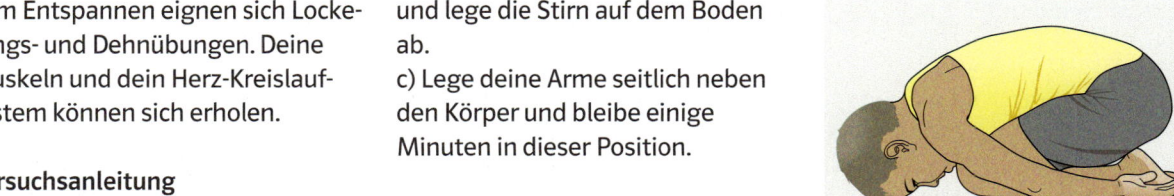

4 Entspannen in der „Kindhaltung"

Unser Skelett

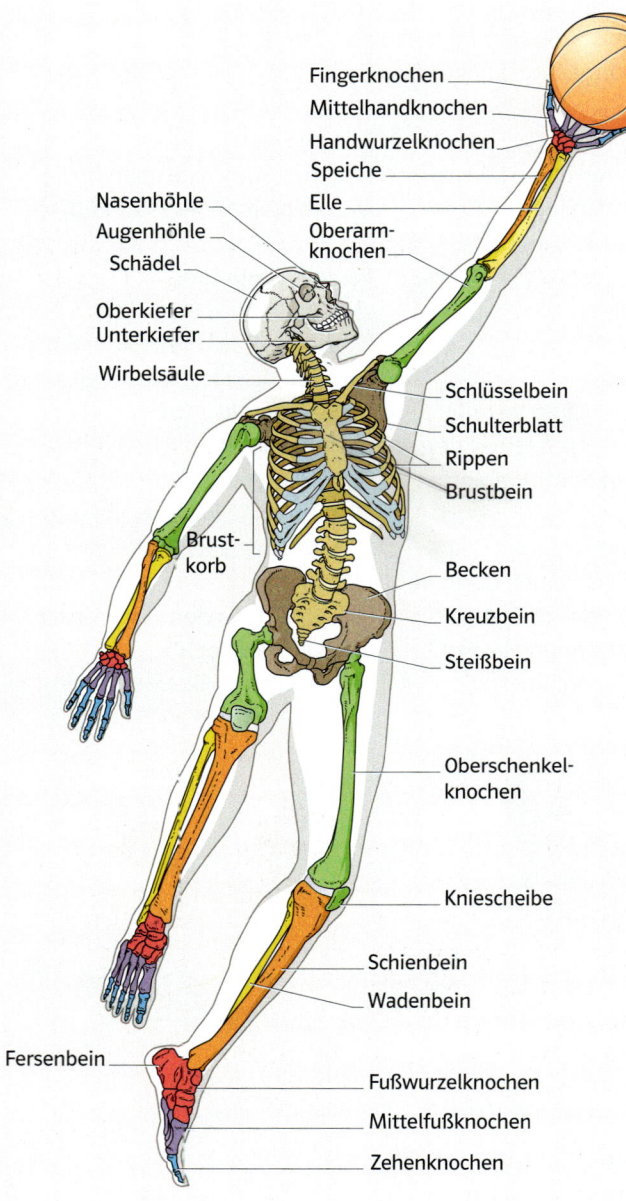

Fingerknochen
Mittelhandknochen
Handwurzelknochen
Speiche
Nasenhöhle
Augenhöhle
Elle
Schädel
Oberarm-
knochen
Oberkiefer
Unterkiefer
Wirbelsäule
Schlüsselbein
Schulterblatt
Rippen
Brustbein
Brust-
korb
Becken
Kreuzbein
Steißbein
Oberschenkel-
knochen
Kniescheibe
Schienbein
Wadenbein
Fersenbein
Fußwurzelknochen
Mittelfußknochen
Zehenknochen

1 Skelett des Menschen

Viele Knochen – ein Skelett

Bei der Geburt haben wir über 350 einzelne
Knochen. Viele wachsen im Laufe der Zeit
zusammen: Ein erwachsener Mensch hat
5 nur noch rund 210 einzelne Knochen.

Aufrecht und beweglich

Das **Skelett** stützt den Körper (▷ B 1). Es gibt
ihm zusammen mit den Muskeln seine Form.
Die **Wirbelsäule** ist die tragende Stütze des
10 ganzen Skeletts. Die meisten Knochen sind
über Gelenke miteinander verbunden. Gelenke machen das Skelett beweglich. So können
wir kauen, greifen und laufen.
(► System, S. 198/199)
15 Arme und Beine sind deine **Gliedmaßen**.
Die Arme sitzen am Schulterblatt, die Beine
sitzen am Becken. Arme und Beine sind sehr
beweglich. Beim Umblättern einer Buchseite
sind in deiner Hand rund 25 Knochen in Be-
20 wegung.

Wertvolles – gut geschützt

Das Skelett ist nicht nur die Stütze des Körpers, es schützt zugleich die inneren Organe:
Der **Schädel** bildet ein festes Gehäuse um
25 das Gehirn. Die Rippen bilden den **Brustkorb**.
Sie schützen Herz, Lunge und Leber. In
der Wirbelsäule verläuft gut geschützt das
Rückenmark (► S. 112). Das Rückenmark
besteht aus Nervenbahnen, die im Inneren
30 der Wirbelsäule verlaufen.

**Das Skelett stützt den Körper und ermöglicht
Bewegungen. Außerdem schützt es die inneren Organe.**

Aufgaben

○ **1** Nenne die Aufgaben des
Skeletts. (💡 S. 220)

● **2** Zeichne den Umriss deines
LS Körpers. Ertaste an dir 10
Knochen und zeichne sie ein.
Beschrifte deine Zeichnung.

● **3** Suche aus dem Text die
LS Wörter heraus, die mit dem
Skelett zu tun haben, und
fasse den Text zusammen.

Reise ins Innere des Knochens

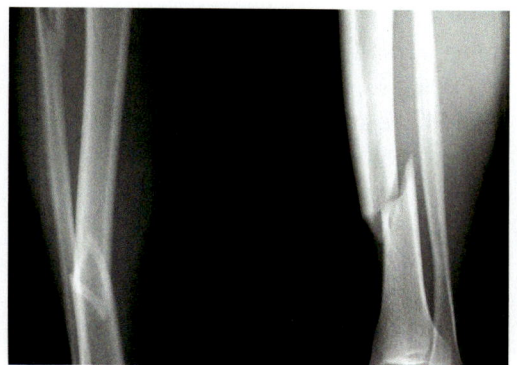

1 Ein Knochenbruch kann verheilen, wenn man die Knochenenden wieder aneinanderlegt.

Wie sind Knochen aufgebaut?

„Knochenhart" sagt man, wenn etwas sehr stabil und fest ist. Die Knochen sind tatsächlich hart, aber zugleich sind sie elastisch.

5 Sie sind von der **Knochenhaut** umgeben (▷ B 2). Die Knochenhaut enthält Blutgefäße und Nerven. Das spürst du, wenn du zum Beispiel einen Schlag vor das Schienbein bekommst. Die langen Knochen an den Armen

10 und Beinen sind röhrenförmig. Außen sind diese **Röhrenknochen** hart. Innen sind sie mit weichem Knochenmark ausgefüllt, das ständig neue Blutzellen bildet. Die Knochenenden enthalten **Knochenbälkchen**, zwischen denen

15 sich Luft befindet. Das macht die Knochen stabil und leicht zugleich.
(► Struktur-Eigenschaft-Funktion, S. 200/201)

Deine Knochen leben!

Knochen wachsen als biegsame **Knorpel** her-

20 an. Erst im Laufe der Jahre werden sie hart. In den Knochen ist **Calcium** eingelagert. Calcium

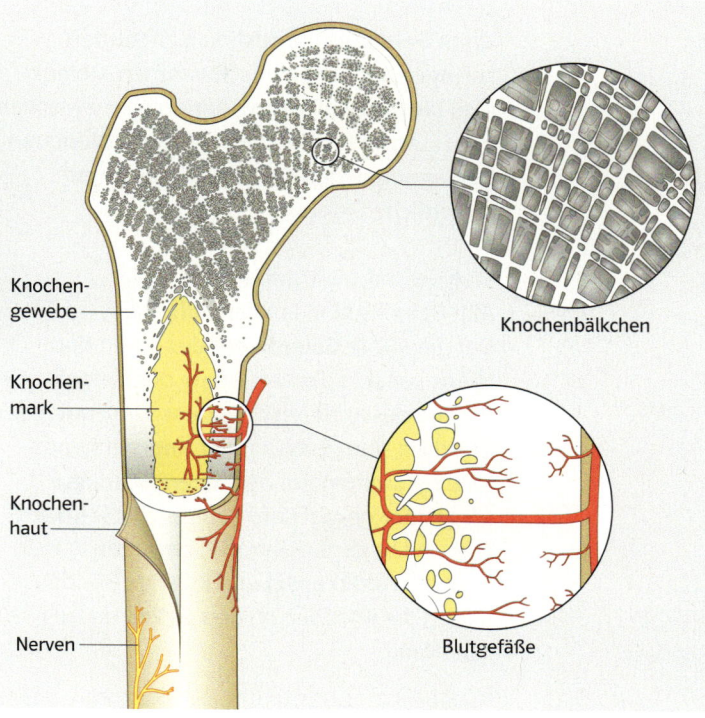

2 Aufbau eines Oberschenkelknochens

macht die Knochen fest. Besonders im Wachstum solltest du daher viel davon mit der Nahrung aufnehmen. Calcium steckt zum

25 Beispiel in Milchprodukten und in Bohnen oder Erbsen. Deine Knochen werden ständig erneuert, auch wenn du nicht mehr wächst. Knochen müssen auch ernährt werden. Über Blutgefäße werden sie mit Nährstoffen und

30 Mineralstoffen versorgt.

Die Knochen sind hart und elastisch zugleich. Sie erneuern sich ständig.

elastisch
biegsam

röhrenförmig
hat die Form eines
Rohrs oder einer
Röhre

Aufgaben

○ 1 Beschreibe den Aufbau eines Oberschenkelknochens mithilfe von Bild 2. Verwende dabei die dort genannten Fachbegriffe. (💡 S. 220)

◐ 2 Bild 1 zeigt einen Knochenbruch. Stelle eine Vermutung darüber an, welcher Knochen gebrochen ist, und begründe deine Entscheidung.

● 3 Der berühmte Eiffelturm in Paris hat mit dem Bau eines Oberschenkelknochens einiges gemeinsam. Beschreibe die Gemeinsamkeiten und finde Erklärungen dafür.

hc9f4c

Gelenke machen gelenkig

Gelenke – bewegliche Verbindungen

Ohne **Gelenke** könntest du nicht laufen, springen, tanzen oder schwimmen. Gelenke sind die beweglichen Verbindungen zwischen
5 zwei starren Knochen. Für die verschiedenen Bewegungen des Körpers gibt es unterschiedliche Gelenke.

Wie Gelenke aufgebaut sind

Alle Gelenke sind ähnlich aufgebaut (▷ B 1).
10 Der gewölbte **Gelenkkopf** des einen Knochens passt in die Vertiefung der **Gelenkpfanne** des anderen Knochens. Die Enden der Knochen sind glatt und mit **Knorpel** gepolstert. Zusammen mit der **Gelenkschmiere**
15 sorgt der Knorpel dafür, dass sich die Knochen leicht gegeneinander bewegen lassen.
Die **Gelenkkapsel** und kräftige Bänder halten die Knochen an den Gelenken zusammen.

starr
fest und
unbeweglich

20 ### Gelenktypen – ganz nach Bedarf

Türen haben Scharniere. Die Scharniere ermöglichen es, die Tür auf- und zuzumachen. Die Gelenke an deinen Ellenbogen und Knien funktionieren ähnlich. Mithilfe dieser **Schar-**
25 **niergelenke** (▷ B 2) kannst du Arme und Beine beugen und strecken. Ein **Sattelgelenk** gibt es nur am Daumen. Es lässt sich in zwei Richtungen bewegen: zur Seite und vor und zurück. Deine Oberarme und Oberschenkel
30 kannst du mithilfe von **Kugelgelenken** in alle Richtungen drehen. Wenn du den Kopf drehst, bewegt sich der Fortsatz eines Wirbels in der passenden Öffnung eines anderen Wirbels. Das ist ein **Drehgelenk** (▷ B 2).
35 (► Struktur-Eigenschaft-Funktion, S. 200/201)

Gelenke sind die beweglichen Verbindungen zwischen zwei Knochen. Es gibt Scharnier-, Sattel-, Kugel- und Drehgelenke.

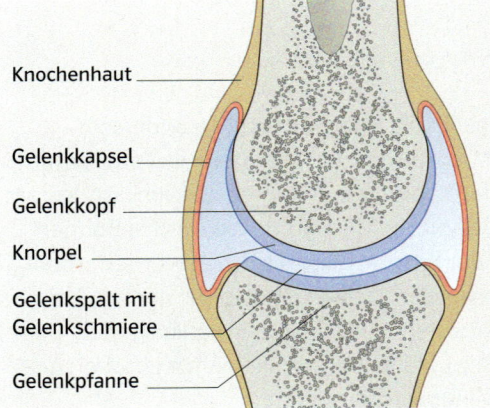

1 Aufbau eines Gelenks

Knochenhaut
Gelenkkapsel
Gelenkkopf
Knorpel
Gelenkspalt mit Gelenkschmiere
Gelenkpfanne

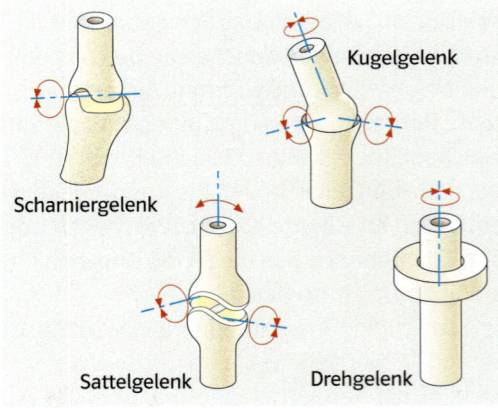

2 Gelenktypen

Kugelgelenk
Scharniergelenk
Sattelgelenk
Drehgelenk

Aufgaben

○ **1** Nenne die Gelenke in deinem Körper, die Scharniergelenke sind. (💡 S. 220)

2 Viele Gegenstände, die du
LS täglich benutzt, sind mit Gelenken beweglich.

◔ **a)** Arbeitet zu zweit: Nennt vier Beispiele.

◔ **b)** Ordnet sie einem Gelenktyp zu.

◔ **3** Die Modelle in Bild 2 geben die Bewegung der Gelenktypen wieder. Erläutere mithilfe der Modelle, wie die Gelenktypen jeweils funktionieren.

● **4** Plane und baue Modelle für die Gelenktypen aus Bild 2.

Hand und Fuß

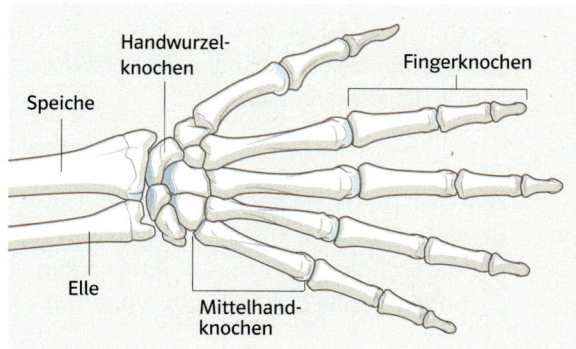

1 Handskelett (von oben)

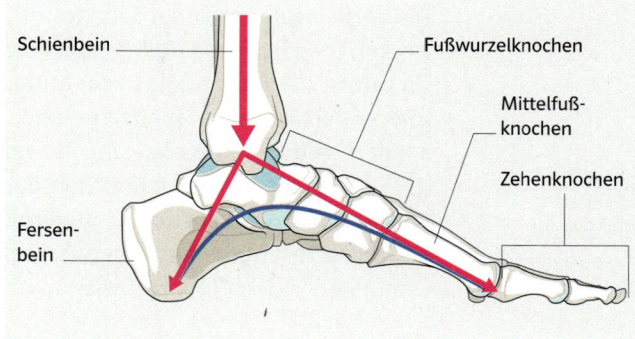

2 Fußskelett (von der Seite)

Die Hände sind vielseitige Werkzeuge

Deine Hände (▷ B 1) sind so vielseitig und beweglich wie kaum ein anderes deiner Körperteile. Sie sind stark genug, um schwere Lasten festzuhalten. Gleichzeitig sind sie so
5 empfindsam, dass sie streicheln, fühlen, schreiben oder Klavier spielen können.

Deine Hand hat 27 einzelne Knochen. In den Händen befindet sich etwa ein Viertel
10 der Knochen des menschlichen Körpers.

So weit die Füße tragen

Die Füße gehören zu den Körperteilen, die am stärksten belastet werden. Sie tragen dein Körpergewicht oft über viele Stunden.
15 Bei einem gesunden Fuß bilden die Fußknochen das Fußgewölbe (▷ B 2). Das Fußgewölbe wird von Muskeln und Bändern stabilisiert. Es federt das Körpergewicht ab und verteilt es auf Ballen und Ferse wie bei
20 einer stabilen Brücke.

empfindsam
tastempfindlich, empfindlich für Berührungen

Gewölbe
Bogen

Ballen
vorderer Teil der Fußsohle

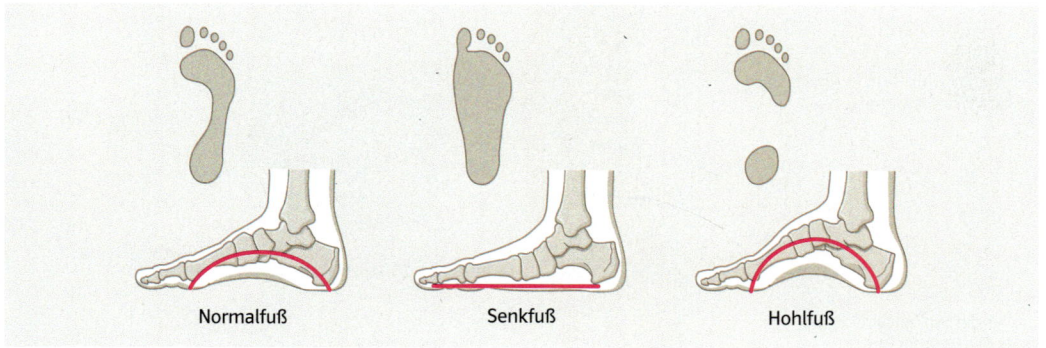

3 Verschiedene Formen des Fußskeletts

Aufgaben

1 Zeichne das Handskelett und das Fußskelett nebeneinander ab (▷ B 1, B 2). Male die Knochen, die einander entsprechen, in der gleichen Farbe an.

2 Öffne einen Knopf, ohne den Daumen zu benutzen. Beschreibe und erkläre deine Beobachtungen einem Mitschüler oder einer Mitschülerin.

3 Begründe mithilfe von Bild 3, warum ein Senkfuß die Wirbelsäule auf Dauer mehr belastet als ein Normalfuß.

hc9f4c

Die Wirbelsäule

Eine bewegliche Stütze

Die Wirbelsäule verbindet Schädel und Becken (▷ B 1). Sie hält den Körper aufrecht. Du kannst die Wirbelsäule in der Mitte des
5 Rückens ertasten. Sie ist nicht gerade, sondern gebogen wie zwei lang gezogene „S". Sie besteht aus vielen Knochen, den **Wirbeln**. Im **Kreuzbein** und im **Steißbein** sind die Wirbel fest miteinander verwachsen.
10 Öffnungen in den Wirbelknochen bilden den Wirbelkanal (▷ B 2). Hier verläuft gut geschützt das **Rückenmark** (▷ B 3). Es besteht aus wichtigen Nervenbahnen. An den Wirbeln setzen die Rückenmuskeln an.

Bandscheiben als Stoßdämpfer
15 Zwischen den einzelnen Wirbeln liegen die **Bandscheiben** (▷ B 3). Das sind Gelkissen, die wie die Stoßdämpfer in einem Auto wirken. Sie puffern Stöße und Erschütterungen ab.

Gelkissen mit einer zähflüssigen Masse, einem Gel, gefüllte Scheiben

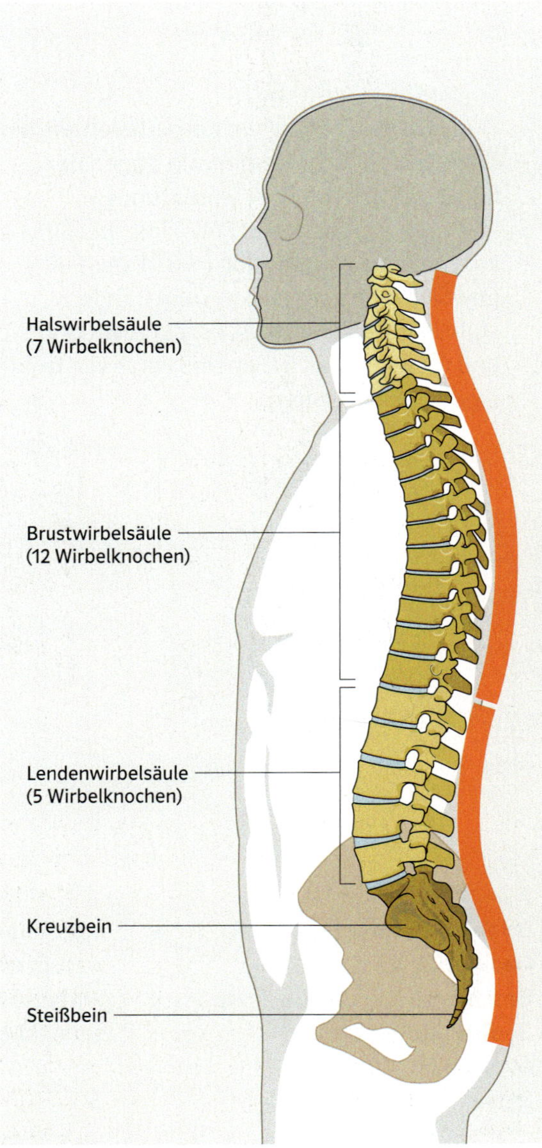

Halswirbelsäule
(7 Wirbelknochen)

Brustwirbelsäule
(12 Wirbelknochen)

Lendenwirbelsäule
(5 Wirbelknochen)

Kreuzbein

Steißbein

1 Die Wirbelsäule des Menschen

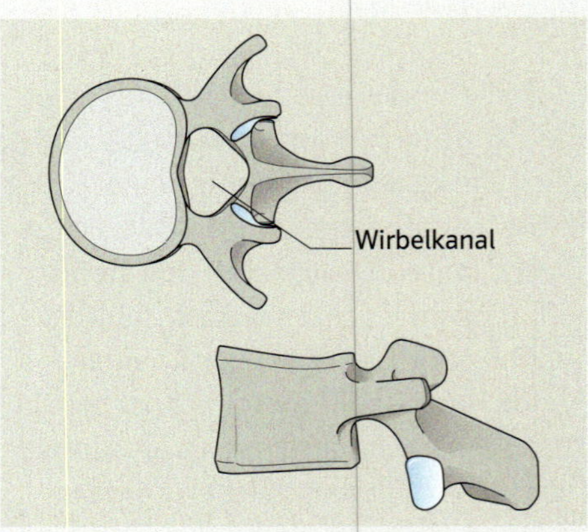

Wirbelkanal

2 Wirbel von oben (oben) und von der Seite (unten)

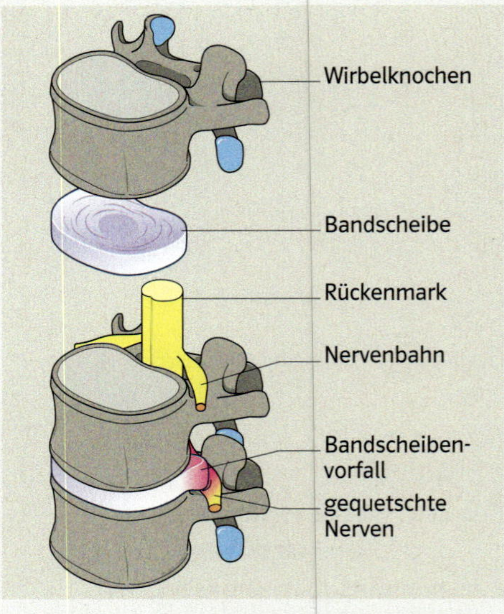

Wirbelknochen

Bandscheibe

Rückenmark

Nervenbahn

Bandscheiben-vorfall

gequetschte Nerven

3 Bandscheiben (oben) und Bandscheibenvorfall (unten)

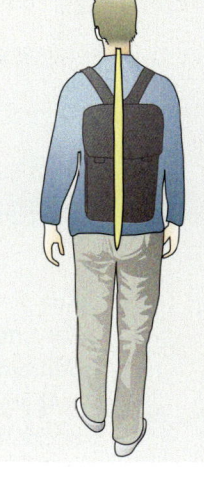

4 Falsches und richtiges Tragen

20 Tagsüber werden die Bandscheiben flach gedrückt und verlieren dabei etwas Wasser.
Während du schläfst, ist die Wirbelsäule
entlastet. Die Bandscheiben nehmen dann
wieder etwas Flüssigkeit auf.

25 Manches nimmt der Rücken krumm
Stundenlanges Sitzen, einseitige Belastungen oder Übergewicht nimmt auch
der stärkste Rücken übel. Oft sind Rückenschmerzen die Folge. Haltungsschäden
30 entstehen durch falsches Tragen, Heben
und Sitzen (▷ B 4 – B 6).
    Wenn eine Bandscheibe einreißt, tritt
etwas von der darin enthaltenen Gelmasse
aus. Diese drückt dann auf das Rückenmark
35 und die davon abgehenden Nervenbahnen
(▷ B 3). Man nennt das **Bandscheibenvorfall**.
Starke Schmerzen, die bis in die Arme und die
Beine ausstrahlen, können die Folgen eines
Bandscheibenvorfalls sein. Außerdem kön-
40 nen Taubheitsgefühle und sogar Lähmungen
auftreten.

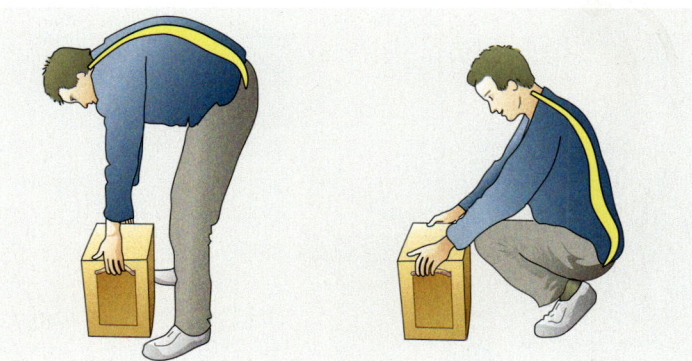

5 Falsches und richtiges Heben

    Rückenschmerzen kann man vorbeugen:
Beim Tragen, Heben und Sitzen sollte man
auf die richtige Haltung achten. Rückengym-
45 nastik kräftigt die Rückenmuskulatur. Das
entlastet die Wirbelsäule.
(► Struktur-Eigenschaft-Funktion, S. 200/201)

Die Wirbelsäule des Menschen ist wie ein
doppeltes „S" gebogen. Sie hält den Körper
50 aufrecht. Zwischen den einzelnen Wirbeln
liegen die Bandscheiben. Sie puffern Stöße
und Erschütterungen ab.

6 Falsches und richtiges Sitzen

Aufgaben

1 Liste die Aufgaben der
Wirbelsäule auf. (S. 220)

2 Taste deine Wirbelsäule von
oben nach unten ab. Mache
für jeden Wirbel einen Punkt
auf einem Blatt Papier. Ordne
die Punkte den Bereichen
der Wirbelsäule zu (▷ B 1).

3 Nimm nacheinander die richtigen und die falschen Haltungen von Bild 4 bis 6 ein.
Beschreibe und begründe
das richtige Tragen, Heben
und Sitzen.

4 Beschreibe die Folgen eines
Bandscheibenvorfalls und
begründe.

5 Bist du immer gleich groß?
a) Miss deine Körpergröße eine
Woche lang morgens und
abends. Trage die Werte in
eine Tabelle ein.
b) Erstelle ein Säulen-
diagramm, das die Werte der
einzelnen Wochentage zeigt
(► S. 212).
Begründe das Ergebnis.

Gesunder Rücken

Auf die Haltung kommt es an

Für einen gesunden Rücken ist eine gute Körperhaltung sehr wichtig. Dabei ist der Rücken aufgerichtet. Wenn du stehst, stelle die Füße
5 beckenbreit auseinander. Richte Rücken und Nacken auf. Die Knie sind locker und leicht gebeugt. Dein Körper sollte leicht angespannt sein (▷ B 2).

Im Sitzen solltest du die „Schildkrötenhal-
10 tung" vermeiden. Dabei blickt man mit vorgestrecktem Hals starr auf den Monitor. Versuche, aufrecht , aber entspannt zu sitzen, und wechsle möglich oft die Position. Denn vor allem einseitige Belastungen sind ungesund.
15 Dabei verkrampfen die Muskeln und verhärten sich. (▷ B 1).

Richtig tragen

Deine Schultasche sollte höchstens 15 % deines Körpergewichtes ausmachen. Achte dar-
20 auf, dass du nichts Überflüssiges einsteckst. Stelle die Trageriemen recht kurz ein, sodass die Schultasche gut am oberen Rücken anliegt (▷ B 3). So vermeidest du eine schlechte Haltung und Rückenschmerzen.

25 **Um deinen Rücken gesund zu erhalten, solltest du auf deine Haltung achten.**

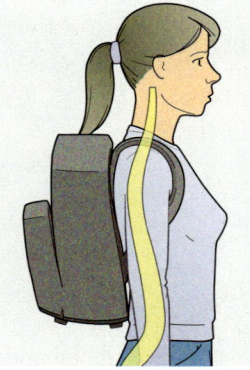

Körpergröße (cm)	Tischhöhe (cm)	Sitzhöhe (cm)
105	46	26
120	52	30
135	58	34
150	64	38
165	70	42
Erwachsene	74	45

1 Aufrecht sitzen

2 Gerader Rücken und Rundrücken

3 Die Schultasche richtig tragen

Körpergewicht (kg)	Schultaschengewicht (kg)	
	12 %	15 %
25	3,0	3,75
30	3,6	4,5
35	4,2	5,25
40	4,8	6,0
45	5,0	6,75
50	6,0	7,5

Aufgaben

○ **1** In der Pause solltest du kurz aufstehen und herumlaufen. Erkläre, warum das für deinen Körper wichtig ist.
(💡 S. 220)

2 Ist deine Schultasche zu schwer?
◗ a) Berechne mithilfe von Bild 3, wie schwer deine Schultasche sein darf.
◗ b) Wiege deine Schultasche.

● **3** Schreibe eine Anleitung für
LS einen geraden Rücken und hänge sie in Augenhöhe auf. Übe, sooft du magst.

Beweglich und kräftig

Damit dein Körper gesund bleibt, sollte er beweglich und kräftig sein.
Teste aus, wie dein Körper auf die folgenden Übungen reagiert.

1 Bist du beweglich?

Versuchsanleitung
Stelle die Beine eng zusammen und versuche dann, mit gestreckten Beinen auf der Stelle zu hüpfen.

Aufgabe
1. Beschreibe, wie es dir gelingt.

2 Schnapp dir die Münze

Material
Euromünze

Versuchsanleitung
a) Lege eine Euromünze etwa einen halben Meter vor einer Wand auf den Boden.
b) Stelle dich vor der Münze mit geschlossenen Beinen direkt an die Wand (▷ B 1).
c) Versuche nun, die Münze aufzuheben, ohne in die Knie zu gehen und ohne dich abzustützen.

Aufgabe
1. Erkläre das Ergebnis.

3 Auf einem Bein stehen

Versuchsanleitung
a) Stelle dich so an eine Wand, dass dein linker Fuß und deine linke Schulter die Wand berühren. Du darfst dich allerdings nirgendwo abstützen.
b) Versuche nun, das rechte Bein für fünf Sekunden anzuheben.

Aufgabe
1. Beschreibe deine Erfahrungen.

2 Auf einem Bein stehen

4 Katze und Pferd

Mit dieser Übung machst du deine Wirbelsäule beweglich.

Versuchsanleitung
a) Gehe in den Vierfüßlerstand.
b) Mache nun deinen Rücken abwechselnd rund wie einen Katzenbuckel und lasse ihn durchhängen wie einen Pferderücken (▷ B 3).

Aufgaben
1. Wiederhole diese Übung einige Male.
2. Wie fühlen sich die beiden Haltungen „Katzenbuckel" und „Pferderücken" an? Beschreibe in eigenen Worten.
3. Überlege dir Argumente, warum diese Übung gut für deine Wirbelsäule ist.

1 Eine Münze aufheben

3 Katze- und Pferd-Übungen für eine bewegliche Wirbelsäule

hc9f4c

Ohne Muskeln keine Bewegung

Material 1

×	Prismapedia

Ohne Muskeln geht gar nichts

Auch wenn wir uns nicht bewegen, immer sind Muskeln bei der Arbeit. Es gibt drei Arten von Muskeln: den Herzmuskel, die Muskeln der übrigen inneren Organe und die Skelettmuskeln. Nur die Skelettmuskeln können wir bewusst steuern.

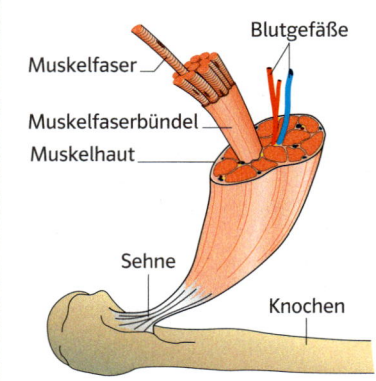

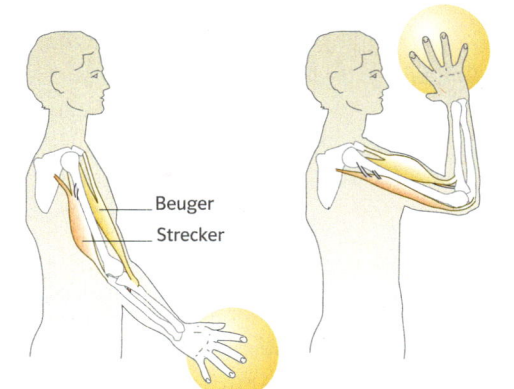

Aufbau eines Skelettmuskels

Skelettmuskeln bestehen aus vielen winzigen **Muskelfasern**, die zu **Muskelfaserbündeln** zusammengefasst sind. Außen sind sie von einer Muskelhaut umgeben. Zwischen den Muskelfaserbündeln liegen Blutgefäße. Sie versorgen den Muskel mit Nährstoffen und Sauerstoff. Die Skelettmuskeln sind mit straffen, festen Sehnen jeweils an zwei Knochen befestigt. Die beiden Knochen sind über ein Gelenk miteinander verbunden. Ein Knochen gibt dem Muskel festen Halt, der andere Knochen wird bewegt.

Muskeln arbeiten im Team

Entspannte Muskeln fühlen sich weich an. Wenn man den vorderen Oberarmmuskel anspannt, wird er fester, dicker und kürzer und der Arm wird gebeugt. Man nennt diesen Muskel **Beuger** oder **Bizeps**. Wenn man den Arm wieder strecken will, spannt man jetzt den hinteren Oberarmmuskel an. Dieser Muskel heißt **Strecker** oder **Trizeps**. Er zieht sich zusammen und dehnt dadurch den Beuger. Zur Bewegung an einem Gelenk sind also immer mindestens zwei Muskeln nötig. Man nennt sie **Gegenspieler**.

Material 2

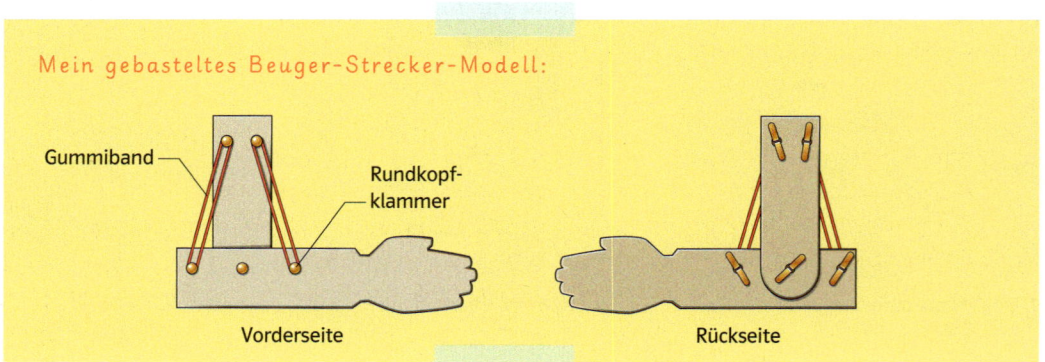

Mein gebasteltes Beuger-Strecker-Modell:

Muskeltraining im Weltall

Zwei Stunden täglich verbringen die Astronauten auf der Internationalen Raumstation ISS mit gezieltem Muskeltraining. Warum dieses Training so wichtig ist, verrät uns Dr. Stella Forsch, die die Astronauten medizinisch betreut, im Interview der Zeitschrift *Welt & All*.

W &A: Frau Dr. Forsch, Sie kontrollieren von der Erde aus, ob die Astronauten auf der ISS ihre täglichen Trainingseinheiten durchführen. Warum tun Sie das?

Dr. Forsch: Wie Sie wissen, kann man durch ausdauerndes Training Muskeln gezielt aufbauen. Umgekehrt bauen sich Muskeln innerhalb kurzer Zeit ab, wenn man sie nicht nutzt. In der Schwerelosigkeit im Weltall sind Muskeln und Knochen kaum belastet. Deshalb müssen die Astronauten auf der ISS unbedingt täglich trainieren.

W &A: Was wäre denn die Folge, wenn sie das nicht tun würden?

Dr. Forsch: Oh, das könnte gefährlich werden! Ohne Training wären zum Beispiel die Muskeln und Knochen der Beine und des Rückens nach zwei Monaten im All so weit abgebaut, dass die Astronauten auf der Erde kaum noch gehen könnten. Deshalb sind zwei Stunden Training täglich Pflicht!

W &A: Und womit trainiert man im Weltall?

Dr. Forsch: Auf der ISS gibt es drei verschiedene Geräte: das Ergometer-Fahrrad, das Laufband und ein Gerät zum Krafttraining. Das ist zwar kein ganzes Fitnessstudio, aber immerhin!

W &A: In der Schwerelosigkeit auf dem Laufband? Wie muss man sich das vorstellen?

Dr. Forsch: Nun, die Astronauten schnallen sich an den Geräten fest. Sie würden sonst tatsächlich davonschweben.

Aufgaben

1 Lies Material 1 und sieh dir die Bilder an.

a) Benenne die verschiedenen Muskel-Arten. (💡 S.220)

b) Beschreibe, wie ein Skelettmuskel aufgebaut ist. (💡 S.220)

c) Muskeln arbeiten im Team. Erläutere das Gegenspieler-Prinzip an einem Beispiel.

d) Beschreibe, wie Skelett, Gelenke und Muskeln zusammenwirken.

2 Sieh dir Material 2 an.

a) Arbeitet zu zweit: Erstellt eine Tabelle und ordnet den Bauteilen des Modells die Teile des Arms zu. (💡 S.220)

b) Baut das Modell nach.

c) Bewegt den „Unterarm" des Modells und beschreibt, wie die Gummibänder sich dabei verhalten.

d) Erläutert die Unterschiede zwischen Modell und Wirklichkeit.

3 Lies Material 3.

a) Erkläre, warum das Muskeltraining für die Astronauten auf der ISS besonders wichtig ist. (💡 S.220)

b) Beschreibe eine Situation aus dem Alltag, die zeigt, dass Muskeln sich abbauen, wenn sie nicht genutzt werden.

c) Recherchiere, wie Bodybuilder trainieren. Berichte in der Klasse darüber (► S.214).

hc9f4c

Auf vier Beinen

1 Trabendes Pferd

Sicher stehen

Viele Tiere haben vier Beine. Warum ist das so? Vier Beine sorgen für einen sicheren Stand. Einige Vierbeiner können schon kurz
5 nach der Geburt sicher auf ihren Beinen stehen, z. B. Pferde und Kühe. Zweibeiner, wie wir Menschen, müssen das Stehen und Gehen mühsam lernen. Die „Vier" sorgt also für Stabilität, übrigens auch bei Autos und bei
10 Möbeln.

Vier gewinnt – meistens

Auch beim schnellen Laufen gewinnen fast immer die Vierbeiner gegen die Zweibeiner. Der Gepard ist das schnellste Tier auf dem
15 Land. Bei der Jagd kann er für kurze Zeit bis zu 120 km/h schnell werden. Der Gabelbock

aus Nordamerika hält mit über 80 km/h einen Rekord im schnellen Dauerlauf. Aber immer-hin: Der Vogel Strauß läuft auf seinen zwei
20 Beinen bis zu 70 km/h.

Überkreuz und doch geradeaus

Die meisten Vierbeiner gehen im Kreuzgang: Sie heben gleichzeitig ein Vorderbein und ein Hinterbein, z. B. links vorne und rechts hinten.
25 Im Kreuzgang geht es zügig voran. Gut beob-achten kannst du das zum Beispiel bei einem trabenden Pferd (▷ B 1).

Schiffe in der Wüste?

Kamele leben in Wüsten und werden manch-
30 mal „Wüstenschiffe" genannt. Warum? Sie schaukeln beim Gehen hin und her wie ein Schiff auf den Wellen. Kamele gehen im Pass-gang. Dabei heben sie immer beide Beine einer Körperseite gleichzeitig an. Der Vorteil:
35 Der Passgang spart Energie und das ist für ein Tier in der Wüste wichtig.

Sicher auf Sohlen

Sohlengänger setzen beim Laufen den gan-zen Fuß auf (▷ B 2). Zu den Sohlengängern
40 gehören z. B. der Igel, der Dachs, der Bär (▷ B 3) und auch der Mensch. Dein Fußab-druck im Sand zeigt die Sohle von den Zehen bis zur Ferse. Die großen Sohlen sorgen für ei-nen sicheren Stand auch auf zwei Beinen.

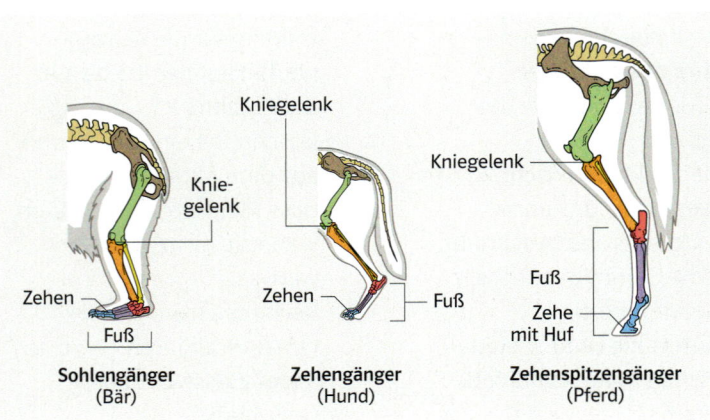

2 Hinterbeine verschiedener Tiere

3 Bären sind Sohlengänger.

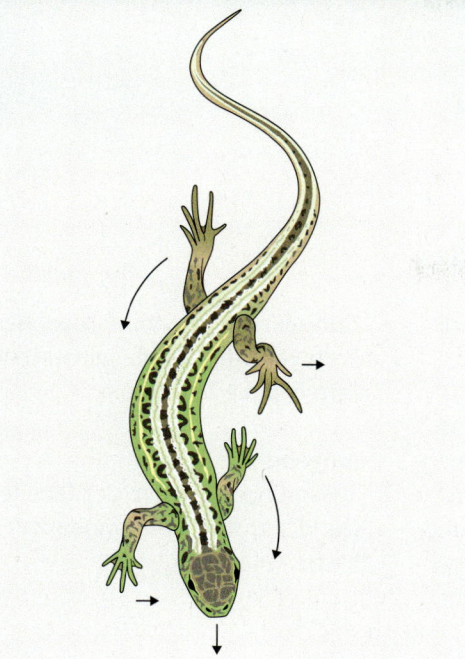

4 Laufende Zauneidechse

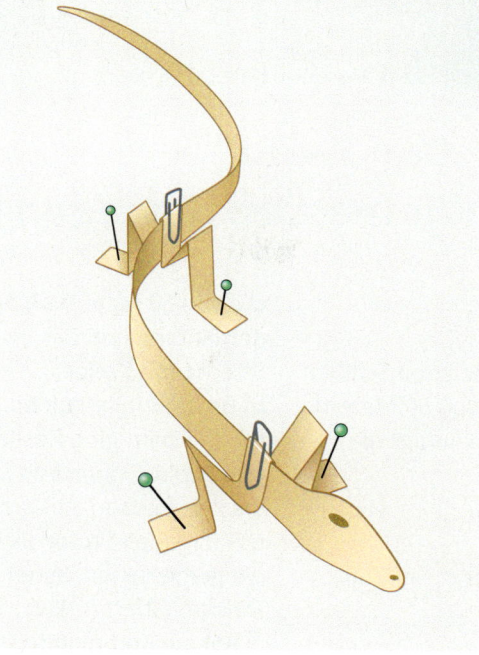

5 Modell einer laufenden Eidechse

Schneller geht's auf Zehen

Geparden, Hunde, Katzen und Hasen haben eines gemeinsam: Sie sind Zehengänger. Sie setzen beim Gehen nur die Zehen und den vorderen Fußballen auf (▷ B 2).

So können sie sehr schnell losrennen oder aus dem Stand aufspringen. Das ist ein Vorteil bei der Jagd oder auf der Flucht. Ein weiterer Vorteil: Tiere, die auf den Zehen gehen, können größere Schritte machen. Auch dadurch sind sie schneller.

Unterwegs auf Zehenspitzen

Pferde sind Zehenspitzengänger (▷ B 1), ebenso wie Schafe, Kühe und Rehe. Die Zehenspitzen sind durch harte Hufe geschützt. Bei Pferden und Kühen kannst du sie gut sehen. Zehenspitzengänger haben oft lange Beine, denn ihre Fußknochen sind stark verlängert (▷ B 2). Deshalb können sie große Schritte machen. Vor Fressfeinden und anderen Gefahren können sie sich schnell in Sicherheit bringen.

Kriechen und Springen

Bei Eidechsen sitzen die Beine nicht unter dem Körper, sondern an den Seiten. Beim Laufen „schlängelt" ihr Körper deshalb hin und her. Diese Art der Fortbewegung erfordert viel Kraft und eignet sich eher für kurze Strecken. Trotzdem können Eidechsen flink davonrennen, wenn man sie aufscheucht.

Frösche wandern im Frühjahr von ihren Winterquartieren zu den Laichgewässern. Sie bewegen sich springend fort. Ihre langen kräftigen Hinterbeine machen das möglich.

Huf
harte, verhornte Schicht an den Zehenspitzen der Huftiere

flink
schnell

aufscheuchen
stören, erschrecken

Laichgewässer
See oder Tümpel, in dem Frösche ihre Eier, den Laich, ablegen

Aufgaben

1 Vier Beine sorgen für Stabilität. Begründe das mit Beispielen aus Natur und Technik.

2 Vermute, weshalb Elefanten meist im Passgang gehen.

3 Erläutere den Unterschied zwischen Sohlengänger, Zehengänger und Zehenspitzengänger.

4 Begründe, weshalb Katzen sich leise an ihre Beute anschleichen können.

5 Manche Tiere bewegen sich nur langsam (z. B. Schildkröten) oder fast gar nicht fort (z. B. Muscheln). Erkläre, weshalb das kein Nachteil sein muss.

Versuch

1
a) Baue aus festem Papier und Büroklammern das Eidechsen-Modell aus Bild 5.
b) Lass deine Eidechse „laufen" und beschreibe die Fortbewegung.

hc9f4c

Wir messen Bewegungen

1 Wer benötigt die geringste Zeit?

Mehrere Schülerinnen und Schüler sollen eine Strecke von 50 Metern laufen (▷ B 1). Wer benötigt die kleinste Zeit?

Material
Stoppuhren, Maßband, Heft, Stift, Kreide

Versuchsanleitung
a) Messt auf dem Schulhof oder dem Sportplatz eine gerade Strecke von 50 Metern ab. Markiert den Anfang und das Ende der Strecke mit Kreide.
b) Bestimmt jemanden, der das Startzeichen gibt. Bestimmt mehrere Schülerinnen und Schüler, die die Zeit messen. Außerdem benötigt ihr einen Protokollanten, der die gemessenen Zeiten in einer Tabelle notiert (▷ B 2).
c) Auf ein Kommando starten die Läuferinnen und Läufer. Gleichzeitig beginnen die Zeitnehmer die Zeitmessung. Im Ziel stoppen die Zeitnehmer ihre Stoppuhren. Der Protokollant trägt die gemessenen Zeiten in die Tabelle ein.

Aufgabe
1. Begründet mithilfe der Tabelle, wer die größte Geschwindigkeit hatte.

Name	Zeit
Meriton	
Anja	
Lisa	

2 Tabelle zu Versuch 1

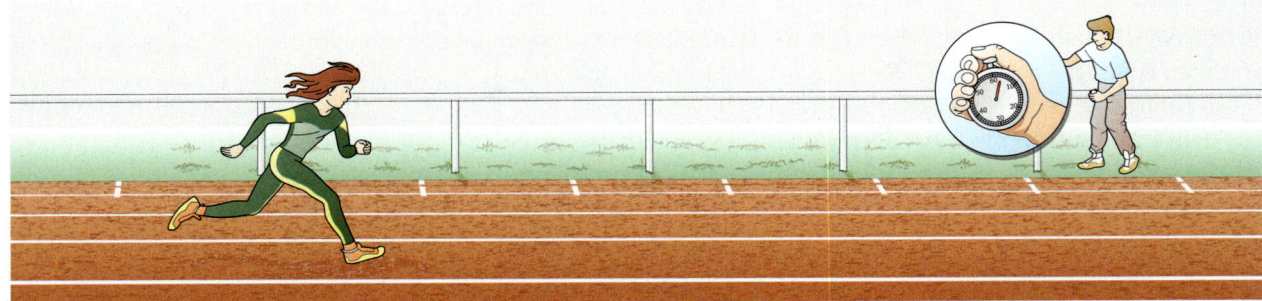

1 Mit einer Stoppuhr kannst du messen, wer am schnellsten ist.

2 Wer läuft am weitesten?

Mehrere Schülerinnen und Schüler sollen 2 Minuten lang laufen. Wer legt in dieser Zeit die längste Strecke zurück?

Material
Stoppuhr, Maßbänder, Heft, Stift, Kreide

Versuchsanleitung
a) Bestimmt einen Zeitnehmer, einen Protokollanten sowie mehrere Schülerinnen und Schüler, die die gelaufenen Strecken abmessen.
b) Die Läuferinnen und Läufer starten auf ein gemeinsames Kommando. Gleichzeitig beginnt der Zeitnehmer mit der Zeitmessung. Nach zwei Minuten stoppt der Zeitnehmer den Lauf und gibt ein Kommando. Alle Läuferinnen und Läufer müssen stehen bleiben. Messt nun die einzelnen Strecken, die in dieser Zeit zurückgelegt wurden. Der Protokollant trägt die Werte in eine Tabelle ein.

Aufgabe
1. Begründet mithilfe der Tabelle, wer die größte Geschwindigkeit hatte.

Aufgaben

⌣ 1 Fasst die Ergebnisse beider Versuche zusammen. Verwendet dazu folgende Wörter: je, desto, Geschwindigkeit.

⌣ 2 Anja läuft 100 Meter in 16 Sekunden, Marian 150 Meter in 23 Sekunden. Beurteile, wer schneller ist.

Die Geschwindigkeit

Wer ist schneller?

Sonja lief im Sportunterricht 75 Meter in 12 Sekunden. Michael war mit 10,5 Sekunden auf der gleichen Strecke deutlich schneller.
5 Er hat für die gleiche Strecke weniger Zeit benötigt.

Nun möchte Sonja ihre Geschwindigkeit mit ihrer älteren Schwester Lisa vergleichen. Lisa hat beim 100-Meter-Lauf eine Zeit von
10 17 Sekunden benötigt. Ein direkter Vergleich zwischen Sonja und Lisa ist schwierig. Beide sind unterschiedlich lange Strecken gelaufen und haben unterschiedliche Zeiten dafür gebraucht.

15 Strecke pro Zeit

Die **Geschwindigkeit** gibt an, welche Strecke ein Körper in einer bestimmten Zeit zurücklegt.

Berechnest du die Strecke, die Sonja und
20 Lisa in 1 Sekunde zurückgelegt haben, dann kannst du die schnellere von beiden ermitteln (▷ B 1).

Berechnung der Geschwindigkeit

Die Geschwindigkeit kannst du berechnen:
25 Dazu musst du die zurückgelegte Strecke durch die dafür benötigte Zeit teilen.

$$\text{Geschwindigkeit} = \frac{\text{Strecke}}{\text{Zeit}}$$

Einheit der Geschwindigkeit

Aus der Berechnung der Geschwindigkeit
30 lässt sich die Einheit ableiten. Die Geschwindigkeit wird in **m/s** (lies: **Meter pro Sekunde**) angegeben.

Rechenbeispiel: Wer war schneller, Sonja oder Lisa?

Sonja
Sonja lief in 12 Sekunden eine Strecke von 75 Metern. In 1 Sekunde lief sie also 75 Meter:12 = 6,25 Meter. Sonjas Geschwindigkeit betrug also 6,25 Meter pro Sekunde.

Lisa
Lisa lief die Strecke von 100 Metern in 17 Sekunden. In 1 Sekunde lief sie 100 Meter:17 = 5,88 Meter. Ihre Geschwindigkeit betrug also 5,88 Meter pro Sekunde. Sonja war somit schneller als ihre Schwester Lisa.

1 Wer läuft am schnellsten?

Eine andere Einheit für die Geschwindigkeit kennst du von Autos. Dort wird **km/h**
35 (lies: **Kilometer pro Stunde**) verwendet.

Die Geschwindigkeit ist Strecke pro Zeit. Die Einheit der Geschwindigkeit ist m/s oder km/h.

Strecke
Länge eines Weges

Strecke …
zurücklegen
eine Strecke
gehen, fahren,
fliegen, …

hc9f4c

Geschwindigkeiten in Natur und Technik

Material 1

Beispiele für Geschwindigkeiten

20 km/h

Containerschiffe transportieren riesige Warenmengen in Containern über die Meere. Die größten Containerschiffe sind so lang wie drei Fußballfelder und können mit über 20 000 Containern beladen werden. Die schnellsten Containerschiffe erreichen Geschwindigkeiten von 50 km/h. Um Kosten und Treibstoff zu sparen, fahren sie jedoch meistens deutlich langsamer. Von Peking in China bis nach Hamburg sind die großen Containerschiffe auf dem Seeweg ungefähr 4 Wochen lang unterwegs.

3 km/h

Menschen gehen mit einer Geschwindigkeit von rund 3 km/h. Bei einer Geschwindigkeit von 3 km/h legst du in 1 Minute eine Strecke von 50 m zurück. Für 1 Kilometer benötigst du 20 Minuten. Wie schnell du gehst, hängt zum einen von der Länge deiner Schritte ab. Zum anderen hängt es davon ab, wie viele Schritte du pro Minute machst, also wie schnell du deine Beine bewegst. Machst du kleinere Schritte, musst du bei gleicher Geschwindigkeit schnellere, also mehr Schritte machen.

10 km/h

Beim **Marathonlauf** beträgt die Strecke 42,195 Kilometer. Durchschnittliche Läufer benötigen dafür rund 4 Stunden und 45 Minuten. 2018 in Berlin wurde der neue Weltrekord der Männer mit 2 Stunden 1 Minute und 39 Sekunden aufgestellt. 2019 gelang in Chicago der neue Frauenweltrekord mit 2 Stunden 14 Minuten und 4 Sekunden.

900 km/h

Der **Airbus A380** bietet bis zu 853 Passagieren Platz und kann bis zu 570 000 kg wiegen. So schwer sind übrigens auch ungefähr 400 Autos. Der Airbus A380 legt in kurzer Zeit große Strecken zurück. Ein Flug von Peking nach Hamburg dauert rund 12 Stunden.

0,5 km/h

Landschildkröten sind sehr langsam und bewegen sich mit rund 0,5 km/h über den Boden. Es gibt aber auch Meeresschildkröten, die erstaunlich schnell im Wasser schwimmen können: Die schnellste Schildkrötenart, die Lederschildkröte, erreicht im Wasser Geschwindigkeiten bis zu 40 km/h – und schwimmt so Raubfischen einfach davon.

15 km/h

Pferde bewegen sich schneller fort als Menschen. Wegen ihrer Geschwindigkeit und Ausdauer dienen uns Pferde seit Jahrtausenden als Reit- und Lasttiere. Auch in einigen Sportarten nutzen wir die Geschwindigkeit der Pferde. Sie erreichen im Schritt-Tempo eine Geschwindigkeit von rund 6 km/h, im **Trab** kommen sie bereits auf rund 15 km/h. Fliehen sie im Galopp, können sie bis zu 60 km/h schnell sein.

Material 2

Erstaunliche Geschwindigkeiten

In der Tierwelt hängt das Überleben oft von der Geschwindigkeit des einzelnen Tieres ab.

Der Gepard lebt in offenen Graslandschaften. Er kann bis zu ca. 120 km/h schnell laufen. Der Gepard beschleunigt aus dem Stand in wenigen Sekunden auf seine Höchstgeschwindigkeit. Allerdings kann er diese nur kurz durchhalten. Zu seinen bevorzugten Beutetieren gehört die Gazelle. Aber eine Gazelle ist für ihn nur schwer einzuholen. Sie ist mit fast 100 km/h ungefähr genauso schnell und sehr wendig.

Material 3

Schnellstes Auto der Welt durchbricht Schallmauer

Neuer Geschwindigkeitsrekord: In der Wüste von Nevada durchbricht ein Landfahrzeug zum ersten Mal die Schallmauer.

Der in Großbritannien entwickelte Thrust SSC (Thrust Super Sonic Car) ist 16,5 m lang, 3,7 m breit und wiegt 10,5 t. Seine beiden Strahltriebwerke beschleunigen ihn mit insgesamt 11 000 PS. Sie verbrauchen dabei in 1 Sekunde 18 Liter Treibstoff. Für Höchstgeschwindigkeitsrekorde werden extrem lange Fahrbahnen benötigt, die eben und trocken sind. Der Salzsee in der Wüste Black Rock Desert erfüllt diese Bedingungen. Hier durchbrach der Thrust SSC die Schallmauer und erreichte eine Geschwindigkeit von 1228 km/h. Zum Abbremsen musste ein Bremsfallschirm geöffnet werden.

Aufgaben

1 Lies Material 1.
- **a)** Ordne die Beispiele nach der Geschwindigkeit. Beginne mit der kleinsten Geschwindigkeit. (💡 S.220)
- **b)** Berechne, wie lange ein Flugzeug braucht, um 300 km zurückzulegen.
- **c)** Berechne, wie lange eine Schildkröte an Land braucht, um 300 km zurückzulegen.

2 Lies Material 2.
- **a)** Gepard oder Gazelle? Gib an, wer die höhere Geschwindigkeit hat. (💡 S.220)
- **b)** Begründe, weshalb die Gazelle oft entkommt.

3 Lies Material 3.
- **a)** Beschreibe, welche Schwierigkeiten überwunden werden müssen, um einen solchen Rekordversuch durchzuführen.
- **b)** Diskutiert in der Klasse, ob dieses Fahrzeug für den Straßenverkehr geeignet ist.

hc9f4c

Energie in Natur und Technik

Was ist Energie?

Die Frage, was **Energie** eigentlich ist, können auch Fachleute gar nicht so einfach beantworten. Klar ist: Eine Lampe braucht Energie
5 zum Leuchten. Ein Auto braucht Energie, um zu fahren. Und auch Lebewesen brauchen Energie, z. B. um sich zu bewegen. Energie bewirkt also etwas. An Erscheinungen wie Bewegung, Licht oder Wärme erkennt man,
10 dass Energie im Spiel ist.

Was ist ein „Energieträger"?

Kohle, Erdöl, Erdgas und **Treibstoffe** wie z. B. Benzin werden häufig als „Energieträger" bezeichnet. Wenn man solche Stoffe ver-
15 brennt, wird Energie frei. Dabei reagieren diese Stoffe mit Sauerstoff. Zum Verbrennen sind also nicht nur Stoffe wie Kohle, Erdöl oder Treibstoffe notwendig, sondern immer auch Sauerstoff. Die frei werdende Energie
20 kann man nutzen – z. B. zum Heizen oder um ein Auto zu bewegen.

Ähnliches gilt für die **Nährstoffe**, die wir mit der Nahrung aufnehmen. Wir benötigen sie, um den Körper mit Energie zu versorgen.
25 Kohlenhydrate, Fette und Eiweiße sind Nährstoffe. Insbesondere Kohlenhydrate und Fette werden zur Energieversorgung genutzt.

verzeichnen
aufschreiben,
eintragen,
aufführen

Energie aus Glucose und Sauerstoff

Stärke ist ein Kohlenhydrat. Bei der Verdau-
30 ung wird sie zu **Glucose** (Traubenzucker) abgebaut. Erst die Glucose kann über die Darmwand ins But aufgenommen werden. Mit dem Blut wird sie zu allen Zellen des Körpers transportiert. Die Körperzellen nutzen die
35 Glucose zu ihrer Energieversorgung. Dazu ist Sauerstoff nötig. Wir nehmen ihn mit der Atmung auf. Bei der Reaktion von Glucose und Sauerstoff wird Energie frei. Die Energie wird für Körpervorgänge genutzt. Ein Teil
40 wird als Wärme an die Umgebung abgegeben. Die Reaktion von Glucose und Sauerstoff im Körper nennt man auch **Zellatmung**.

Der Brennwert

Auf Lebensmittel-Verpackungen findet man immer eine Nährwert-Tabelle. Sie gibt Aus-
45 kunft über die Anteile der verschiedenen Nährstoffe im Lebensmittel (▷ B 4). Auch der **Brennwert** ist in der Tabelle verzeichnet. Er kann in Kilojoule (kJ) oder in Kilokalorie (kcal)
50 angegeben sein und bezieht sich oft auf 100 Gramm des Lebensmittels.

Der Brennwert gibt die Energiemenge an, die frei wird, wenn man z. B. 100 Gramm des Lebensmittels verbrennt. Das entspricht

1 Elektroauto beim Tanken

2 Auch der Toaster braucht Energie.

3 Brot liefert Kohlenhydrate.

4 Nährwert-Tabelle mit Angaben zum Brennwert

Durchschnittliche Nährwerte	Je 100 g	1 Esslöffel (15 g)**	(15 g)*	%
Brennwert	1482 kJ	232 kJ		3 %
	350 kcal	55 kcal		3 %
Fett	1,4 g	0,2 g		<1 %
– davon gesättigte Fettsäuren	0,2 g	<0,1 g		<1 %
Kohlenhydrate	70 g	11 g		4 %
– davon Zucker	4,9 g	0,7 g		1
Ballaststoffe	4,5 g	0,7 g		
Eiweiß	12 g	1,9 g		
Salz	0,80 g	0,12 g		

Menge für einen durch... (8.400 kJ / 2... / (15

genau der Energiemenge, die frei wird, wenn die enthaltenen Nährstoffe im Körper mit Sauerstoff umgesetzt werden. Aber natürlich findet im Körper keine Verbrennung statt, sondern Zellatmung. Die Zellatmung geht langsamer vor sich als eine Verbrennung. Es entsteht keine Flamme.

Wenn man Stoffe wie Kohle, Erdöl oder Erdgas verbrennt, wird Energie in Form von Wärme frei. Eine Verbrennung ist eine Reaktion eines Stoffes mit Sauerstoff.

Die Körperzellen gewinnen Energie aus der Reaktion von Glucose und Sauerstoff. Man nennt das Zellatmung.

BASISKONZEPT Energie

Bewegung, Licht, Wärme, unser Wachstum und das Wachstum der Pflanzen – alle diese Vorgänge und Erscheinungen benötigen Energie. Energie hält alles am Laufen. Die vielfältigen Wirkungen der Energie kann man beobachten, z. B. das Leuchten des Handy-Displays, den Start eines Flugzeugs oder die schnelle Flucht einer Eidechse. Das Wort „Energie" kommt aus dem Griechischen und bedeutet so viel wie „das Wirkende".

Die an einem Vorgang beteiligte Energiemenge kann man messen. Da Energie an vielen verschiedenen Erscheinungen beteiligt ist, unterscheidet man verschiedene Energieformen, z. B. Bewegungsenergie, chemisch gebundene Energie und elektrische Energie. Sie können ineinander umgewandelt werden.

Aufgaben

1 Benenne mindestens drei Erscheinungen, an denen Energie beteiligt ist. (💡 S. 220)

2 Beschreibe den Unterschied zwischen einer Verbrennung und der Zellatmung. (💡 S. 220)

3 Stelle Treibstoffe und Nährstoffe in einer Tabelle gegenüber.

4 Erläutere den Begriff „Brennwert".

5 Erkläre, warum du bei Belastung schneller atmest.

6 Überlege dir einen Versuch, mit dem du den Brennwert einer Walnuss bestimmen könntest. Tipp: 4,2 kJ entsprechen etwa der Energiemenge, die man braucht, um 200 ml Wasser um 5 °C zu erhitzen.

Nährstoffe und Energiebedarf

Wie viel Energie brauchst du?

Sich bewegen, nachdenken, wachsen, die Körpertemperatur auf 37 °C halten – für alle diese Lebensvorgänge braucht dein Körper
5 Energie. Jungen und Mädchen in deinem Alter haben einen täglichen Energiebedarf von 8 000 bis 9 000 Kilojoule. Der tägliche Energiebedarf eines Erwachsenen liegt – je nach Geschlecht und körperlicher
10 Aktivität – zwischen 8 000 und 14 000 kJ. Um den Energiebedarf zu decken, braucht der Körper Nährstoffe und Sauerstoff.

Auf die Nährstoffe kommt es an

Besonders Fette und Kohlenhydrate wie
15 Zucker und Stärke sind für die Energieversorgung des Körpers wichtig. Wenn man zu wenig isst, fühlt man sich schlapp und kann sich schlecht konzentrieren. Vor allem die Muskeln und das Gehirn benötigen viel Ener-
20 gie. Deshalb ist es z. B. wichtig, vor der Schule gut zu frühstücken (▷ B 2).

überschüssig
zu viel vorhanden

Der Körper speichert Nährstoffe

Zum Glück kann unser Körper Nährstoffe speichern, sonst müssten wir ständig essen.
25 Überschüssige Glucose (Traubenzucker) wird zu **Glykogen** umgebaut und in den Muskeln und in der Leber gespeichert. Bei Bedarf wird aus dem Glykogen wieder Glucose. Aus Glucose und Sauerstoff kann der Körper dann Ener-
30 gie gewinnen. (► Energie, S. 206/207)

Zu viel ist ungesund

Wer ständig zu viel isst, belastet den Körper. Wenn die Glykogen-Speicher voll sind, wird der Traubenzucker in Fett umgewandelt
35 und – ebenso wie überschüssiges Fett – im Fettgewebe gespeichert. Das kann zu Übergewicht und zu Krankheiten führen.

Um Energie zu gewinnen, benötigt der Körper Nährstoffe und Sauerstoff. Über-
40 **schüssige Nährstoffe werden als Glykogen und Fett gespeichert.**

1 Energiebedarf bei verschiedenen Tätigkeiten

Federball: 1500 kJ/Std.
Gehen: 650 kJ/Std.
Sitzen: 260 kJ/Std.
Laufen: 2500 kJ/Std.
Schlafen: 190 kJ/Std.
Schwimmen: 2000 kJ/Std.

2 Frühstücken ist wichtig.

Aufgaben

1 Beschreibe, was mit überschüssigen Nährstoffen im Körper geschieht. (💡 S. 220)

2 „Um Energie zu gewinnen, müssen wir essen und atmen." Erläutere diese Aussage.

3 Berechne, wie lang du gehen musst, um eine Tafel Schokolade (ca. 2 400 kJ) wieder „abzutrainieren" (▷ B 1).

Warum müssen wir atmen?

Selbst wenn du nur ruhig dasitzt, atmest du bis zu 20 Mal pro Minute ein und aus. Mit jedem Atemzug nimmst du Sauerstoff auf und gibst Kohlenstoffdioxid ab. Sauerstoff ist
5 lebensnotwendig, aber wozu brauchen wir ihn eigentlich?

Die Zellatmung

Beim Essen nimmst du Nährstoffe auf. Auch die Nährstoffe sind lebensnotwendig. Sie
10 reagieren im Körper mit dem eingeatmeten Sauerstoff. Man nennt das Zellatmung (▷ B 1). Dabei entstehen Wasser und Kohlenstoffdioxid. Außerdem wird Energie frei. Die Energie benötigst du für alle Lebensvorgänge, zum
15 Beispiel um dich zu bewegen und damit dein Gehirn arbeiten kann. Wie der Mensch, so gewinnen auch Tiere Energie durch Zellatmung. (► Energie, S. 206/207)

Auch Pflanzen atmen

20 Nicht nur Menschen und Tiere benötigen Energie für ihre Lebensvorgänge, sondern auch die Pflanzen. Auch Pflanzen atmen Sauerstoff ein und geben Kohlenstoffdioxid ab (▷ B 2). Wie der Mensch und die Tiere gewin-
25 nen sie durch Zellatmung Energie aus Nährstoffen und Sauerstoff.

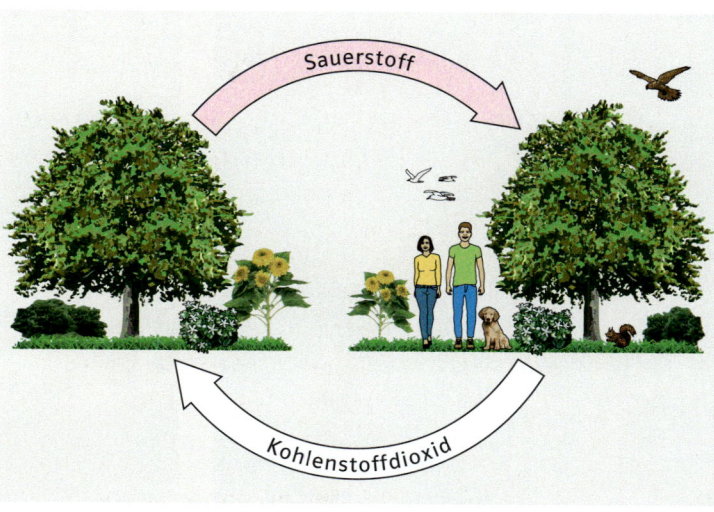

2 Lebewesen atmen Sauerstoff ein und Kohlenstoffdioxid aus.

Pflanzen sind Selbstversorger

Menschen und Tiere müssen Nährstoffe aufnehmen. Auch Pflanzen brauchen Nährstoffe,
30 aber sie stellen sie selbst her. Bei der Fotosynthese bilden sie aus Wasser und Kohlenstoffdioxid Glucose und Sauerstoff. Dazu nutzen sie die Energie des Sonnenlichts. Den frei werdenden Sauerstoff geben sie an die Luft
35 ab (▷ B 2). Aus der Glucose und Mineralstoffen aus dem Boden stellen Pflanzen alle anderen Nährstoffe selbst her.

lebensnotwendig wird gebraucht, um leben zu können

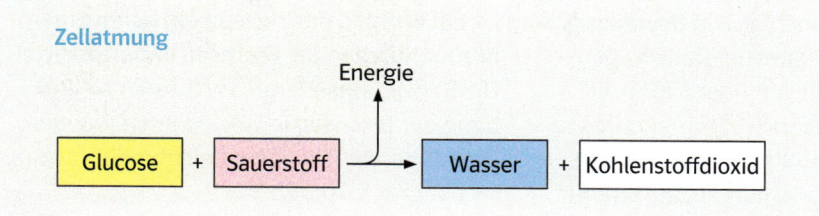

Zellatmung

Glucose + Sauerstoff → Energie → Wasser + Kohlenstoffdioxid

1 Die Zellatmung (Wortgleichung)

Aufgaben

1 „Warum müssen wir atmen?" Diskutiere diese Frage mit einem Partner oder einer Partnerin.

2 Die Fotosynthese ist die Umkehrung der Zellatmung. Nimm Bild 1 zu Hilfe und erstelle eine Wortgleichung der Fotosynthese.

3 Vergleiche den Gasaustausch der Pflanzen mit dem Gasaustausch des Menschen. Stelle dein Ergebnis in einer Skizze dar.

hc9f4c

Energie und Bewegung

1 Achterbahnfahrt

2 Der Rennwagen beschleunigt.

Energieumwandlungen

Mit qualmenden Reifen startet der Rennwagen aus der Box: Der Rennwagen beschleunigt (▷ B 2). Dafür wird Energie benötigt. Diese Energie steckt im Kraftstoff, den die Crew zuvor in den Rennwagen getankt hat. Durch Verbrennung im Motor wird diese Energie in **Bewegungsenergie** umgewandelt. (► Energie, S. 206/207)

Der Rennwagen setzt sich in Bewegung. Auf gerader Strecke kann der Rennwagen eine Geschwindigkeit von über 350 km/h erreichen. Aber es ist noch etwas anderes zu beobachten: Der Motor wird heiß und gibt viel Wärme an die Außenluft ab. Die Energie im Kraftstoff wird in Bewegungsenergie und Wärme umgewandelt (▷ B 3). Beim Bremsen werden die Bremsscheiben durch Reibung erwärmt.

Energieerhaltungssatz

Energie kann in verschiedene Formen umgewandelt oder auf andere Körper übertragen werden. Dabei geht Energie aber niemals verloren. Das nennt man den **Ener-gieerhaltungssatz**. Die gesamte Energiemenge ist vor und nach der Umwandlung gleich groß.

Energieentwertung

Wenn die eingesetzte Energie bei einer Energieumwandlung nicht vollständig für den beabsichtigten Zweck genutzt werden kann, spricht man von **Energieentwertung**.

Ein Beispiel dazu: Wenn ein Rennwagen bremst, werden die Bremsen dabei erwärmt. Die Bewegungsenergie wird durch die Reibung der Bremsen in Wärme umgewandelt. Diese Energie können wir nicht mehr nutzen. (► Energie, S. 206/207)

Viele unterschiedliche Bewegungen

Eine Achterbahnfahrt ist ein tolles Erlebnis (▷ B 1). Hast du in einem Wagen Platz genommen, wird er mit einer Kette gleichmäßig nach oben gezogen. Am höchsten Punkt der Achterbahn geht es steil nach unten. Der Wagen wird immer schneller. In den Kurven wirst du nach außen gedrückt und bei einem Looping in den Sitz gepresst. Am Ende der

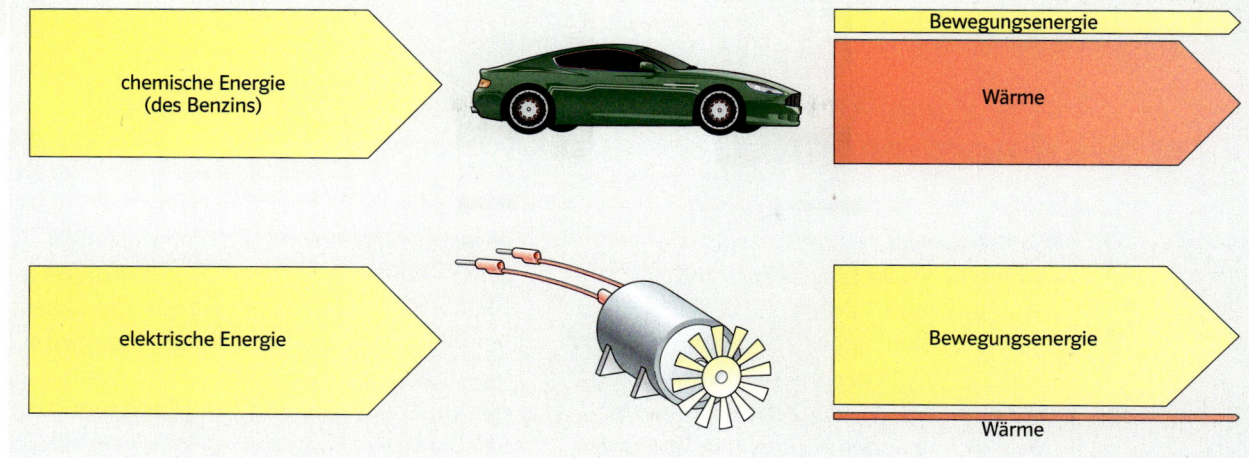

chemische Energie (des Benzins)	Bewegungsenergie / Wärme
elektrische Energie	Bewegungsenergie / Wärme

3 Energieumwandlung, dargestellt in Energieflussdiagrammen

Fahrt wird der Wagen abgebremst, damit er
zum Stehen kommt.

Vergleichst du die Achterbahnfahrt mit
der Fahrt eines Rennwagens (▷ B 2), kannst
du Gemeinsamkeiten der beiden Bewegungen erkennen: Es verändern sich die Richtung
und die Geschwindigkeit der Bewegung.

Die Richtung der Bewegung
Fährt der Wagen einer Achterbahn in eine
Kurve, ändert sich seine Fahrtrichtung. Die
Richtung der Bewegung hat sich verändert.
Auch bei einem Looping verändert sich
ständig die **Bewegungsrichtung**.

Die Geschwindigkeit der Bewegung
Bei einer Achterbahnfahrt ändert sich aber
nicht nur die Fahrtrichtung. Auch die
Geschwindigkeit des Wagens verändert sich.
Nach dem Start wird der Wagen mit niedriger

Geschwindigkeit nach oben gezogen.
Abwärts wird der Wagen jedoch immer
schneller (▷ B 1). Die Geschwindigkeit nimmt
zu. Mit der Geschwindigkeit nimmt auch die
Bewegungsenergie des Wagens zu. Rollt der
Wagen wieder nach oben, wird der Wagen
langsamer. Die Geschwindigkeit nimmt ab.
Mit der Geschwindigkeit nimmt auch die
Bewegungsenergie des Wagens ab.

Fährt der Wagen auf einem flachen Stück,
bleibt seine Geschwindigkeit zunächst gleich.
Damit bleibt auch die Bewegungsenergie
gleich. (► Energie, S. 206/207)

**Energie kann in verschiedene Formen
umgewandelt werden. Dabei geht keine
Energie verloren.**

**Bewegungen beschreibt man mit
Richtung und Geschwindigkeit.**

Looping
Schleife bei
Achterbahn, die
Stelle, wo man
kopfsteht

Aufgaben
○ **1** Beschreibe die Bewegungen
bei einer Achterbahnfahrt.
Benutze die Begriffe Richtung und Geschwindigkeit.
(💡 S. 220)

○ **2** Beschreibe den Energieerhaltungssatz. (💡 S. 220)

◑ **3** Bild 3 zeigt dir Energie-
umwandlungen, dargestellt

in Energieflussdiagrammen.
Erstelle jeweils ein Energie-
flussdiagramm für ein
Elektro-Auto, für einen
Schiffsantrieb mit Propeller
und für eine Rakete.
(► S. 212, 215)

◑ **4** Erkläre an einem Beispiel,
was man unter Energie-
entwertung versteht.

● **5** Ulf sagt: „Beim Bremsen
eines Autos geht viel Energie
verloren." Beurteile seine
Aussage.

● **6** Ein Flugzeug bringt Urlaubs-
gäste an ihren Ferienort.
Stelle die Bewegungen, die
das Flugzeug vom Start bis
zur Landung ausführt, über-
sichtlich dar. Präsentiere sie
deiner Klasse. (► S. 214)

Energiesparen mit Verkehrsmitteln

Berufsverkehr mit dem Auto

Während des Berufsverkehrs sind die Straßen in den Städten und der Umgebung mit Autos überlastet. Es bilden sich lange Staus (▷ B 1). In den meisten Autos sitzt oft nur eine Person. Jedes Auto benötigt im Vergleich zu anderen Verkehrsmitteln viel Energie für die Fortbewegung. Das belastet unsere Umwelt doppelt, da die meisten Autos zusätzlich schädliche Abgase ausstoßen.

Energiesparen beim Autofahren

Die Automobilhersteller tragen mit technischen Verbesserungen an den Autos zum Energiesparen bei. Die Fahrzeuge werden leichter und die Motoren verbrauchen weniger Kraftstoff. Eine Start-Stopp-Automatik schaltet den Motor bei Stillstand aus und bei der Weiterfahrt wieder an. Wie viel Energie bei einer Autofahrt benötigt wird, hängt auch vom Fahrer ab. Sparsamer ist, wer z. B.
– voausschauend und langsam fährt,
– kein unnötiges Gepäck transportiert,
– die Klimaanlage sorgsam nutzt,
– Leichtlaufreifen verwendet und
– möglichst oft Fahrgemeinschaften bildet.

Fahrgemeinschaft mehrere Personen nutzen ein Fahrzeug

Der öffentliche Personennahverkehr

Auf den Straßen fahren auch Straßenbahnen und Busse (▷ B 2, B 3). In großen Städten gibt es auch S-Bahnen und U-Bahnen, die meistens unter der Erde fahren. Regionalzüge verbinden eine Stadt mit anderen Städten. Diese Verkehrsmittel können sehr viele Fahrgäste gleichzeitig transportieren (▷ B 4). Aus diesem Grund können sie viel Energie im Straßenverkehr sparen und Staus verhindern. Gleichzeitig wird die Umwelt viel weniger belastet. Fahrzeuge, die jeder benutzen kann, gehören zum **öffentlichen Personennahverkehr (ÖPNV)**. (► Energie, S. 206/207)

Elektrische Antriebe

Immer mehr Autos und Busse werden durch einen Elektromotor angetrieben. Die in einer Batterie im Fahrzeug gespeicherte elektrische Energie wird hier in Bewegungsenergie umgewandelt. Auf kurzen Strecken benötigt ein Elektroauto weniger Energie als ein Auto mit Verbrennungsmotor, da dieser sich erst aufwärmen muss. Die Energie, die beim Bremsen normalerweise in Wärme umgewandelt wird, kann ein Elektroauto in elektrische Energie zurückverwandeln und speichern. Ein Elektroauto spart trotzdem insgesamt nur wenig Energie. Die Luft in den Städten wird jedoch verbessert, da die Elektromotoren selbst keine schädlichen Abgase abgeben. Die elektrische Energie zum Laden der Batterien wird jedoch in einem Kraftwerk

1 Berufsverkehr mit dem Auto

2 Busse gehören zum ÖPNV.

3 Straßenbahnen gibt es in großen Städten.

Verkehrsmittel	Sitzplätze
Auto	5
Bus	30
Straßenbahn	70
U-Bahn	100
S-Bahn	250
Regionalzug	500

4 Vergleich Personentransport in Verkehrsmitteln

5 Radschnellweg

an einem anderen Ort erzeugt. Wenn die Batterie eines Elektrofahrzeugs nur mit
60 umweltfreundlich erzeugter elektrischer Energie geladen wird, belastet es die Umwelt gar nicht.

Energiesparen und gesund bleiben

Eine weitere Möglichkeit, wie du im Straßen-
65 verkehr Energie sparen kannst, ist die Benutzung deines Fahrrads. Die Umwelt wird geschont und die Bewegung ist wichtig für deine Gesundheit. Kürzere Strecken kannst du auch zu Fuß zurücklegen und so
70 deinen Kreislauf stärken.

Sicheres Fahrradfahren

Um das Fahrradfahren sicherer und schneller zu machen, werden immer mehr geschützte Fahrradwege gebaut. Sogenannte **Rad-**
75 **schnellwege** (▷ B 5) werden vom übrigen Straßenverkehr getrennt und ermöglichen eine schnelle und sichere Fortbewegung. Mit einem Fahrrad mit Elektromotor kannst du täglich auch größere Strecken zurücklegen.

80 **Energiesparen im Straßenverkehr spart Kraftstoff und schont die Umwelt. Alle, die am Straßenverkehr teilnehmen, tragen Verantwortung, die Umwelt zu schonen.**

Aufgaben

1 Gib an, welche Verkehrsmittel zum öffentlichen Personennahverkehr gehören. (💡 S. 220)

2 Zähle auf, wie du zum Energiesparen im Straßenverkehr beitragen kannst, zum Beispiel auf dem Weg zur Schule. (💡 S. 221)

3 Notiere in einer Tabelle Vor-
LS teile und Nachteile von Auto, Fahrrad und Bus in Bezug auf Umwelt und Gesundheit.

4 Begründe, warum ein Fahrzeug mit schwerem Gepäck im Kofferraum mehr Kraftstoff verbraucht.

5
a) Beschreibe die Vorteile von Elektrofahrzeugen.
b) Erläutere, wie ein Elektroauto zum Energiesparen beiträgt. (► S. 215)

6
a) Im Berufsverkehr sitzt meist nur eine Personen in einem Auto. Ein Auto benötigt mit Sicherheitsabstand im Stadtverkehr ungefähr 30 m Platz.

Stelle dir vor, dass jede Person, die in einem Bus sitzt, in ein Auto umsteigt. Berechne, wie viel Platz dann benötigt würde. Bewerte das Ergebnis.
b) Nenne Vorteile von Fahrgemeinschaften und begründe diese.

7 Marie wohnt in einem Vorort
LS einer großen Stadt. Täglich wird sie von ihrem Vater mit dem Auto zur Schule und zurück gefahren. Schreibe Marie eine Nachricht, in der du ihr, auch mithilfe von Bild 4, einen energiesparenden Schulweg vorschlägst.

hc9f4c

Unterwegs auf Schienen

1 Moderner ICE

2 Dampflokomotive

Viele Menschen fahren mit dem Zug, der U-Bahn oder der Straßenbahn. Alle diese Fahrzeuge fahren auf Schienen. Daher nennt man sie Schienenfahrzeuge. Schienenfahr-
5 zeuge haben den Vorteil, dass sehr viele Menschen mit ihnen zeitgleich, günstig und schnell von einem Ort zu einem anderen fahren können.

Von der Dampflokomotive ...

10 Die erste Dampflokomotive wurde vor über 200 Jahren gebaut. Mit Dampflokomotiven kann man Waggons mit Fahrgästen oder Waren ziehen. In einer Dampflokomotive wird ein Brennstoff, wie zum Beispiel Kohle,
15 verbrannt und dadurch Wasser erhitzt. Das Wasser verdampft in einem Kessel. Der Wasserdampf wird dazu genutzt, die Räder in Bewegung zu setzen (▷ B 2). Darum muss man darauf achten, immer genügend
20 Brennstoff und Wasser mitzuführen.
   1904 wurde die erste Lokomotive gebaut, die schneller war als ein Pferd.

Waggon
Wagen, von einem
Zug gezogen

... zum ICE.

Immer mehr Menschen nutzten Schienen-
25 fahrzeuge. Daher wurden diese immer weiter verbessert, um schneller, sicherer und ener-giesparender zu werden.
   Heute haben Schienenfahrzeuge sehr leistungsfähige Elektromotoren oder Diesel-
30 motoren. Bei Zügen mit Dieselmotoren stammt die Energie für den Antrieb aus dem Kraftstoff Diesel. Dieser wird im Motor ver-brannt. Dabei entstehen Abgase, die in die Luft abgegeben werden. Es muss immer
35 genügend Diesel mitgeführt werden.
   Bei Zügen mit Elektromotor wird die Ener-gie für den Antrieb durch den elektrischen Strom geliefert. Die Züge haben Kontakt zu Stromleitungen, die über den Schienen ent-
40 langlaufen. Der Zug muss nicht mit Kraftstoff betankt werden.
   Moderne Hochgeschwindigkeitszüge, wie der deutsche ICE (▷ B 1) oder der französi-sche TGV, erreichen Geschwindigkeiten von
45 über 300 km/h. (► Entwicklung, S. 202/203)

Aufgaben

● 1 Stelle Vorteile und Nachteile
LS der verschiedenen Arten von Schienenfahrzeugen tabellarisch dar.

● 2 Stelle Vorteile und Nachteile für die Benutzung von Auto, Straßenbahn und Fahrrad in der Stadt dar.

● 3 Recherchiere, wie viele Menschen den ICE in einem Jahr ungefähr nutzen.

Sicher unterwegs im Straßenverkehr

Unterschiedliche Verkehrsteilnehmer

Auf Straßen bewegen sich verschiedene **Verkehrsteilnehmer**. Der Begriff Verkehrsteilnehmer meint zum Beispiel Autos, Fahr-
5 räder, Motorräder, Busse, Straßenbahnen oder Fußgänger.

Zwischen Verkehrsteilnehmern ereignen sich immer wieder Unfälle (▷ B 1). Menschen sollen so gut wie möglich vor Verletzungen
10 geschützt werden. Deshalb gibt es Sicherheitssysteme und klare Regeln für das Verhalten im Straßenverkehr.

Schutz für Verkehrsteilnehmer

In Autos ist der Sicherheitsgurt ein wichtiges
15 **Sicherheitssystem**. Zusätzlichen Schutz bei Unfällen bieten Airbags. Davon gibt es meist mehrere in einem Auto.

Fahrradfahrer sollten beim Fahrradfahren immer einen Helm tragen (▷ B 2). Der Helm
20 schützt vor schweren Kopfverletzungen.

Regeln für Verkehrsteilnehmer

Vorsichtiges und rücksichtsvolles Verhalten der Verkehrsteilnehmer hilft, Unfälle zu vermeiden. Aber es gibt auch klare Regeln, die
25 einzuhalten sind. Das Smartphone darf während der Fahrt weder von Autofahrern noch von Fahrradfahrern benutzt werden.

Fahrradfahrer müssen ausgeschilderte Fahrradwege benutzen. In Fußgängerzonen
30 darf das Fahrrad nur geschoben werden.

Mitfahrer sind auf einem Fahrrad für eine Person nicht erlaubt.
(► System, S. 198/199)

Die Regeln für Verkehrsteilnehmer helfen,
35 **Unfälle zu vermeiden. Geschieht dennoch ein Unfall, sollen Sicherheitssysteme schwerere Verletzungen verhindern.**

rücksichtsvoll
geduldiges,
freundliches
Verhalten

1 Nicht jeder Unfall verläuft glimpflich.

2 Ein Helm schützt.

Aufgaben

1 Zähle auf, was Autofahrern und Fahrradfahrern im Straßenverkehr bei Unfällen Schutz bieten kann.
(💡 S. 221)

2 Erläutere, was Fahrradfahrer beachten sollten, um Unfälle zu vermeiden.

3 Bewerte die folgende Aussage einer Schülerin: „Für den kurzen Weg zur Schule trage ich keinen Fahrradhelm. Das lohnt sich nicht!"

Sicherheitssysteme

Bereits vor 100 Jahren hat man angefangen, sich zu überlegen, wie man Fahrzeuge sicherer bauen kann. Heutzutage sind moderne Fahrzeuge mit zahlreichen **Sicherheitssystemen** ausgestattet. Hier siehst du eine Auswahl der wichtigsten mechanischen Sicherheitssysteme. (► System, S. 198/199)

Airbags

Airbags sind Luftsäcke, die sich bei einem Aufprall in Sekundenbruchteilen aufblasen. Sie sollen verhindern, dass die Fahrzeuginsassen gegen das Armaturenbrett oder den Lenker geschleudert werden und sich dabei verletzen.

Sicherheitsfahrgastzelle

Der Bereich des Fahrzeugs, in dem sich die Insassen befinden, muss besonders stabil gebaut sein. Deshalb sind Fahrzeuge heutzutage mit einer steifen Fahrgastzelle ausgestattet. Sie soll sich bei einem Unfall möglichst wenig verformen und so die Insassen schützen.

Knautschzonen

Bestimmte Bereiche im Front- und Heckbereich eines Fahrzeugs sind so aufgebaut, dass sie bei einem Aufprall eingedrückt werden. Das Eindrücken ist ausdrücklich erwünscht, denn dabei werden einwirkende Kräfte in Verformung umgewandelt. In Bereichen, in denen sich keine Insassen befinden, ist dies günstig. Mit Crash-Tests überprüfen Ingenieure die Wirksamkeit der Knautschzonen.

modernes Auto

Auto um 1950

Kopfstütze

Bei einem Heck-Aufprall schnellt der Kopf nach hinten. Eine richtig einge-stellte Kopfstütze verringert die ein-wirkenden Kräfte auf die Halswirbel-säule.

In heutigen Autos sind viele Sicherheits-systeme eingebaut. Wenn sie richtig bedient werden, schützen sie die Insassen sehr gut.

Sicherheitsgurt

Ein Sicherheitsgurt hält einen Fahrzeug-insassen auf dem Sitz fest und verhindert, dass dieser bei einem Aufprall nach vor-ne geschleudert wird.

Aufgaben

1 Beschreibe den Unterschied zwischen der Sicherheitsfahrgastzelle und den Knautschzonen. (💡 S.221)

2 Beim Textabschnitt „Sicherheitsgurt" siehst du die Detailansicht eines Drei-punktgurts. Beschreibe seine Funk-tionsweise.

3 Früher hat man Autos ohne Knautsch-zonen gebaut. Bei Crashs blieb dann z. B. die Motorhaube steif (unverformt), aber die Türen waren so verzogen, dass sie nicht mehr zu öffnen waren. Be-gründe, warum man heutzutage Autos anders baut.

Ich kann Fortbewegung in Wasser und Luft beschreiben und erläutern, wie Tiere daran angepasst sind.

hc9f4c

Kennzeichen der Fische

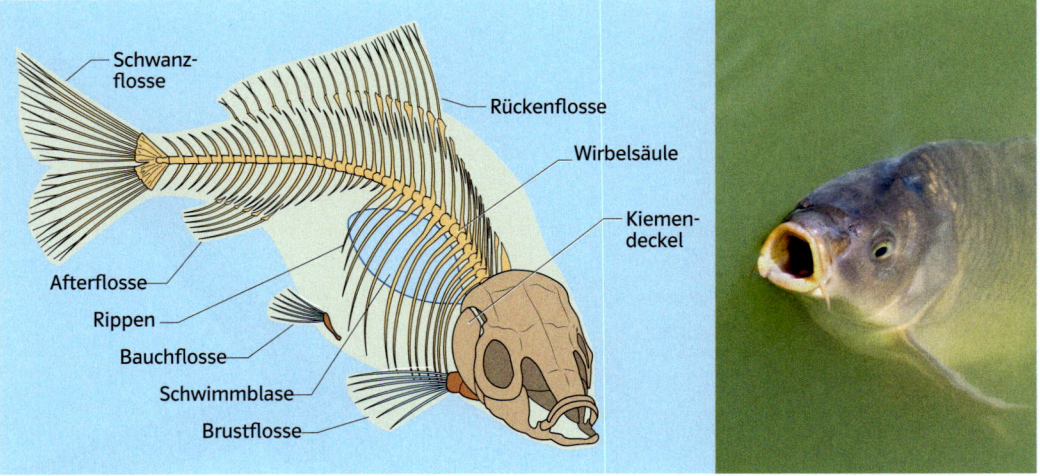

Schwanz-flosse
Rückenflosse
Wirbelsäule
Kiemen-deckel
Afterflosse
Rippen
Bauchflosse
Schwimmblase
Brustflosse

Steckbrief Karpfen

Körperbau
– geringer Widerstand im Wasser durch stromlinienförmigen Körper
– Wirbelsäule, von der Rippen und andere Skelettknochen abgehen
– Gräten nicht mit der Wirbelsäule verbunden; stützen die Muskeln
– die meisten Fische haben eine Schwimmblase

Haut
– mit Schuppen bedeckt
– mit Schleimschicht überzogen

Seitenlinienorgan
– Linie feiner Poren vom Kopf bis zur Schwanzflosse
– Poren führen zu einem Kanal mit Sinneszellen unter der Haut
– dient der Wahrnehmung kleinster Veränderungen der Wasserströmung

Körpertemperatur
– wechselwarm: Körpertemperatur von der Temperatur des Wassers abhängig

Atmung
– Kiemenatmung
– Fisch pumpt mit dem Maul Wasser an den Kiemenblättchen entlang
– über Kiemenblättchen gelangt Sauerstoff aus dem Wasser ins Blut

Fortbewegung
– Hauptantrieb mit der kräftigen Schwanzflosse
– Brustflossen und Bauchflossen zum Steuern
– Rückenflosse und Afterflosse zum Halten der Lage im Wassser

Lebensweise
– in flachen, warmen Teichen, Seen und langsam strömenden Flüssen
– Nahrung hauptsächlich Kleinlebewesen, z. B. Insektenlarven, Schnecken und Würmer
– Überwinterung am Grund von Gewässern

Fortpflanzung
– Ablaichen: Weibchen legt bis zu eineinhalb Millionen Eier (Rogen).
– Männchen befruchtet die Eier mit Spermienflüssigkeit (Milch).
– Nach einigen Tagen schlüpfen kleine Larven.
– Sie ernähren sich zunächst von Vorräten in ihrem Dottersack.

Atmung

Fortbewegung

Die Schwimmblase lässt Fische schweben

Fische sind schwerer als Wasser. Um nicht zum Gewässerboden abzusinken, müssten sie ständig kräftig schwimmen. Das ist mühsam und kostet Energie. Da hilft den meisten Fischen die Schwimmblase. Sie ist mit einem Gas-Gemisch gefüllt und ermöglicht das Schweben im Wasser.

Mit der Tiefe des Wassers nimmt der Druck zu. Diese Erfahrung machen auch Taucher im Schwimmbad, wenn der Druck auf den Ohren immer stärker wird. Wenn ein Fisch nach unten schwimmt, presst der zunehmende Wasserdruck die Schwimmblase und das Gas darin zusammen.

Das Gas in der Schwimmblase ist noch genauso schwer wie vorher, nimmt jetzt aber weniger Raum ein. Man sagt, es hat eine größere Dichte. Deshalb hat auch der Fisch insgesamt jetzt eine größere Dichte. Wenn die Dichte des Fisches größer ist als die Dichte des Wassers, sinkt er wie ein Stein zum Gewässerboden ab. Um das zu verhindern, muss der Fisch beim Abtauchen so viel Gas in die Schwimmblase nachfüllen, bis seine Dichte wieder der Dichte des Wassers entspricht. Viele Fische haben dazu spezielle Gasdrüsen. Auf diese Weise können sie mühelos in verschiedenen Wassertiefen schweben.

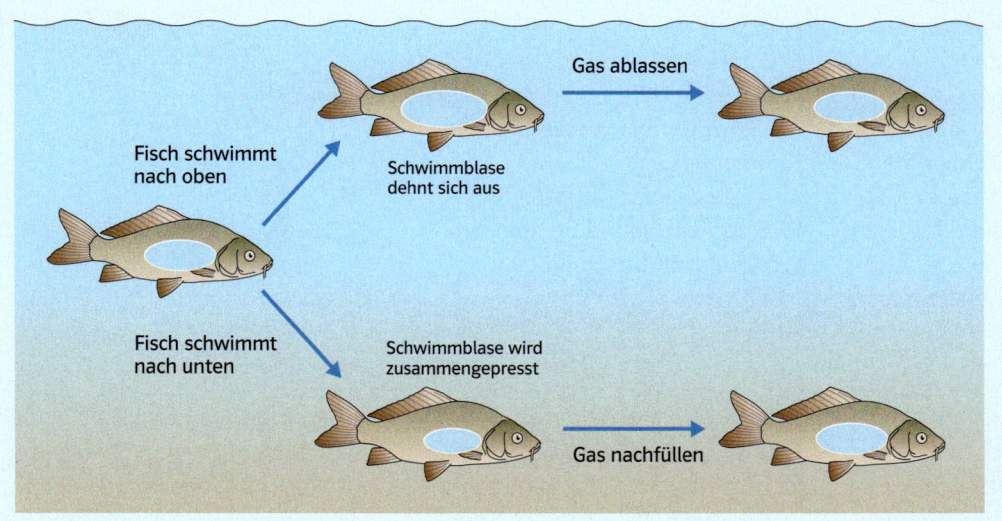

Fisch schwimmt nach oben

Schwimmblase dehnt sich aus

Gas ablassen

Fisch schwimmt nach unten

Schwimmblase wird zusammengepresst

Gas nachfüllen

Aufgaben

1 Lies Material 1 und sieh dir die Bilder an.

a) Nenne die typischen Merkmale von Fischen. Schreibe ganze Sätze. (☼ S. 221)

b) Beschreibe, wie Fische atmen. (☼ S. 221)

c) Skizziere den Körperumriss eines Karpfens. Zeichne die Flossen ein, beschrifte sie und schreibe ihre Aufgaben dazu.

d) Erläutere die Bedeutung des Begriffs „wechselwarm".

e) Karpfen leben zum Beispiel in Teichen. Recherchiere, wo Bachforellen vorkommen und welche Wasserqualität sie benötigen.

2 Lies Material 2 und sieh dir das Bild an.

a) Die Schwimmblase müsste eigentlich „Schwebeblase" heißen. Begründe. (☼ S. 221)

b) Beschreibe, wie die Schwimmblase beim Abtauchen funktioniert.

c) Manche Fische haben keine Schwimmblase. Stelle Vermutungen dazu an, wie sie gut damit zurechtkommen.

Schwimmen und schweben

1 Wie funktioniert die Schwimmblase?

Material
Plastikflasche mit weiter Öffnung, Verschlusskappe eines Faserschreibers, Büroklammern

Versuchsanleitung
a) Fülle die Flasche bis zum Rand mit Wasser. Befestige an der Verschlusskappe des Faserschreibers einige Büroklammern als Ballast.
b) Teste, ob die Verschlusskappe noch an der Wasseroberfläche schwimmt. Setze sie dazu mit der Öffnung nach unten auf die Wasseroberfläche. Der Deckel muss Luft enthalten. Achte darauf, dass er sich nicht mit Wasser füllt!
c) Befestige so viele Büroklammern an der Verschlusskappe, dass sich der „Flaschenteufel" gerade noch an der Wasseroberfläche hält (▷ B 1).
d) Schraube die bis zum Rand mit Wasser gefüllte Flasche zu.
e) Drücke nun mit dem Daumen auf den Deckel der Flasche (▷ B 2) oder presse die Flasche zusammen. Beobachte den „Flaschenteufel".

Aufgaben
1. Protokolliere deine Beobachtungen.
2. Versuche, deine Beobachtung zu erklären.
3. Nimm die Ergebnisse des Modellversuchs zu Hilfe, und erläutere, wie die Schwimmblase eines Fisches funktioniert.
4. Vergleiche das Modell mit der Wirklichkeit: Nenne Gemeinsamkeiten und Unterschiede.

1 Ein Stiftdeckel als „Flaschenteufel"

2 Druck auf den Deckel

2 Ein Fisch ist kein U-Boot!
Hier stimmt etwas nicht: Ist der „Taucher" in diesem Versuch ein geeignetes Modell eines Fisches mit Schwimmblase?

Material
großes Wasserbecken, Wasser, 1 Erlenmeyerkolben (200 ml), Plastikschlauch (ca. 50 cm lang), Luftballon, Klebeband

Versuchsanleitung
a) Fülle das Becken bis 5 cm unter den Rand mit Wasser.
b) Befestige den Ballon an einem Ende des Plastikschlauchs. Nimm, wenn nötig, das Klebeband zu Hilfe.
c) Stecke den Ballon in den Erlenmeyerkolben (▷ B 3) und lege den Erlenmeyerkolben in das Wasserbecken.
d) Blase nun den Ballon unterschiedlich stark auf.

Aufgaben
1. Beschreibe deine Beobachtungen.
2. Erkläre das Ergebnis mithilfe der dir bekannten physikalischen Fachbegriffe.
3. Begründe, warum dieses Modell nicht geeignet ist, um die Funktionsweise der Schwimmblase zu zeigen. Benenne die entscheidenden Unterschiede.

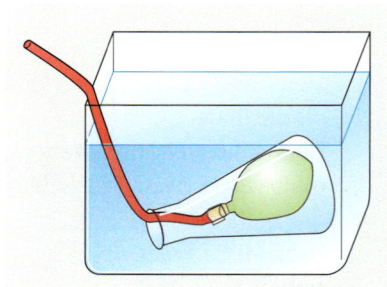

3 Versuchsaufbau

3 Unterschiedliche Körperformen

Fische können sehr unterschiedliche Körperformen haben. Manche Fische haben schlanke, spindelförmige Körper, andere einen gewölbten Rücken oder Bauch. Welchen Einfluss haben die unterschiedlichen Körperformen?

Material

Modelliermasse oder Knete, Waage, 5 Büroklammern, Faden, Wasserbecken (mindestens 30 cm × 20 cm × 20 cm), 5 Gewichte gleicher Masse (z. B. Stifte), Lineal, Stoppuhr

Versuchsanleitung

a) Teile die Modelliermasse in fünf gleich schwere Stücke. Überprüfe dies mit der Waage. Alle Stücke müssen die gleiche Masse haben.
b) Forme aus den Büroklammern Ösen (▷ B 4).
c) Forme aus der Modelliermasse die Körperformen aus Bild 4 nach. Dabei müssen die Drahtösen in die Modelliermasse eingeschlossen werden.
d) Schneide 5 Fadenstücke zurecht, von denen jedes 20 cm länger ist als das Wasserbecken.
e) Befestige an jeder Körperform einen der Fäden an der Drahtöse. Befestige am anderen Ende jedes Fadens ein Gewicht. Die Masse des Gewichts muss bei allen Körperformen gleich sein und schwerer als die Körperform selbst.
f) Markiere am Wasserbecken einen Startpunkt und einen Zielpunkt (▷ B 5). Miss mit einem Lineal die Strecke zwischen den Punkten.
g) Lege nun eine Körperform auf die Startmarkierung im Wasserbecken. Halte die Körperform aber noch fest. Halte auch das Gewicht noch fest. Der Faden zwischen Körperform und Gewicht muss gespannt sein.
h) Sobald du das Gewicht und die Körperform (gleichzeitig!) loslässt, stoppt jemand mit der Stoppuhr die Zeit, die die Körperform vom Startpunkt zum Zielpunkt benötigt.
i) Wiederhole g) und h) mit allen weiteren Körperformen.

Aufgaben

1. Erstelle eine Tabelle für folgende Einträge: Körperform, Masse, Strecke und Zeit.
2. Trage die Ergebnisse deiner Versuche in deine Tabelle ein.
3. Erläutere die Auswirkung der Körperform auf die Geschwindigkeit im Wasser.
4. Beschreibe, welche Form ein Fisch oder U-Boot haben sollte, um mit möglichst geringem Energiebedarf unter Wasser zu gleiten.

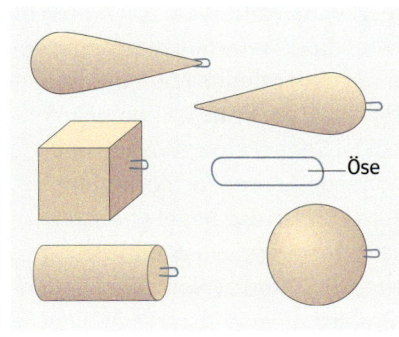

4 Körperformen aus Knetmasse

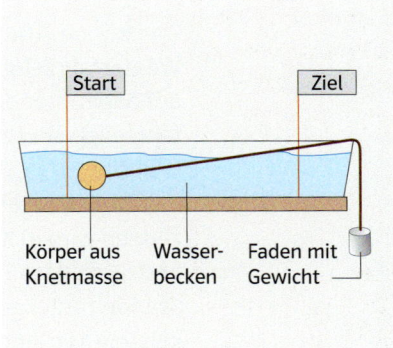

5 Versuchsaufbau

4 Unterschiedliche Körperoberflächen

Material

Modelliermasse oder Knete, Waage, 4 Büroklammern, Faden, Wollfaden, Streichhölzer, stumpfes Messer, Wasserbecken (mindestens 30 cm × 20 cm × 20 cm), 3 Gewichte gleicher Masse (z. B. Stifte), Lineal, Stoppuhr

Versuchsanleitung

a) Forme die Körperform, die bei Versuch 2 am schnellsten durch das Wasser gleiten konnte, 2-mal nach. Du hast nun drei gleiche Körperformen. Verändere die Körperoberfläche jeder Form.
b) Die erste Körperform umwickelst du mit Wolle.
c) Zerteile 4 Streichhölzer in 1 cm lange Stücke. Stecke die einzelnen Holzstücke bis zur Hälfte in die zweite Körperform. Verteile die Holzstücke gleichmäßig über die Körperform.
d) In die dritte Körperform ritzt du mit dem Messer 6 Rillen in die Oberfläche. Die Rillen sollen vom vorderen Ende bis zum hinteren Ende durchgehen. Wiederhole nun die Schritte e) bis i) aus Versuch 2.

Aufgaben

1. Notiere deine Ergebnisse sinnvoll in einer Tabelle (siehe Versuch 2).
2. Erläutere die Auswirkungen der Oberflächen-Veränderung auf das Gleiten im Wasser.

Mobilität auf dem Wasser

1 Ein Rennruderboot bei voller Fahrt

2 Der Wind treibt das Segelboot an.

Das kleine ABC der Wasserfahrzeuge

Wasserfahrzeuge werden zur Fortbewegung auf oder unter dem Wasser gebaut. Wasserfahrzeuge sind z. B. **Boote, Schiffe** und
5 **U-Boote**.

Die Geschwindigkeit von Wasserfahrzeugen wird in **Knoten** (kn) angegeben. 1 kn bedeutet, dass 1 **Seemeile** (1 852 m) in einer Stunde zurückgelegt wird. Eine Geschwindig-
10 keit von 1 kn sind also knapp 2 km/h.

Muskelkraft ist gefragt

Seit Tausenden Jahren bauen Menschen Boote, um zu reisen oder um Fische zu jagen. Der Antrieb erfolgt häufig mit Muskelkraft.
15 Zur Fortbewegung mit einem Kanu zum Beispiel wird das Paddel in das Wasser eingetaucht und gegen die Fahrtrichtung am Kanu vorbeigezogen. Dadurch wird das Kanu bewegt.
20 Rennruderboote mit acht Ruderern können über 10 kn Geschwindigkeit erreichen (▷ B 1).

Den Wind nutzen

Eine sehr wichtige Erfindung ist das **Segel**.
25 Ein Segel ist ein großes Tuch, das an einem

Mast befestigt wird. Weht Wind von hinten in das Segel, wird das Wasserfahrzeug angetrieben. Es gibt auf dem offenen Meer an vielen Orten häufig Wind. Der Wind ist immer kos-
30 tenlos. Daher ist Segeln eine günstige und umweltschonende Art der Fortbewegung. Gute Seeleute können das Segel so ausrichten, dass sie sogar gegen die Windrichtung segeln können. Bei **Flaute** (Windstille) haben
35 Segler ein Problem.

Die Form von Schiffen

Der **Schiffsrumpf** hat bei Schiffen immer eine ähnliche Form. Betrachtet man ein Schiff von oben, erkennt man ungefähr die Form eines
40 lang gezogenen Dreiecks. Schiffe laufen am **Bug** (▷ B 3) spitz zusammen. Beim Vorwärtsfahren gleitet das Wasser sehr gut am Schiffsrumpf vorbei. Das Schiff benötigt damit bei gleicher Geschwindigkeit weniger
45 Energie, als wenn es eine andere Form hätte.

Eine Besonderheit bei großen Schiffen ist der **Wulstbug**. Der Wulstbug ist eine tropfenförmige Verlängerung an der Unterseite des Schiffes und ragt nach vorne hinaus. Durch
50 dieses Bauteil werden die Wellen gebrochen. Dadurch kann das Schiff wesentlich schneller

Seeleute
Schiffspersonal

Schornstein Brücke Deck

Container

Heck

Ruder

Propeller

Anker

Bug

Wulstbug

TIGERTRADE

OLD BOX
FREETOWN

Schiffsrumpf

3 Aufbau eines Containerschiffes

und ruhiger im Wasser fahren. Ohne dieses Bauteil wird das Schiff durch die Wellen stärker gebremst.
55 (► Struktur-Eigenschaft-Funktion, S. 200/201)

Der Maschinenraum – Herz eines Schiffes
Viele Schiffe nutzen als Antrieb einen Motor. Dadurch ist die Vorwärtsbewegung unabhängig von Wind oder Muskelkraft möglich. Der
60 Motor befindet sich in großen Schiffen im **Maschinenraum**. Angetrieben wird der Motor fast immer durch Kraftstoff. Die Energie im Kraftstoff wird in Bewegungsenergie umgewandelt. Dadurch wird der **Propeller** (Schiffs-
65 schraube) in Drehung versetzt. Dreht sich der Propeller, dann strömt Wasser daran vorbei. Das Schiff setzt sich in Bewegung. Je schneller sich der Propeller dreht, desto schneller fährt das Schiff und desto mehr Energie benötigt es.
70 nötigt es.

Ein Schiff kann nach links und nach rechts gelenkt werden. Das ist durch die Drehung des **Ruders** möglich oder bei manchen Schiffen durch die Drehung des Propellers.

Giganten auf dem Wasser
75 Die Schifffahrt ist für Menschen wichtig, um zu reisen, zum Fischfang auf hoher See oder zum Sport. Mit Schiffen werden große Mengen an Waren über Flüsse, Seen und Meere
80 transportiert.

Heute werden die meisten Waren auf riesigen Containerschiffen (▷ B 3) transportiert. Die Waren befinden sich in den **Containern**. Die Container haben den Vorteil, dass
85 sie eine einheitliche Form und Größe haben. Sie passen zum Beispiel genau auf einen Lastkraftwagen.

Die größten Containerschiffe sind 400 Meter lang, über 50 Meter breit und können un-
90 gefähr 20 000 Container laden. Um ein solches Containerschiff zu bewegen, braucht es sehr leistungsstarke Motoren. Containerschiffe erreichen eine Geschwindigkeit von 20 bis 25 kn.

95 **Wasserfahrzeuge werden durch Muskelkraft, Wind oder mit Motoren angetrieben.**

Aufgaben
1 Liste auf, für welche Zwecke Menschen Wasserfahrzeuge bauen. (💡 S. 221)

2 Nenne Antriebsarten, durch die Wasserfahrzeuge bewegt werden. (💡 S. 221)

3 Stelle Vorteile und Nachteile
LS der verschiedenen Antriebsarten bei Wasserfahrzeugen tabellarisch gegenüber.

4 Erstelle ein Energieflussdia-
LS gramm (► S. 130/131) zu den verschiedenen Antriebsarten bei Wasserfahrzeugen.

5 Ein Wasserfahrzeug hat keine Bremse. Stelle Vermutungen auf, wie ein Schiff gestoppt werden kann.

6 Recherchiere zum Ruder und Propeller bei Flugzeugen. Erkläre Gemeinsamkeiten zum Schiff.

Von U-Boot und Perlboot

Was Fischen mühelos gelingt, ist für uns
Menschen gar nicht so leicht: Abtauchen
und Auftauchen erfordern im Schwimmbad
Kraft. Das gilt auch für einen längeren Auf-
5 enthalt in einer bestimmten Wassertiefe.
Das gleiche Problem gibt es auch bei technischen Geräten.

U-Boote

U-Boote können sinken, schweben und stei-
10 gen. Im Gegensatz zu den Fischen verändern
sie jedoch nicht ihr Volumen, sondern, mit
was sie gefüllt sind. An der Außenwand befinden sich Ballastkammern (▷ B 1). Soll das
U-Boot abtauchen, wird ein Ventil geöffnet
15 und Wasser strömt in die Kammern ein. Das
U-Boot wird schwerer und sinkt. Um steigen
zu können, wird das Wasser mithilfe von
Pressluft wieder aus den Ballastkammern
herausgedrückt.
20 (► System, S. 198/199)

Ventil
Öffnung zum
Regeln des Durch-
flusses von Wasser
oder Luft

Körperfortsatz
verlängerter Teil
des Körpers

Der Nautilus – ein natürliches U-Boot

Der Nautilus, auch Perlboot genannt, lebt in
tropischen Meeren an steilen Korallenriffen.
Er gehört zur Verwandtschaft der Tinten-
fische. Ein Nautilus steigt nachts aus der Tiefe
25 nach oben und bei Tagesbeginn lässt er sich
wieder absinken. Wie macht er das?

Auf den ersten Blick ähnelt die Schale von
Nautilus einem Schneckengehäuse. In einer
30 aufgeschnittenen Kalkschale erkennst du viele Kammern (▷ B 2).

Von dort aus zieht ein schlauchförmiger,
dünner Körperfortsatz in das Zentrum der
spiralförmigen Schale. Die Querwände der
35 Schale haben deshalb ein Loch. Mithilfe des
Fortsatzes gibt Nautilus Gas in die leeren
Kammern ab oder nimmt es ins Blut auf. Gibt
er Gas ab, wird er leichter und steigt im Wasser auf. Saugt Nautilus das Gas wieder in den
40 Fortsatz, wird die Schale schwerer und er
sinkt. So kann er seinen Aufenthalt in unterschiedlichen Wassertiefen regulieren.

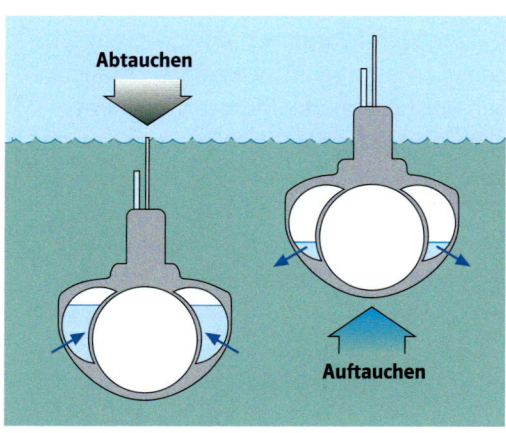

1 U-Boote haben Ballastkammern.

2 Kalkschale von Nautilus

Aufgaben

1 Erkläre, welche Eigenschaften ein Körper haben muss,
damit er im Wasser
a) sinkt, b) schwebt und
c) steigt.

2 Fertige ein Plakat zum
Perlboot an, auf dem du
seinen Lebensraum und
seine Lebensweise
beschreibst.

3 Vergleiche einen Fisch mit
LS einem U-Boot beim Auf-
steigen, Schweben und
Absinken im Wasser. Stelle
die Unterschiede mithilfe
einer Tabelle heraus.

Boote bauen

1 Untergehen oder schwimmen?

Material

Waage, Knete, Wasserbecken (mindestens 30 cm × 20 cm × 20 cm), Wasser

Versuchsanleitung

Wiege 3-mal 50 g Knetmasse ab. Forme dann eine feste Kugel, einen Quader und ein Boot. Befülle das Wasserbecken mit Wasser.

Bringe alle drei Formen aus Knetmasse in das Wasser.

Aufgabe

1. Beschreibe deine Beobachtungen zu dem Versuch.

2 Ein Boot beladen

Material

Waage, Knete, Wasserbecken (mindestens 30 cm × 20 cm × 20 cm), Wasser, Büroklammern

Versuchsanleitung

a) Wiege 20 g Knetmasse ab. Forme daraus eine Bootsform, die so breit wie möglich ist (▷ B 1).
b) Belade die Bootsform nur auf einer Seite mit Büroklammern. Füge so viele Büroklammern hinzu, bis die Bootsform kippt. Wenn dies geschieht, zähle die Büroklammern und wiege diese mit der Waage.

c) Belade deine Bootsform mit der gleichen Anzahl an Büroklammern neu. Verteile die Büroklammern über die gesamte Fläche.
d) Versuche, weitere Büroklammern auf die Bootsform zu laden, bis diese untergeht. In diesem Fall zähle die Büroklammern und wiege diese.
e) Verändere die Bootsform, indem du die Seitenwände erhöhst. Belade die veränderte Bootsform erneut mit so vielen Büroklammern wie möglich. Zähle und wiege auch dieses Mal.
f) Erstelle ein Versuchsprotokoll. (► S. 211)

Aufgaben

1. Liste die Ergebnisse des Versuches tabellarisch auf und erläutere deine Erkenntnisse dazu.
2. Liste Handlungsanweisungen für Menschen auf, die ein Boot oder Schiff beladen sollen.

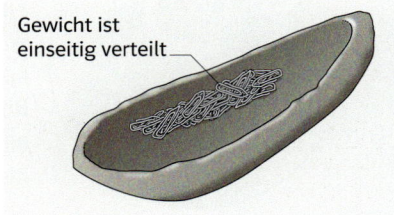

1 Knetboot mit breiter Ladefläche

3 Ein Sumpfbootmodell bauen

Sumpfboote werden durch einen großen Propeller auf dem Boot angetrieben. Ein Sumpfboot kann so in sehr flachem Wasser fahren.

Material

Styropor® (25 cm × 10 cm, 1,5 cm dick), Teppichmesser, Luftballon, Verschlussklammer, Trinkhalm, Klebeband, große Wanne, Wasser, Stoppuhr, Lineal oder Maßband

Versuchsanleitung

a) Zeichne auf die Styropor®-Platte einen Bootsumriss. Das Boot soll eine Länge von 10 cm haben und an der breitesten Stelle 5 cm breit sein. Schneide die Form vorsichtig mit dem Teppichmesser aus.

b) Puste den Luftballon auf und verschließe danach die Öffnung mit der Verschlussklammer, sodass keine Luft entweichen kann.
c) Befestige den Trinkhalm mit Klebeband am Bootsende. Der Trinkhalm sollte ungefähr 5 cm auf der Styropor®-Platte aufliegen und sich in der Mitte der Bootsbreite befinden.
d) Befestige den Luftballon mit Klebeband am Trinkhalm (▷ B 2).
e) Setze das Boot in die mit Wasser gefüllte Wanne. Markiere an der Wanne einen Startpunkt und einen Zielpunkt. Miss die Strecke mit einem Lineal oder Maßband.
f) Öffne die Verschlussklammer vom Luftballon und stoppe die Zeit, die dein Boot für die Strecke benötigt.

Aufgaben

1. Erstelle eine Skizze deines Bootes und notiere die Ergebnisse deines Versuches in der Skizze.
2. Verbessere dein Boot so, dass es schneller und geradliniger auf dem Wasser gleitet. Erstelle dazu eine Skizze.

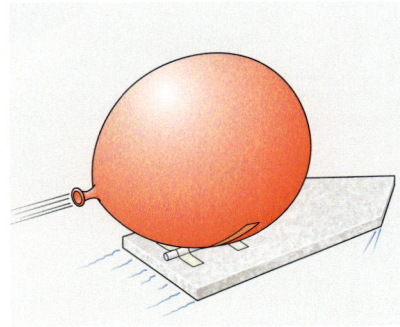

2 Ein Sumpfboot mit Antrieb

hc9f4c

Warum können Vögel fliegen?

Hast du dir schon einmal gewünscht, wie ein Vogel fliegen zu können? Leider ist das nicht möglich. Selbst wenn du Flügel hättest, könntest du nicht aus eigener Kraft abheben. Aber weshalb gelingt es dann den Vögeln so mühelos?

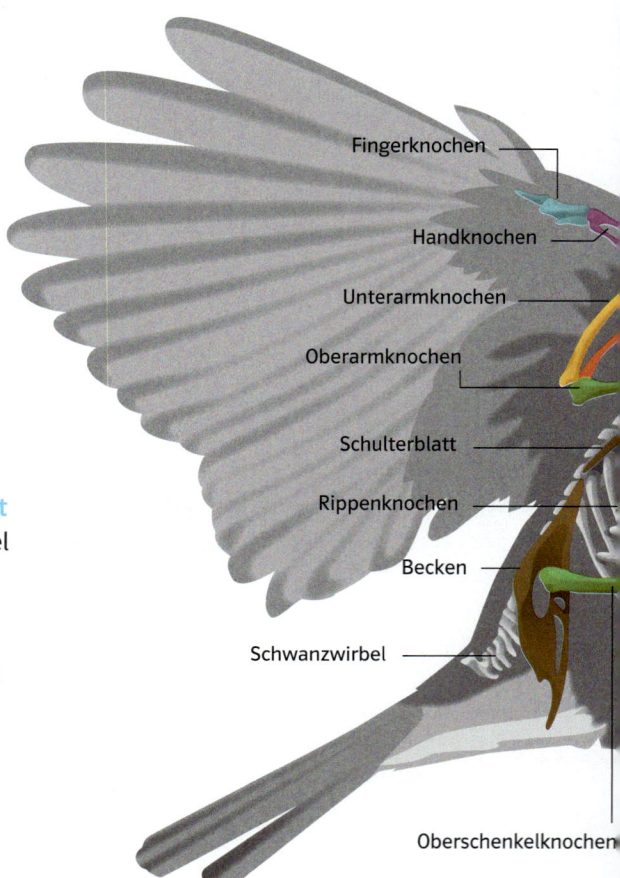

Fingerknochen

Handknochen

Unterarmknochen

Oberarmknochen

Schulterblatt

Rippenknochen

Becken

Schwanzwirbel

Oberschenkelknochen

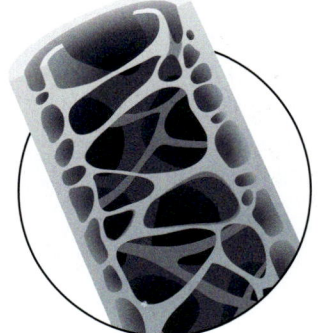

mit Luft gefüllte
Röhrenknochen

Der Körper der Vögel ist leicht
Eine Taube wiegt nur halb so viel wie ein gleich großer Igel. Dies liegt an den mit Luft gefüllten **Röhrenknochen** der Vögel. Bei allen anderen Wirbeltieren sind diese mit Knochenmark gefüllt.

Hakenstrahl

Bogenstrahl

Ast

Fahne

Schaft

Federkiel

Spule

Vögel haben unterschiedliche Federtypen
Die **Deckfedern** liegen wie Dachziegel aufeinander. Die weichen **Daunenfedern** liegen geschützt unter den Deckfedern. Sie sind locker gebaut und umschließen viel Luft. So bilden sie ein isolierendes Luftpolster. Kräftige **Schwungfedern** bilden als Arm- und Handschwingen die Tragfläche des Flügels. Mit den großen **Schwanzfedern** kann der Vogel während des Fluges steuern und bei der Landung abbremsen.

Mit Energie in die Luft

Vögel haben ein ganz besonderes Belüftungssystem. Ihre Lungenflügel sind um fünf Paar **Luftsäcke** erweitert. Diese versorgen die Lungen zusätzlich mit Sauerstoff, den die kräftige Flugmuskulatur benötigt, um Energie zu gewinnen.

Luftsäcke unterstützen die Lunge beim Atmen.

Knochen und Muskeln geben Halt

Für das Fliegen brauchen die Flügel festen Halt am Skelett. Die Brust- und Lendenwirbel sind zusammengewachsen und bilden mit den Knochen des Brustkorbs ein starres Gerüst. Die kräftigen **Flugmuskeln** sind fest mit dem breiten **Brustbein** verwachsen.

Wirbelsäule

Schädel

Gabelbein

Brustbein

Unterschenkelknochen

Zehen

Mittelfußknochen

kräftige **Flugmuskulatur**

Geringes Gewicht, Federn, Stromlinienform, speziell geformte Flügel, kräftige Muskeln und leistungsfähige Lungen ermöglichen den Vogelflug.

Auftrieb und Stromlinienform

Der Körper der Vögel ist **stromlinienförmig**. Dadurch wird der Energiebedarf für das Fliegen verringert. Den nötigen Auftrieb bekommen Vögel durch die besondere Form ihrer Flügel: Die beim Fliegen daran vorbeistreifende Luft hebt den Vogel nach oben. Zudem kann er sich mit kräftigen Flügelschlägen von der Luft abdrücken.

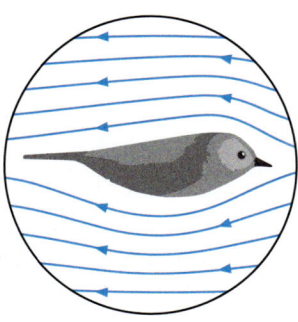

stromlinienförmiger **Körperbau**

Aufgaben

1 Beschreibe deinem Nachbarn oder deiner Nachbarin, wie das Vogelskelett an das Fliegen angepasst ist. (💡 S. 221)

2 Nenne je drei Gründe, warum
LS a) Eichhörnchen und
b) Pinguine nicht fliegen können.

3 Erstelle mithilfe der Texte und der Bilder eine Mind-Map zum Vogelflug. (► S. 213)
LS

Flattern, fliegen, gleiten

1 Kolibri im Schwirrflug

Auf den ersten Blick sieht es so aus, als ob Vögel beim Fliegen ihre Flügel nur auf- und abschlagen. Vögel besitzen aber sehr viele verschiedene Flugarten und -techniken.

Ruderflug
5 Der Ruderflug ist die Flugart, die du am häufigsten beobachten kannst. Dabei schlagen die Flügel rasch auf und ab. Bei jeder Bewegung verdrehen sie sich ein wenig, als ob die Flügel Luft nach hinten schaufeln.

Aufwind
aufsteigende
warme Luft
10

Gleitflug
Bei der Landung nähert sich der Schwan langsam und ohne sichtbaren Flügelschlag der Wasseroberfläche. Im Gleitflug bleiben
15 die Flügel scheinbar unbeweglich ausgestreckt. Der Vogel kommt ganz ohne Flügelschlag vorwärts. Allerdings verliert er dabei ständig an Höhe.

Segelflug
20 Beim Segelflug schrauben sich die Vögel mit ruhig ausgebreiteten Flügeln aufwärts. Dies funktioniert nur bei warmen Aufwinden, Thermik genannt. Diese entsteht immer dort, wo sich der Boden durch Sonnenstrahlen
25 besonders gut erwärmt. Der Segelflug erfordert aber große Flügelflächen, wie z. B. die von Mäusebussard oder Storch.

Rüttel- und Sturzflug
Diese beiden Flugarten führen vor allem
30 Greifvögel aus, z. B. der Turmfalke. Er „rüttelt" zuerst mit raschen Flügelschlägen über seiner Beute. Dann fällt er mit angelegten Flügeln wie ein Stein auf sie herab. Bei diesem Sturzflug können Falken Geschwindigkeiten
35 bis zu 300 km/h erreichen.

Schwirrflug
Am schnellsten können die kleinsten Vögel, die Kolibiris, mit den Flügeln schlagen. Bis zu 50 Mal pro Sekunde drehen die winzigen
40 Vögel ihre Flügel hin und her. Auf diese Weise „stehen" sie vor einer Blüte, strecken ihren langen Schnabel in den Kelch und saugen Nektar (▶ B 1).

Aufgaben

1 Erkläre den Unterschied zwischen Gleit- und Segelflug.

2 Erstelle eine Mind-Map
LS zu den verschiedenen Flugarten der Vögel (▶ S.213).

3 Begründe, warum Greifvögel den Rüttelflug nur sehr kurz ausführen, Kolibris dagegen längere Zeit im Schwirrflug verbringen können.

Vogelfedern

1 Federn untersuchen

Material

verschiedene Vogelfedern, Stifte, Papier, Binokular, Schere, Waage

Versuchsanleitung

a) Zeichne eine Feder möglichst genau (► S. 212). Schreibe den Federtyp dazu (▷ B 2) und beschrifte deine Zeichnung (▷ B 3).

b) Betrachte die Feder bei verschiedenen Vergrößerungen mit dem Binokular.

c) Fertige Detailzeichnungen an und beschrifte sie. Gib dabei auch die Vergrößerung an. Multipliziere dazu jeweils die Zahlen auf Okular und Objektiv miteinander.

d) Lege andere Federn unter das Binokular und vergleiche.

e) Ziehe die Fahne einer Feder auseinander, sodass ein Spalt entsteht. Ziehe die Stelle mit dem Spalt nun vom Federkiel nach außen zwischen Daumen und Zeigefinger hindurch. Notiere deine Beobachtung.

f) Zeichne den Umriss der Feder auf einem Blatt Papier nach. Schneide den Umriss aus.

1 Der Mäusebussard ist ein Flugkünstler.

g) Wiege die Feder und den Papierumriss. Notiere das Ergebnis.

Aufgaben

1. Stelle der Klasse deine Ergebnisse vor. Erläutere dabei auch deine Zeichnungen (► S. 214).

2. Beschreibe anhand deiner Beobachtungen, wie sich die Strahlen der Feder wieder miteinander verbinden lassen.

3. Erkläre, warum Federn dünn und leicht, aber trotzdem sehr stabil sind.

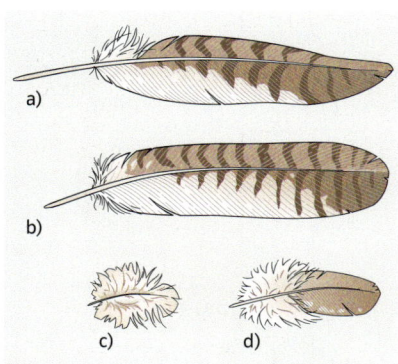

2 Federtypen: a Schwungfeder (Flügel), b Schwanzfeder, c Daune, d Deckfeder

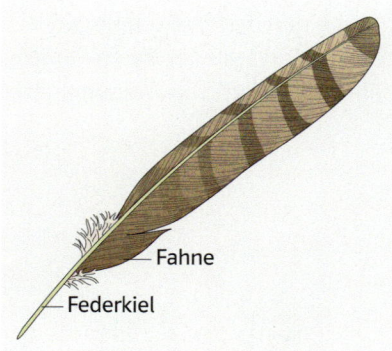

3 Aufbau einer Vogelfeder

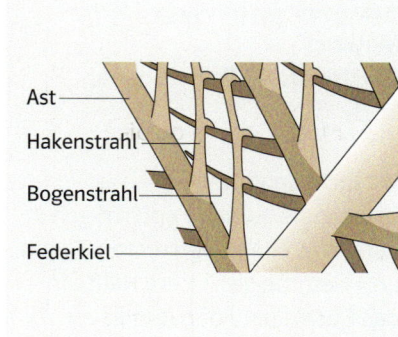

4 Feinbau einer Vogelfeder

Fliegen – Auftrieb in der Luft

1 Wir falten Papierflieger
Material
DIN-A4-Papierbögen

Versuchsanleitung
Falte mehrere Flieger mit unterschiedlicher Flügelgröße (▷ B 1).

Starte die Flieger der Reihe nach und miss Länge und Dauer des Gleitflugs. Fasse die Ergebnisse in einer Tabelle zusammen.

2 Was bewirkt die warme Luft?
Material
Schutzbrille, Glasrohr, Stativ, Kerze, Daunenfeder, Pinzette

Versuchsanleitung
Befestige ein Glasrohr senkrecht am Stativ und stelle die brennende Kerze darunter. Achte auf einen ausreichenden Sicherheitsabstand zur Flamme. Bringe mithilfe der Pinzette die Daunenfeder oberhalb der Flamme ins Glasrohr (▷ B 2). Beschreibe, was du beobachtest.

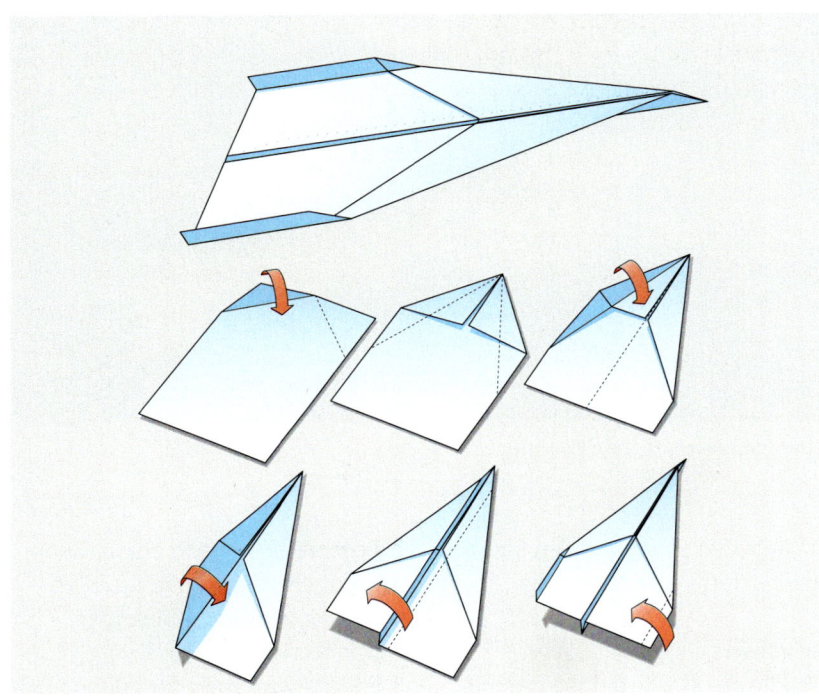

1 Bastelanleitung für einen Papierflieger

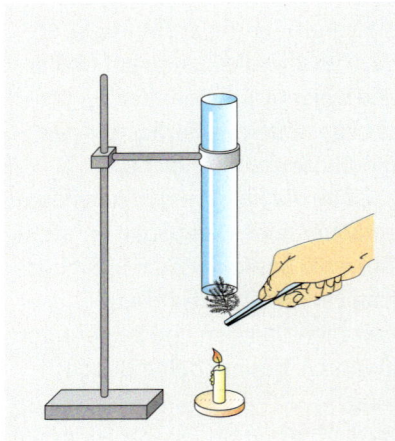

2 Feder im Glasrohr

3 Versuche zur Flügelform
Material
2 feste DIN-A4-Papierbögen, Buch

Versuchsanleitung
a) Falte die beiden Papierbögen in der Mitte. Nimm den ersten Bogen und klemme die untere Hälfte in das Buch. Puste den Bogen von vorne an. Achte darauf, dass die freie Papierhälfte gerade ist (▷ B 3).

b) Lege nun den zweiten Bogen in das Buch und gib der freien Papierhälfte eine deutliche Wölbung nach unten. Puste nun wie zuvor gegen den Bogen (▷ B 4). Beobachte und beschreibe den Unterschied.

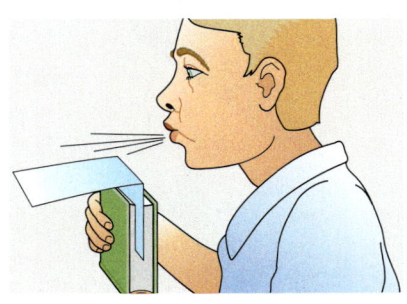

3 Gerade Papierhälfte

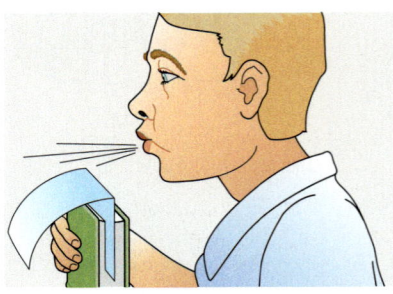

4 Gewölbte Papierfläche

4 Ein Flügel steigt

Material
Tonpapier, Klebeband, Bleistift, Schere, Trinkhalm, Bindfaden, Stativ, Haartrockner

Versuchsanleitung
a) Falte das Tonpapier so, dass eine Seite etwas kürzer ist (▷ B 5).
b) Drehe das Tonpapier um. Klebe die Seitenenden wie in Bild 6 zusammen.
c) Bohre mit dem Bleistift zwei einander gegenüberliegende Löcher in den Karton (▷ B 7).

d) Schneide ein Stück Strohhalm ab, das etwas länger ist als der Abstand der Löcher. Schiebe den Strohhalm durch die Löcher und klebe ihn gut fest (▷ B 8).
e) Ziehe den Bindfaden durch den Strohhalm und spanne ihn zwischen zwei Stangen ein (▷ B 9).
f) Blase mit dem Haartrockner gegen den Flügel (▷ B 10). Beschreibe deine Beobachtungen.
g) Verändere die Luftgeschwindigkeit des Haartrockners. Beschreibe deine Beobachtungen.

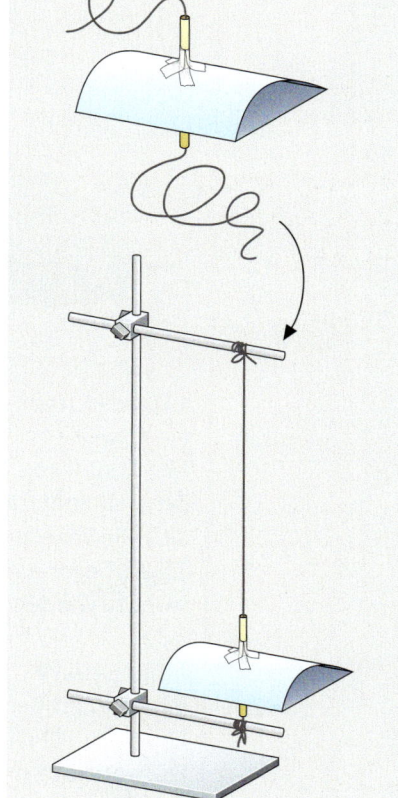

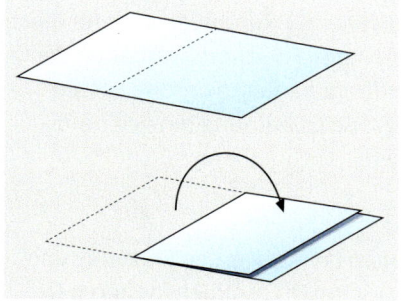

5 Zu Versuch 4 a

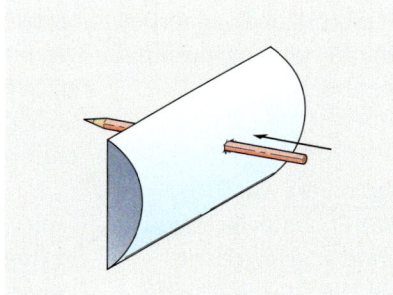

7 Zu Versuch 4 c

9 Zu Versuch 4 e

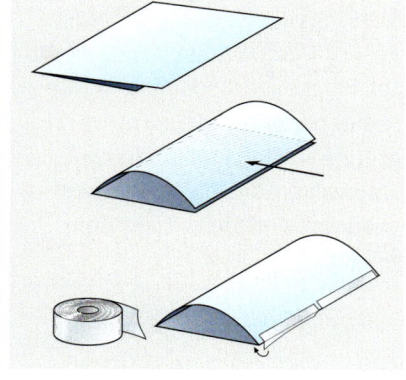

6 Zu Versuch 4 b

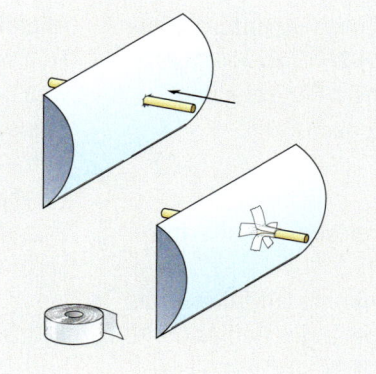

8 Zu Versuch 4 d

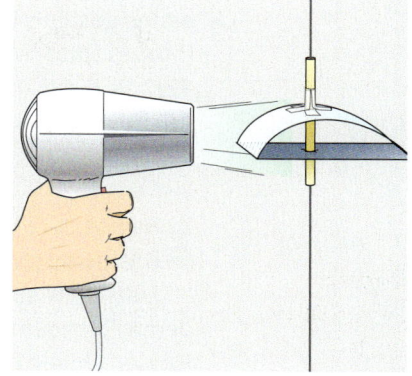

10 Zu Versuch 4 f

Aufgaben
● 1 Welche Voraussetzungen müssen erfüllt sein, damit ein Gegenstand fliegen kann? Beschreibe dies für alle vier Versuche.

● 2 Falte erneut einen Papierflieger (▷ B 1). Recherchiere nach anderen Modellen und mache mit deiner Klasse einen Wettkampf, welches Modell am weitesten fliegt.

hc9f4c

Mobilität in der Luft

1 Luftschiff, gebaut vor über 100 Jahren

2 Modernes Großraumflugzeug

Der Traum vom Fliegen

Schon immer träumten Menschen davon, sich wie Vögel in der Luft fortzubewegen. Der Traum begann vor über 100 Jahren langsam
5 wahr zu werden.

Flugpioniere

Einer der großen Flugpioniere war OTTO LILIENTHAL (1848 – 1896). Er baute die ersten Flugapparate, mit denen er erfolgreiche
10 Gleitflüge durchführte. Wenige Jahre später (1903) entwickelten die BRÜDER WRIGHT ein motorgetriebenes Fluggerät, mit dem sie den ersten gesteuerten Motorflug unternahmen. CHARLES LINDBERGH (1902 – 1974) überquerte
15 1927 als Erster mit einem Flugzeug den Atlantik von New York nach Paris.

Luftschiffe

Zu Beginn der Fliegerei wurden **Luftschiffe** (▷ B 1) häufig genutzt.
20   Luftschiffe sind lenkbare Luftfahrzeuge, deren Form dem Körper eines Delfins ohne Flossen ähnelt. Luftschiffe sind mit Gas befüllt, das leichter als Luft ist. Mit Luftschiffen können Reisende über große Entfernungen

Flugpionier
Person, die zuerst geflogen ist

25 befördert werden. Luftschiffe können sich langsam in der Luft bewegen. Heute werden Luftschiffe daher für Rundflüge oder für die Werbung genutzt. Forschende arbeiten daran, Luftschiffe zu bauen, die große Lasten
30 über eine große Entfernung hinweg befördern können.

Flugzeuge

In **Flugzeugen** (▷ B 2) werden Reisende und Waren von einem Ort zu einem anderen Ort
35 gebracht. Mit Flugzeugen können sehr große Strecken in kurzer Zeit überwunden werden. Allerdings benötigt ein Flugzeug bei einem Flug sehr viel Kraftstoff. Dadurch wird die Umwelt belastet. Flugzeuge sind heute für die
40 Menschen eines der wichtigsten Transportmittel. Flugzeuge starten und landen auf Flughäfen. Menschen, die in der Nähe von Flughäfen wohnen, sind vielfach großem Lärm ausgesetzt.

45 **Flugzeuge sind Luftfahrzeuge, die große Entfernungen in kurzer Zeit zurücklegen können.**

Aufgaben

○ **1** Nenne Unterschiede zwischen einem Luftschiff und einem Flugzeug. (💡 S. 221)

○ **2** Stelle Vorteile und Nachteile der Mobilität durch das Fliegen gegenüber.

● **3** Deine Meinung ist wichtig: Bewerte die Mobilität durch Flugzeuge.

Der beschleunigte Mensch

Fliegen wie eine Kanonenkugel?

Der BARON VON MÜNCHHAUSEN (1720–1797) war Rittmeister in einem russischen Regiment und nahm an mehreren Feldzügen teil.

5 Noch zu Lebzeiten erzählte er Lügengeschichten über seine erlebten Abenteuer. Eine davon handelte von seinem Ritt auf einer fliegenden Kanonenkugel.

Was damals fantasievolle Prahlerei war,
10 wurde Jahre später in abgeänderter Form Wirklichkeit: Dem Zirkusartisten EMANUEL ZACCHINI gelang 1940 ein Flug aus einer Kanone (▷ B 1) über drei Riesenräder hinweg. Er legte dabei eine horizontale Strecke von 69 m
15 zurück und landete dann in einem aufgespannten Netz.

Astronauten werden beschleunigt

Wo aber liegen die Grenzen der menschlichen Belastbarkeit für Beschleunigungen?

20 Mittlerweile fliegt der Mensch in den Weltraum. Die bemannte internationale Raumstation ISS umkreist die Erde in einer Höhe von ungefähr 400 Kilometern mit einer Geschwindigkeit von ca. 28 000 km/h.

25 Die Astronauten müssen auf diese Geschwindigkeit beschleunigt werden.

Aus Beschleunigungstests mit Tieren weiß man, dass lebende Organismen große Beschleunigungen unbeschadet überstehen
30 können, wenn diese von kurzer Dauer sind.

Astronauten (▷ B 2) werden beim Start einer maximalen Beschleunigung ausgesetzt, die die Insassen eines PKWs erfahren würden, wenn ihr Wagen in einer Sekunde aus
35 dem Stillstand auf 100 km/h beschleunigt würde. Während dieser Beschleunigung erfahren Astronauten eine große körperliche Belastung.

1 Die menschliche Kanonenkugel

2 Astronauten

Aufgaben

● 1 Erkläre, warum Astronauten auf hohe Geschwindigkeiten beschleunigt werden müssen.

● 2 Erstelle eine Skizze zum Flug
LS des Zirkusartisten EMANUEL ZACCHINI und beschrifte diese.

● 3 Konstruiere einen Rennwagen, der durch seine Form und sein Aussehen eine große Beschleunigung erreichen kann.

Bionik – die Natur als Vorbild

1 Schwimmender Hai

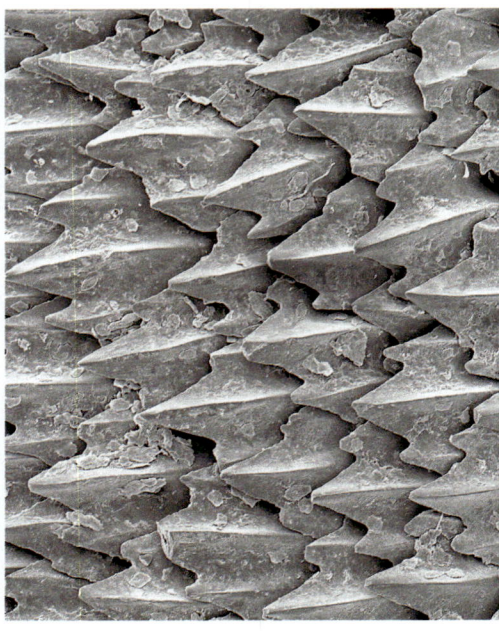

2 Haie besitzen spezielle Schuppen.

Techniker kopieren die Natur

Menschen können von Pflanzen und Tieren lernen. Vögel und Fische besitzen einen stromlinienförmigen Körper. Fledermäuse nutzen Ultraschall, um in der Dunkelheit Beu-5 te zu jagen. Pflanzenstängel sind durch ihre Bauweise sehr stabil. Forscher versuchen, diese Vorbilder aus der Natur zu kopieren und für den Menschen nutzbar zu machen. Das 10 nennt man Bionik.

stromlinienförmig
so geformt, dass Wasser ohne großen Widerstand vorbeiströmen kann

gewölbt
bauchig, gerundet, nicht flach

Der Hai als Vorbild

Eigentlich könnte man denken, dass Haie eine ganz glatte Körperoberfläche haben, um

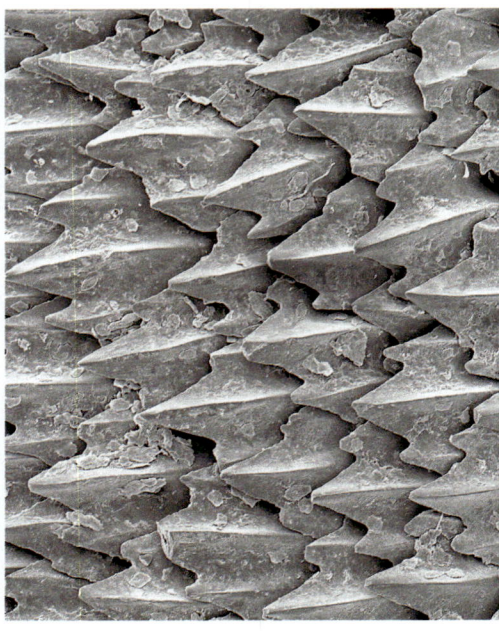

3 Haihaut ist auch Vorbild für Schwimmanzüge.

mühelos durch das Wasser zu gleiten. Ein ge-15 nauer Blick zeigt, dass die Schuppen von Haien eine Rillenstruktur haben (▷ B 2). Die Oberfläche von Haien ist nicht glatt, sondern rau. Forscher waren überrascht und begannen einen Test. Sie zogen zwei gleich große 20 und gleich geformte Körper durch das Wasser. Ein Körper hatte eine raue Oberfläche wie der Hai, der andere war ganz glatt. Das Ergebnis: Der Körper mit der rauen Oberfläche wurde mit wesenlich weniger Energieaufwand 25 durch das Wasser gezogen. Dieses Ergebnis gilt auch in der Luft. Forscher arbeiten daher daran, die Oberflächen von Flugzeugen und Schiffen mit dieser rauen Oberfläche zu überziehen. Damit wollen sie Energie sparen. 30 Mit einem Schwimmanzug, der eine Oberfläche wie die Haihaut aufweist, schwimmt man wesentlich schneller (▷ B 3).

Fliegen wie ein Vogel

OTTO LILIENTHAL (1848-1896) war ein genauer 35 Beobachter der Vögel. Er erkannte als Erster die Bedeutung der gewölbten Flügel für den Auftrieb. Mit seinen selbstgebauten Flug-

4 Ein Rotmilan im Flug

5 Otto Lilienthal mit einem seiner Fluggeräte

apparaten gelangen ihm 1891 die ersten Gleitflüge (▷ B 5).

40 Die Wissenschaftler erforschen heute weitere Einzelheiten des Vogelflugs. Sie erhalten auf diese Weise wertvolle Hinweise für den Bau von Flugzeugen, die weniger Kraftstoff benötigen.

45 Lernen vom Lotusblatt

Die Lotusblume wird in Indien als Symbol der Reinheit sehr verehrt (▷ B 6). Sie wächst im Schlamm, ihre Blätter sind aber immer sauber. Es scheint, als läge das an den glatten 50 Blättern. Unter dem Mikroskop zeigt sich jedoch, dass die Blattoberflächen rau sind (▷ B 7).

Die kugeligen Wassertropfen können nicht in die kleinen Zwischenräume ein-55 dringen. Sie rollen über die Oberfläche und nehmen vorhandene Schmutzpartikel mit (▷ B 8).

Das Prinzip der Lotusblätter wendet man in der Technik z. B. bei Fassadenfarben, Dach-60 ziegeln oder Waschbecken an. Das Wasser perlt vollständig ab und die Flächen reinigen sich auf diese Weise von selbst.

6 Blatt der Lotusblume

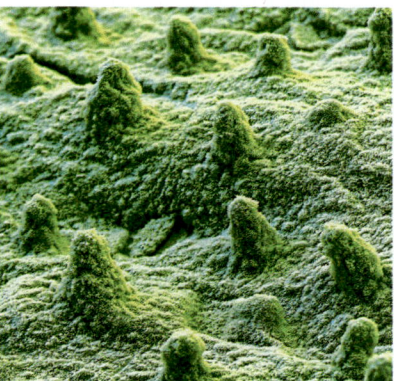

7 Mikroskopische Aufnahme des Blattes

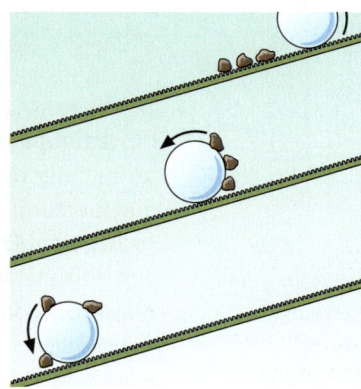

8 Wirkung des Lotus-Effekts

Aufgaben

1 Liste tabellarisch Beispiele für Bionik auf. Nenne das Vorbild aus der Natur und die daraus abgeleitete Entwicklung.

2 Erläutere, wie Otto Lilienthal sich Eigenschaften des Vogelflügels zunutze machte.

3 Erkläre, warum die besondere Blattoberfläche für die Lotuspflanze vorteilhaft ist.

4 Stelle Vermutungen darüber an, welche Vorbilder in der Natur die Erfinder von Stacheldraht und Fahnenstange genutzt haben könnten.

5 Recherchiere, inwieweit es sich beim Klettverschluss um Bionik handelt. Erstelle ein Plakat (▶ S. 214).

Geschwindigkeit

Die Geschwindigkeit gibt an, welche Strecke in einer bestimmten Zeit zurückgelegt wurde.

Die Geschwindigkeit kann mit einer Formel berechnet werden:

$$\text{Geschwindigkeit} = \frac{\text{Strecke}}{\text{Zeit}}$$

Die Geschwindigkeit wird in der Einheit m/s (lies: Meter pro Sekunde) oder km/h (lies: Kilometer pro Stunde) angegeben.

Energie

Lebewesen brauchen Energie zum Beispiel um sich zu bewegen. Fahrzeuge benötigen Energie für den Antrieb. Eine Lampe braucht Energie, damit sie leuchtet. An Erscheinungen wie Bewegung, Licht oder Wärme erkennt man, dass Energie etwas bewirkt.

Bei einer Energieumwandlung wird eine Energieform in eine andere Energieform umgewandelt. Bei einer Energieumwandlung geht keine Energie verloren.

Bewegungen

Bewegungen können mit folgenden Fachbegriffen beschrieben werden: Geschwindigkeit und Richtung.

Bei einer Bewegung kann die Geschwindigkeit zunehmen, gleich bleiben oder kleiner werden. Die Richtung einer Bewegung kann sich ändern.

Mit der Geschwindigkeit eines Körpers nimmt auch dessen Bewegungsenergie zu.

Sicher unterwegs im Straßenverkehr

Verkehrsteilnehmer müssen sich im Straßenverkehr vor Verletzungen schützen. Fahrradfahrer schützen sich mit einem Helm. Autofahrer schützen sich z. B. mit Sicherheitsgurten, Kopfstützen und Airbags.

Halten die Verkehrsteilnehmer alle Verkehrsregeln ein, dann wird der Straßenverkehr sicherer.

Das Skelett

Das Skelett hält den Körper aufrecht. Es gibt ihm seine Form und schützt die inneren Organe. Knochen sind hart und elastisch zugleich. Die Wirbelsäule besteht aus einzelnen Wirbeln. Sie sieht wie ein doppeltes „S" aus. Gelenke verbinden die Knochen beweglich miteinander. Man unterscheidet Scharnier-, Kugel-, Dreh- und Sattelgelenke.

Die Muskulatur

Man unterscheidet drei Arten von Muskeln: den Herzmuskel, die Muskeln der übrigen innerer Organe und die Skelettmuskeln. Die Skelettmuskeln bestehen aus vielen gestreckten Muskelzellen, den Muskelfasern.

Viele Skelettmuskeln arbeiten paarweise nach dem Gegenspieler-Prinzip. Ein Beispiel dafür sind Beuger und Strecker des Oberarms. Zum Beugen des Arms spannt man den Beuger an. Der Beuger kann sich nicht selbst wieder entspannen. Wenn man den Arm wieder strecken will, muss man den Strecker anspannen, der dann den Beuger dehnt.

Laufen, schwimmen und fliegen

Lebewesen sind in Körperbau und Bewegung an ihren Lebensraum und ihre Lebensweise angepasst. Sohlengänger wie Bären oder der Mensch können sicher auf zwei Beinen stehen. Zehenspitzengänger wie die Pferde sind schnelle Fluchttiere.

Vögel sind leicht, ihr Körper ist stromlinienförmig. Die Vordergliedmaßen der Vögel sind zu Flügeln umgewandelt. Sie haben eine kräftige Flugmuskulatur.

Fische sind mit ihrem stromlinienförmigen Körper und ihren Flossen an die Fortbewegung im Wasser angepasst. Mithilfe der Schwimmblase können sie ohne Flossenbewegung im Wasser schweben.

1 Fahrradhelm schützt

2 Pinguine sind sehr gute Schwimmer.

1 Das Skelett stützt den Körper und schützt die inneren Organe. Nenne Teile des Skelettes und gib an, welche der beiden Funktionen sie haben.
► S.108

2 Benenne zwei Gelenke deines Körpers und deren Aufgaben.
► S.110

3 Nenne, in welchen Einheiten du Geschwindigkeiten angeben kannst.
► S.121

4 Beschreibe die Bewegungen einer Achterbahn. Benutze die Wörter „schneller" und „langsamer".
► S.128/129

5 Nenne mindestens drei Maßnahmen, mit denen die Verkehrsteilnehmer geschützt werden.
► S.133

6 Beschreibe verschiedene Verhaltensweisen, mit denen du dein Skelett und deine Muskeln gesund erhalten kannst.
► S.106, 107, 112 – 115

7 Beschreibe, wie Skelettmuskeln aufgebaut sind.
► S.116/117

8 Muskeln arbeiten als Gegenspieler. Erläutere dies an einem Beispiel.
► S.116/117

9 Erläutere an je einem Beispiel, wie Tiere an die Art ihrer Fortbewegung an Land, im Wasser und in der Luft angepasst sind.
► S.118/119, 138/139, 144/145

10 Ein Auto hat eine Geschwindigkeit von 75 km/h. Welche Strecke legt das Auto in 1,5 Stunden zurück? Berechne.
► S.121

11 Erläutere an je einem Beispiel aus Natur und Technik, wozu Energie notwendig ist und wie sie gewonnen wird.
► S.124/125

12 Stelle Vermutungen darüber an, weshalb die Wirbelsäule des Menschen wie zwei „S" gebogen ist, die Wirbelsäule der übrigen Wirbeltiere aber nicht.
► S.112/113

13 Stelle in einem Energieflussdiagramm die Energieumwandlung beim Auto dar.
► S.128/129

14 Stell dir vor, dass jeder Erwachsene allein in seinem Auto zur Arbeit fährt. Bewerte dies.
► S.130/131

5 Pflanzen – Tiere – Lebensräume

Was kostet ein Haustier?

Was ist artgerechte Nutztierhaltung?

Welche Tiere hast du schon im Garten, im Park oder im Wald beobachtet? Erstelle eine Liste.

Welche Pflege brauchen Zimmerpflanzen?

Wie überleben Tiere in der Wildnis?

5 MATERIAL Pflanzen – Tiere – Lebensräume | Haustiere, Nutztiere, Nutzpflanzen

Ich kann erläutern, was artgerechte Tierhaltung ist und wie Nutztiere und Nutzpflanzen gezüchtet werden.

p9kn55

Material 1

Haustiere brauchen Pflege

Ein neues Zuhause für Rocky

Foxterrier Rocky ist sieben Jahre alt. Er lebt seit drei Monaten bei uns im Tierheim Petdorf. Seine Vorbesitzer haben ihn hier abgegeben. Rocky ist stubenrein, kinderfreundlich und sehr anhänglich. Er befolgt inzwischen einige Kommandos wie „Sitz" und „Platz" und kann auch gut eine Zeit lang alleine bleiben. Rocky ist gesund und hat alle nötigen Impfungen. Jetzt sucht er ein neues Zuhause – gerne bei einer netten Familie mit Kindern.

Kontakt: tierheim@petdorf.de

Von: alex.x@xmail.de
An: tierheim@petdorf.de
Betreff: Rocky

Hallo,
ich bin Alex. Ich habe im Internet die Anzeige zu Rocky gesehen. Der ist ja süß! Ich wünsche mir schon lange einen Hund und soll zum Geburtstag einen bekommen. Meine Eltern haben erlaubt, dass ich Rocky besuche, um ihn kennenzulernen. Wann kann ich denn mal vorbeikommen? Und kann ich dann auch mit ihm spazieren gehen?
Über eine Antwort würde ich mich sehr freuen!

Viele Grüße
Alex

Von: tierheim@petdorf.de
An: alex.x@xmail.de
Betreff: AW: Rocky

Hallo Alex,
schön, dass du dich für Rocky interessierst. Komm doch einfach morgen Nachmittag bei uns vorbei. Rocky wird sich freuen! Du kannst ihn dann auch gleich ein wenig ausführen. Wenn du dich für Rocky entscheidest, müssen wir natürlich noch mit deinen Eltern sprechen. Wir wollen sicher sein, dass Rocky in gute Hände kommt. Das verstehst du bestimmt.

Viele Grüße und bis morgen!
H. Pfleger

Bist du fit für ein Haustier?

Wenn du ein Haustier hältst, bist du für dieses Tier verantwortlich.
Du kannst es nicht wie ein Spielzeug beiseitelegen. Du musst zuverlässig für dein Haustier sorgen und genau wissen, was es braucht, damit es sich bei dir wohlfühlt.
Bestehst du den Haustiertest?

Bei dir zu Hause ...
- ● darf es nie unordentlich sein.
- ▲ darf es schon mal unordentlich sein.
- ■ ist nur in deinem Zimmer Unordnung erlaubt.

Wie viel Zeit hast du pro Tag für dein Haustier?
- ▲ Eine Stunde, manchmal mehr
- ■ Höchstens eine halbe Stunde
- ● Mal viel, mal wenig, je nach Lust

Hättest du Unterstützung bei der Pflege?
- ● Nein, deine Eltern sagen, es sei dein Tier.
- ■ Du brauchst keine Hilfe.
- ▲ Ja, alle wollen helfen.

Leidet in deiner Familie jemand an einer Allergie?
- ▲ Nein
- ● Ja
- ■ Keine Ahnung

Weißt du schon über dein Haustier Bescheid?
- ▲ Ja, du hast viel darüber gelesen.
- ● Nein, du weißt noch gar nichts.
- ■ Du fragst mal nach.

Was machst du in den Ferien mit deinem Haustier?
- ● Das weißt du noch nicht.
- ▲ Du hast eine zuverlässige Pflegeperson.
- ■ Du würdest auf den Urlaub verzichten.

Auswertung
Wie viele deiner Antworten haben ein ▲ ?

3 oder weniger:
Du solltest lieber auf ein Haustier verzichten.

4:
Du solltest genau überlegen, ob du dir ein Haustier anschaffst und welches zu dir passt.

5 bis 6:
Du hast gute Voraussetzungen, ein Haustier zu halten.

Aufgaben
1 Lies Material 1.
- a) Nenne Eigenschaften, die Rocky zu einem Familienhund machen. (💡 S. 221)
- b) Arbeitet zu zweit: Tragt Gründe zusammen, weshalb Tiere in einem Tierheim abgegeben werden.
- c) „Wer sich ein Haustier zulegen möchte, sollte ein Tier aus dem Tierheim holen." Diskutiert diese Aussage.
- d) Recherchiere in einem Tierheim in deiner Nähe, welche Tiere dort gehalten werden und welche Arbeiten anfallen. Präsentiere dein Ergebnis (► S. 214).

2 Lies Material 2.
- a) Liste die wichtigsten Voraussetzungen auf, um fit für ein Haustier zu sein. (💡 S. 221)
- b) Mach den „Haustiertest" und notiere das Ergebnis. (💡 S. 221)
- c) Werte den Test aus: Hast du den „Haustiertest" bestanden? Begründe genau.
- d) Erkundige dich bei einem Hundebesitzer, was ein Hund pro Monat kostet. Denke zum Beispiel auch an Steuern, Versicherung, Tierarzt. Berichte darüber.

Haushunde stammen vom Wolf ab

Wölfe sind Rudeltiere

Wölfe leben in Familien aus den Elterntieren, den Jungtieren aus dem Vorjahr und den Welpen. Diese Familien nennt man **Rudel**.
5 Geschlechtsreife Jungwölfe wandern meist aus dem Revier der Eltern ab und gründen ein eigenes Rudel. Wölfe markieren die Grenzen ihres Reviers mit Urin und Kot, um fremde Wölfe fernzuhalten. Zu Kämpfen um die
10 Rangordnung untereinander kommt es meist nur in Gehegen mit mehreren erwachsenen Wölfen. In freier Natur sind Kämpfe innerhalb eines Rudels sehr selten.

Verständigung im Rudel

15 Wölfe verständigen sich im Rudel durch Laute und Körpersprache (▷ B 1). So lassen sich auch die meisten Auseinandersetzungen beilegen. Mit aufrechter Körperhaltung, gehobenem Schwanz und aufgestellten Ohren zeigt
20 ein Wolf seine Überlegenheit, er **imponiert** (▷ B 1A). Fühlt sich ein Wolf bedroht, stellt er Nackenhaare und Schwanz auf, knurrt und zeigt seine Zähne (▷ B 1B). Schwächere Tiere unterwerfen sich stärkeren Tieren. Das zeigen
25 sie durch Einziehen des Schwanzes, gesenk-

ten Blick, Ducken und Maullecken (▷ B 1C). Erkennt ein Wolf bei einem Kampf seine Unterlegenheit, unterwirft er sich. Dazu legt er sich auf den Rücken und zeigt seine unge-
30 schützte Hals- und Bauchseite (▷ B 1D). Diese **Demutshaltung** hemmt die Angriffslust.

Wölfe jagen im Rudel

Größere Beutetiere jagen Wölfe nicht allein, sondern in der Gruppe. Dabei schleichen sie
35 sich zuerst an ihre Beute heran. Anschließend verfolgen sie das Beutetier, bis dieses vor Erschöpfung nicht mehr fliehen kann oder sich dem Kampf stellt. Wölfe sind **Hetzjäger**. Sie erlegen meistens kranke und schwache Tiere.

40 Aus dem Wolf wird der Hund

Vor mehr als 15 000 Jahren begann der Mensch, Wölfe zu zähmen. Vermutlich hielten sich Wölfe öfter bei Menschen auf und fraßen deren Abfälle von der Jagd. Zogen die Men-
45 schen weiter, folgten ihnen die Tiere.
Wölfe haben ein gutes Gehör. Sie konnten Geräusche eher als die Menschen wahrnehmen und diese durch Laute warnen. Mit ihrer empfindlichen Nase spüren sie Beutetiere

Welpe
sehr junger Wolf oder Hund

Rangordnung
Stellung der Wölfe im Rudel: Wer führt das Rudel an, wer ordnet sich unter?

Gehege
Auslauf mit Zaun

hemmen
bremsen, verringern

zähmen
ein Wildtier zum Haustier machen

A Imponierhaltung   B Drohhaltung   C Beschwichtigung   D Unterwerfung

1 Körpersprache der Wölfe

2 Wolfsrudel

50 früher auf. Wahrscheinlich nahmen die Jäger junge Wölfe mit und zähmten sie. Von den Nachkommen dieser Wölfe wählten die Menschen nur solche Tiere aus, die durch besondere Fähigkeiten wie Wachsamkeit 55 auffielen. Nur diese durften sich weiter fortpflanzen. Bis heute züchtet man so Hunde (▷ B 3). Mehr als 400 verschiedene Hunderassen sind auf diese Weise ent-

standen. Sie sehen dem Wolf oft kaum noch 60 ähnlich.
(► Entwicklung, S. 202/203)

Wölfe leben in Rudeln mit einer festen Rangordnung. Alle heutigen Hunderassen stammen vom Wolf ab. Sie entstanden 65 in Jahrtausenden durch Zähmung und Züchtung.

kaum noch
fast gar nicht mehr

BASISKONZEPT Entwicklung

Durch Züchtung sind viele verschiedene Hunderassen entstanden. Sie unterscheiden sich in vielen Merkmalen vom Wolf. Eine andere Art von Entwicklung ist die vom neugeborenen Welpen zum erwachsenen Hund. Alle Lebewesen sind im Lauf ihres Lebens verschiedenen Entwicklungen unterworfen. Entwicklung ist immer mit Veränderung verbunden.

3 Huskys sind ausdauernde Läufer.

Aufgaben

○ **1** Beschreibe, wie Wölfe ihre Beutetiere jagen. (💡 S. 221)

◔ **2** Fasse in einem kurzen Text
LS zusammen, wie Wölfe sich mit Körpersprache verständigen.

◔ **3** Erläutere die besondere Bedeutung der Demutshaltung des unterlegenen Tieres am Ende eines Kampfes unter Wölfen.

◑ **4** Beschreibe, wie der Mensch aus dem Wolf verschiedene Hunderassen gezüchtet hat.

● **5** Stellt Vermutungen darüber an, welche Eigenschaften des Wolfes ein Schlittenhundeführer nutzt.

p9kn55

Typisch Hund

Hunde haben eine bewegliche Wirbelsäule. Sie besteht aus einzelnen gegeneinander beweglichen Wirbeln. Hunde gehören wie Katzen und viele andere Tiere zur großen Gruppe der **Wirbeltiere**.

Hunde, die sich im Spiel gegenseitig verfolgen, können mit hoher Geschwindigkeit enge Kurven laufen. Wie ist das möglich?

Hunde haben eine hochempfindliche **Nase**. Sie enthält mehr als 20-mal so viele Riechsinneszellen wie die Nase des Menschen. Hunde haben auch ein sehr gutes Gehör. Selbst auf hohe Töne, die wir Menschen nicht hören können, reagieren sie.

Hunde haben ein **Fleischfressergebiss**. Mit großen Eckzähnen, den **Fangzähnen**, ergreifen sie ihre Beute. Die gezackten hinteren **Backenzähne** wirken wie eine Brechschere. Sie können selbst Knochen zerknacken. Mit den **Schneidezähnen** nagen Hunde Fleischreste vom Knochen ab.

Riechorgan

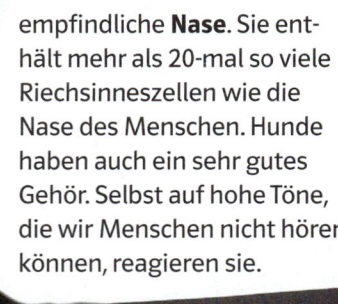

- 🟩 Schneidezähne
- 🟧 Fangzähne
- 🟦 vordere Backenzähne
- 🟦 hintere Backenzähne

Hunde können schnell und ausdauernd laufen. Hunde sind **Zehengänger**: Sie treten nur mit vier Zehen auf. Die Zehen sind mit stumpfen Krallen besetzt, die sich nicht einziehen lassen. Sie geben dem Hund Halt auf weichem Boden.

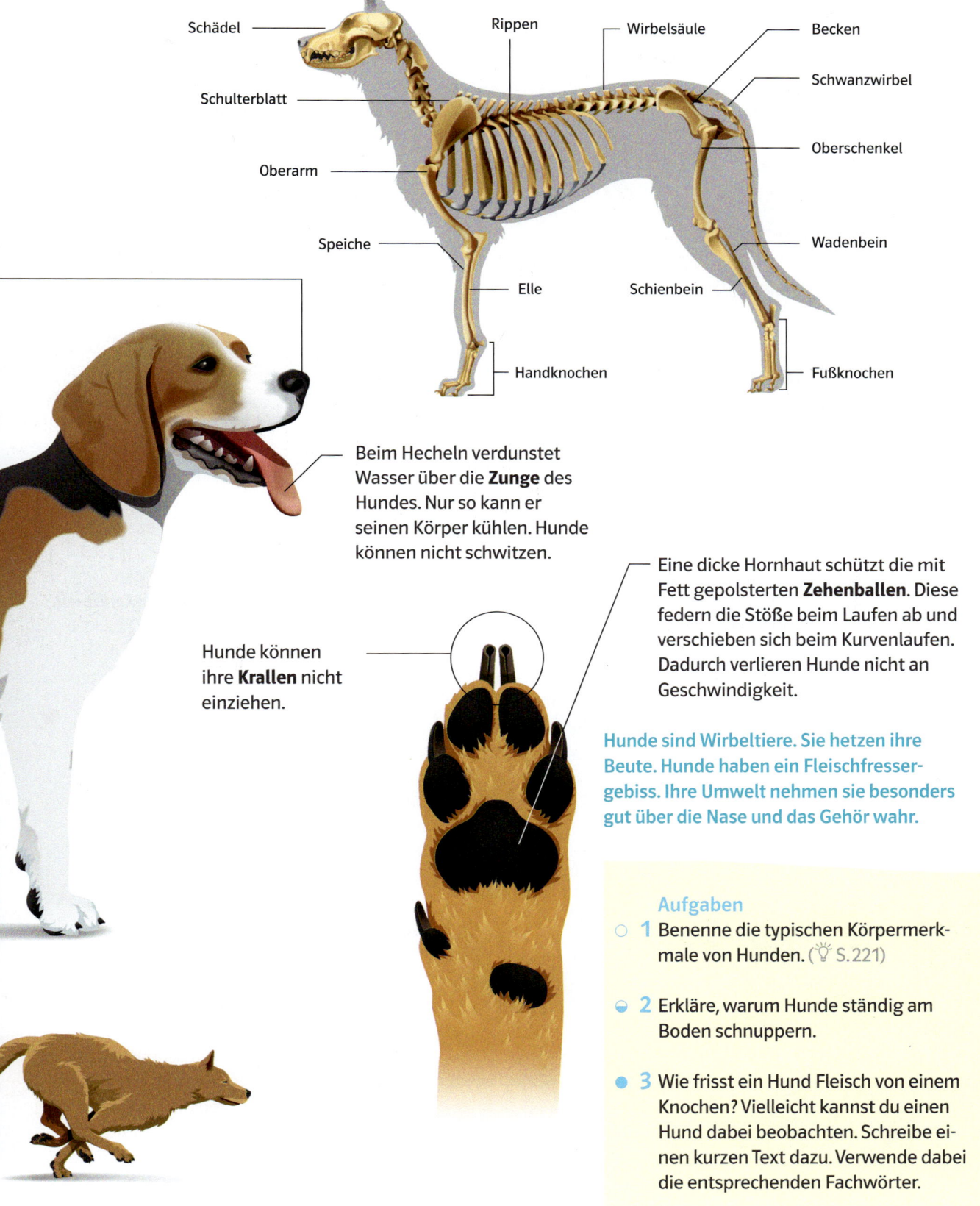

Schädel

Rippen

Wirbelsäule

Becken

Schwanzwirbel

Schulterblatt

Oberschenkel

Oberarm

Speiche

Wadenbein

Elle

Schienbein

Handknochen

Fußknochen

Beim Hecheln verdunstet Wasser über die **Zunge** des Hundes. Nur so kann er seinen Körper kühlen. Hunde können nicht schwitzen.

Eine dicke Hornhaut schützt die mit Fett gepolsterten **Zehenballen**. Diese federn die Stöße beim Laufen ab und verschieben sich beim Kurvenlaufen. Dadurch verlieren Hunde nicht an Geschwindigkeit.

Hunde können ihre **Krallen** nicht einziehen.

Hunde sind Wirbeltiere. Sie hetzen ihre Beute. Hunde haben ein Fleischfresser-gebiss. Ihre Umwelt nehmen sie besonders gut über die Nase und das Gehör wahr.

Aufgaben

○ **1** Benenne die typischen Körpermerk-male von Hunden. (💡 S. 221)

◔ **2** Erkläre, warum Hunde ständig am Boden schnuppern.

● **3** Wie frisst ein Hund Fleisch von einem Knochen? Vielleicht kannst du einen Hund dabei beobachten. Schreibe ei-nen kurzen Text dazu. Verwende dabei die entsprechenden Fachwörter.

Rinder sind wichtige Nutztiere

1 Höhlenmalerei: Jagd auf Auerochsen

2 Rinder auf der Weide

Schlucken und einweichen

Rinder fressen hauptsächlich Gras (▷ B 2).
Da Gras wenig nahrhaft ist, müssen die Tiere
täglich bis zu 100 kg davon fressen. Gras ist
5 schwer verdaulich. Daher hat der Rindermagen vier Abschnitte (▷ B 3): Zuerst kommt das
Grünfutter fast unzerkaut in den **Pansen**.
Der Pansen fasst bis zu 150 Liter. Dort wird
das Futter eingeweicht. Zugleich bereiten
10 Milliarden von Bakterien es zur Verdauung
vor. Das dauert ein bis zwei Stunden.

Horn
hartes Material der
Hufe, Krallen und
Fingernägel

Hochwürgen und kauen

Der **Netzmagen** formt das vorverdaute Gras
zu kleinen Portionen. Diese werden wieder
15 in das Maul hochgewürgt. Erst jetzt zerreibt
das Rind das Grünfutter zwischen den
Backenzähnen. Man nennt das **Wiederkäuen**.
Den entstandenen Nahrungsbrei schluckt
das Rind wieder hinunter. Er gelangt in
20 den **Blättermagen**, wo ihm Wasser entzogen
wird. Der **Labmagen** gibt Verdauungssäfte
ab. Hier beginnt die eigentliche Verdauung.

Rinder haben ein Pflanzenfressergebiss

Rinder haben keine Schneidezähne im
25 Oberkiefer (▷ B 5). Sie umfassen das Gras
mit ihrer kräftigen Zunge und reißen es mit
einem kurzen Ruck ab. Die Backenzähne
kommen erst beim Wiederkäuen zum Einsatz. Sie haben breite, raue Kauflächen.
30 (▶ Struktur und Funktion, S. 200/201)

Rinder sind Weidetiere

Rinder treten nur mit den Spitzen der beiden
mittleren Zehen auf. Sie sind Zehenspitzengänger. Jede der beiden Zehen ist von einem
35 festen Huf aus Horn umgeben. Rinder sind
Paarhufer. Beim Auftreten spreizen sich die
Zehen ein wenig auseinander. So sinken Rinder im weichen Boden kaum ein.

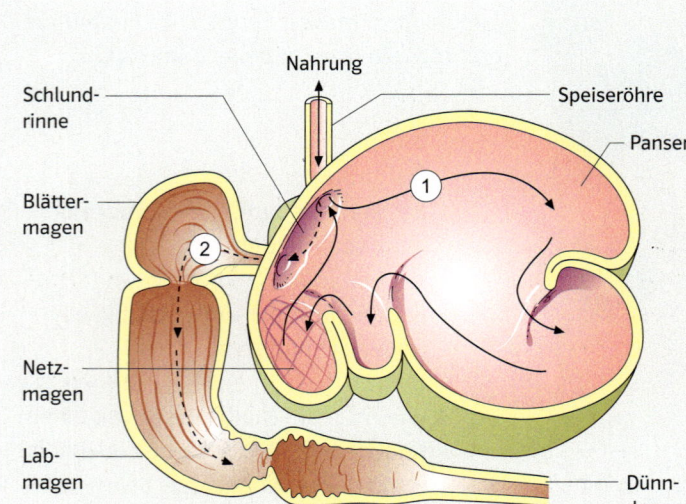

3 Rindermagen

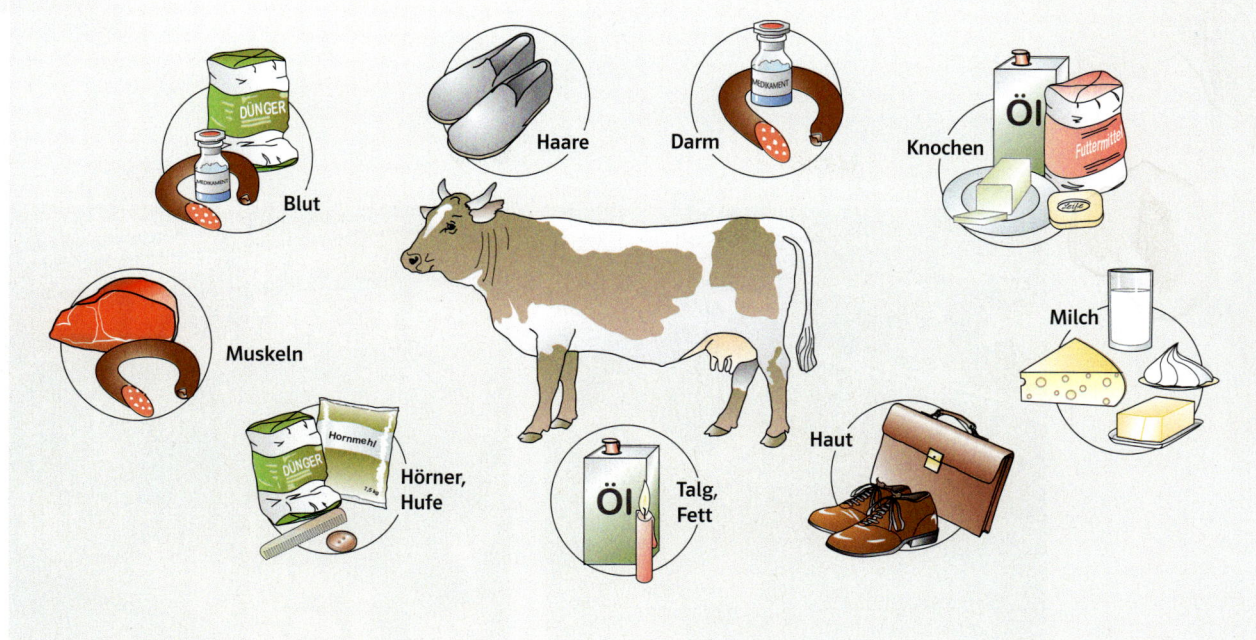

4 Nutzung des Rindes

Vom Auerochsen zum Hausrind

40 Die Auerochsen lebten einst in kleinen
Herden in Wäldern und im Grasland. Schon
vor rund 10 000 Jahren wurden sie von Menschen gejagt (▷ B 1). Vor etwa 8 000 Jahren
begannen Menschen, die Auerochsen zu zäh-
45 men und zu züchten. So sind inzwischen rund
800 Hausrinderrassen entstanden.

Milch und Milchprodukte nutzen wir für
unsere Ernährung. Auch das Rindfleisch ist
ein wertvolles Nahrungsmittel. Es liefert
50 Eiweiß und hat wenig Fett. Rinder liefern
aber nicht nur Milch und Fleisch. Bild 4 zeigt,
was alles vom Hausrind genutzt werden
kann. Tiere wie die Hausrinder, die der
Mensch für sich nutzt und züchtet, nennt
55 man **Nutztiere**.

**Rinder sind Wiederkäuer. Dafür haben sie
einen speziellen Magen mit vier Abschnitten.
Sie werden als Nutztiere vom Menschen gezüchtet. Wir nutzen nicht nur Fleisch und**
60 **Milch, sondern z. B. auch Hörner und Knochen.**

einst
_____
früher

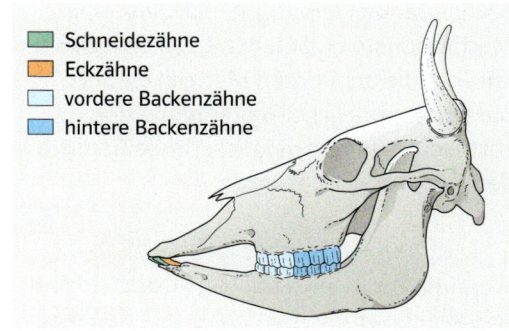

- ▇ Schneidezähne
- ▇ Eckzähne
- ☐ vordere Backenzähne
- ▇ hintere Backenzähne

5 Schädel eines Rindes: Pflanzenfressergebiss

Aufgaben

1 Nenne die vier Abschnitte
des Rindermagens und ihre
Funktion. (💡 S. 221)

2 Rinder liefern verschiedene
Produkte. Liste sie auf und
schreibe ganze Sätze.
(💡 S. 221)

3 Rinder sind Weidetiere.
Erläutere, was das für die
Haltung von Hausrindern
bedeutet.

4 Erläutere den Unterschied
zwischen einem Fleisch-
fressergebiss (► S. 162/163)

und einem Pflanzenfressergebiss.

5 Notiere die Eigenschaften,
die bei der Züchtung von
Hausrindern erwünscht sind.

Nutztierhaltung

1 Kühe im Laufstall

2 Kühe in Anbindehaltung

Ein Glas frische Milch, eine Scheibe Käse auf dem Brot, das Frühstücksei oder eine Bratwurst beim Grillen – für die meisten Menschen gehören diese Lebensmittel zu ihrer Ernährung dazu.

Im Durchschnitt isst jeder Deutsche 60 Kilogramm Fleisch, über 90 Kilogramm Milchprodukte und mehr als 200 Eier pro Jahr. Um die benötigten Mengen an Tierprodukten möglichst kostengünstig herzustellen, hält man möglichst viele Tiere auf dem vorhandenen Raum.

Das Leben eines Schweines

Wenn Hausschweine mit viel Auslauf im Freien gehalten werden, verhalten sie sich wie ihre nahen Verwandten, die Wildschweine. Die meisten Schweine werden in Deutschland jedoch in **intensiver Tierhaltung** gehalten. Dort leben sie in Gruppen von etwa zwölf Tieren zusammen. Damit die Tiere sich nicht gegenseitig die Schwänze abbeißen, schneiden manche Betriebe sie ihnen ab.

Damit die Tiere nicht im Dreck stehen, haben die meisten Schweineställe Betonböden mit schmalen Spalten, durch die Kot und Urin abfließen. Die Schweine werden mit speziellem Futter gemästet und erreichen innerhalb von vier Monaten ihr **Schlachtgewicht** von 120 kg.

Woher kommt die Milch?

Damit eine Milchkuh überhaupt Milch gibt, muss sie jedes Jahr ein Kalb zur Welt bringen. Nach der Geburt wird das Junge von der Mutter getrennt und vom Landwirt gefüttert. Zur Versorgung des Kalbs reichen etwa acht Liter Milch pro Tag aus. Die Muttertiere können aber täglich bis zu 50 Liter Milch geben. Damit eine solche **Hochleistungkuh** ständig diese große Menge Milch gibt, reicht das Grasen auf der Weide nicht aus. Sie wird im Stall mit Gras, Heu, Silage und Kraftfutter gefüttert. Die meisten Milchkühe leben heute in Laufställen, in denen sie sich ausreichend bewegen können (▷ B 1).

Die Folgen

Für jede Form der Tierhaltung gibt es gesetzliche Vorschriften, die alle Landwirte einhalten müssen. Das **Tierschutzgesetz** schreibt zum Beispiel vor, dass Tiere „entsprechend ihren Bedürfnissen untergebracht, ernährt und gepflegt werden müssen". Tiere in intensiver Tierhaltung können aber ihren natürlichen Bedürfnissen oft nicht nachkommen. Dies führt bei ihnen häufig zu Stress und Aggressionen. Damit sie sich nicht gegenseitig verletzen, werden außer den Schwänzen der Schweine auch Zähne und die Hörner der Rinder gekürzt.

kostengünstig
preiswert, billig

gemästet
mästen, speziell füttern, damit die Tiere schnell zunehmen

Wenn viele Tiere zusammen gehalten werden, kann es dazu kommen, dass sich Krankheiten schnell ausbreiten. Um das zu verhindern, bekommen die Tiere **Medikamente**.
Manche Medikamente werden auch eingesetzt, damit die Tiere schneller zunehmen.

Unsere Nutztiere produzieren große Mengen an Gülle, die als Dünger auf den Feldern
ausgebracht wird. Zu viel Gülle belastet das
Grundwasser, aus dem wir unser Trinkwasser
gewinnen.

Es geht auch anders

Einige landwirtschaftliche Betriebe betreiben
ökologische Tierhaltung. In diesen „Öko-Betrieben" werden weniger Tiere auf gleichem
Raum gehalten. Die Tiere leben auf Weiden
(▷ B 3) oder in offenen Ställen. In den Ställen
gibt es mit Stroh eingestreute Liegeflächen.
Die Tiere werden mit ökologisch erzeugtem
Futter gefüttert. Auch die Gabe von Medikamenten ist strenger geregelt. Diese Haltungsform ist jedoch viel teurer als die intensive
Tierhaltung. Außerdem erzeugen die Tiere
deutlich weniger Milch und Fleisch als die in-
tensiv gehaltenen Tiere. Deshalb sind die auf
diese Weise erzeugten Lebensmittel teurer.

Warum nicht mehr Öko-Betriebe?

Obwohl die Nachfrage nach „Bio-Produkten"
gestiegen ist, werden nach wie vor die
meisten Nutztiere in nicht ökologischen

3 Schweine in einem Öko-Betrieb

Betrieben gehalten. Das liegt vor allem an
uns, den Verbrauchern: Wir wollen Lebensmittel möglichst günstig einkaufen. Das hat
zur Folge, dass die Landwirte immer mehr
und noch billiger produzieren müssen.

Wenn wir alle bereit wären, mehr Geld
für Tierprodukte auszugeben, und gleichzeitig weniger Tierprodukte verzehren würden, könnten mehr Tiere artgerechter gehalten werden. Das würde nicht nur den
Tieren nützen, auch wir Menschen hätten
einen Vorteil davon: Wir würden gesünder
leben.

**Auch Nutztiere haben spezielle Bedürfnisse.
Deshalb ist es wichtig, sie möglichst artgerecht zu halten.**

Gülle
Mischung aus Kot,
Urin und Wasser

Nachfrage
Interesse, etwas zu
kaufen

Aufgaben

1 Fasse zusammen, was man
unter intensiver Tierhaltung
versteht. Liste dazu zunächst
die Schlüsselwörter aus dem
Text auf. (💡 S. 221)

2 „Letztlich entscheiden wir
alle mit über die Art der
Tierhaltung." Erläutere diese
Aussage. (💡 S. 222)

3 In Öko-Betrieben ist der
Einsatz von Medikamenten
in der Tierhaltung streng geregelt. Erläutere, inwiefern
dies auch uns Menschen zu-
gutekommt.

4 „Bio" oder „Nicht-Bio"?
Wie würdet ihr euch beim
Einkaufen entscheiden?
Bildet eine PRO- und eine
CONTRA-Gruppe und
diskutiert darüber.

5 Erkläre, weshalb von einer
artgerechten Tierhaltung
auch die Landwirte und
Verbraucher profitieren.

6 Recherchiere, was man
LS unter Silage und Kraftfutter
versteht, und berichte in der
Klasse darüber (▶ S. 214).

p9kn55

Material 1

Tierschutz: Hühnerhaltung

Wie werden Hühner gehalten?

Käfighaltung

Es gibt verschiedene Formen der Käfighaltung. Die Haltung in kleinen Käfigen nennt man Legebatterie. Hier teilen sich mehrere Hennen einen kleinen Käfig. Jede Henne hat für sich nur 550 cm² (Quadratzentimeter) zur Verfügung. Diese Haltungsform ist allerdings seit 2012 in der Europäischen Union verboten. Erlaubt ist noch die Kleingruppen-Käfighaltung. Hier leben die Hennen in Kleingruppen in Käfigen mit 800 cm² Platz pro Henne. Es gibt Nester und Sitzstangen.

Bodenhaltung

Hühner in dieser Haltungsform verbringen ihr ganzes Leben im Stall. Auf einer Fläche von einem Quadratmeter (1 m²) dürfen bis zu neun Hennen gehalten werden. Eine Bodenhaltung mit mehreren Etagen übereinander heißt Volierenhaltung. Hier können bis zu 18 Hennen auf einer Fläche von einem Quadratmeter gehalten werden.

Freilandhaltung

Im Stall leben auch hier neun Hennen auf 1 m². Zusätzlich haben sie einen Auslauf mit einem Unterstand, Bäumen oder Sträuchern zur Verfügung. Das ist wichtig, damit sich die Hennen vor natürlichen Feinden verstecken können. Der Auslauf muss so groß sein, dass jedes Huhn 4 m² zur Verfügung hat.

Ökologische Haltung

Auch hier haben die Hennen einen Auslauf mit 4 m² pro Henne zur Verfügung. Der Stall ist jedoch größer als bei der Freilandhaltung. Bei der ökologischen Haltung dürfen pro Quadratmeter nur sechs Hennen gehalten werden. Sie bekommen Futter, das aus ökologischem Anbau stammt, also z. B. nicht mit chemischen Pflanzenschutzmitteln behandelt wurde.

Ein geheimnisvoller Code

Material 2

Hühnereier haben einen Aufdruck mit Zahlen und Buchstaben.
Dieser Code verrät, wie das Huhn gehalten wurde, das dieses Ei gelegt hat. Außerdem zeigt der Code, aus welchem Land und aus welchem Betrieb das Ei stammt.
Übrigens: Je aufwendiger die Haltung der Hühner ist, desto teurer sind die Eier. Am meisten kosten „Bio-Eier".

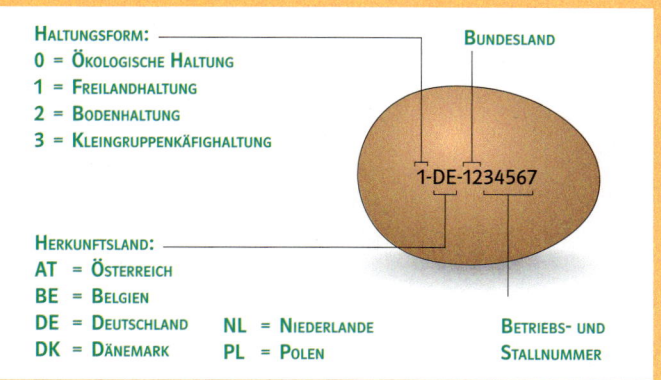

HALTUNGSFORM:
0 = ÖKOLOGISCHE HALTUNG
1 = FREILANDHALTUNG
2 = BODENHALTUNG
3 = KLEINGRUPPENKÄFIGHALTUNG

BUNDESLAND

1-DE-1234567

HERKUNFTSLAND:
AT = ÖSTERREICH
BE = BELGIEN
DE = DEUTSCHLAND   NL = NIEDERLANDE
DK = DÄNEMARK   PL = POLEN

BETRIEBS- UND STALLNUMMER

Material 3

Wie verhalten sich Hühner?

Alle unsere Haushühner-Rassen stammen von wilden Hühnern ab. Vor etwa 3000 Jahren haben die Menschen begonnen, diese wilden Hühner zu zähmen und zu züchten. Heute gibt es allein in Europa über 180 verschiedene Hühnerrassen. Sie alle zeigen noch die Verhaltensweisen ihrer Vorfahren. Wir müssen sie berücksichtigen, um Hühner artgerecht halten zu können:

Hühner ...
- leben in Gruppen. Sie regeln ihr Miteinander durch eine Hackordnung.
- scharren nach ihrem Futter.
- baden gerne im Sand, z.B. um sich vor Parasiten zu schützen.
- suchen im Freien oft einen Platz mit Dach, um sich vor Raubvögeln zu verstecken.
- fressen Samen, Würmer, Insekten und Beeren.

Aufgaben

1 Lies Material 1.
a) Zeichne mit Kreide ein Quadrat mit einer Seitenlänge von jeweils einem Meter auf den Boden. (💡 S. 222)
b) Wie viele Hennen teilen sich diese Fläche bei den unterschiedlichen Haltungsformen? Erstelle eine Tabelle.

2 Lies Material 2.
Erkläre, inwiefern sich die Informationen, die dir der Eier-Code gibt, auf dein Kaufverhalten auswirken können.

3 Lies Material 3.
a) Vergleiche dies mit den Informationen aus Material 1.
b) Diskutiert gemeinsam, inwiefern die Hühner bei den verschiedenen Haltungsformen aus Material 1 ihr natürliches Verhalten ausleben können.

Gräser ernähren die Menschheit

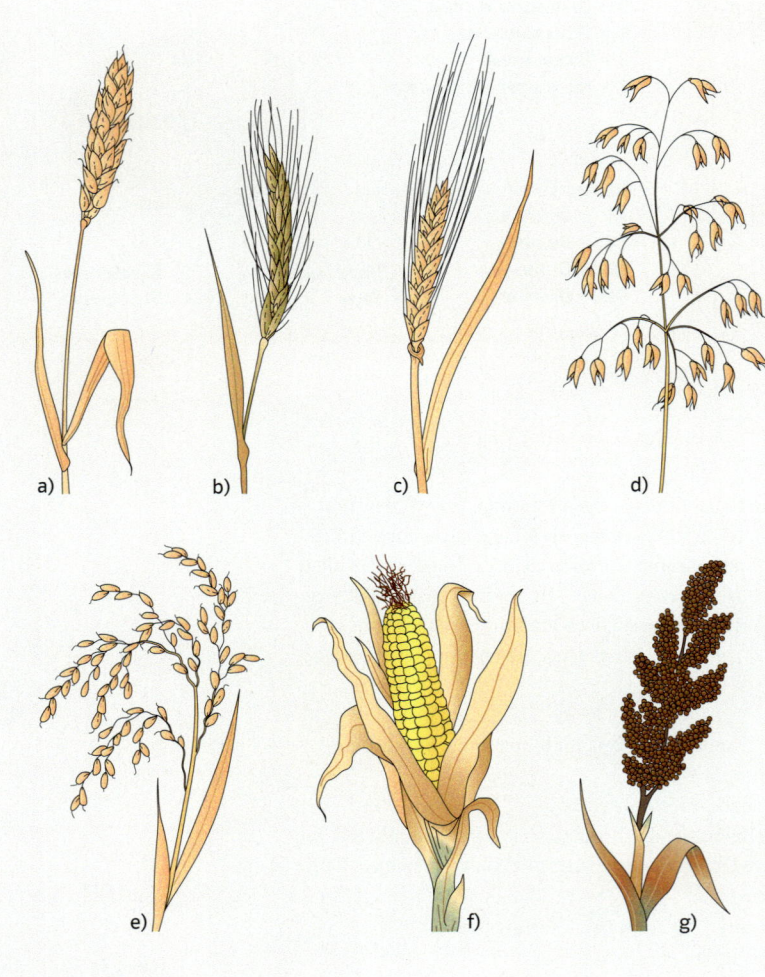

a) Der **Weizen** ist das wichtigste Brotgetreide. Er wächst nicht nur sehr schnell, sondern kann mehrfach im Jahr angepflanzt werden. Fein gemahlen ergeben die Körner ein hochwertiges Mehl.

b) Ein ebenfalls wichtiges Brotgetreide ist der **Roggen**. Roggenprodukte sind an der Färbung zu erkennen: Roggenbrötchen und -brote sind dunkler als Produkte aus Weizenmehl.

c) Die **Gerste** baut man als Futtergetreide für das Vieh an. Lässt man Gerstenkörner keimen und röstet sie anschließend, erhält man Malz. Malz bildet die wichtigste Grundlage bei der Herstellung von Bier.

d) Der **Hafer** war früher Pferdefutter. Heute verarbeitet man die Körner zu Haferflocken.

e) Der **Reis** ist eine Sumpfpflanze. Man baut ihn dort an, wo genügend Wasser und Wärme vorhanden sind. Ursprünglich stammt der Reis aus Ostasien. Fast die Hälfte der Erdbevölkerung ernährt sich von Reis.

f) Der **Mais** dient als Futterpflanze für Rinder. Wir essen Zuckermais als Gemüse oder Popcorn.

g) Die **Hirse** war vor dem Anbau der Kartoffelpflanze ein wichtiges Nahrungsmittel in Europa. Hirsebrei gehört heute in den tropischen Gebieten Afrikas zur täglichen Mahlzeit.

1 Gertreidearten

Getreide ist eine wichtige Nahrungsgrundlage für den Menschen. Seine Körner enthalten viel Stärke. Alle Getreidearten sind Gräser. Sie werden seit 9 000 Jahren angebaut. Man hat sie aus Wildgräsern gezüchtet. Dazu wurden immer nur die Körner von kräftigen Pflanzen mit vielen großen Körnern ausgesät. Außerdem sollten die Körner sich zur Ernte leicht aus der Ähre herauslösen lassen.

Alle Getreidearten sind Gräser. Sie sind eine wichtige Nahrungsgrundlage des Menschen.

Aufgaben

1 Schreibe in Stichworten die Getreidearten und ihre Nutzung auf. (💡 S. 222)

2 Beschreibe an einem Beispiel, wie die verschiedenen Getreidearten gezüchtet wurden.

3 Erstellt zu zweit eine Präsentation, in der ihr Grundschulkindern die Getreidearten vorstellt (► S. 214).

Von der Wildpflanze zur Kulturpflanze

Seit die Menschen sesshaft wurden, züchten sie Pflanzen. Durch Pflanzenzüchtung werden aus Wildpflanzen Kulturpflanzen mit bestimmten gewünschten Eigenschaf-
5 ten. Alle unsere Getreide, Gemüse, Obst- und Zierpflanzen sind durch Züchtung entstanden.

Vom Wildkohl zum Gemüsekohl

Schon vor über 2000 Jahren wurden zum Bei-
10 spiel in Griechenland verschiedene Kohl-sorten angebaut. Sie waren wesentlich kräftiger als die Wildform. Die Wildform aller heute bekannten Kohlsorten ist der Wildkohl (▷ B 1). Er wächst noch heute auf der Insel
15 Helgoland.

Die Menschen fanden bestimmte Teile des Wildkohls besonders schmackhaft. Diese nutzten sie dann für die Züchtung und vermehrten immer nur die kräftigsten Pflanzen
20 mit den gewünschten Eigenschaften. Man bezeichnet dies als Auslesezüchtung. (► Entwicklung, S. 202/203)

Raps liefert Energie und verbessert den Boden

25 Der Raps ist nahe mit dem Kohl verwandt. Auch die heutigen Rapssorten sind durch Auslesezüchtung entstanden. Die Samen der Rapspflanze enthalten sehr viel Öl. Das Öl kann man als Brennstoff für Öllampen,
30 Schmiermittel für Maschinen und zur Herstellung von Biodiesel nutzen. In der Küche ist Rapsöl ein wertvolles Speiseöl.

1 Kohlsorten und Wildkohl

Besonders auf Äckern mit starker Bodenverdichtung kann Raps mit seinen tiefen
35 Wurzeln den Boden auflockern. Wenn man die Pflanzen anschließend unterpflügt, wird der Boden zusätzlich mit organischem Material angereichert. Solche Gründüngung fördert die Humusbildung.

sesshaft
an einem Ort
wohnend

schmackhaft
gut schmeckend

Aufgaben

1 Vergleiche die verschiedenen Kohlsorten mit dem Wildkohl und benenne jeweils die Teile, die wir als Gemüse essen.

2 Alle unsere Nutzpflanzen sind durch Züchtung aus Wildpflanzen entstanden. Nenne zwei weitere Beispiele und das jeweilige Zuchtziel.

3 Erläutere am Beispiel des Weißkohls, wie Pflanzen gezüchtet werden.

4 Bereite einen kurzen Vortrag zur Nutzung von Raps vor (► S. 214).

p9kn55

Eichhörnchen sind Kletterkünstler

Material 1

Lebensweise		
Eichhörnchen **balancieren** und **springen** von Ast zu Ast. Dabei überwinden sie Entfernungen von bis zu 5 Metern.	Eichhörnchen **klettern** geschickt Baumstämme hinauf und hinunter, ohne dabei zu fallen.	**Nüsse und Samen** sind eine wichtige Nahrungsquelle für Eichhörnchen. Sie **knacken** die harten Schalen mühelos.
Angepasstheit		
Mit den **kräftigen Hinterbeinen** kann sich das Eichhörnchen für weite Sprünge abstoßen. Der **Schwanz** dient im Sprung als **Steuerruder**.	Spitze **Krallen** an allen Pfoten geben den Eichhörnchen festen Halt beim Klettern.	Die **Nagezähne** des Eichhörnchens haben **scharfe Kanten** und wachsen ein Leben lang nach.

Material 2

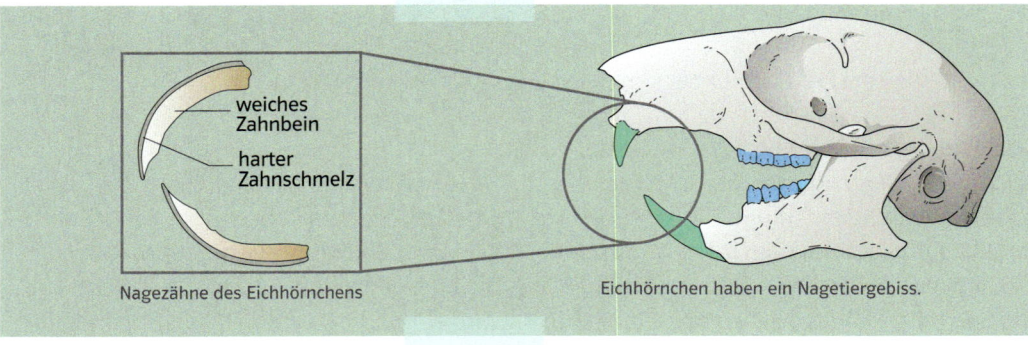

weiches Zahnbein

harter Zahnschmelz

Nagezähne des Eichhörnchens

Eichhörnchen haben ein Nagetiergebiss.

Aufgaben

1 Lies Material 1.

a) Erstelle eine Mind-Map zum Thema „Das Eichhörnchen in seinem Lebensraum" (► S. 213). (💡 S. 222)

b) Ein Freund befragt dich über die Lebensweise von Eich-
LS hörnchen. Beschreibe in eigenen Worten, was du weißt.

2 Sieh dir Material 1 und Material 2 an.
Das Eichhörnchen frisst auch weiches Futter. Manchmal sogar Insekten oder Schnecken. Erkläre, was passiert, wenn es sich nur noch von weichem Futter ernährt.

3 Betrachte Material 2. Vergleiche in einer Tabelle das Nagetiergebiss mit zwei anderen Gebisstypen (► S. 162, ► S. 173). Notiere zunächst die typische Nahrung der Tiere. Nenne und begründe dann die Unterschiede der Gebisstypen.

Der Maulwurf lebt im Boden

p9kn55

Maulwürfe verbringen den größten Teil ihres Lebens im Boden. Sie sind an diesen Lebensraum angepasst.

Gut angepasst

5 Der Maulwurf ist etwa 15 cm lang. Sein Körper ist walzenförmig. Er hat einen nach vorne schmal zulaufenden Kopf und eine rüsselförmige Nase. Beides erleichtert ihm das Wühlen in der Erde. Sehr auffällig sind
10 seine kurzen, aber kräftigen Grabhände (▷ B 2). Oberhalb des Daumens befindet sich eine zusätzliche Kralle: das **Sichelbein**. Es macht die Grabhand noch breiter.

Das Fell des Maulwurfs ist sehr dicht und
15 lässt sich gleich gut nach vorne und nach hinten streichen. Man sagt, es hat keinen **Strich**. Damit kann der Maulwurf sowohl vorwärts als auch rückwärts gut durch die Gänge kriechen.

20 Der Maulwurf sieht schlecht. Umso besser sind sein Geruchssinn und sein Tastsinn. Die Ohren liegen unter dem Fell und haben keine Ohrmuscheln. Sie behindern ihn nicht, wenn er durch die engen Gänge kriecht. Trotzdem
25 hört der Maulwurf sehr gut.

Maulwürfe fressen Würmer, Insekten und deren Larven, aber auch kleine Wirbeltiere wie Wühlmäuse. Ihr **Insektenfressergebiss** zeigt die typischen spitzen Zähne (▷ B 1).
30 (▶ Struktur-Eigenschaft-Funktion, S. 200/201)

Maulwürfe sind durch den walzenförmigen Körper, die Grabhände und das Fell ohne Strich an das Leben unter der Erde angepasst. Der feine Geruchs- und Tastsinn helfen
35 **ihnen, sich dort zu orientieren.**

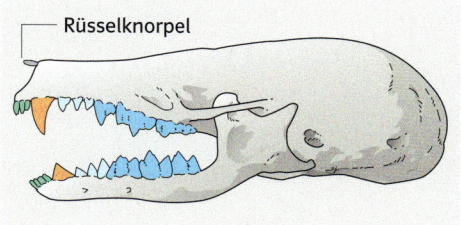
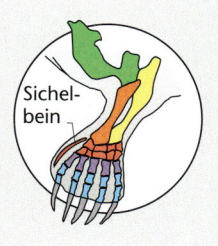

1 Der Maulwurfsschädel: Insektenfressergebiss   2 Grabhand

3 Maulwurf

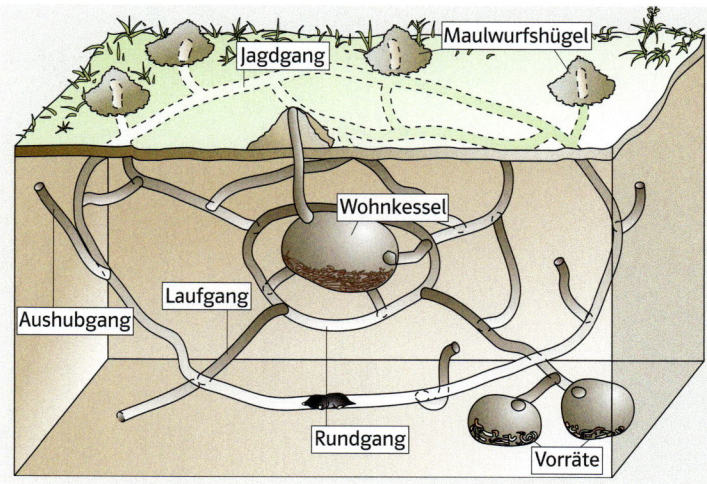

4 Das Gangsystem eines Maulwurfs

Aufgaben

○ 1 Nenne die Angepasstheiten des Maulwurfs an seinen Lebensraum. (💡 S. 222)

◔ 2 Beschreibe das Gangsystem
LS des Maulwurfs mithilfe von Bild 4.

● 3 Viele Gartenbesitzer verjagen Maulwürfe oder stellen sogar spezielle Fallen auf. Beurteile dieses Verhalten.

Spechte: Zimmerleute des Waldes

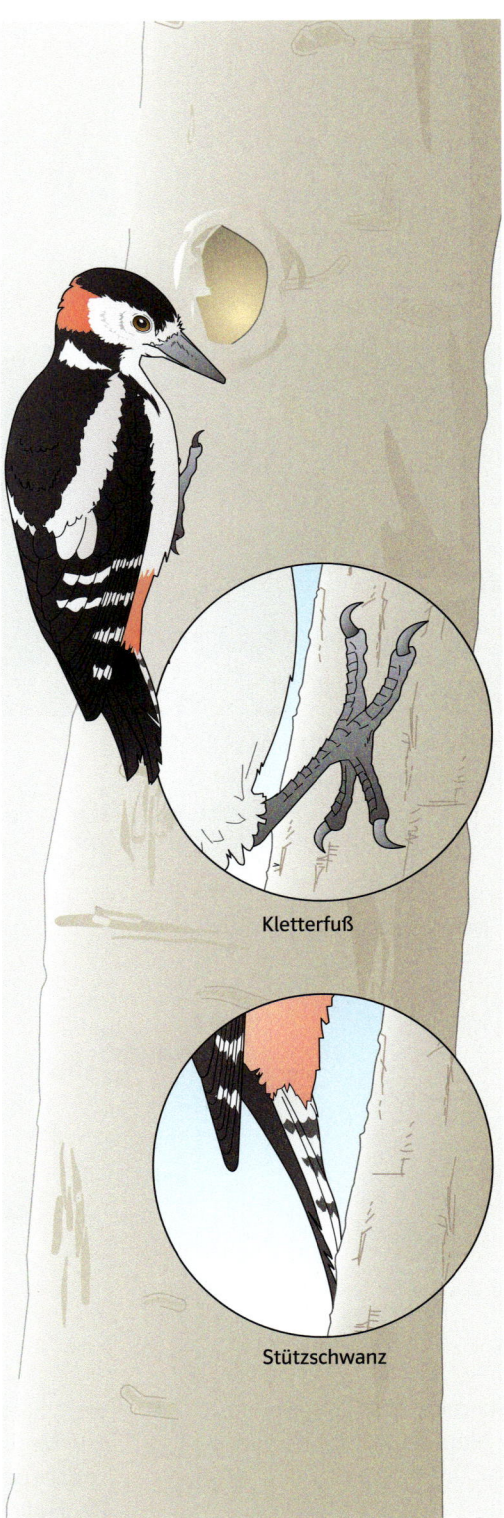

Kletterfuß

Stützschwanz

1 Angepasstheiten an das Leben auf Bäumen

Trommeln im Wald

Lautes Trommeln verrät den **Buntspecht**
(▷ B 1, B 4). Damit lockt das Männchen ein
Weibchen an. Gleichzeitig steckt das Männ-
chen damit auch sein Revier ab.

Die Nahrung des Buntspechts besteht aus
den Samen in den Zapfen von Nadelbäumen,
aus Früchten sowie Insekten und deren Larven. Mit seinem kräftigen Schnabel meißelt
der Buntspecht Äste, Nüsse und die Zapfen
auf. Man nennt den Schnabel deshalb
Meißelschnabel. Eine elastische Verbindung
zwischen Schnabel und Schädel und
schwammartige Knochen federn die harten
Stöße ab, die beim Meißeln entstehen.

Kletterkünstler mit Harpune

Spechte können ihre lange **Zunge** weit vor-
strecken. Sie ist klebrig und besitzt vorne kleine **Borsten** (▷ B 2). An ihnen bleiben Insekten
wie an Widerhaken hängen. Die längste Zunge hat der **Grünspecht** (▷ B 5). Er kann sie bis
zu 10 cm weit ausstrecken und im Boden oder
an Baumstämmen nach Ameisen, seiner Lieb-
lingsnahrung, suchen.

Der **Kletterfuß** hat spitze Krallen. Damit
können sich Spechte an Baumstämmen ein-
haken und hinaufklettern. Zwei Zehenpaare
stehen einander gegenüber (▷ B 1). Das untere Zehenpaar dient als Stütze, das obere als
Haken. Zusammen mit den festen Federn des

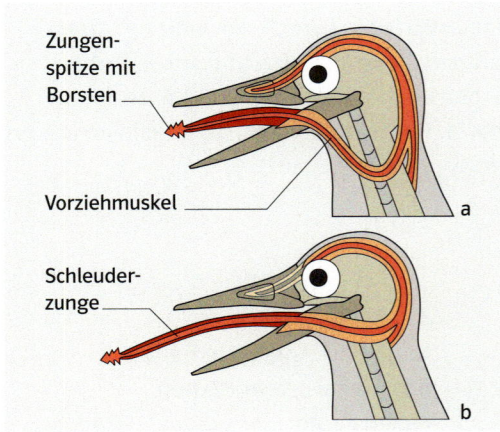

Zungen-
spitze mit
Borsten

Vorziehmuskel   a

Schleuder-
zunge

                                 b

2 So funktioniert die Spechtzunge.

3 Spechtschmiede

4 Buntspecht

5 Grünspecht

Stützschwanzes helfen die Zehenpaare den Spechten beim Klettern (▷ B 1). (► Struktur-Eigenschaft-Funktion, S. 200/201)

Spuren im Wald

35 Im Herbst und im Winter findet der Buntspecht nicht mehr genug Insekten. Dann ernährt er sich hauptsächlich von den Samen der Nadelbäume und von Haselnüssen. Er klemmt die Zapfen oder Haselnüsse fest in
40 eine Baumspalte, die er manchmal selbst zurechtmeißelt. Nüsse behackt er immer der Länge nach, bis sie aufspringen. Dicht am Baumstamm liegen dann Haselnussschalen oder die Reste der Zapfen. Solche Baumstäm-
45 me nennt man **Spechtschmiede** (▷ B 3). Da der Vogel die Spechtschmiede mehrfach benutzt, findet man darunter stets größere Abfallmengen.

Nachmieter für Spechthöhlen

50 Spechte bauen keine Nester. Sie brüten in **Bruthöhlen**, die sie selbst in meist morsche Bäume gemeißelt haben. Für den Nestbau braucht ein Spechtpärchen ungefähr 2 bis 4 Wochen. Die Eier werden auf den Boden der
55 Bruthöhle abgelegt und abwechselnd von beiden Eltern ausgebrütet.

Viele andere Vogelarten, zum Beispiel Meisen, Stare und Dohlen, sind auf leere Spechthöhlen als Nistplätze angewiesen.
60 Aber auch Fledermäuse und sogar Hornissen nutzen verlassene Spechthöhlen.

**Der Meißelschnabel, die lange Zunge, die Kletterfüße und der Stützschwanz sind Angepasstheiten der Spechte an ihren
65 Lebensraum und ihre Lebensweise. Spechte sind Höhlenbrüter.**

morsch
zerfällt leicht

Aufgaben

1 Beschreibe, wie Spechte an ihren Lebensraum und ihre Lebensweise angepasst sind. (💡 S. 222)

2 Nenne Tiere, die als „Nachmieter" in verlassene Spechthöhlen einziehen. (💡 S. 222)

3 Erkläre, warum der Specht beim Hämmern keine Kopfschmerzen bekommt.

4 Formuliere zu jedem der fett
LS gedruckten Begriffe eine Frage. Lasse sie von einer Mitschülerin/einem Mitschüler beantworten.

5 Beschreibe Beispiele, an denen der Zusammenhang zwischen der Struktur eines Organs und seiner Funktion erkennbar wird.

6 „Der Buntspecht ist ein Schädling, weil er Löcher in Bäume hackt." Bewerte diese Meinung.

p9kn55

Lurche – im Wasser und an Land

Material 1

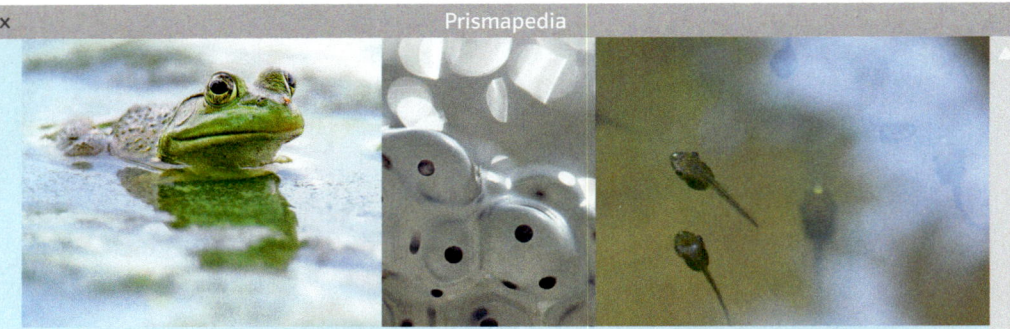

Prismapedia

Entdeckungen im Gartenteich

Im letzten Frühjahr habe ich in unserem Gartenteich einen etwa faustgroßen glibberigen Ballen mit vielen dunklen Punkten darin entdeckt. Was ist das? Ich habe gleich unsere Nachbarin, Frau Wassermann, gefragt. Sie ist Biologin und kennt sich aus.

Frau Wassermann: Das ist Laich von einem Grünfrosch. Die Weibchen geben im Frühjahr eine große Anzahl von durchsichtigen Eiern ab, die man als Laich bezeichnet.
    Jonas: Aha, und daraus entwickeln sich dann die Frösche?
Frau Wassermann: Zuerst müssen die Männchen die Eier besamen. Aus den befruchteten Eiern entwickeln sich dann kleine Larven, die Kaulquappen. Sie schlängeln sich mit ihrem Ruderschwanz durchs Wasser und atmen durch Kiemen, die außen am Kopf sitzen.
    Jonas: Und wie werden aus den Kaulquappen richtige Frösche?
Frau Wassermann: Die Umwandlung einer Kaulquappe zum Frosch dauert etwa drei Monate. In dieser Zeit entwickeln sich nach und nach die Lunge und die Beine. Der Ruderschwanz bildet sich zurück. Dann kann der kleine Frosch auch an Land gehen.

Material 2

Wandernde Erdkröten

Krötenzaun

Teichmolch (Landform)

Lurche brauchen Schutz

Neustadt. Schilder am Straßenrand weisen darauf hin: Bald ist wieder „Krötenwanderung". Aber nicht nur Kröten, auch andere Lurche wandern. Frösche und Kröten sind Froschlurche. Sie haben lange Sprungbeine. Molche und Salamander sehen ganz anders aus. Man bezeichnet sie als Schwanzlurche.

Viele Lurche überwintern in geschützten Verstecken an Land. Zur Paarungszeit im Frühjahr verlassen sie nachts oder in der Dämmerung ihre Verstecke und wandern zu ihren Laichgewässern. Dabei müssen sie oft auch gefährliche Straßen überqueren. Deshalb stellen alljährlich freiwillige Helferinnen und Helfer quer zu den Wanderwegen an den Straßenrändern Krötenzäune auf, die die Lurche aufhalten. Die Lurche laufen an den Zäunen entlang, bis sie durch einen kleinen Tunnel auf die andere Straßenseite gelangen oder in einen Fangeimer fallen. Meist schon sehr früh am nächsten Morgen kommen die Helferinnen und Helfer und bringen die Tiere aus den Fangeimern sicher auf die andere Straßenseite. Zusätzliche Hilfe ist bei diesen „Lurch-Aktionen" immer willkommen.

Mit der Klasse auf Exkursion zum Teich

Simona und Felix sind mit ihrer Klasse auf Exkursion zu einem Teich in
der Nähe ihrer Schule. Im Unterricht haben sie schon viel über Lurche gelernt.
Jetzt wollen sie selbst welche entdecken. Der Teich ist ein natürlicher
Lebensraum für einige Lurche und bietet gute Chancen, die Tiere zu beobachten.
Felix beobachtet einen Lurch und macht sich Notizen. Simona macht mit ihrer
Kamera ein Foto von einem anderen Tier.

Meine Beobachtungen:

Auf das Tier bin ich aufmerksam
geworden, weil es so laut gequakt
hat. Beim Quaken hatte es
seitlich am Kopf zwei weiße
Blasen. Das Tier war grün mit
dunklerem Muster. Es saß am
Teich auf dem Blatt einer
Wasserpflanze. Dort habe ich es
zuerst kaum erkannt, weil es so
gut getarnt war.

Felix

Aufgabe

1 Lies Material 1.
- a) Beschreibe die Fortpflanzung und die Entwicklung
  eines Grünfroschs. (💡 S. 222)
- b) Erläutere, worum es sich bei
  den dunklen Punkten im
  Laich handelt.
- c) Erkläre, warum Frösche
  selten an schnell fließenden
  Gewässern vorkommen.

2 Lies Material 2.
- a) Erläutere, warum Lurche im
  Frühjahr auf Wanderschaft
  gehen. (💡 S. 222)
- b) Berichte, welchen Gefahren
  die Tiere unterwegs ausgesetzt sind.
- c) Überlege, durch welche Maßnahmen Lebensräume für
  Lurche verloren gehen.

3 Lies Material 3.
- a) Felix ist nicht sicher: Hat er
  einen Grünfrosch oder einen
  Laubfrosch beobachtet?
  Nimm ein passendes Bestim-
  mungsbuch oder eine App zu
  Hilfe und gib Felix einen Tipp.
- b) Finde heraus, welches Tier Simona fotografiert hat. Notiere den Namen und begründe
  deine Entscheidung.

177

Pflanzen im Klassenzimmer

1 Den Wasserbedarf beachten
Gieße regelmäßig, aber nicht zu viel.
Zu viel Wasser schadet den Wurzeln.
Sie können faulen.

2 Auf Schädlinge achten
Kontrolliere deine Pflanze
regelmäßig auf Schädlinge wie
Blattläuse oder Milben.

3 Regelmäßig umtopfen
Wenn deine Zimmerpflanze stark gewachsen ist,
benötigt sie einen neuen Topf mit frischer
Blumenerde. Du musst sie dann „umtopfen".

4 Richtig düngen
Damit die Zimmerpflanze genügend
Mineralstoffe erhält, musst du sie
regelmäßig düngen. Informiere dich,
in welchen Abständen deine Pflanze
gedüngt werden sollte.

5 Den Standort wählen
Jede Pflanze benötigt ganz
spezielle Licht- und Tempera-
turverhältnisse. Informiere
dich, wo deine Zimmerpflanze
am besten wachsen kann.

6 Die Luft feucht halten
Viele Zimmerpflanzen kommen aus tropischen
Ländern mit feuchtwarmem Klima. Sie sind die
trockene Heizungsluft nicht gewöhnt. Besprühe
deshalb solche Zimmerpflanzen ab und zu mit
Wasser aus einer Sprühflasche.

1 Zimmerpflanzen richtig pflegen

Mit Pflanzen sieht ein Klassenzimmer oft viel
lebendiger aus. Aber nicht immer gedeihen
Pflanzen dort gut. In ihrer Heimat herrschen
nämlich andere Lebensbedingungen als
5 bei euch. Mit diesen Tipps gelingt euch die
Pflege von **Zimmerpflanzen** bestimmt

(▷ B 1). Bevor ihr aber Pflanzen für die Klasse
anschafft, müsst ihr klären, wie diese in den
Ferien versorgt werden können.

10 Zimmerpflanzen brauchen die richtige
Pflege, um gedeihen zu können.

gedeihen
gut wachsen

Aufgaben

○ **1** Erstellt ein Plakat mit Pflege-
hinweisen für eure Zimmerpflanzen. (💡 S. 222)

◒ **2** Erkläre, warum man Zimmerpflanzen regelmäßig um-
topfen sollte.

● **3** Informiere dich im Internet,
LS   wie man richtig umtopft.
Schreibe eine kurze Anlei-
tung dazu.

Zimmerpflanzen selbst gezogen

1 Buchstabensalat

Kresse schmeckt auf einem Tomatenbrot besonders gut.

Material
Blumendraht, Watte, Kressesamen, Teller, Wasser, Sprühflasche

Versuchsanleitung
a) Forme aus Blumendraht den Anfangsbuchstaben deines Namens.
b) Wickle eine dicke Watteschicht um den Draht und lege den Buchstaben auf einen Teller.

1 Kressebuchstabe aus Kressesamen

c) Besprühe den Buchstaben mit Wasser und streue Kressesamen darauf (▷ B 1).
d) Befeuchte die Watte in den nächsten Tagen immer wieder.
e) Notiere deine Beobachtungen.

2 Anzucht von Kopfstecklingen

Material
Zyperngras, Messer, Tasse, Wasser, Blumentopf, Erde

Versuchsanleitung
a) Schneide mit dem Messer einen Zyperngras-Stängel ungefähr 5 cm unterhalb der Blätter ab.
b) Kürze alle Blätter um die Hälfte.
c) Stecke den Stängel mit den Blättern nach unten in eine Tasse mit Wasser (▷ B 2).
d) Pflanze den Kopfsteckling in einen Topf mit Erde, wenn er Wurzeln bekommen hat.
e) Achte darauf, dass die junge Zyperngraspflanze immer feucht bleibt.

Aufgaben
1. Erkläre, weshalb man den Vorgang „Anzucht von Kopfstecklingen" nennt.

2 Kopfsteckling von Zyperngras

3 Ableger der Grünlilie

Material
Grünlilie mit Ablegern, Glas, Wasser, Blumentopf, Erde

Versuchsanleitung
a) Trenne von einer Grünlilie einen Ableger ab und lege ihn in ein Glas.

b) Fülle so viel Wasser in das Glas, dass die kleinen Wurzeln bedeckt sind.
c) Beobachte den Ableger ungefähr 3 – 4 Wochen lang.
d) Notiere eine Beobachtungen.

4 Eine Avocadopflanze

Material
Avocadokern, Messer, 3 Zahnstocher, Glas, Wasser, Blumentopf, Erde

Versuchsanleitung
a) Schneide einen Avocadokern an der breiten Seite bis zur Mitte auf.
b) Stich die Zahnstocher an drei Stellen in den Kern und lege ihn auf ein Glas mit Wasser (▷ B 3). Nur der untere Teil des Kerns darf dabei in das Wasser eintauchen.
c) Fülle regelmäßig frisches Wasser in das Glas.
d) Beobachte den Kern einige Wochen lang.
e) Notiere deine Beobachtungen.
f) Setze die junge Avocadopflanze in einen Blumentopf mit Erde, wenn die ersten Wurzeln und Blätter gewachsen sind.

3 Anzucht einer Avocadopflanze

e) Pflanze die Grünlilie in einen Topf mit Blumenerde, wenn die Wurzeln deutlich länger geworden sind.
f) Gieße die junge Grünlilie regelmäßig.

p9kn55

Blattformen und Angepasstheiten

Die Blätter von Pflanzen können sehr unterschiedlich aussehen. Ihr Aufbau und ihre Form sind immer an den Lebensraum oder die Lebensweise der Pflanze angepasst.

5   Die **Schwimmblätter** der Seerose sind besonders stabil gebaut. Dadurch können Wellen und Strömung sie nicht beschädigen. Ihre Oberfläche ist mit Wachs überzogen, sodass Tropfen abperlen (▷ B 1).

10   Auf Mauern und in trockenen Gebieten wachsen oft Pflanzen mit kleinen und dicken Blättern. Sie geben nur wenig Wasser an die Umgebung ab und haben spezielles Gewebe zum Speichern von Wasser. Der Scharfe Mau-

15 erpfeffer hat solche **Speicherblätter** (▷ B 2).

stabil
fest, hart

Die Blätter der Erbse sind im oberen Teil in Ranken umgewandelt. Mit diesen **Blattranken** kann die Pflanze klettern und besser an das Licht gelangen (▷ B 3).

20   Der fleischfressende Sonnentau wächst auf mineralstoffarmen Moorböden. Seine Blätter sind in **Fangblätter** umgewandelt. An den klebrigen Fortsätzen am Blattrand bleiben kleine Insekten hängen. Sie werden

25 in den Blättern verdaut. Auf diese Weise bekommt die Pflanze Mineralstoffe, die im Moorboden fehlen (▷ B 4).

Pflanzen sind unter anderem über die Blätter an ihren Lebensraum angepasst.

1 Schwimmblatt: Seerose

2 Speicherblatt: Scharfer Mauerpfeffer

3 Blattranke: Erbse

4 Fangblatt: Sonnentau

Aufgaben

○ **1** Nenne vier verschiedene Angepasstheiten von Blättern an den Lebensraum der Pflanze. (💡 S. 222)

◔ **2** Überlege, in welchem Lebensraum Pflanzen ohne dicke Wachsschicht leben können.

● **3** Stelle eine Vermutung an, warum sich die Spaltöffnungen von Seerosenblättern auf der Blattoberseite befinden.

Überleben im Wasser

Pflanzen, die im Wasser leben, müssen mit Wellen, Strömungen und wechselnden Wasserständen zurechtkommen. Die Pflanzen eines Sees sind an die unterschied-
5 lichen Bedingungen in den verschiedenen Zonen des Sees angepasst.

Das Schilfgras am Rand des Sees hat lange, biegsame Stängel. Es ist sehr groß und hat lange Blätter. So schaut es auch bei
10 höherem Wasserstand noch aus dem Wasser heraus (▷ B 1).

Die Stängel von Schwimmblattpflanzen wie zum Beispiel der Seerose sind lang und biegsam. Wasserströmungen und Wellen

15 können ihnen nichts anhaben. Im Inneren haben sie Luftkanäle (▷ B 1). So gelangt Sauerstoff bis zu den Wurzeln, die am Boden des Sees verankert sind. Die großen Schwimmblätter, die auf dem Wasser liegen,
20 haben Luftkammern. Ihre Oberseite ist mit Wachs überzogen, sodass Wassertropfen sofort abperlen.

Tauchblattpflanzen, wie z. B. das Hornblatt, wachsen in einer Tiefe von bis zu 8 Metern.
25 Ihre Stängel sind elastisch und mit Luft-räumen ausgestattet. Die kleinen Blätter rund um den Stängel sind gefiedert oder fein zerschlitzt (▷ B 1).

Zone
festgelegter Bereich

gefiedert
aus vielen einzelnen Blättchen bestehend

zerschlitzt
hat viele kleine Schlitze

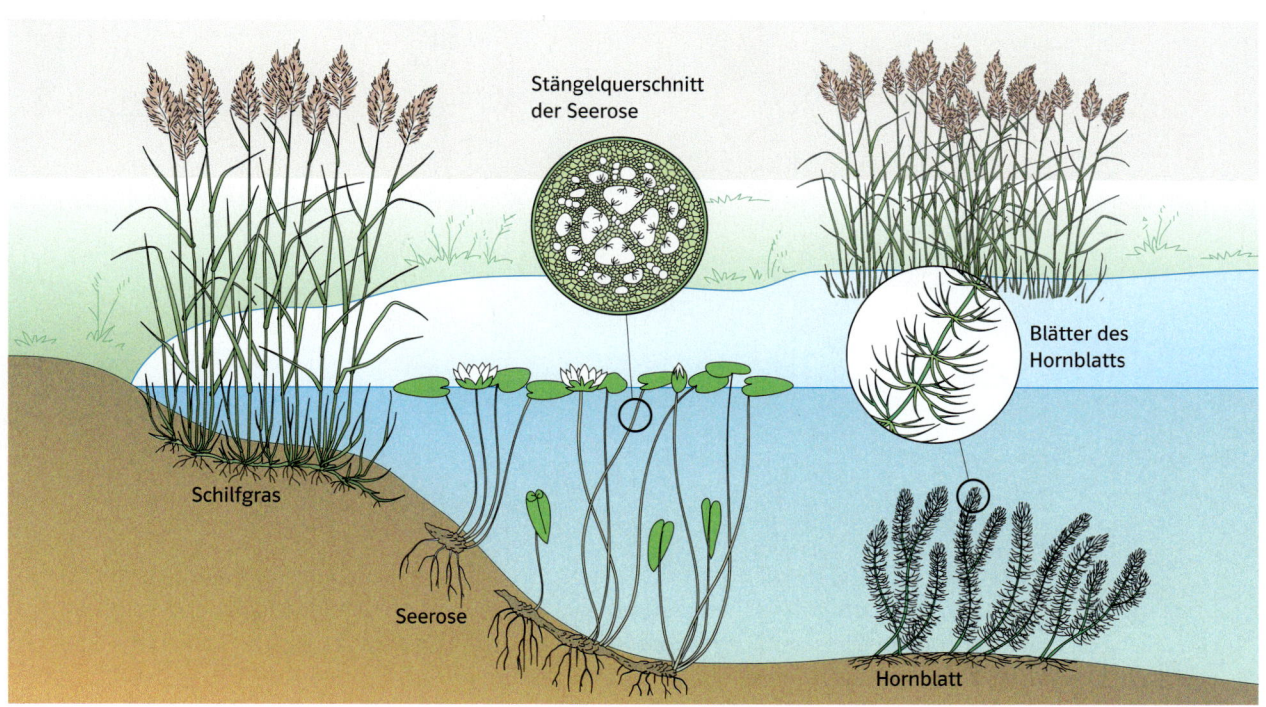

1 Pflanzen eines Sees

Aufgaben

1 Beschreibe, wie Sauerstoff zu den Wurzeln der Seerose gelangt.

2 Stelle in einer Tabelle dar, wie die Pflanzen der einzelnen Zonen des Sees an das Wasserleben angepasst sind.

3 Erläutere die Vorteile kleiner Blätter im Wasser.

p9kn55

Vielfalt in meiner Umgebung

Vögel möchten hoch hinaus

In den Bäumen auf dem Schulgelände triffst du häufig Vögel an, die sich auch gern in Gärten oder Parkanlagen aufhalten. Die

Tiere und Pflanzen am Schulteich

An warmen Sommertagen schwirren über
20 dem Wasser des Schulteiches blau schillernde Libellen. Manchmal kannst du sie auch bei einem Sonnenbad auf einem Stein beobachten. Ihre Larven entwickeln sich im Wasser.

Blaumeise

Laufkäfer

Kreuz-spinne

Nackt-schnecke

Regenwurm

Schilf

Rispengras

Sumpf-Schwertlilie

Assel

Teichmolch

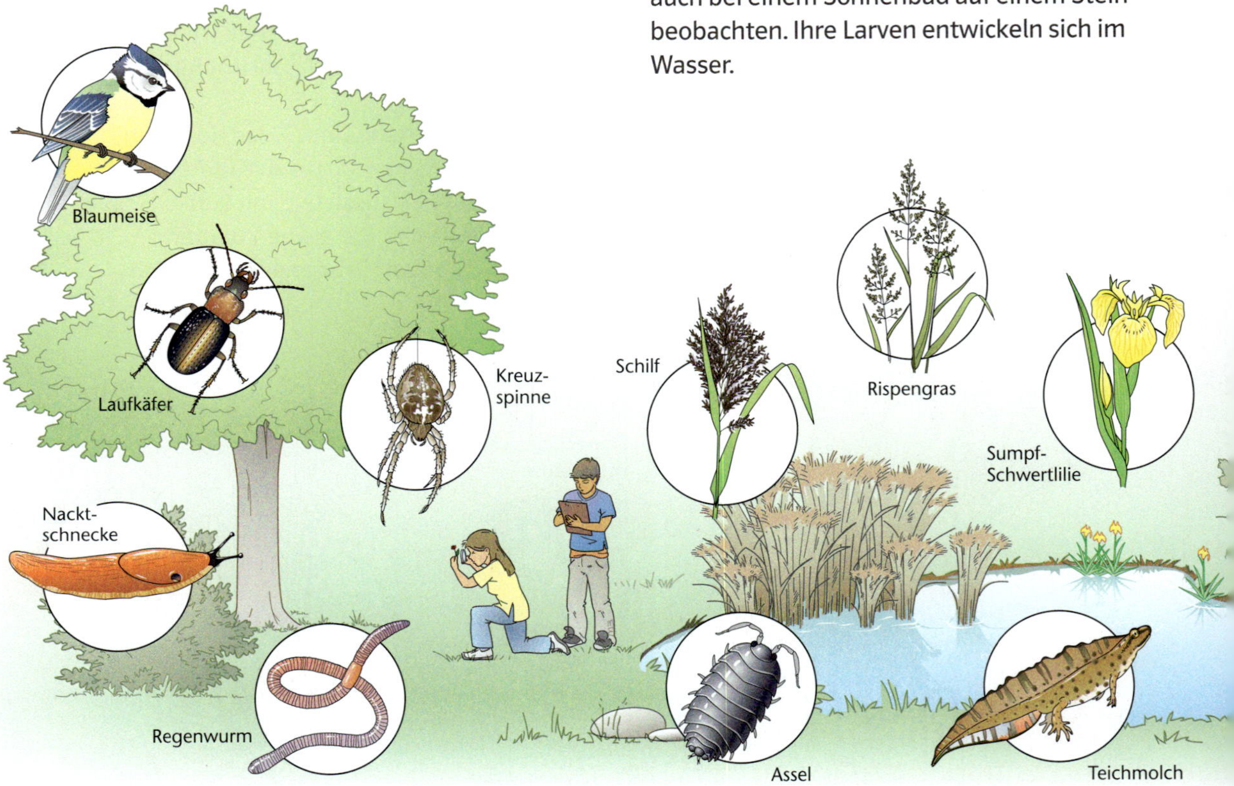

1 Tiere und Pflanzen auf dem Schulgelände

5 Blaumeise (▷ B 1; B 2) ernährt sich vor allem von den dort lebenden Insekten. Aber auch Beeren und Knospen gehören zu ihrer Nahrung. Sein Nest baut dieser Vogel in hoch liegenden Baumhöhlen. (► System, S. 198/199)

10 Viele gute Verstecke

Unter Brettern und Steinen kannst du häufig Asseln, Ohrwürmer und Hundertfüßer finden. Nacktschnecken verstecken sich an feuchten Stellen unter dichten Pflanzen. Sie meiden
15 die pralle Sonne, denn diese würde sie austrocknen. Spinnen bauen ihre Netze in den Zweigen von Sträuchern und Bäumen (▷ B 1).

25 Wenn du genau hinschaust, entdeckst du im Wasser auch Teichmolche. Manchmal triffst du sie aber auch an Land unter Steinen an (▷ B 1).

Am Ufer wächst vielleicht Schilf oder es
30 blühen gelbe Schwertlilen.

Leben in der Hecke

Das Schulgelände ist voller blühender Pflanzen. In den Hecken leuchten zum Beispiel die großen Blüten der Heckenrosen (▷ B 3). Sie locken mit ihrem Duft Insekten an. Im Herbst
35 sind ihre rot leuchtenden Früchte, die Hagebutten, Nahrung für viele Vögel.

schwirren
mit schnellem Flügelschlag fliegen

schillern
glänzen, funkeln

2 Blaumeise

3 Heckenrose

Pflanzen auf Schritt und Tritt

Selbst in den Ritzen von Pflasterwegen wach-
40 sen neben Moosen auch Löwenzahn, Wegerich und verschiedene Gräser (▷ B 1). Obwohl
viele Menschen auf dem Weg gehen, können
diese Pflanzen dort überleben. Man nennt
sie deshalb **Trittpflanzen**. Dazu gehört auch
45 das Niederliegende Mastkraut. Die meisten
Trittpflanzen breiten ihre Blätter flach auf

dem Boden aus. Sie bilden eine **Blattrosette**.
Die Stängel und Blätter dieser Pflanzen sind
so fest, dass sie kaum zu zerreißen sind. Ihre
50 Wurzeln reichen tief in die Erde. Damit gelangen sie auch bei Trockenheit an Wasser.

Tiere und Pflanzen leben an den unterschied-
lichsten Stellen im Schulgelände. Selbst in
den Ritzen von Pflasterwegen können
55 manche Pflanzen leben.

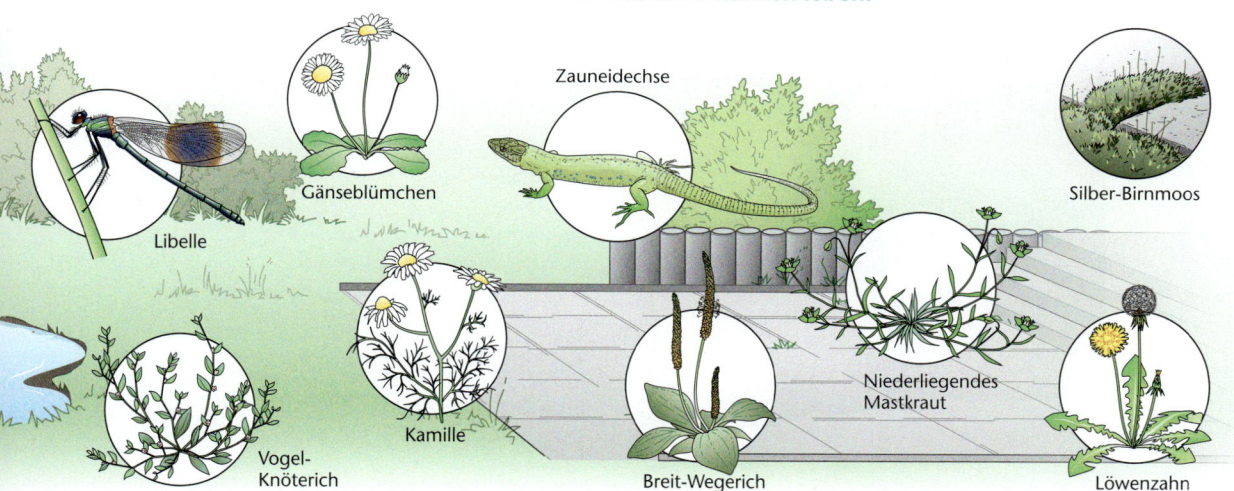

Libelle · Gänseblümchen · Zauneidechse · Silber-Birnmoos · Vogel-Knöterich · Kamille · Breit-Wegerich · Niederliegendes Mastkraut · Löwenzahn

Aufgaben

○ 1 Benenne Pflanzen aus Bild 1, die eine Blattrosette bilden. (💡 S. 222)

○ 2 Schreibe zu einem Tier aus Bild 1 einen Steckbrief über sein Vorkommen und seine Lebensweise (► S. 213). (💡 S. 222)

● 3 Fange vorsichtig Kleintiere auf dem Schulgelände. Betrachte sie mit der Becher-

lupe und beschreibe sie möglichst genau. Setze sie danach wieder in ihren Lebensraum zurück.

● 4 Zeichne eine Skizze des Schulgeländes. Markiere alle Stellen, an denen Pflanzen wachsen. Verwende ver-schiedene Farben für Kletter-pflanzen, Bäume, Sträucher, Kräuter und Gräser.

● 5 Beobachte an blühenden Heckensträuchern, wer die Blüten besucht. Versuche, die Besucher mithilfe eines Be-stimmungsbuchs oder einer App zu bestimmen.

● 6 Das Schulgelände wird „gesäubert". Dazu werden die Pflanzen aus den Ritzen der Pflasterwege entfernt. Bildet eine PRO- und eine CONTRA-Gruppe und diskutiert diese Maßnahme.

p9kn55

Was ist ein Ökosystem?

Material 1

Exkursion in den Wald

Die Klasse 5B besucht den Förster Herrn Karstens an seinem Arbeitsplatz – dem Wald. Im Unterricht hat Frau Fichte, die Lehrerin, schon ein paar interessante Dinge aus der Ökologie erzählt. Jetzt haben die Schülerinnen und Schüler Gelegenheit, ihre Fragen einem echten Experten zu stellen. (► System, S. 198/199)

Herr Karstens: Herzlich willkommen im Ökosystem Wald! Kennt ihr noch andere Ökosysteme?

Nils: Hmm . . . vielleicht die Wiese oder ein See?

Herr Karstens: Ja, richtig! Auf der Erde gibt es viele verschiedene Ökosysteme. Und weil zum Beispiel in einem Wald ganz andere Lebensbedingungen herrschen als in einer Wiese, kommen dort auch unterschiedliche Tiere und Pflanzen vor.

Irina: Wir haben im Unterricht schon viele Begriffe gehört – z. B. Biotop, Biozönose und Umweltfaktor. Aber ich bringe alles durcheinander.

Herr Karstens: Das ist ganz einfach. Biotop ist nur der Fachbegriff für Lebensraum. Die darin vorkommende Lebensgemeinschaft aus Pflanzen und Tieren wird als Biozönose bezeichnet. Biotop und Biozönose bilden zusammen das Ökosystem. Die Umweltfaktoren sind sozusagen die Lebensumstände der Tiere und Pflanzen im Ökosystem.

Nils: Was meinen Sie mit „Lebensumstände"?

Herr Karstens: Zum Beispiel das Nahrungsangebot oder auch das Wetter . . .

Material 2

× Einflüsse und Wechselbeziehungen

Umweltfaktoren: biotisch (Lebewesen) und abiotisch (unbelebt)

Licht, Tag & Nacht | Parasiten | Wind | Konkurrenten | Boden, Mineralstoffe

Temperatur | Partner zur Fortpflanzung | Schadstoffe | pH-Wert | Lärm

Nahrungsangebot | Jahreszeit | Fressfeinde | Regen, Nebel | Krankheitserreger

Luft- und Bodenfeuchtigkeit

x

Pflanzen mit besonderen Ansprüchen

Einige Pflanzen brauchen ganz spezielle Bedingungen zum Wachsen. Findet man diese Pflanzen, weiß man sofort, welche Bedingungen an diesem Ort vorherrschen. Man nennt solche Pflanzen Zeigerpflanzen.

Die Brennnessel wächst zum Beispiel besonders gut auf Böden, die viel Stickstoff enthalten. Findet man große Flächen mit Brennnesseln, weiß man, dass der Boden dort stickstoffreich ist.

Der Waldsauerklee wächst in dichten Laub- und Nadelwäldern mit sauren Böden.

Den Waldmeister findet man vor allem in Buchenwäldern auf feuchten, lockeren Lehmböden.

Das Drüsige Springkraut wächst an feuchten Stellen im Wald, an Flussläufen oder Wassergräben. Es bevorzugt lehmige Böden.

Der Breitblättrige Wegerich bevorzugt Wegränder, Pflasterritzen und Weiden. Er wächst auch auf durch Tritte verdichteten Böden.

Aufgaben

1 Lies Material 1.
- a) Zähle mindestens drei weitere Ökosysteme auf, die im Text nicht genannt sind. (💡 S. 222)
- b) Erstelle ein Glossar zu den Begriffen Biotop, Biozönose und Ökosystem.
- c) Fertige für ein Ökosystem
LS eine Skizze an, die veranschaulicht, wie sich ein Ökosystem zusammensetzt.

2 Sieh dir Material 2 an.
- a) Liste die Begriffe sortiert nach biotischen und abiotischen Umweltfaktoren auf. (💡 S. 223)
- b) Nenne für eine junge Buche sowie für ein Reh mindestens jeweils vier Beispiele für abiotische und biotische Umweltfaktoren. Begründe deine Auswahl.
- c) Überlege dir ein Beispiel für den Eingriff des Menschen in ein Ökosystem. Beschreibe in Stichworten das Ökosystem einmal ohne und einmal mit dem Eingriff.

3 Lies Material 3.
- a) Erläutere, was eine Zeigerpflanze ist. (💡 S. 223)
- b) Am Wegrand steht eine einzelne Brennnesselpflanze. Ist der Boden dort stickstoffreich? Begründe deine Einschätzung.

p9kn55

Nahrungsbeziehungen

Fressen und Gefressenwerden

Die Rötelmaus frisst z. B. Gräser und deren Samen. Von den Mäusen ernährt sich der Fuchs. Gras, Rötelmaus und Fuchs bilden eine **Nahrungskette** (▷ B1). Am Anfang einer solchen Nahrungskette stehen immer grüne Pflanzen. Sie erzeugen mithilfe der Sonnenenergie Nährstoffe. Deshalb bezeichnet man sie als **Erzeuger (Produzenten)**. Tiere leben von Pflanzen oder von anderen Tieren. Sie sind **Verbraucher (Konsumenten)**. Am Ende jeder Nahrungskette steht ein **Endverbraucher**.

sind ...
eingebunden
eingebunden sein,
zu etwas gehören

Nahrungsketten bilden ein Netz

Jedes Lebewesen gehört zu mehreren Nahrungsketten. So frisst der Fuchs nicht nur Mäuse, sondern auch kleine Rehe. Das Reh wiederum frisst die Knospen von Bäumen, deren Früchte von Eichhörnchen gefressen werden und so weiter. Alle Lebewesen sind in ein **Nahrungsnetz** eingebunden (▷ B 2). (► System, S. 198/199)

Lebewesen sind Teil mehrerer Nahrungsketten. Diese bilden verzweigte Nahrungsnetze.

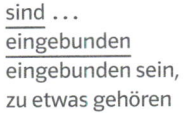

1 Nahrungskette

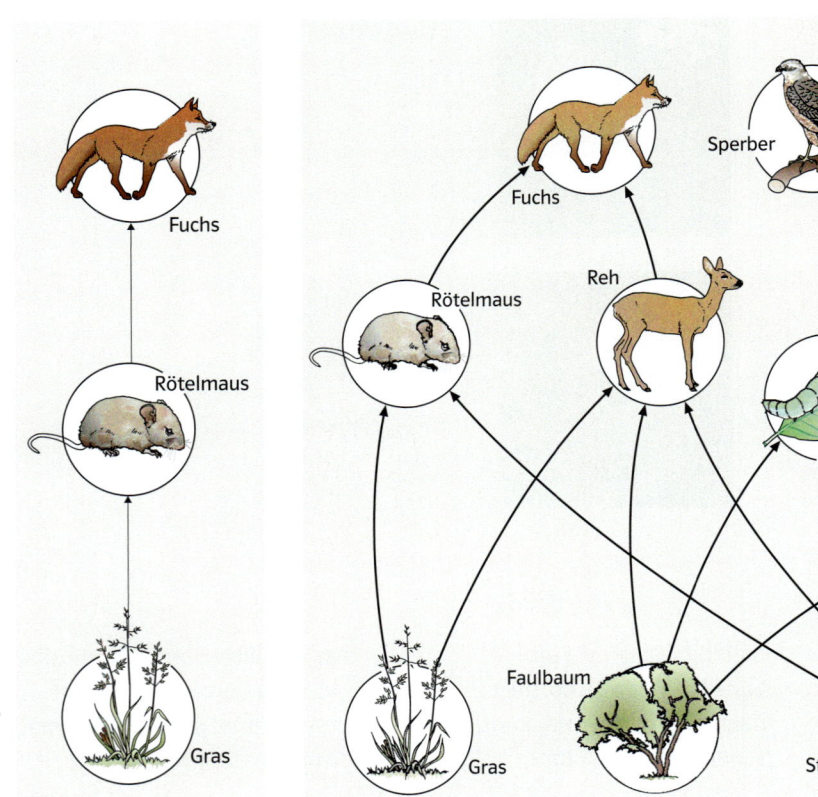

2 Ein Nahrungsnetz aus Nahrungsketten im Wald

Aufgabe

○ **1** Notiere drei verschiedene Nahrungsketten aus Bild 2. (💡 S. 223)

◐ **2** Grüne Pflanzen sind die Nahrungsgrundlage für die Tiere und für den Menschen. Erläutere diese Aussage.

● **3** Begründe, warum Ökosysteme umso stabiler sind, je mehr Lebewesen in ihnen vernetzt sind.

Räuber und Beute

Wechselnde Nahrungsangebote

Waldmäuse sind die Hauptnahrung von Eulen wie dem Waldkauz. Wenn es genügend Waldmäuse gibt, können die Waldkäuze viele Jun-
5 ge aufziehen. Wenn es aber viele Waldkäuze gibt, werden viele Waldmäuse gefressen und ihre Anzahl <u>verringert sich</u>. Da es jetzt weniger Nahrung für die Waldkäuze und ihre Jungen gibt, verringert sich auch die Anzahl
10 der Waldkäuze. Nun kann sich der Bestand der Waldmäuse wieder erholen.

Es besteht also eine Wechselbeziehung zwischen dem „Räuber" Waldkauz und der „Beute" Waldmaus. Je mehr Waldmäuse es
15 gibt, desto mehr Waldkäuze finden Nahrung. Je mehr Waldkäuze es gibt, desto weniger Waldmäuse gibt es nach einiger Zeit. Diese Wechselbeziehung bezeichnet man als biologisches Gleichgewicht.

Gestörtes Gleichgewicht
20 In der Vergangenheit wurden bei uns die großen Fleischfresser wie zum Beispiel der Wolf und der Luchs fast <u>ausgerottet</u>. Damit verschwanden auch die natürlichen Feinde
25 der Rehe, sodass sich diese nahezu ungehindert vermehren können.

Weil es zu viele Rehe gibt, müssen Förster zum Beispiel junge Bäume vor Schäden durch zu starken Wildverbiss schützen. Wissen-
30 schaftler verfolgen mit Interesse die Rückkehr der Wölfe. Die Fleischfresser könnten die Anzahl der Rehe auf natürliche Weise <u>regulieren</u>.
(► System, S. 198/199)

---

sich verringern
weniger werden

ausrotten
ganz beseitigen, töten

regulieren
steuern

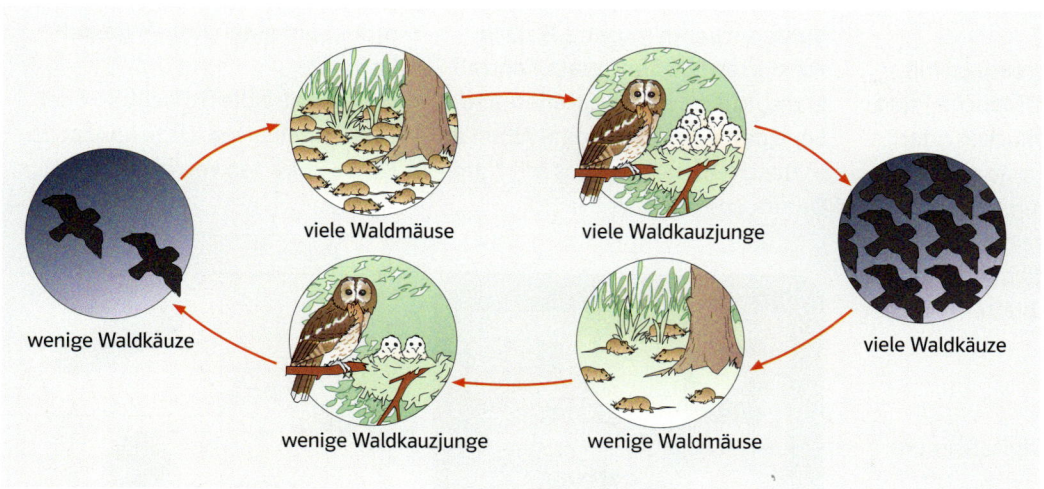

1 Das biologische Gleichgewicht am Beispiel von Waldkauz und Waldmaus

(Bildbeschriftungen: viele Waldmäuse, viele Waldkauzjunge, viele Waldkäuze, wenige Waldmäuse, wenige Waldkauzjunge, wenige Waldkäuze)

Aufgaben

1 Beschreibe die in Bild 1 dargestellte Räuber-Beute-Beziehung. Erläutere dabei den Begriff „biologisches Gleichgewicht".

2 Erkläre deinem Nachbarn
LS oder deiner Nachbarin, weshalb Bild 1 eine Vereinfachung darstellt.

3 Oft ersetzen Jäger die fehlen-
LS den natürlichen Feinde: „Wald vor Wild" fordern viele Waldbesitzer. Recherchiert im Internet und diskutiert Argumente für und gegen diese Aussage.

Sammeln und ordnen

Manchmal ist es eine Vogelfeder, ein bunter Stein oder eine Muschelschale, die du vom Strand mit nach Hause nimmst. Auch im Wald gibt es interessante Fundstücke, und bald hast du eine ganze Sammlung. Schade, wenn deine Sammlung in einer Plastiktüte verschwindet. Dafür gibt es bessere Möglichkeiten.

1 Faltschachteln herstellen

Für deine Fundstücke kannst du Faltschachteln in verschiedenen Größen einfach selbst herstellen.

Material
Schere, mehrere Bögen festes Papier, Klebstoff

Versuchsanleitung
a) Falte das Papier, wie es in Bild 1 gezeigt ist, und schneide es an den angegebenen Stellen ein.

2 Eine digitale Bildersammlung anlegen

Tiere kann man nicht einfach mit nach Hause nehmen. Manche Pflanzen darf man nicht pflücken oder ausgraben. Du kannst sie stattdessen auch fotografieren. Für manche Pflanzen oder Tiere reicht ein Foto. Bei anderen musst du mehrere zum Beispiel von Blüten, Blättern und der Umgebung machen.

Material
Handy, Tablet oder Digitalkamera

Versuchsanleitung
a) Überlege, welche Objekte du fotografieren möchtest. Vögel fliegen schnell davon, an Schmetterlinge kann man sich besser heranschleichen, Pflanzen findest du überall.
b) Lege auf deinem Handy oder Tablet ein Album für deine Fotos an. Gib dem Album einen Namen, zum Beispiel „Pflanzen im Schulgelände".

b) Klebe das Papier zu einer Schachtel zusammen.

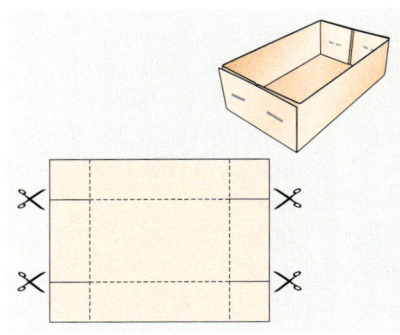

1 Eine Faltschachtel herstellen

c) Bald hast du so viele Bilder, dass du sie sortieren musst, z. B. nach Fundorten wie Sportplatz, Fahrradstand, Mauer, Hecke, Straßenrand. Lege dafür einzelne kleine Alben an.
e) Beschrifte deine Fotos mit Name, Datum und Fundort.

2 Beispiele für Foto-Alben

3 Fundstücke ordnen und aufbewahren

Material
Faltschachteln oder Bastelkarton, Klebstoff, Klebe-Etiketten, verschiedene Fundstücke (z. B. Muscheln, Schneckengehäuse, Versteinerungen, Rindenstücke, Eicheln, Zapfen)

Versuchsanleitung
a) Ordne deine Fundstücke nach selbst gewählten Merkmalen wie z. B. Fundort, Größe, Farbe, Tier, Pflanze usw.
b) Sortiere die Fundstücke dann in Schachteln oder klebe sie geordnet auf einen Bogen Bastelkarton.
c) Beschrifte die Schachteln oder den Bastelkarton. Dazu kannst du Klebe-Etiketten verwenden.

3 Geordnete Fundstücke

Laubbäume bestimmen

Kennst du den Baum?

Mit diesem einfachen **Bestimmungs-schlüssel** kannst du viele Laubbäume in deiner Umgebung bestimmen. Du beginnst ganz
5 unten. Es werden dir zwei Möglichkeiten angeboten. Schau dir das Blatt von dem betreffenden Baum genau an und triff dann deine Entscheidung. So machst du es an jeder Weg-

kreuzung, bis du am Ende des Weges auf den
10 Namen eines Baumes triffst. Stimmt das Bild mit dem Blatt überein, hast du es richtig gemacht. Dann kennst du den Namen des Baumes, von dem das Blatt stammt (▷ B1).

Laubbäume kann man an der Form ihrer
15 **Blätter unterscheiden und bestimmen.**

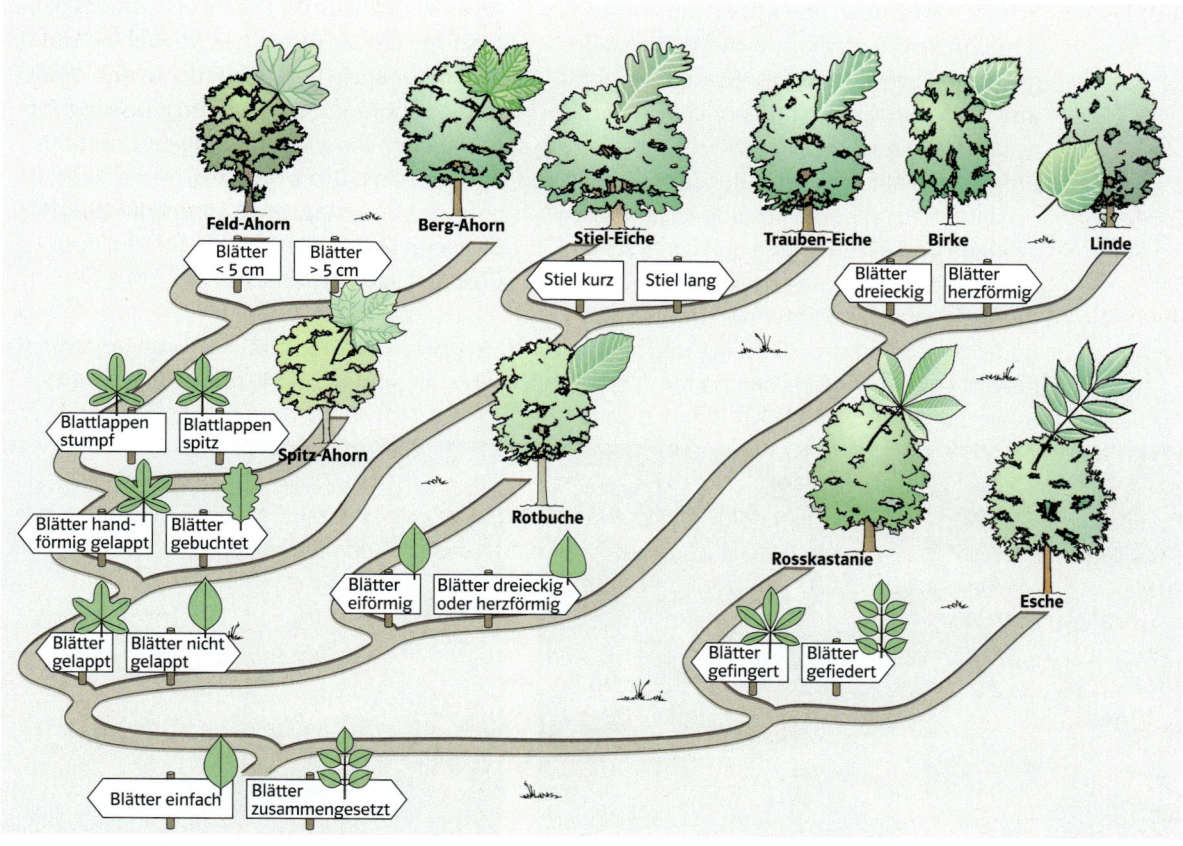

1 Ein einfacher Bestimmungsschlüssel für Laubbäume

Aufgaben

○ **1** Beschreibe Unterschiede zwischen den Blättern von Birke und Esche (▷ B1). (💡 S.223)

○ **2** Sammle Blätter verschiedener Laubbäume und versu-

che, sie mithilfe des Bestimmungsschlüssels (▷ B1) zu bestimmen. (💡 S.223)

◗ **3** Bäume unterscheidet man nicht nur an den Blättern. Informiere dich zu weiteren Unterscheidungsmerkmalen.

● **4** Sammle Informationen zu heimischen Nadelbaumarten und sammle auch Nadeln. Entwickle damit einen Bestimmungsschlüssel für Nadelbäume.

Ein Garten für Tiere

Ein „aufgeräumter" Garten mit kurz gemähter Rasenfläche und nur wenigen Sträuchern und Kräutern bietet nur wenig Lebensräume und Nahrung für Tiere. Doch dagegen lässt
5 sich etwas unternehmen.

Schutz für Tiere

Ein Steinhaufen in sonniger Lage (▷ B 1) lockt verschiedene Eidechsen an. Er bietet ihnen Schutz vor Feinden und schlechten Wetterbe-
10 dingungen. Die Steine speichern auch Wärme. Eidechsen sind wechselwarm, das heißt, ihre Körpertemperatur entspricht der Temperatur der Umgebung. Oft sieht man sie zum Aufwärmen auf Steinen in der Sonne sitzen.
15 Unter Reisighaufen aus abgeschnittenen Zweigen und Ästen finden Igel Unterschlupf. Wenn der Reisighaufen groß genug ist, kann der Igel sogar den Winter dort verbringen. Er findet dort Schutz vor der Kälte und kann un-
20 gestört seinen Winterschlaf halten.

Unterschlupf
Versteck, Schutz, Zuflucht

Gehölze
Sträucher und Bäume

Wiese statt Rasen

Wer seinen Rasen zu einer bunten Wiese werden lässt, spart sich selbst viel Arbeit. Viel wichtiger ist aber, dass auf den Wiesen zahl-
25 reiche Blütenpflanzen wachsen. Sie locken verschiedene Insekten an, die in den Wiesenpflanzen nach Nektar suchen.

Hecken oder Büsche aus einheimischen Gehölzen bilden zahlreiche Früchte aus.
30 Amseln, Drosseln und Stare ernähren sich gern von den Früchten des Schwarzen Holunders. Aber auch die roten Früchte des Weißdorns gehören zu den Nahrungsquellen verschiedener Vögel wie Blaumeise, Dompfaff
35 und Grünfink. Diese Fruchtsträucher bieten den Vögeln zusätzliche Nahrung im Winter. Daneben finden die Vögel in Hecken und Büschen auch Brutplätze.

**Ein Garten bietet vielfältige Lebensräume für
40 Tiere. Sie finden dort Nahrung und Schutz.**

1 Ein Steinhaufen stellt Verstecke bereit.

2 Eine Hecke bietet Nahrung und Brutplätze.

Aufgaben

1 Zeichne einen Garten, der möglichst vielen verschiedenen Tieren einen Lebensraum bietet. (� S.223)

2 Erkläre, warum in manchen Gärten nur sehr wenige verschiedene Tiere und Pflanzen vorkommen.

3 Für viele Gartenbesitzer sind Wiesenpflanzen nur Unkraut. Bewerte diese Meinung.

Lebensgemeinschaft in der Wiese

1 Scharfer Hahnenfuß

2 Tagpfauenauge

3 Wühlmaus

Lebensgemeinschaft der Wiese

Auf einer **Wiese** findest du eine große Anzahl verschiedener Pflanzen und Tiere: Gräser und Kräuter wie den Scharfen Hahnenfuß (▻ B 1), Insekten wie z. B. das Tagpfauenauge (▻ B 2), aber auch Spinnen, Schnecken und Würmer. Auch Vögel und Säugetiere wie die Wühlmaus (▻ B 3) leben auf einer Wiese. Alle diese Bewohner stehen in Beziehung zueinander: Sie bilden eine Lebensgemeinschaft.

Die Wiese als Lebensraum

Durch die dort lebenden Pflanzen und Tiere unterscheiden sich Wiesen vom Weg, vom Acker oder vom Wald. Alle Wiesenbewohner finden hier ihre Nahrung und Schutz. Dadurch können sie sich ungestört vermehren. Die Wiese ist ihr Lebensraum.

Wiesen sind verschieden

Welche Pflanzen und Tiere auf einer Wiese vorkommen, hängt nicht nur von der Lage der Wiese ab. Auch der Boden, die Feuchtigkeit, das Licht und die Temperatur spielen eine Rolle. Den Hahnenfuß (▻ B 1) findest du eher in feuchten Bereichen, die weiß blühende Schafgarbe vor allem auf trockenem Boden.

Auf Wiesen, die nur einmal im Jahr gemäht werden, wachsen viele verschiedene Pflanzen. Je häufiger eine Wiese gemäht wird, desto weniger Kräuter sind dort zu finden. Bäume und Sträucher findest du nicht auf einer Wiese, denn sie überstehen das Mähen nicht.

Die Wiese ist ein Lebensraum für viele verschiedene Pflanzen und Tiere. Die Pflanzen und Tiere bilden eine Lebensgemeinschaft.

Aufgaben

○ 1 Nenne Tiere und Pflanzen, die auf einer Wiese leben. (💡 S. 223)

◒ 2 Erkläre, warum auf Wiesen keine Sträucher und Bäume wachsen.

● 3 Informiere dich über die Lebensweise eines Wiesentiers. Fertige einen Steckbrief an (► S. 213).

p9kn55

Ökosystem Teich

Ein Teich ist ein von Menschen angelegtes Gewässer. In einem Teich findest du vielfältige Pflanzen und Tiere, die an diesen Lebensraum angepasst sind. Einen Teich unterteilt
5 man in drei Zonen. Die Zonen unterscheiden sich durch die Wassertiefe.
(► System, S. 198/199)

Pflanzen in den Zonen des Teiches

Die **Sumpfzone** ist nur gelegentlich von Was-
10 ser überflutet. In der Sumpfzone gedeihen Pflanzen wie Sumpfbinse, Sumpfdotterblume oder Froschlöffel. Alle diese Pflanzen sind an ständige Feuchtigkeit angepasst und ertragen gelegentliche Überschwemmungen.

15 In der **Uferzone** findest du vor allem Pflanzen wie Rohrkolben, Schilf oder die Sumpf-Schwertlilie. Diese Pflanzen wachsen auch im ständig überfluteten Bereich des Teiches.

In der **Tiefwasserzone** fällt die Teichrose
20 mit ihren kräftig gelb gefärbten Blüten auf (▷ B 1). Die große Oberfläche der Blätter be-

nötigt die Pflanze für ihren Stoffaustausch. Die schwimmenden Pflanzen Froschbiss und Kleine Wasserlinse sind besonders gut an die
25 Tiefwasserzone angepasst. Ihre Wurzeln sind nicht im Boden verankert. Sie nehmen die Mineralstoffe direkt aus dem Wasser auf.
(► Struktur-Eigenschaft-Funktion, S. 200/201)

Insekten am und im Teich

30 Auf der Wasseroberfläche von Teichen kannst du Wasserläufer (▷ B 2) beobachten. Sie bewegen sich mit ihren langen Beinen auf der Wasseroberfläche fort. Der Gelbrandkäfer hingegen lebt auch unter Wasser. Die Hinter-
35 beine sind durch Borsten zu Ruderbeinen umgewandelt. Damit kann er sich gut unter Wasser fortbewegen.

Tiere und Pflanzen sind an die unterschiedlichen Lebensbedingungen des Teiches
40 **angepasst.**

1 Teichrose

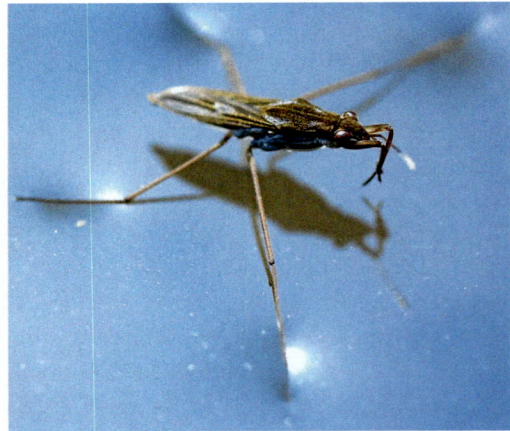

2 Wasserläufer

Aufgaben

○ 1 Skizziere einen Teich (► S. 182/183). Trage Pflanzen und Tiere entsprechend der Zonen ein. (💡 S. 223)

◔ 2 Erläutere an zwei Lebewesen, wie sie an ihren Lebensraum angepasst sind.

● 3 Sollte man im Garten einen Teich anlegen? Begründe deine Meinung.

Wir erkunden ein Gewässer

Arbeitet in Gruppen und verteilt die Aufgaben. Haltet alle Ergebnisse in einem Protokollbogen fest (► S. 211).

1 Die Sichttiefe bestimmen

Die Sichttiefe weist auf die Belastung eines Gewässers z. B. mit Düngern aus der Landwirtschaft hin.

Material
weiße Plastikscheibe (z. B. Frisbee-Scheibe, Durchmesser ca. 30 cm), große Schrauben als Gewichte, dünne Kordel, weiße Plastikkugeln

Versuchsanleitung
a) Schneidet in die Mitte der Plastikscheibe ein ca. 5 cm großes Loch.
b) Bohrt 3 Löcher in den Rand und befestige dort jeweils eine Kordel und eine Schraube (▷ B 1).

1 Scheibe zum Messen der Sichttiefe

c) Verknotet die Kordeln im Abstand von 25 cm von der Scheibe.

Sichttiefe	Gewässer-belastung
5 m und mehr	sauber und nährstoffarm
höchstens 2 m	mäßig belastet
deutlich weniger als 2 m	belastet

2 Sichttiefe und Gewässerbelastung

d) Befestigt an der nach oben führenden Kordel im Abstand von jeweils 25 cm je eine Plastikkugel.
e) Überlegt, wie ihr mit diesem „Messgerät" die Sichttiefe bestimmen könnt.
f) Führt den Versuch durch und wertet das Ergebnis aus (▷ B 2).

2 Die Wassertemperatur messen

Material
Labor-Thermometer, dünne Kordel, Gewicht (1 kg), durchbohrte Plastikkugeln

Versuchsanleitung
a) Bindet das Thermometer und das Gewicht an die Kordel.
b) Befestigt an der Kordel im Abstand von jeweils 25 cm eine der Kugeln.
c) Seilt das Thermometer ins Wasser ab und zählt dabei die abgetauchten Kugeln.
d) Messt die Temperatur in verschiedenen Wassertiefen.
e) Stellt das Ergebnis in einem Säulendiagramm dar (► S. 212).

3 Wassertiere bestimmen

Setzt gefangene Tiere nach der Untersuchung wieder in das Gewässer zurück.

Material
Kescher, weiße Schüssel, Lupe oder Binokular, Bestimmungsbücher

Versuchsanleitung
a) Streift mit dem Kescher über den Bodengrund, die Steine oder die Wasserpflanzen (▷ B 3).
b) Gebt euren Fang in die Schüssel mit etwas Wasser.
c) Betrachtet die Tiere mit einer Lupe oder mit dem Binokular. Versucht, sie zu bestimmen (▷ B 4).
d) Notiert den Namen der Tiere und wo ihr sie gefunden habt.

3 Wir bestimmen Wassertiere.

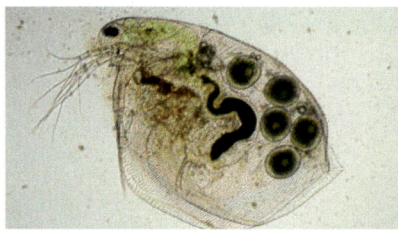

4 Wasserfloh

Die Belastung von Gewässern

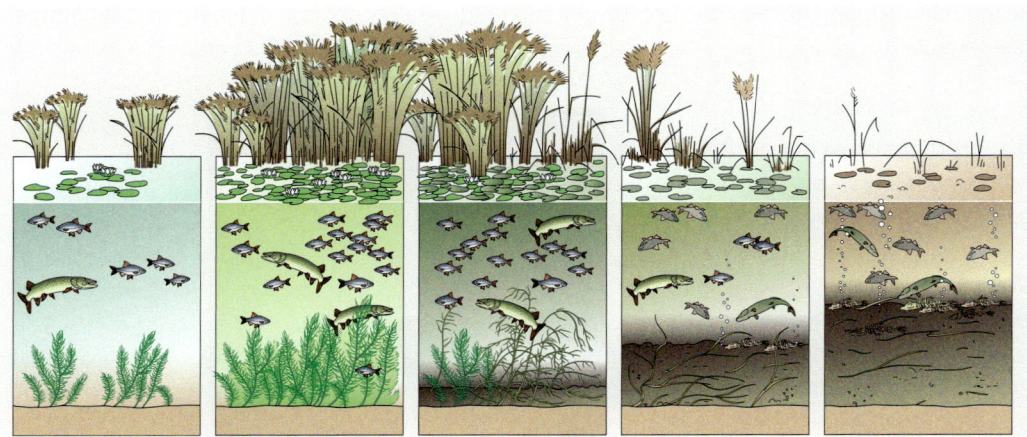

1 Überdüngung und Umkippen eines Sees

„Schade, dass wir nicht ins Wasser können." Laura und Jonas stehen am Ufer ihres Badesees, der wie mit schlammiger grüner Watte bedeckt ist. In der Zeitung haben sie etwas von „Algenblüte" gelesen.

Ursachen der Wasserverschmutzung

In Deutschland verbraucht jeder Mensch durchschnittlich 125 Liter Wasser pro Tag. Waschmittel, Toilettenabfälle, Essensreste, Medikamente – all das gelangt ins Wasser. Auch Industrie-Abwässer enthalten Schadstoffe. In Kläranlagen wird das Wasser gereinigt. Trotzdem gelangt ein Teil der Schadstoffe in die Gewässer. Landwirte bringen Pflanzenschutzmittel, Mineraldünger und Gülle auf die Felder. Düngemittel enthalten große Mengen an Mineralstoffen, die Pflanzen zum Wachsen brauchen. Der Regen wäscht einen Teil der Mineralstoffe aus dem Boden aus und transpotiert sie in die Gewässer.

Gülle
Kot und Urin von Nutztieren gemischt mit Wasser

Düngung am falschen Ort

Wenn über längere Zeit viele Mineralstoffe in einen See gelangen, führt das zur **Überdüngung**. Besonders in der warmen Jahreszeit kann es so zur Massenvermehrung von Algen kommen. Man spricht von **Algenblüte**. Auch Tiere, die sich von Algen und anderen Pflanzen ernähren, vermehren sich stark.

Wenn die Mineralstoffe im Wasser aufgebraucht sind, sterben massenhaft Algen ab und mit ihnen auch viele Tiere. Bakterien zersetzen die abgestorbenen Pflanzen und Tiere und verbrauchen dabei viel Sauerstoff. Bakterien, die ohne Sauerstoff auskommen, zersetzen nun die Reste. Dabei entstehen giftige, übel riechende Faulgase und Faulschlamm. Der See ist „umgekippt".

Die Überdüngung eines Gewässers kann zu Sauerstoffmangel und dadurch zum massenhaften Absterben der Lebewesen im Gewässer führen. Der See „kippt um".

Aufgaben

○ 1 Nenne einige Ursachen von Gewässerverschmutzung.
(💡 S.223)

◓ 2 Beschreibe, wie eine Algenblüte entsteht.

● 3 Nimm Bild 1 zu Hilfe und erläutere, wie es zum Umkippen eines Sees kommt.

Ökosysteme müssen geschützt werden

Fehler der Vergangenheit ...

Vor 2 000 Jahren war Mitteleuropa mit Urwäldern bedeckt. Damals gab es nur wenige Menschen. Im Laufe der Zeit wuchs die
5 Bevölkerung stark an und damit auch der Bedarf an Holz. Um den Holzbedarf zu decken, wurden nur noch sehr <u>ertragreiche</u> Baumarten, zum Beispiel Fichten, gepflanzt. So entstanden ausgedehnte **Forste**.
10 Fichtenforste sind anfällig für Schädlinge wie den Borkenkäfer. Die Schädlinge können sich in diesen Monokulturen schnell verbreiten. Da ihre Wurzeln nicht tief in den Boden reichen, sind Fichten auch anfällig für Wind-
15 bruch und Schäden durch Trockenheit.

... werden heute korrigiert

Förster bemühen sich heute darum, wieder einen **naturnahen Mischwald** aufzubauen. Ein Mischwald besteht aus unterschiedlichen
20 Baumarten, die für den jeweiligen Standort geeignet sind. Ziel ist es, dass diese Baumarten sich selbstständig verbreiten.

Natur Natur sein lassen

Einige Waldgebiete in Deutschland wurden
25 inzwischen zu **Nationalparks** ernannt, zum Beispiel der Hunsrück-Hochwald. In den ausgewiesenen Zonen eines Nationalparks darf der Mensch kaum noch eingreifen. Der Wald bleibt sich selbst überlassen (▷ B 1– 3).
30 So wird aus dem Forst nach und nach wieder ein Wald und schließlich ein **Urwald** – ein Wald, der nicht vom Menschen beeinflusst wird. (► Entwicklung, S. 202/203)

Fichtenforste sind ertragreich, aber anfällig
35 **für Schädlinge, Windbruch und Schäden durch Trockenheit. Inzwischen pflanzt man wieder mehr naturnahe Mischwälder an.**

<u>ertragreich</u>
liefern viel Holz
in kurzer Zeit

1 Wildnis im Nationalpark

2 Besonders geschützt

3 Ausgewiesene Wege darf man betreten.

Aufgaben

1 Nenne Maßnahmen, mit denen man Wälder schützen kann. (💡 S. 223)

2 Schreibe zu jedem Textabschnitt drei Schlüsselwörter auf. Fasse die Texte anschließend mithilfe deiner Schlüsselwörter zusammen.

3 Informiere dich über den Nationalpark Hunsrück-Hochwald. Erstelle einen Flyer für Besucher. Ein Flyer ist ein kleines Faltblatt.

Menschen halten Tiere

Wenn wir Tiere halten, übernehmen wir eine große Verantwortung. Nur bei artgerechter Haltung geht es unseren Haus- und Nutztieren gut. Um Tiere artgerecht halten zu können, muss man ihre Bedürfnisse genau kennen.

Vom Wildtier zum Haustier

In vielen Tausend Jahren sind durch Zähmung
und Züchtung aus Wildtieren viele Haus- und Nutztierrassen entstanden. Bei der Züchtung werden gezielt Tiere mit erwünschten Eigenschaften vermehrt.

Von der Wildpflanze zu Kulturpflanze

Für den Anbau von Getreide suchten die Menschen vor Jahrtausenden besonders kräftige Pflanzen aus. Deren Samen verwendeten sie für die Vermehrung. So entstanden nach und nach die heutigen Getreidesorten. Auch
viele andere Nutzpflanzen wie die verschiedenen Kohlsorten oder der Raps sind auf diese Weise gezüchtet worden.

Angepasstheit

Tiere sind an ihren Lebensraum und an ihre
Lebensweise angepasst. Sie müssen sich ernähren, Junge aufziehen und sich gegen Fressfeinde schützen können. Beispiel Spechte: Den kräftigen Schnabel benutzen Spechte

1 Bachforelle: an das Leben im Wasser angepasst

wie einen Meißel. Sie zimmern damit ihre
Bruthöhlen und öffnen Nüsse. Ihre Zunge ist klebrig und hat kleine Borsten. Insekten bleiben daran hängen. Mit ihren Kletterfüßen und dem Stützschwanz klettern sie an jedem Baum empor.

Ökosysteme

Ein Wald, eine Wiese, ein Bach oder ein See sind verschiedene Ökosysteme. Ein Ökosystem umfasst den Lebensraum (Biotop) und die Lebensgemeinschaft der darin lebenden
Pflanzen und Tiere (Biozönose). Auf alle Lebewesen im Ökosystem wirken biotische und abiotische Umweltfaktoren.

Nahrungsbeziehungen

Grüne Pflanzen bilden ihre Nährstoffe selbst.
Sie sind Erzeuger oder Produzenten und stehen am Anfang der Nahrungsketten. Tiere ernähren sich von Pflanzen oder von anderen Tieren. Sie sind Verbraucher oder Konsumenten. Am Ende jeder Nahrungskette steht ein
Endkonsument. Die Nahrungsketten sind untereinander zu Nahrungsnetzen verknüpft.

Das biologische Gleichgewicht

Zwischen Beutetieren und Räubern bestehen Wechselbeziehungen: Wenn es viele Beute-
tiere gibt, können die Räuber viele Junge großziehen. Wenn es dann viele Räuber gibt, nimmt die Anzahl der Beutetiere ab. Wenn es wenige Beutetiere gibt, nimmt in der Folge auch die Anzahl der Räuber ab, und der Bestand der Beutetiere kann sich wieder erholen. Dieses Auf und Ab nennt man biologisches Gleichgewicht.

Nutzen und Gefahren

Menschen nutzen Wälder, Wiesen und Ge-
wässer auf vielfältige Weise. Das führt häufig zu Problemen: Einseitige Anpflanzung von Fichtenforsten machen Wälder anfällig für Schädlinge wie den Borkenkäfer. Schadstoffe in Gewässern gefährden die Wasserlebewe-
sen. In Naturschutzgebieten sind Lebewesen und ihre Lebensräume besonders geschützt.

1 Zwergkaninchen hat man aus Wildkaninchen gezüchtet.

1 Benenne die Körpermerkmale, die das Eichhörnchen zum guten Kletterer machen.
► S. 172

2 Beschreibe, wie der Maulwurf an das Leben im Boden angepasst ist.
► S. 173

3 Erstelle zwei Nahrungsketten, in denen der Fuchs vorkommt.
► S. 186

4 Erstelle einen Flyer mit dem Titel „Du solltest kein Haustier halten, wenn …"
► S. 158/159

5 Erläutere, wie aus dem Wolf im Lauf der Zeit ein Begleiter des Menschen werden konnte.
► S. 160/161

6 Erläutere am Beispiel der Kohlsorten die Veränderung einer Wildform zur Zuchtform. Verwende den Begriff „Züchtung".
► S. 171

7 Erläutere die Aussage „Tiere sind an ihren Lebensraum und an ihre Lebensweise angepasst."
► S. 174/175, 176/177

8 Beschreibe, worauf du bei der Pflege von Zimmerpflanzen achten musst.
► S. 178

9 Erläutere, was man unter einem Ökosystem versteht, und nenne drei Beispiele.
► S. 184

10 Erkläre, warum die Anzahl von Räubern und Beutetieren sich ständig ändert. Verwende den Begriff „biologisches Gleichgewicht".
► S. 187

11 Erläutere, wie Eingriffe des Menschen die Gewässer belasten.
► S. 194

12 Erkläre, weshalb von einer artgerechten Tierhaltung auch die Landwirte und die Verbraucher profitieren.
► S. 166/167

13 Aus welcher Haltungsform würdest du zukünftig Eier kaufen? Begründe deine Entscheidung.
► S. 168/169

14 Viele heimische Lurche sind gefährdet. Begründe mögliche Schutzmaßnahmen.
► S. 176/177

System

In allen Bereichen der Naturwissenschaften hast du es mit Systemen zu tun. Man spricht von einem System, wenn mehrere Elemente (Einzelteile) zusammen eine Einheit bilden. Dabei erfüllt jedes Element eine bestimmte Aufgabe. Jedes Element trägt zum Funktionieren des Systems bei.

In den Naturwissenschaften untersucht und beschreibt man die Funktionen der einzelnen Elemente. Dabei wird auch geprüft, wie sich die einzelnen Elemente eines Systems gegenseitig beeinflussen.

Organ

Ein Gewebe besteht aus gleichartigen Zellen. Den Zusammenschluss mehrerer verschiedener Gewebe bezeichnet man als Organ. Die verschiedenen Gewebe wirken im Organ zusammen. Jedes Gewebe erfüllt dabei bestimmte Aufgaben.
Du hast das Auge als Sinnesorgan kennengelernt. Auch Muskeln sind Organe. Die grünen Blätter eines Laubbaumes sind Beispiele für Pflanzen-Organe.

Blätter sind Organe der Pflanzen.

Organe arbeiten zusammen

In einem Organsystem wirken mehrere Organe zusammen. Beim Sehen arbeiten die Augen und das Gehirn zusammen: Lichtreize erregen die Sehsinneszellen der Netzhaut im Auge. Die Sehsinneszellen erzeugen elektrische Impulse. Die Impulse werden über den Sehnerv zum Gehirn geleitet. Im Gehirn werden sie ausgewertet und verarbeitet: Wir sehen. Wenn du dich bewegst, arbeiten Knochen, Gelenke und Muskeln zusammen.

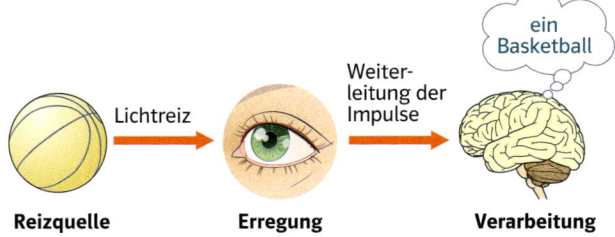

Auge und Gehirn arbeiten zusammen.

Die Thermometer-Skala

Die Forscher CELSIUS, KELVIN und FAHRENHEIT nutzten verschiedene Methoden, um das Thermometer zu eichen. So entstanden drei verschiedene Skalen.

ANDERS CELSIUS markierte den Gefrierpunkt von Wasser (0 °C) und den Siedepunkt von Wasser (100 °C). Die Strecke dazwischen teilte er gleichmäßig in 100 Abschnitte ein.

LORD KELVIN legte den Nullpunkt bei der tiefstmöglichen Temperatur. 0 K entsprechen daher – 273 °C. GABRIEL FAHRENHEIT nutzte die Körpertemperatur. 100 °F entsprechen daher 37 °C. Mithilfe weiterer Messpunkte erhielten auch sie jeweils eine Skala, an der man dazwischen liegende Temperaturen ablesen kann.

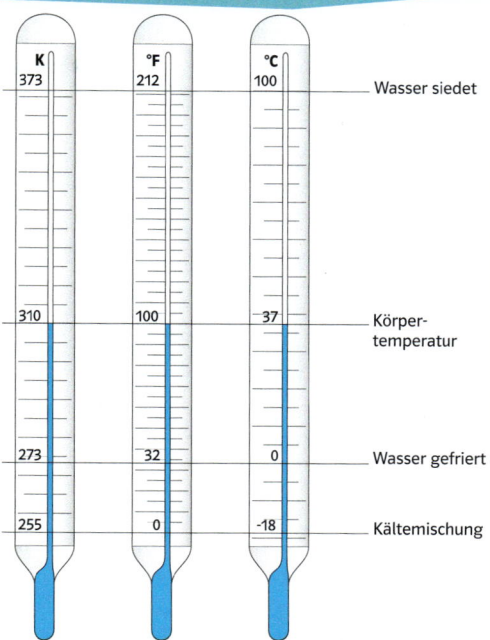

K	°F	°C	
373	212	100	Wasser siedet
310	100	37	Körpertemperatur
273	32	0	Wasser gefriert
255	0	-18	Kältemischung

Sonnensystem

Unser Sonnensystem besteht aus mehreren Einzelteilen: Zu unserem Sonnensystem gehören die Sonne und die acht Planeten. Die Sonne bildet das Zentrum unseres Sonnensystems. Die acht Planeten umkreisen die Sonne in unterschiedlichen Abständen. Dass Leben auf der Erde möglich ist, liegt an ihrem idealen Abstand zur Sonne, nicht zu nah und nicht zu weit weg. Ebenso gibt es ausreichend Wasser und Sauerstoff.

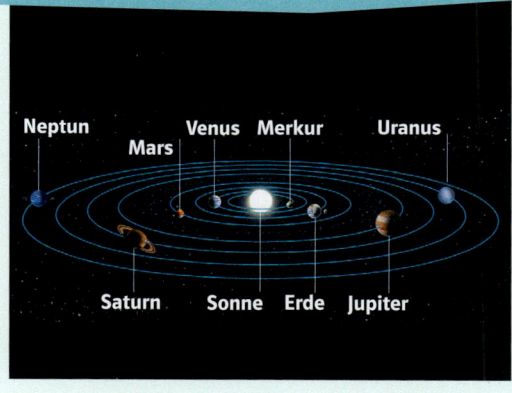

Unser Sonnensystem

Aufgaben

1 Nenne ein Beispiel für ein System. (💡 S. 223)

2 Erläutere an einem Beispiel aus der Biologie, was man unter einem System versteht. (💡 S. 223)

3
a) Gib mithilfe des Bildes den Gefrierpunkt von Wasser in drei Einheiten an. (💡 S. 223)

b) Gib an und begründe, wie viele Messpunkte man mindestens braucht, um eine Temperatur-Skala festzulegen.

4 Du siehst einen Ball auf dich zufliegen und fängst ihn auf. Benenne nacheinander die beteiligten Organe.

5 Erläutere, warum auf dem Neptun die Entwicklung von Leben schwierig ist.

Struktur – Eigenschaft – Funktion

Mit einem Schraubendreher kannst du eine Schraube lösen. Das funktioniert, weil das Ende des Schraubendrehers gut in den Schlitz der Schraube passt. Nicht immer ist der Zusammenhang zwischen Bau (Struktur) und Aufgabe (Funktion) so leicht zu erkennen. Er ist aber immer vorhanden – auch bei den Lebewesen: Zellen und Organe müssen eine bestimmte Struktur haben, um ihre Funktion optimal erfüllen zu können.

Zähne und Gebisse

Je nach Nahrung haben Tiere unterschiedliche Gebisstypen. Hunde haben ein Fleischfressergebiss. Die Eckzähne (Fangzähne) sind lang und spitz. Sie dienen dem Festhalten und Töten der Beute. Die Backenzähne sind kräftig und scharf. Mit ihnen zerkleinern die Tiere die Beute wie mit einer Schere. Eichhörnchen haben ein Nagetiergebiss. Ihre Nagezähne sind kräftig und haben scharfe Kanten. Da sie sich z. B. beim Aufnagen harter Nussschalen abnutzen, wachsen sie immer nach.
Maulwürfe fressen Würmer und Insekten. Ihr Insektenfressergebiss hat kleine spitze Zähne.

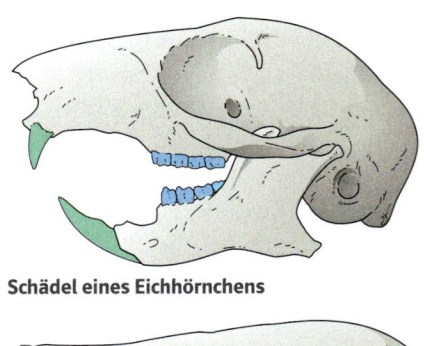

Schädel eines Eichhörnchens

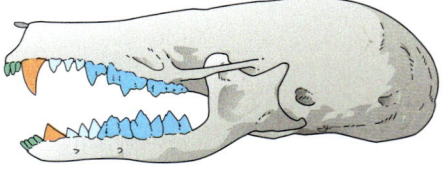

Schädel eines Maulwurfs

🟩 Schneidezähne	⬜ vordere Backenzähne
🟧 Eckzähne	🟦 hintere Backenzähne

Körperbau

Der Körperbau der Tiere ist an ihren Lebensraum und ihre Lebensweise angepasst. Karpfen haben z. B. einen stromlinienförmigen Körper und verschiedene Flossen mit unterschiedlicher Funktion. Die kräftige Schwanzflosse ist für den Hauptantrieb im Wasser zuständig, Brustflossen und Bauchflossen für das Steuern. Wie viele andere Fische haben Karpfen eine Schwimmblase, mit deren Hilfe sie in verschiedenen Wassertiefen schweben können.

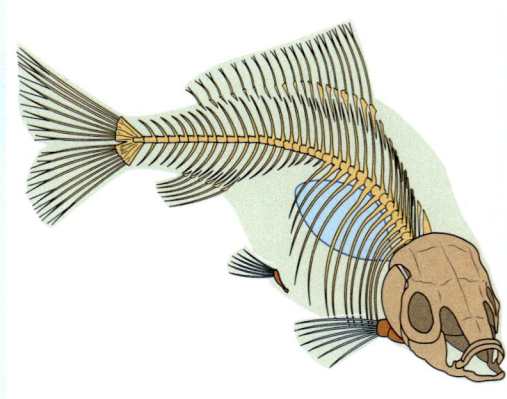

Karpfen-Skelett

Gelenke

Unsere Gelenke sind durch ihre Form für bestimmte Funktionen besonders gut geeignet. Sie kommen dort vor, wo zwei Knochen aufeinander treffen: An den Gelenken greifen sie ineinander. Dort, wo die Knochen ineinandergreifen, sind sie mit Knorpel überzogen. Der Gelenkspalt dazwischen ist mit Gelenkschmiere gefüllt. Knorpel und Gelenkschmiere vermindern die Reibung bei der Bewegung. Die Gelenkkapsel hält das Gelenk zusammen. Verschiedene Gelenktypen ermöglichen unterschiedliche Bewegungen.

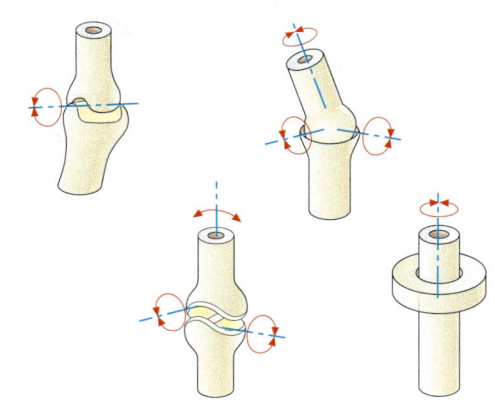

Gelenktypen

Funktion einer Balkenwaage

Eine Balkenwaage besteht aus einem Balken, der in der Mitte drehbar gelagert ist. An beiden Enden hängen die gleichen Waagschalen. Wenn die Waage leer ist, sind sie im Gleichgewicht.
Um mit dieser Waage die Masse eines Apfels zu bestimmen, legst du den Apfel auf eine Waagschale. Dann legst du so viele Wägestücke auf die bisher leere Waagschale, bis die Waage wieder im Gleichgewicht ist. Addierst du die Massen der Wägestücke, erhältst du die Masse des Apfels. Mit einer Balkenwaage vergleichst du also Massen.

Balkenwaage

Aufgaben

○ 1 Beschreibe den Zusammenhang von Struktur und Funktion am Beispiel des Körperbaus eines Karpfens.
(💡 S. 223)

◔ 2 Stelle den Zusammenhang zwischen dem Gebiss von Rindern und deren Nahrung her.

◔ 3 Erläutere, wie das Kniegelenk an seine Funktion angepasst ist.

● 4 Lea und Mehmet sollen die Masse einer Erdbeere bestimmen, legen aber für die Messung einen Apfel und die Erdbeere auf eine Seite der Waage. Beschreibe, wie sie trotz des Messfehlers die Masse der Erdbeere bestimmen können.

Entwicklung

Entwicklung heißt Veränderung. Lebewesen verändern sich ihr Leben lang: Aus Samen werden ausgewachsene Pflanzen. Aus den Jungen von Tieren werden ausgewachsene Tiere. Aus Säuglingen werden Erwachsene.

Manche Tiere bekommen im Herbst ein dichtes Winterfell. Laubbäume werfen im Herbst ihre Blätter ab. Menschen greifen in viele Entwicklungen ein, zum Beispiel bei der Züchtung von Tieren und Pflanzen.

Tierzüchtung

Schon vor über 15 000 Jahren begann der Mensch, Wölfe zu zähmen. Von den Nachkommen dieser Wölfe wurden gezielt Tiere mit gewünschten Eigenschaften zur Fortpflanzung ausgewählt. Auf diese Weise sind nach und nach mehr als 400 verschiedene Hunderassen entstanden. Man bezeichnet das als Züchtung. Auch andere Haus- und Nutztierrassen haben sich so entwickelt: Die verschiedenen Rassen der Hauskatze stammen von der Falbkatze ab. Hausrinder sind die Nachkommen des Auerochsen.

Huskys sind ausdauernde Läufer.

Pflanzenzüchtung

Alle Getreidearten sind Gräser. Man hat sie aus Wildgräsern gezüchtet. Dazu wurden immer nur die Körner von kräftigen Pflanzen mit vielen großen Körnern ausgesät. Außerdem sollten die Körner sich zur Ernte leicht aus der Ähre herauslösen lassen. Auf diese Weise haben sich aus den ursprünglichen Wildgräsern unsere heutigen Getreidearten entwickelt.

Nicht nur die Getreidearten, alle unsere Nutzpflanzen sind durch Züchtung aus Wildpflanzen entstanden. Das gilt für Kartoffel, Tomaten und Gurken ebenso wie für Erdbeeren oder Apfelbäume.

Getreide haben sich aus Wildgräsern entwickelt.

Räuber und Beute

Wenn man die Anzahl der Waldkäuze im Ökosystem Wald längere Zeit beobachtet, stellt man fest, dass sie sich ständig ändert. Im Mittel bleibt sie aber mehr oder weniger gleich. Ähnlich gilt dies auch für die Anzahl der Beutetiere. Zwischen Räuber und Beute besteht eine Wechselbeziehung. Dies bezeichnet man als biologisches Gleichgewicht. Auch die ständige Veränderung der Bestände von Räuber und Beute ist eine Entwicklung.

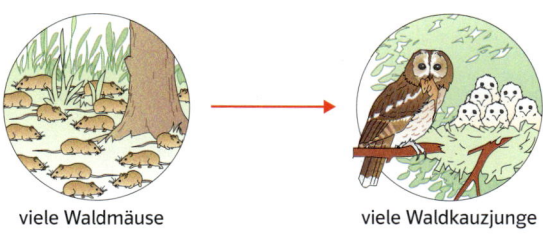

viele Waldmäuse   viele Waldkauzjunge

Technische Entwicklung

Als vor rund 700 Jahren in Europa die Pest wütete, wusste man noch nichts von Bakterien oder anderen Mikroorganismen. Mikroorganismen sind eben sehr klein – man kann sie mit bloßem Auge nicht sehen. Gegen die Pest versuchte man sich mit spezieller Kleidung zu schützen. Das nützte aber nicht viel. Erst als leistungsstarke Mikroskope erfunden waren, konnte man die winzigen Krankheitserreger erkennen und lernte, sie zu bekämpfen.

Pest-Arzt mit Schutzkleidung

Aufgaben

1 Nenne je zwei Beispiele für Entwicklung bei Pflanzen und Tieren. (💡 S.223)

2 Beschreibe einige Merkmale und Eigenschaften, die der Mensch bei der Züchtung vom Wolf zum Hund verändert hat.

3 Beschreibe einige Merkmale und Eigenschaften, die der Mensch bei der Züchtung vom Wildgras zum Getreide verändert hat.

4 Erkläre, warum man die Pest zunächst nicht bekämpfen konnte.

5 Erkläre, war ber-Beute-namisches zeichnen

Stoff – Teilchen – Materie

Naturwissenschaftlerinnen und Naturwissenschaftler beschäftigen sich mit Naturphänomenen. Viele dieser Inhalte lassen sich nur erklären, wenn man auf den Aufbau der Materie schaut. Alles um uns herum ist aus kleinsten Teilchen aufgebaut. Diese sind jedoch so klein, dass man sie selbst mit einem Mikros- kop nicht sehen kann. Daher verwendet man Modelle, um diese Teilchen zu beschreiben. Das Basiskonzept Stoff – Teilchen – Materie zeigt den Zusammenhang zwischen den Teilchen und den Eigenschaften eines Stoffes und somit der Materie.

Modelle

Ein Modell ist ein vereinfachtes Abbild der Wirklichkeit. Mithilfe von Modellen können Naturphänomene, die ansonsten sehr kompliziert wären, veranschaulicht werden. Modelle können verkleinern oder vergrößern. Ein Globus stellt den Planeten Erde z. B. verkleinert dar, während das Modell eines Auges dieses vergrößert darstellt. Dabei werden die besonders wichtigen Eigenschaften des Originals hervorgehoben, unwichtige werden weggelassen. Modelle müssen nicht alles perfekt abbilden – sie sollten das Wichtigste aber klar herausstellen.

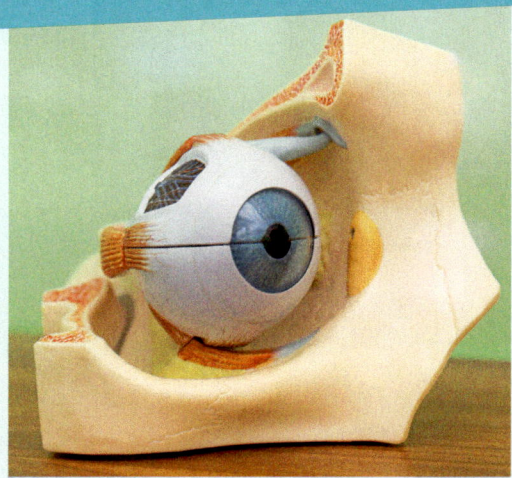

Modell eines menschlichen Auges

Das Teilchenmodell

Um Naturphänomene wie die Löslichkeit und den Aufbau von allem um uns herum besser erklären zu können, nutzen Naturwissen- schaftlerinnen und Naturwissenschaftler das scheiden si. Nach dem Teilchenmodell ist Form. n kleinsten Teilchen aufgebaut, ßen Auge jedoch nicht sicht- eilchen, die die gleiche Sub- ind dabei untereinander gleich. verschiedener Substanzen unter- ch jedoch, z.B. in ihrer Größe und

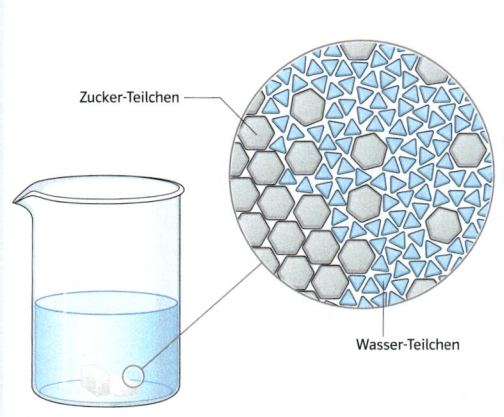

Zucker-Teilchen

Wasser-Teilchen

Lösungsvorgang im Teilchenmodell

Kristallgitter

Kristalle haben besondere Formen. Diese Formen entstehen durch die Anordnung der kleinsten Teilchen im Kristall. Im Teilchenmodell stellt man sich vor, dass die kleinsten Teilchen regelmäßig miteinander verbunden sind. So entsteht eine dreidimensionale, gitterförmige Anordnung. Diese Anordnung nennt man Kristallgitter.
Beim Lösen wird das Kristallgitter aufgebrochen. Bei der Kristallistaion bildet es sich dann wieder neu.

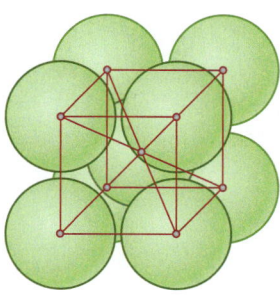

Ein Kristallgitter im Modell

Materie im Weltraum

Im Weltall gibt unzählig viele Galaxien. Jede Galaxie besteht aus mehreren Sternen. Unsere Galaxie ist die Milchstraße. Zu ihr gehören mindestens 100 Milliarden Sterne. Die Erde ist ein Teil eines Sonnensystems. Es besteht aus einem Stern, unserer Sonne, und acht Planeten, die die Sonne umkreisen. Die Abstände zwischen all diesen Himmelskörpern ist sehr groß. Auf der Erde ist der Raum zwischen zwei Körpern meist mit Luft oder anderen Materialien gefüllt. Im Weltall ist das anders. Zwischen den Himmelskörpern befindet sich keine Materie, also nichts. Dies nennt man ein Vakuum.

Aufgabe

○ 1 Nenne zwei Modelle, die etwas vergrößern, und zwei Modelle, die etwas verkleinern. (💡 S. 223)

◐ 2 Erkläre in eigenen Worten,
LS was mit den Wasser-Teilchen und den Salz-Teilchen bei der Kristallisation geschieht.

◐ 3 Ein Astronaut schwebt bei einem Forschungseinsatz neben seiner Forschungsstation. Erläutere, warum er den Helm nicht öffnen sollte.

● 4 Vergleiche das Modell des
LS Sonnensystems mit dem Teilchenmodell. Begründe, wo hier vergrößert bzw. verkleinert wird. Gib auch an, was jeweils hervorgehoben und was weggelassen wird.

Energie

Energie ist wichtig für uns. Bewegung, Licht, Strom, Heizung – überall ist Energie beteiligt. Auch alle Lebewesen benötigen Energie zum Leben. Energie kommt in verschiedenen Formen vor, z. B. als Bewegungsenergie eines Autos oder als chemisch gebundene Energie in Nährstoffen und Sauerstoff. Energie kann von einer Form in eine andere Form umgewandelt werden. Viele hilfreiche Alltagsgeräte sind Energiewandler, z. B. Autos.

Energie und Bewegung

Bei einer Achterbahn ändert sich im Laufe der Fahrt die Richtung und die Geschwindigkeit der Bewegung.
Fährt die Achterbahn in einen Looping, wird sie langsamer und so nimmt auch ihre Bewegungsenergie ab. Nach dem höchsten Punkt fährt sie auf der anderen Seite den Looping wieder runter. Die Geschwindigkeit der Achterbahn nimmt zu und auch ihre Bewegungsenergie nimmt zu. Auf einem flachen Wegstück ändert sich die Geschwindigkeit nicht und damit bleibt auch die Bewegungsenergie gleich groß.

Looping einer Achterbahn

Energiesparen beim Schulweg

Welche Verkehrsmittel du für deinen Schulweg nutzen kannst, hängt von deinem Wohnort und den Angeboten ab. In einer (größeren) Stadt gibt es meistens Schulbusse und andere öffentliche Verkehrsmittel wie S-Bahnen, U-Bahnen und Straßenbahnen. Sie sparen Energie, weil viele Menschen gleichzeitig transportiert werden können. Mit dem Fahrrad bist du zwar allein unterwegs, benötigst aber kein Benzin und keinen elektrischen Strom. Elektrisch betriebene Fahrzeuge sparen nicht immer Energie.

Busse gehören zum ÖPNV.

Energieformen und Energie-umwandlungen

Energie kommt in verschiedenen Formen vor, z. B. im Kraftstoff von Autos, in Nahrungsmitteln, als Bewegungsenergie und in Form von Wärme.
Ein Fahrzeug wandelt die Energie des Kraftstoffs in Bewegungsenergie um. Gleichzeitig wird der Motor warm. Diese frei gewordene Wärme kann das Fahrzeug nicht mehr nutzen. Diese Energie ist entwertet.

Rennwagen sind Energiewandler.

Energie aus Nährstoffen und Sauerstoff

Sich bewegen, nachdenken, wachsen, die Körpertemperatur auf 37 °C halten – für alle diese Lebensvorgänge braucht der Körper Energie. Jungen und Mädchen in deinem Alter haben einen täglichen Energiebedarf von 8 000 bis 9 000 Kilojoule. Wenn du Sport treibst, brauchst du mehr Energie, als wenn du z. B. vor dem Fernseher sitzt.
Um den Energiebedarf zu decken, braucht der Körper Nährstoffe und Sauerstoff. Du musst also essen und atmen.

Aus Nährstoffen und Sauerstoff gewinnt der Körper Energie.

Aufgaben

1
a) Ergänze: Mit öffentlichen Verkehrsmitteln kann man Energie sparen, weil ...
(💡 S. 223)

b) Erläutere, in welchen Situationen es sinnvoll ist, wenn Eltern ihre Kinder mit dem Auto zur Schule bringen oder sie dort abholen.

2 Beschreibe, welche Energie-umwandlungen in einem Motorrad stattfinden.
(► S. 215)

3 Wenn du gerannt bist, musst du schneller atmen. Vermute, warum das so ist.

4 Linus sagt: „Wenn der Schulbus bremst, bleibt seine Bewegungsenergie gleich." Korrigiere seine Aussage.

Arbeiten mit dem Buch

Die große **Überschrift** sagt dir, worum es auf der Seite geht.

Ganz oben auf jeder Seite findest du das **Kapitel** und das **Teilkapitel**.

Tiere in meiner Umgebung | Haustiere 3

Die Verwandtschaft der Hauskatze

Die **Zwischenüberschrift** sagt dir, worum es im folgenden Abschnitt geht.

Mit dem **Zeilenzähler** kannst du in Gesprächen genau sagen, um welche Textstelle es geht.

Neue Fachwörter erkennst du daran, dass sie fett hervorgehoben sind.

Bildverweise weisen dich auf Bilder hin, die zur Textstelle passen.

Für **unterstrichene Wörter** findest du eine einfache Erklärung in der Randspalte.

Fachwörter, die du nicht mehr weißt, kannst du im **Glossar** im Anhang nachschlagen. Wenn du das Wort dort nicht findest, sieh im **Stichwortverzeichnis** nach.

Den **Merksatz** erkennst du an der Farbe. Er fasst die wichtigsten Inhalte der Seite kurz zusammen und hilft dir beim schnellen Nachschlagen.

Unsere Hauskatze wurde zunächst als Mäusejäger gehalten um die Getreidevorräte zu schützen. Erst später wurde sie zum „Heimtier" mit vielen verschiedenen Rassen. Sie stammt von der **Falbkatze** ab. Die Falbkatze ist also die nächste Verwandte der Hauskatze – aber nicht die einzige.

Wild lebende Katzen
Die Falbkatze wird auch **Afrikanische Wildkatze** genannt. Falbkatzen sind in ganz Nordafrika verbreitet. Zuerst waren es diese wilden Katzen, die Mäuse in den Getreidelagern jagten. Vor mehr als 5000 Jahren zähmten Menschen in Ägypten Falbkatzen, um sie gezielt als Mäusejäger einzusetzen.
Europäische Wildkatzen (▷ B1) leben vorwiegend in größeren Wäldern. Sie sind selten und scheu. In Deutschland kommen sie zum Beispiel im Schwarzwald und im Pfälzer Wald vor. Die Europäischen Wildkatzen sind größer und kräftiger als Hauskatzen. Typisch

für die Wildkatze ist der relativ kurze dicke Schwanz mit den drei schwarzen Ringeln.
Luchse (▷ B2) sind die größten wild lebenden Katzen, die bei uns vorkommen. Es gibt sie zum Beispiel im Bayrischen Wald und im Harz. Typische Kennzeichen sind die Pinselohren, der Backenbart und der sehr kurze Schwanz. Luchse sind Einzelgänger. Sie jagen auch größere Beutetiere wie Rehe.
Löwen (▷ B3) sind die zweitgrößten Katzen der Erde. In Deutschland kennen wir sie nur aus dem Zoo oder aus dem Fernsehen. Sie leben in Rudeln in den Trockengebieten Zentralafrikas. Löwen jagen gemeinsam und schleichen sich dabei geschickt an ihre Beutetiere heran.

Die Hauskatze stammt von der Falbkatze ab. Sie wurde zunächst als Mäusejäger gehalten. Außer der Falbkatze gibt es noch weitere Arten von wild lebenden Katzen auf der Erde.

scheu
zurückhaltend, ängstlich

relativ
verhältnismäßig, vergleichsweise

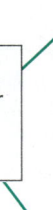

1 Europäische Wildkatze   2 Luchs   3 Männlicher L

Aufgaben
○ 1 Beschreibe, wie man die Europäische Wildkatze und den Luchs von der Hauskatze unterscheiden kann.

◑ 2 Erläutere deinem Nachbarn
LS oder deiner Nachbarin, warum die Falbkatze sich besonders gut zur Züchtung der Hauskatze eignete.

● 3 Welches
LS Katzenart der Erde? Recherchiere und fertige einen Steckbrief (▶ S. 383) zu dieser Großkatze an.

Achte auf diese Textstellen:

„**z. B.**" ist die Abkürzung für „zum Beispiel".

„**Wenn . . . , dann . . .**" beschreibt einen festen naturwissenschaftlichen Zusammenhang.

„**Im Folgenden . . .**" sagt dir, dass weitere Erläuterungen oder Hinweise zum Thema folgen.

Die **Aufgaben** stehen immer unten auf der Seite. Zu den mit ○ gekennzeichneten Aufgaben findest du Hilfen im Anhang.

67

Seitenverweise weisen dich auf Seiten mit ergänzenden oder hilfreichen Inhalten hin.

Texte verstehen

„Lest bis zur nächsten Stunde den Text über das Thermometer", sagt die Lehrerin. „Ich möchte, dass ihr dann Fragen dazu beantworten könnt."

5 Leseprofis haben Lesetechniken, die das Lesen von Texten erleichtern. Hier lernst du eine Lesetechnik kennen. Halte dich an die folgende Reihenfolge.

1 Deine Vorbereitung

10 Möchtest du den Inhalt eines Textes verstehen, musst du dir Notizen machen und wichtige Begriffe markieren.

Auf einer gedruckten Schulbuch-Seite darfst du nicht schreiben. Besorge dir eine
15 Folie. Diese kannst du auf den Text legen und mit wasserlöslichen Stiften beschreiben.

2 Überfliege zuerst ...

Überfliege den Text zuerst und verschaffe dir einen Überblick:
20 – Wie lautet das Thema?
– Was bedeuten die Begriffe?
– Was zeigen die Bilder?

3 ... schau dann genau hin

Lies jetzt den Text genau. Dann kannst du
25 dich später auch an die Einzelheiten erinnern.

4 Kläre unbekannte Wörter

Unterstreiche alle Begriffe, die du nicht verstehst. Schlage sie in einem Lexikon nach, re-
30 cherchiere dazu im Internet oder erfrage sie.

5 Markiere Wichtiges

Markiere wichtige Begriffe mit einem Textmarker. Beachte dabei, dass du nie mehr als zwei oder drei hintereinander stehende Wör-
35 ter markierst. Ansonsten verlierst du die Übersicht. Nimm für jedes Teilthema eine andere Farbe.
Verwende Symbole:
? das ist mir unklar
40 ! das ist wichtig

6 Erstelle einen Stichwortzettel

Erstelle am Schluss einen Stichwortzettel: Schreibe dazu die wichtigsten Begriffe auf und ergänze kurze Notizen dazu.

Temperatursinn und Thermometer

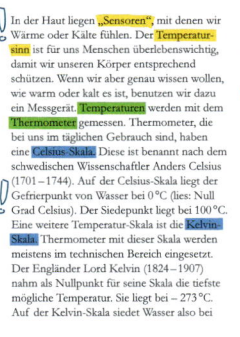

In der Haut liegen „Sensoren", mit denen wir Wärme oder Kälte fühlen. Der Temperatursinn ist für uns Menschen überlebenswichtig, damit wir unseren Körper entsprechend schützen. Wenn wir aber genau wissen wollen, wie warm oder kalt es ist, benutzen wir dazu ein Messgerät. Temperaturen werden mit dem Thermometer gemessen. Thermometer, die bei uns im täglichen Gebrauch sind, haben eine Celsius-Skala. Diese ist benannt nach dem schwedischen Wissenschaftler Anders Celsius (1701–1744). Auf der Celsius-Skala liegt der Gefrierpunkt von Wasser bei 0 °C (lies: Null Grad Celsius). Der Siedepunkt liegt bei 100 °C. Eine weitere Temperatur-Skala ist die Kelvin-Skala. Thermometer mit dieser Skala werden meistens im technischen Bereich eingesetzt. Der Engländer Lord Kelvin (1824–1907) nahm als Nullpunkt für seine Skala die tiefste mögliche Temperatur. Sie liegt bei – 273 °C. Auf der Kelvin-Skala siedet Wasser also bei

373 K (lies: 373 Kelvin). [...] schiede werden immer in [...] geben. Beispiel: Der Tem[...] von + 10 °C bis + 85 °C [...] USA werden Thermome[...] heit-Skala verwendet. De[...] Gabriel Fahrenheit (168[...] seine Skala etwa 30 Jahre [...] Fahrenheit-Skala spielt d[...] des Menschen von 37 °C [...] Diese Temperatur wurd[...] Alle Wärmequellen geb[...] ist das, was ein warmer [...] kalter Körper aufnimm[...] sich die Temperatur de[...] ratur kann mit einem [...] werden.

Stichwortzettel:

Temperatursinn und Thermometer
Temperatursinn
∘ Sensoren für Wärme und Kälte in der Haut
∘ Temperatursinn schützt
Thermometer
∘ Messgerät für Temperaturen
Grad Celsius (°C)
∘ 0 °C: Gefrierpunkt Wasser
∘ 100 °C: Siedepunkt Wasser
Kelvin (K)
∘ 0 K = tiefste mögliche Temperatur = – 273 °C
∘ 100 °C = 373 K
Grad Fahrenheit (°F)
∘ Körpertemperatur des Menschen: 37 °C
∘ 37 °C = 100 F
Temperatur und Wärme
∘ Wärmequellen geben Wärme ab
∘ warme Körper geben Wärme ab
∘ kalte Körper nehmen Wärme auf
∘ Wärme verändert Temperatur

Aufgaben verstehen

Jede Aufgabe hat eine bestimmte Funktion. Manche möchten überprüfen, was du über eine Sache schon weißt. Andere Aufgaben testen zum Beispiel, wie gut du einen Inhalt verstanden hast.

1 Bereite dich vor

Nimm dir deine Unterlagen, die du im Unterricht verwendest. Dies können zum Beispiel dein Heft, Arbeitsblätter oder Bücher sein. Lege zusätzlich einen Stift und ein leeres Blatt Papier bereit.

2 Lesen der Aufgaben

Lies dir zuerst alle Aufgaben durch, die du bearbeiten sollst. Was wird von dir gefordert?

3 Aufgaben abschreiben

Es ist sinnvoll, die Aufgaben abzuschreiben. So kannst du darunter die Antwort schreiben und weißt immer, wozu die Antworten gehören, die du aufgeschrieben hast.

4 Was genau ist zu tun?

Die Aufgaben enthalten Verben, die dich auffordern, etwas zu tun (▷ B 1). Beispiele sind: nenne, erläutere und bewerte.

Wenn du nicht genau weißt, was damit gemeint ist, findest du eine Liste der Verben am Ende des Buches (► S. 216). Hier kannst du die Aufforderungen nachschlagen, die dir unklar sind.

Es ist wichtig zu wissen, was gefordert ist, damit du nichts vergisst, aber auch nicht zu viel machst.

5 Leicht oder schwer?

Aufgaben können unterschiedlich schwer sein. Im Buch sind die Aufgaben nach ihrer Schwierigkeit sortiert und mit Symbolen gekennzeichnet.

Die Erklärung zu den Symbolen findest du vorne im Buch.

6 Welche Aufgabe zuerst?

Häufig ist es sinnvoll, mit den Aufgaben zu beginnen, die dir leichtfallen.

Notiere dir daher im nächsten Schritt, bei welchen Aufgaben du das Gefühl hast, dass du sie leicht beantworten kannst.

7 Wo liegt mein Problem?

Welche Aufgaben kannst du nicht so einfach beantworten? Mache dir zu jeder Aufgabe eine kurze Notiz, warum du die Aufgabe nicht beantworten kannst.

8 Nutze Hilfen

Nutze deine Materialien (z. B. Heft oder Buch). Im Glossar kannst du nach Begriffen suchen, die dir noch nicht ganz klar sind (► S. 229). Du kannst auch deine Mitschüler fragen, wenn du etwas noch nicht verstanden hast. Außerdem findest du im Anhang für alle leichten Aufgaben zusätzlich Hilfen (► S. 217).

9 Notiere die Antworten

Beantworte die Aufgaben und lass noch etwas Platz unter deinen Antworten. Vielleicht möchtest du später noch etwas ergänzen. Auch Aufgaben, die du nur zum Teil beantworten kannst, solltest du so weit bearbeiten, wie du kannst.

Aufgaben

○ 1 Nenne ein Modell.
   Antwort 1: Spielzeugauto.

◠ 2 Erläutere das Modell.
   Antwort 2: Das Spielzeugauto hat die Form eines Autos. Es hat Türen und kann fahren. Ist aber kleiner als ein echtes Auto.

● 3 Bewerte das Modell.
   Antwort 3: Das Spielzeugauto kann fahren und sieht ähnlich aus. Es fährt aber mit Batterien statt mit Benzin und ist viel kleiner. Es ist also schon ein sehr gutes Modell, unterscheidet sich aber auch deutlich vom echten Auto.

1 Aufgaben unterscheiden sich.

Wir erstellen ein Versuchsprotokoll

Naturwissenschaftler notieren sich genau, wie ein Experiment durchgeführt wird und was sie dabei beobachten. Diese Notizen nennt man Versuchsprotokoll. Ein Versuchs-protokoll hilft, Versuche zu vergleichen und sich darüber zu unterhalten. Versuchsproto-kolle sind immer gleich aufgebaut.

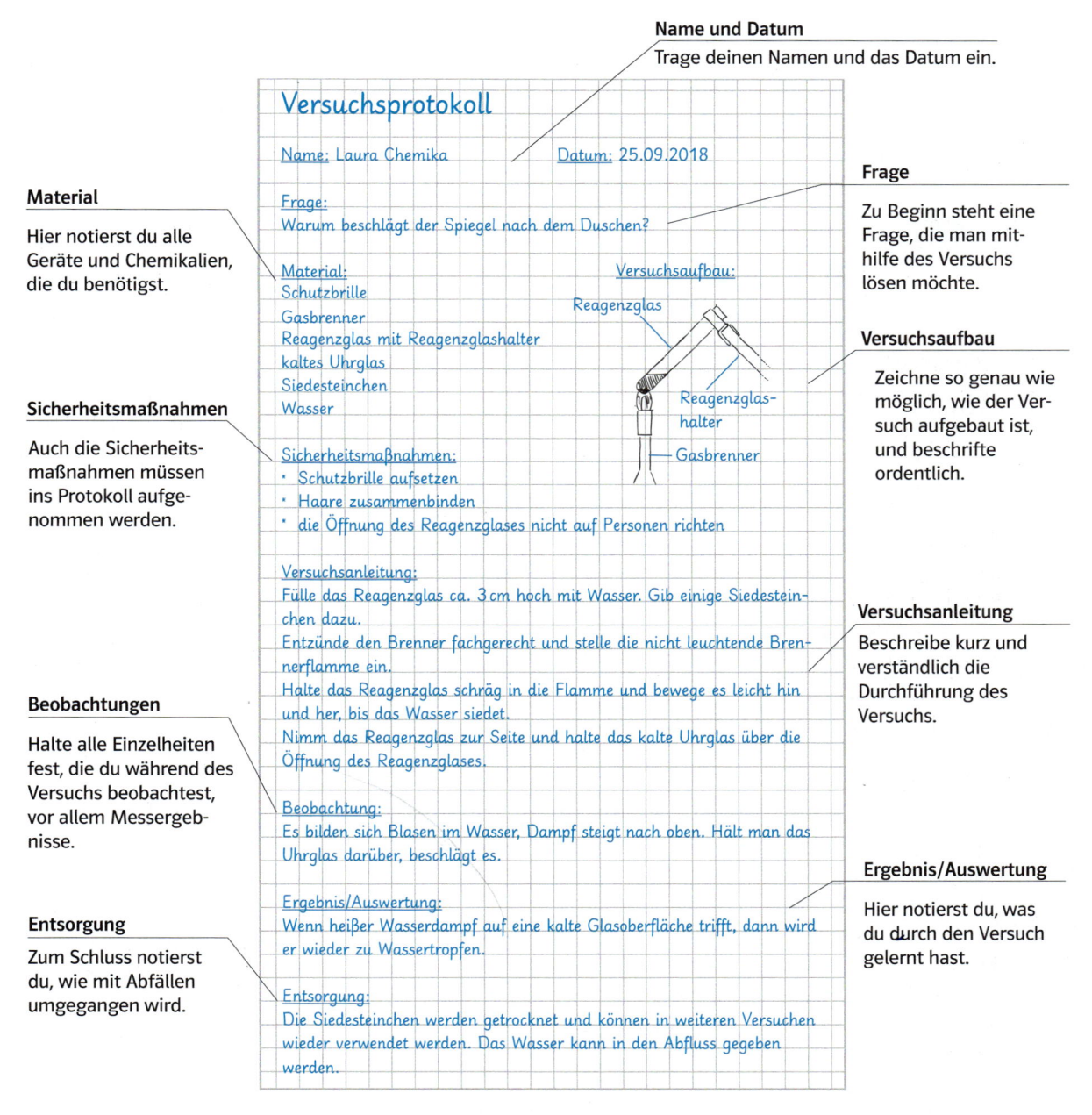

Name und Datum

Trage deinen Namen und das Datum ein.

Frage

Zu Beginn steht eine Frage, die man mithilfe des Versuchs lösen möchte.

Versuchsaufbau

Zeichne so genau wie möglich, wie der Versuch aufgebaut ist, und beschrifte ordentlich.

Material

Hier notierst du alle Geräte und Chemikalien, die du benötigst.

Sicherheitsmaßnahmen

Auch die Sicherheits-maßnahmen müssen ins Protokoll aufge-nommen werden.

Beobachtungen

Halte alle Einzelheiten fest, die du während des Versuchs beobachtest, vor allem Messergeb-nisse.

Entsorgung

Zum Schluss notierst du, wie mit Abfällen umgegangen wird.

Versuchsanleitung

Beschreibe kurz und verständlich die Durchführung des Versuchs.

Ergebnis/Auswertung

Hier notierst du, was du durch den Versuch gelernt hast.

Versuchsprotokoll

Name: Laura Chemika   Datum: 25.09.2018

Frage:
Warum beschlägt der Spiegel nach dem Duschen?

Material:
Schutzbrille
Gasbrenner
Reagenzglas mit Reagenzglashalter
kaltes Uhrglas
Siedesteinchen
Wasser

Versuchsaufbau:
Reagenzglas
Reagenzglas-halter
Gasbrenner

Sicherheitsmaßnahmen:
· Schutzbrille aufsetzen
· Haare zusammenbinden
· die Öffnung des Reagenzglases nicht auf Personen richten

Versuchsanleitung:
Fülle das Reagenzglas ca. 3 cm hoch mit Wasser. Gib einige Siedestein-chen dazu.
Entzünde den Brenner fachgerecht und stelle die nicht leuchtende Bren-nerflamme ein.
Halte das Reagenzglas schräg in die Flamme und bewege es leicht hin und her, bis das Wasser siedet.
Nimm das Reagenzglas zur Seite und halte das kalte Uhrglas über die Öffnung des Reagenzglases.

Beobachtung:
Es bilden sich Blasen im Wasser, Dampf steigt nach oben. Hält man das Uhrglas darüber, beschlägt es.

Ergebnis/Auswertung:
Wenn heißer Wasserdampf auf eine kalte Glasoberfläche trifft, dann wird er wieder zu Wassertropfen.

Entsorgung:
Die Siedesteinchen werden getrocknet und können in weiteren Versuchen wieder verwendet werden. Das Wasser kann in den Abfluss gegeben werden.

Diagramme erstellen

Diagramm-Typen

Je nach Inhalt eignen sich bestimmte Dia-
gramm-Typen besser als andere. Gesammel-
te Daten kann man z. B. als Säulen, Linien
oder Kreisausschnitte darstellen. Säulendia-
gramme eignen sich besonders gut, um verschiedene Werte zu vergleichen. Das kann
man auch mit einem Kreisdiagramm zeigen:
Die verschieden großen Kreisausschnitte ver-
bildlichen die verschiedenen Werte. Im Lini-
endiagramm kann man zeigen, wie sich Werte zum Beispiel im Laufe der Zeit ändern.

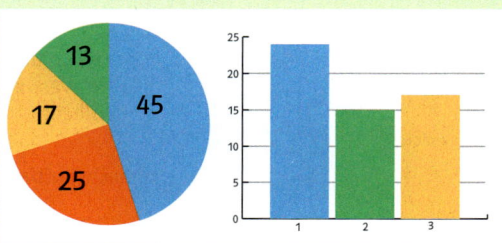

Beispiel Liniendiagramm

1 Überlege dir, welche beiden Größen du auf
den beiden Achsen darstellst.
2 Wähle eine geeignete Einteilung auf den
Achsen. Es müssen alle Werte hineinpassen.
3 Beschrifte die Achsen und gib deinem Diagramm einen Titel.
4 Trage die Messergebnisse als Punkte in das
Diagramm ein (siehe Bild).

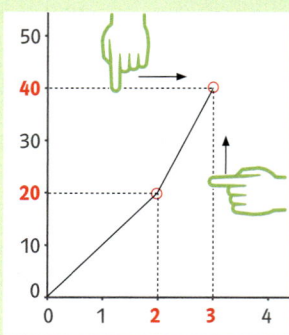

5 Verbinde die Punkte mit einer Linie.

Zeichnen wie ein Wissenschaftler

Wenn du mikroskopierst, kannst du wichtige
Einzelheiten in einer Zeichnung festhalten.

Du brauchst

1 Blatt weißes, unliniertes DIN-A4-Papier,
Bleistift, Radiergummi, Anspitzer, Lineal

Jetzt kann es losgehen

– Notiere zuerst alle wichtigen Daten oben
  auf dem Blatt.
– Entscheide, ob du das ganze Präparat oder
  nur einen besonderen Ausschnitt zeichnen
  möchtest.
– Zeichne den ausgewählten Bereich so groß
  wie möglich.
– Zeichne nur die wichtigen Einzelheiten
  und nur, was du genau erkennen kannst.
– Drücke den Bleistift nur leicht auf und
  zeichne durchgehende Linien.
– Vergleiche deine Zeichnung immer wieder
  mit dem Bild im Mikroskop.

– Ziehe mit dem Lineal gerade Bezugslinien
  und beschrifte deine Zeichnung mit den
  Fachbegriffen.
– Sammle alle deine Zeichnungen geordnet
  in einer Mappe.

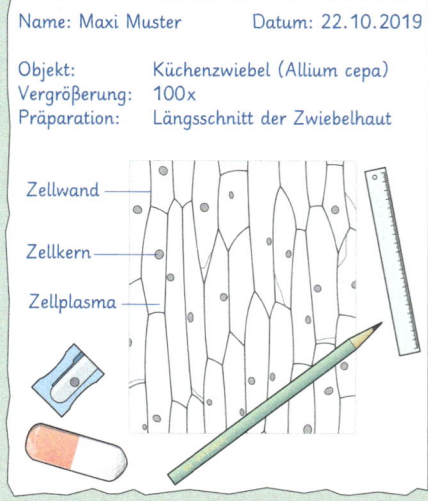

Einen Pflanzen- oder Tier-Steckbrief erstellen

Wenn die Polizei eine Person sucht, erstellt sie einen Steckbrief. Ein solcher Steckbrief zeigt meist ein Foto der gesuchten Person. Außerdem enthält er weitere Informationen, die wichtig sind, um die Person zu erkennen. Ganz ähnlich kannst du einen Pflanzen- oder einen Tier-Steckbrief aufbauen.

– **Gliedern:** Überlege dir zuerst, welche Informationen der Steckbrief über das Tier oder die Pflanze enthalten soll. Genauso wichtig wie das Aussehen können zum Beispiel der Lebensraum oder das Höchstalter sein.
– **Recherchieren:** Besorge dir die nötigen Informationen. Du kannst dazu ein Lexikon, Fachbücher, Zeitschriften und das Internet nutzen.
– **Aufschreiben:** Orientiere dich an deiner Gliederung und notiere die gewünschten Informationen in Stichpunkten.

– **Ein Bild gehört dazu:** Achte darauf, dass es die wesentlichen Merkmale des Tiers oder der Pflanze zeigt.

Zwergkaninchen	
Aussehen:	kurze Ohren, Fellfarbe verschieden, Nagezähne, Länge 20 – 30 cm, Gewicht 1200 – 2000 g
Bewegung, Verhalten:	hoppelt viel herum, benötigt Ruheecken, nagt alles an
Nahrung:	Heu, Gemüse, Obst, Kräuter, Trockenfutter
Heimat:	Stammform (Wildkaninchen): westliches Mittelmeergebiet
Ansprüche an die Unterkunft:	Käfigmaße: 100 x 150 x 50 cm, Futternapf, Tränke, heller und ruhiger Platz, keine pralle Sonne und Zugluft, Schlafhaus
Vermehrung:	bis zu zehn Würfe im Jahr mit 5 bis 10 Jungen
Lebenserwartung:	6 – 10 Jahre

Eine Mind-Map erstellen

Eine Mind-Map ist eine Landkarte (map) aus Arbeitsergebnissen und Gedanken (mind). Mit ihr kannst du ein Thema strukturieren. Das kann dir für die Vorbereitung eines Tests, aber auch für eine Präsentation helfen.

1 Schreibe das Thema ins Zentrum deines Blattes.
2 Unterteile das Thema in verschiedene Teilbereiche. Finde für die Teilbereiche einen passenden Schlüsselbegriff. Zeichne für jeden Schlüsselbegriff einen Ast, der vom Thema in der Mitte ausgeht. Notiere die Schlüsselbegriffe an die Enden dieser Äste.
3 Zeichne an jeden Schlüsselbegriff Seitenäste mit weiteren Stichpunkten. Hier kannst du alles notieren, was dir zu den Teilbereichen einfällt.
4 Gestalte die Mind-Map farbig. Ergänze Bilder und Symbole.

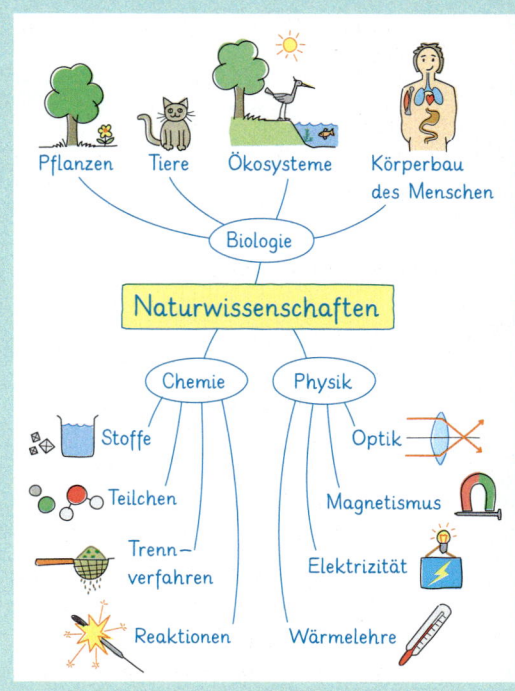

1 Mind-Map zu den Naturwissenschaften

Ergebnisse präsentieren: Vortrag

Bei einem Vortrag musst du vor der Klasse sprechen. Folgende Tipps helfen dir:

– Nenne am Anfang immer erst mal das Thema.

5 – Sprich laut und deutlich.

– Schaue die Zuhörerinnen und Zuhörer an.

– Trage die Ergebnisse möglichst frei vor. Das geht gut, wenn du wichtige Sätze vorher geübt hast.

10 – Erzähle lebendig und mit Begeisterung.

– Verwende verständliche Wörter. Neue, wichtige Fachbegriffe darfst und sollst du natürlich auch verwenden.

– Schreibe wichtige Informationen an die

15 Tafel, z. B. Fachbegriffe.

– Zeige Bilder oder Gegenstände.

– Überlege dir vorher, was du in welcher Reihenfolge erzählst. Du kannst dazu Stichpunkte auf ein Kärtchen schreiben.

Ergebnisse präsentieren: Plakat

Ein Plakat dient dazu, ein fachliches Thema klar und verständlich darzustellen. Beachte folgende Tipps zur Gestaltung:

– Schreibe die Überschrift groß und deutlich.

5 – Verwende Bilder. Die Bilder zeigen das Thema verständlich und nachvollziehbar.

– Schreibe nur wenig Text in kurzen Sätzen.

– Unterteile dein Plakat in einzelne Abschnitte. Jeder Abschnitt erklärt einen Teil

10 des Themas. Benutze am besten Farben für die verschiedenen Abschnitte.

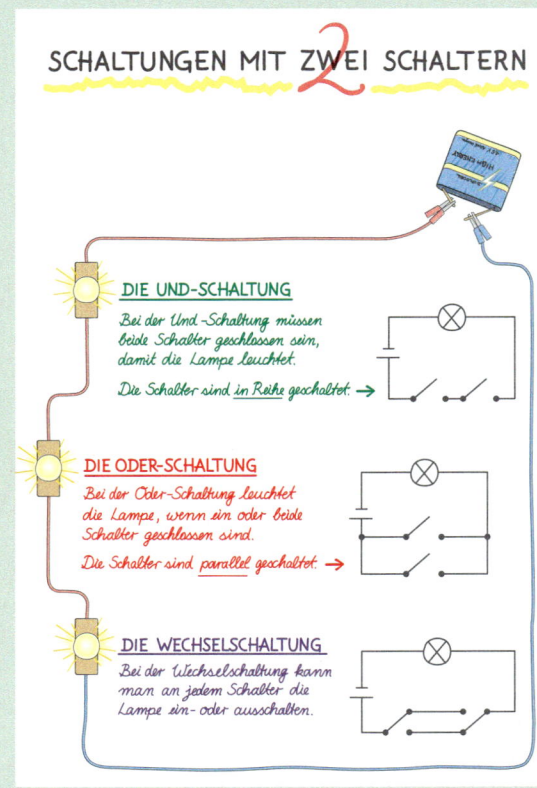

Umgang mit Basiskonzepten

Was haben ein Jogger und ein fahrendes Auto gemeinsam? Wie kann sich eine Blüte öffnen und schließen? Und warum brennt Holz erst, wenn man es angezündet hat?
5 Bei allen genannten Vorgängen ist Energie im Spiel: Menschen, Tiere und Pflanzen gewinnen Energie durch Zellatmung. Dazu brauchen sie Glucose und Sauerstoff. Pflanzen stellen die Glucose mithilfe der Sonnenenergie selbst her. Auch um Holz zum Bren-
10 nen zu bringen, ist Energie notwendig. Man nennt diese Energie Aktivierungsenergie.

In der Natur tauchen bestimmte Prinzipien immer wieder bei den verschiedensten Phä-
15 nomenen auf. Diese „Grundprinzipien" nennt man auch **Basiskonzepte**. Basiskonzepte können verschiedene Blickwinkel auf naturwissenschaftliche Themen bieten. Sie helfen dir dabei, Zusammenhänge zu erschließen
20 und neue Erkenntnisse einzuordnen.
Auf vielen Seiten im Buch findest du Hinweise auf die einzelnen Basiskonzepte (▶ Basiskonzept), auf manchen Seiten sind besondere Beispiele speziell hervorgehoben:

BASISKONZEPT Energie

Bewegung, Licht, Wärme, unser Wachstum und das Wachstum der Pflanzen – alle diese Vorgänge und Erscheinungen benötigen Energie. Energie hält alles am Laufen. Die vielfältigen Wirkungen der Energie kann man beobachten, z. B. das Leuchten des Handy-Displays, den Start eines Flugzeugs oder die schnelle Flucht einer Eidechse. Das Wort „Energie" kommt aus dem Griechischen und bedeutet so viel wie „das Wirkende".

Die an einem Vorgang beteiligte Energiemenge kann man messen. Da Energie an vielen verschiedenen Erscheinungen beteiligt ist, unterscheidet man verschiedene Energieformen, z. B. Bewegungsenergie, chemisch gebundene Energie und elektrische Energie. Sie können ineinander umgewandelt werden.

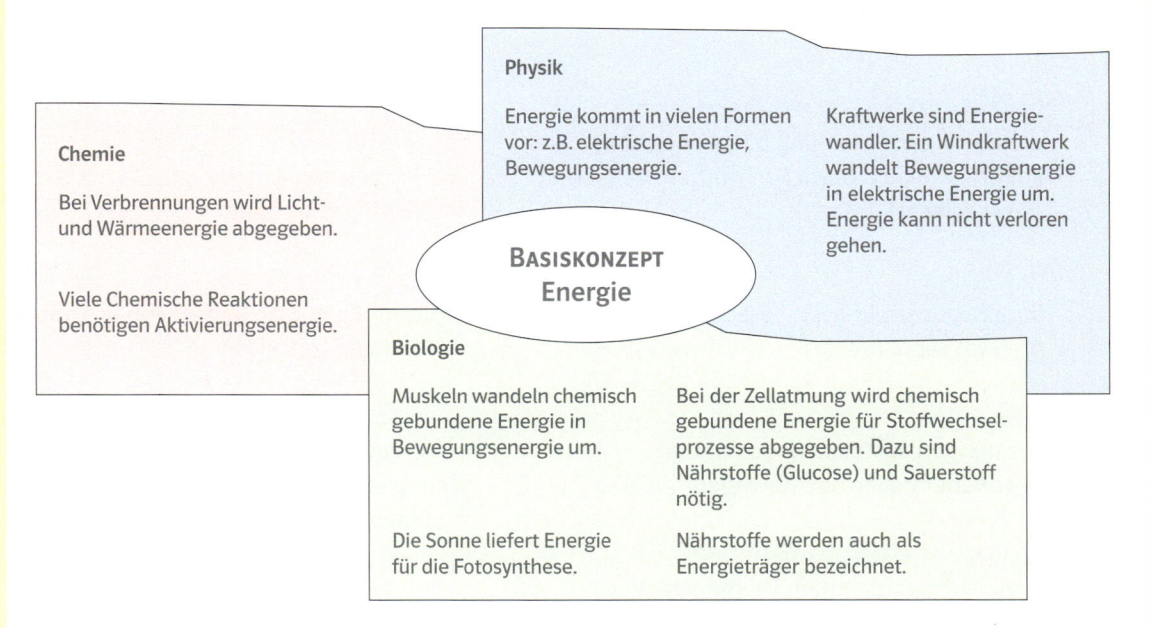

Physik

Energie kommt in vielen Formen vor: z.B. elektrische Energie, Bewegungsenergie.

Kraftwerke sind Energiewandler. Ein Windkraftwerk wandelt Bewegungsenergie in elektrische Energie um. Energie kann nicht verloren gehen.

Chemie

Bei Verbrennungen wird Licht- und Wärmeenergie abgegeben.

Viele Chemische Reaktionen benötigen Aktivierungsenergie.

BASISKONZEPT Energie

Biologie

Muskeln wandeln chemisch gebundene Energie in Bewegungsenergie um.

Bei der Zellatmung wird chemisch gebundene Energie für Stoffwechselprozesse abgegeben. Dazu sind Nährstoffe (Glucose) und Sauerstoff nötig.

Die Sonne liefert Energie für die Fotosynthese.

Nährstoffe werden auch als Energieträger bezeichnet.

Jede Aufgabe enthält einen klaren Arbeitsauftrag an dich, du musst ihn nur richtig erkennen. Je nach Formulierung erwartet deine Lehrerin oder dein Lehrer ganz unterschiedliche Antworten von dir. Diese Liste hilft dir, Arbeitsaufträge richtig zu verstehen und zu bearbeiten.

angeben/aufschreiben/aufzählen/nennen
Begriffe, Informationen oder Aussagen zusammentragen

auswerten
Ergebnisse und Schlüsse zum Beispiel aus einem Text oder Diagramm ziehen

begründen
Ursachen, Gesetze oder Beweise für etwas anführen

berichten
zu einem bestimmten Thema etwas erzählen

beschreiben
eine Sache durch Fachbegriffe und in eigenen Worten wiedergeben

bestimmen
Merkmale von Tieren und Pflanzen erkennen und zuordnen

beurteilen
erkennen, ob eine Aussage zutrifft, und das Ergebnis begründen

bewerten/Stellung nehmen
dir eine eigene Meinung bilden, begründen und äußern, wie du zu dem Sachverhalt stehst (gut oder schlecht)

darstellen
Inhalte gut strukturiert sprachlich oder grafisch wiedergeben

diskutieren
Meinungen austauschen, einander gegenüberstellen und abwägen

dokumentieren/protokollieren
alles Wichtige zu einem Thema oder Versuch aufschreiben und aufzeichnen

eine Vermutung anstellen/formulieren
überlegen, was das Ergebnis sein könnte

einen Versuch planen
überlegen, wie ein Versuch aufgebaut, durchgeführt und ausgewertet werden könnte

erklären
eine Sache mit Regeln, Gesetzmäßigkeiten oder Ursachen darstellen

erläutern
eine Sache nachvollziehbar und verständlich darstellen

ordnen/zuordnen
verschiedene Sachen wie Gegenstände, Geschehnisse usw. in eine richtige Reihenfolge bringen

präsentieren
ein Referat, ein Plakat oder das Ergebnis einer Gruppenarbeit vorstellen

recherchieren
zu einem bestimmten Thema Informationen sammeln

skizzieren
eine Zeichnung erstellen, die nur das Wichtigste enthält

(über)prüfen
kontrollieren, ob Regeln, Inhalte oder Aussagen zutreffen

vergleichen
Aussagen oder Informationen gegenüberstellen und erkennen, worin sie sich gleichen, ähnlich sind oder unterscheiden

zusammenfassen
das Wichtigste herausschreiben

1 Arbeiten in den Naturwissenschaften

Seite 8/9

1 Lies dafür noch einmal den Abschnitt „Naturphänomene erforschen".

2 Ein Naturphänomen ist eine besondere Beobachtung oder Erscheinung in der Natur. Fällt dir ein besonderes Wetter-Ereignis dazu ein?

Seite 10/11

1 Die persönliche Schutzausrüstung findest du in Absatz (A).

2 Eine Übersicht über die Sicherheitseinrichtungen findest du in Absatz (C).

Seite 12/13

1 Die folgenden Silben ergeben alle Geräte und Einrichtungen: Feuer – ter – lösch – NOT – Feuer – Lösch – AUS – er – Schal – decke

2 Beginne so: N = 1

Seite 14

1 Hier ein Beispiel: Welche Münzen sind magnetisch?

Seite 16/17

1 Der wichtigste Teil ist der Luftregler.

Seite 20/21

1

a) Vergleiche zur Benennung die Abbildungen.

2

a) Stelle die Materialien auf den Tisch und betrachte sie, indem du dich auf die Höhe der Tischkante beugst. Zeichne die äußere Form nach.

b) Vergleiche deine Materialien mit den Abbildungen im Buch.

3 Achte besonders auf Ahmeds Antworten.

2 Von den Sinnen zum Messen

Seite 28/29

1 Beispiel für ein Karteikärtchen:
Vorderseite: Auge
Rückseite: Reiz: Licht; Sinnesleistung: Sehen.
Licht erregt die Sehsinneszellen (Netzhaut). Die Sehsinneszellen senden elektrische Impulse an das Gehirn.

Seite 30/31

Lies den Abschnitt „Lesen mit der Nase".

Seite 32

1 Die Schutzvorrichtungen findest du im Abschnitt „Ein gut geschütztes Sinnesorgan". Sie sind fett hervorgehoben. Nimm außerdem Bild 1 zu Hilfe.

Seite 34

Auf den ersten Blick siehst du einen Apfelrest. Aber das Bild zeigt noch mehr.

Seite 35

1

a) Lies die letzte Aussage von Emre noch einmal.

2

a) Lies die ersten beiden Sätze von Material 2.

Seite 37

1 Achte auf die fett hervorgehobenen Wörter im Text.

Seite 40

1 Außenohr, Mittelohr und Innenohr sind im Bild ganz unten beschriftet. Teile die Beschreibung in drei Abschnitte ein und beginne mit dem Außenohr.

Seite 41

1 Ihr könnt die Geräusche mit einem Mobiltelefon aufnehmen und speichern. Weitere Beispiele: laufender Wasserhahn, Schritte auf Steinboden, eine quietschende Tür, Zerreißen von Papier, …

Seite 44/45

1 Hinweis: Menschen hören Frequenzen zwischen 16 Hz und 20 000 Hz.

2 Die Namen der Tiere, die Ultraschall hören können, beginnen mit den folgenden Buchstaben: H, D, L und F.

Seite 46/47

1

a) Beispiele findest du im Bild von Material 1. Gehe auch deinen Tagesablauf vom Morgen bis zum Abend durch.

b) Schreibe den folgenden Satz auf und ergänze ihn: „ Die Musik bei einem Musik-Festival kann lauter sein als ein …"

2

a) Bilde sinnvolle Wörter:
SPEBÄRDENGRACHE, STEGEN, HÖRPERKALTUNG, KIMIM, LEPPENLISEN

3

a) Lies die zweite Aussage von Dr. Hörer.

Seite 48

1 Lies den ersten Textabschnitt.

Seite 49

1 Lies den Abschnitt „Süß, sauer oder salzig?"

Seite 50

1 Achte auf die fett gedruckten Wörter im Text.
Lege eine Tabelle nach folgendem Muster an:

Sinneskörperchen	Tastkörperchen	…
Funktion	Berührung	…

Seite 52/53

1

a) Informationen zu den verschiedenen Hauttypen findest du in der Tabelle. Tipp: Wenn du schnell Sonnenbrand bekommst, gehörst du zu Hauttyp 1 oder 2.

b) Die Aufgabe besteht aus zwei Teilen:

– Gefahren für die Haut findest du unter dem blauen Minuszeichen in Material 1.
– Möglichkeiten, wie du deine Haut schützen kannst, stehen unter der roten Überschrift „Tipps zum Verhalten …".

Seite 54/55

1 Lies dazu den Textabschnitt mit der Überschrift „Kelvin" (Zeilen 43 – 55).

2 37 °C entspricht der Körpertemperatur eines Menschen.

Seite 57

1 Beginne so: Man zählt die Temperaturen zusammen, die (bei diesem Experiment) um 7 Uhr, 14 Uhr und 21 Uhr gemessen worden sind. Die Temperatur von 21 Uhr wird …

Seite 58/59

1 Der Begriff „Gewicht" wird oft im Alltag verwendet. In der Naturwissenschaft wird ein anderer Begriff verwendet.

2 Die Einheiten werden so abgekürzt: g, kg oder t.

Seite 62/63

1 Die Antwort findest du in den Zeilen 12 – 17.

2 Ein Messwert besteht aus dem _____ und der _____ .

3 Vom ganz Kleinen und ganz Großen

Seite 71

1 Die Linse sieht einem Wassertropfen ähnlich.

Seite 74

1 Achte auf die fett gedruckten Wörter im Bild.

Seite 75

1 Vergleiche deine Beobachtungen mit der Pflanzenzelle im Bild.

Seite 76/77

1 Achte z. B. auf die Größe und die Form der Zellen. Welche Zellorganellen haben sie?

Seite 78/79

1 In jedem der kleinen Texabschnitte ist ein Wort fett hervorgehoben. Verwende diese Wörter zum Beschriften deiner Zeichnung. Ordne sie mithilfe der Buchstaben den richtigen Stellen deiner Zeichnung zu.

Seite 80/81

1
a) Schreibe den Text ab und fülle die Lücken aus:
Louis Pasteur wollte wissen, woher die _____ kommen, die z. B. Lebensmittel verderben lassen. Kommen sie aus den _____ selbst oder vielleicht aus der _____ ?

2
a) Schreibe das Wort ab und ergänze die fehlenden Buchstaben:
M i _ _ _säu _ _ bak _ _ _ _ _ _

3
a) Lies die erste Aussage von Professor Klein.

Seite 83

1 Wie ein Versuchsprotokoll aussehen muss, siehst du auf Seite 211 im Buch.

Seite 85

1 Verwende dazu die folgenden Begriffe: vereinfacht, Wirklichkeit, Material, Funktion, vergrößert oder verkleinert.

2 Wähle die Modelle aus: Globus, Lineal, Puppe, Beamer, Kalender, Buch.

Seite 86/87

1 Lies für die Lösung nochmal den Abschnitt „Eine einfache Vorstellung".

2 Ergänze den Lückentext:
Zuckerwasser schmeckt _____ , weil sehr viele _____ im Wasser enthalten sind. Diese sind jedoch so _____ , dass man sie nicht _____ kann.
Unsere _____ kann diese Teilchen aber wahrnehmen.

Seite 88/89

1
a) Beginne so: Tina hat sich einen Tee gekocht und ihn mit Zucker gesüßt. Dann…

2
a) Benutze dazu folgende Wörter: Kristalle, würfelförmig, Kristallform, sechseckig, spitz

3
a) Schreibe den Lückentext ab und ergänze ihn:
Kristalle bilden besonders _____ Formen, wenn viel _____ für die _____ bleibt. Dann können sich die _____ sehr gleichmäßig _____ .

4
a) Ein einzelnes Stück Würfelzucker enthält etwa 30 000 einzelne Zuckerkristalle.

Seite 90/91

1 Lies dazu die Textabschnitte, in denen diese Begriffe vorkommen: geozentrisches Weltbild, heliozentrisches Weltbild.

Seite 92

1 Den Unterschied kannst du bereits an einer Bezeichnung selbst erkennen.

Seite 94

1 Suche im Textabschnitt „Unsere Galaxie" den hervorgehobenen Begriff und lies den Text dazu.

Seite 95

1 Betrachte Bild 1 und vergleiche die Größen der Planeten.

Seite 98

1 Beachte die Teilüberschriften dieser Seite.

4 **Bewegung zu Wasser, zu Lande und in der Luft**

Seite 106

1 Überlege z. B., was dir mehr liege würde: eine Sportart, die du allein oder in der Gruppe ausüben kannst, oder vielleicht ein Mannschaftssport wie Fußball oder Volleyball.

Seite 108

1 Lies den Merksatz.

Seite 109

1 Verwende die Fachwörter in der folgenden Reihenfolge:
Knochenhaut, Blutgefäße – Knochengewebe (außen) – Knochengewebe (innen) – Knochenbälkchen (an den Knochenenden)

Seite 110

1 Das Fachwort „Scharniergelenk" ist im Text fett gedruckt. Der betreffende Satz weist auf zwei Scharniergelenke hin. Notiere sie. Suche dann weitere Scharniergelenke, indem du Gelenke an deinem Körper bewegst. Achte genau darauf, in welche Richtungen du sie bewegen kannst.

Seite 112/113

1 Lies den Merksatz.

Seite 114

1 Bringe die Buchstaben im folgenden Satz in die richtige Reihenfolge:
Bewegung hilft, SPUSKELVERMANNUNGEN zu vermeiden.

Seite 116/117

1

a) Im Einleitungstext von Material 1 sind drei verschiedene Arten von Muskeln genannt.
b) Nimm das erste Bild von Material 1 zu Hilfe. Beginne so:
„Skelettmuskeln bestehen aus vielen winzigen Muskelfasern. . . ."

2

a) Betrachtet das linke Bild des Modells (Vorderseite).
Legt die Tabelle nach folgendem Muster an:

Modell	Arm
oberes Papp-Teil	Oberarm
unteres Papp-Teil	. . .
Gummiband links	. . .
Gummiband rechts	. . .
Rundkopfklammer	. . .

3

a) Lies die zweite Aussage von Dr. Forsch.

Seite 121

1 Teile die zurückgelegte Strecke (60 Meter) durch die benötigte Zeit (2 Sekunden). Das Ergebnis hat die Einheit m/s (Meter pro Sekunde).

Seite 122/123

1

a) Beginne mit der Landschildkröte. Sie ist mit 0,5 km/h am langsamsten.

2

a) Beachte den letzten Satz in Material 2.

Seite 124/125

1 Beispiele findest du im Abschnitt „Was ist Energie?". Schau dir auch die Bilder an.

2 Lies die Zeilen 58 – 60.

Seite 126

1 Schreibe den folgenden Satz ab und fülle die Lücken aus:
Überschüssige Glucose wird zu _____ umgebaut und in den _____ und in der _____ gespeichert.

Seite 128/129

1 Lies diese Textabschnitte: „Die Richtung der Bewegung" und „Die Geschwindgkeit der Bewegung".

1 Beachte:
– Energie kann in verschiedene Energieformen umgewandelt werden.
– Wenn etwas *erhalten* wird, geht es nicht *verloren*.
Der Energieerhaltungssatz besagt, also dass . . .

Seite 130/131

1 Lies den Abschnitt, in dem dieser Begriff vorkommt: öffentlicher Personennahverkehr

2 Überlege, wie du deinen Schulweg zurücklegen kannst, ohne dass du z. B. mit dem Auto ankommst.

Seite 133

1 Suche die Teilüberschrift, die das Wort „Schutz" enthält, und lies diesen Textabschnitt.

Seite 134/135

1 Ein Aufprall kann starke Verformungen verursachen. Überlege, bei welchem Sicherheitssystem dies günstig ist und bei welchem das verhindert werden soll.

Seite 136/137

1
a) Bilde Sätze nach folgendem Muster:
   – Fische haben einen stromlinienförmigen Körper.
   – Fische haben eine Wirbelsäule.
   – …
b) Lies den Punkt „Atmung" in Material 1 und nimm das kleine Bild ganz unten auf der Seite zu Hilfe.

2
a) Die Begündung findest du im ersten Abschnitt von Material 2.

Seite 140/141

1 Lies hierzu den Textabschnitt, dessen Überschrift das Wort „Giganten" enthält.

2 Betrachte die Bilder 1 bis 3. Überlege, wie diese Wasserfahrzeuge angetrieben werden.

Seite 144/145

1 Verwende die folgenden Schlüsselwörter: Röhrenknochen, Brustbein, starres Skelett

Seite 150

1 Überlege, wie unterschiedlich die beiden Fluggeräte fliegen.

5 Pflanzen – Tiere – Lebensräume

Seite 158/159

1
a) Lies den Text „Ein neues Zuhause für Rocky".
   Beginne so: „Rocky ist …"

2
a) Schreibe die folgenden Sätze ab und ergänze sie:
   – Ich muss genau wissen, was das Tier …
   – Ich muss genügend … für das Tier haben
   – Ich brauche jemanden, der sich in den … um das Tier kümmert.
b) Beantworte die Fragen ehrlich. Manches kannst du auch nachholen. Wenn du z. B. noch nicht viel über dein gewünschtes Haustier weißt, kannst du dich noch informieren.

Seite 160/161

1 Verwende die folgenden Satzteile: jagen in der Gruppe – anschleichen – das Beutetier verfolgen – nicht mehr fliehen können oder sich zum Kampf stellen

Seite 162/163

1 Notiere zuerst die im Text fett gedruckten Schlüsselwörter. Erläutere sie dann kurz.

Seite 164/165

1 Bringe die Buchstaben in die richtige Reihenfolge:
SANPEN, METZNAGEN, MÄTTERBLAGEN, MABLAGEN
Die Funktion der Abschnitte des Rindermagens findest du in den ersten beiden Textabschnitten.

2 Nimm Bild 4 zu Hilfe.
Beginne so:
„Rinder liefern Fleisch und Wurst. …"

Seite 166/167

1 Schlüsselwörter: kostengünstig – enger Raum – enge Boxen – gestresste Tiere – mästen – Kürzen von Schwänzen und Hörnern – Krankheiten – Medikamente

Finde die genannten Schlüsselwörter in den ersten vier Abschnitten und notiere die entsprechenden Sätze dazu.

2 Lies den Abschnitt „Warum nicht mehr Öko-Betriebe?".

Seite 168/169

1

a) Verwende einen Meterstab und ein Geodreieck.

Seite 170

1 Nimm Bild 1 zu Hilfe. Die verschiedenen Getreidearten sind dort fett gedruckt.
Beginne so:
a) Weizen: wichtiges Brotgetreide …

Seite 172

1

a) Schreibe in die Mitte der Mind-Map „Das Eichhörnchen". Du kannst auch ein Eichhörnchen zeichnen.
Beschrifte die abgehenden Äste mit folgenden Begriffen:
Körperbau – Bewegung – Gebiss und Ernährung.
Ergänze dann mit Begriffen aus dem Text.

Seite 173

1 Bringe die folgenden Wörter in den richtigen Zusammenhang:
Schnauze – walzenförmig – schmal – Fell – Körper – kein Strich – Grabhand – sehen – hören – tasten – graben

Seite 174/175

1 Achte auf die fett gedruckten Wörter im Text.

Beginne so:
„Spechte haben einen Meißelschnabel. Er ist …"

2 Lies den Abschnitt „Nachmieter für Spechthöhlen".

Seite 176/177

1

a) Lies die drei Aussagen von Frau Wassermann.

2

a) Bilde zwei sinnvolle Sätze: Siehe Bild 1.

Seite 178

1 Berücksichtigt die Punkte 1 bis 6 in Bild 1.

Seite 180

1 Nimm die fett gedruckten Wörter und die Bilder zu Hilfe.

Seite 182/183

1 Du findest die Pflanzen im rechten Teil von Bild 1.
Tipp: Bei einer Blattrosette liegen die Blätter um den Stängel herum flach auf dem Boden.

2 Lies auf Seite 213 nach, worauf du bei einem Tier-Steckbrief achten musst.
Notiere Stichpunkte:
– Vorkommen: …
– Lebensweise: …

Seite 184/185

1

a) Nils nennt die Wiese und den See. Denke z. B. an andere kleinere und größere Gewässer.

Im Frühjahr Im Herbst	ist	die Ruhezeit die Paarungszeit	der Lurche.
Die Eidechsen Die Lurche	fliegen wandern	dann zu ihren	Laichgewässern. Verstecken.

1 Hilfe zu Seite 176/177, Aufgabe 2

2

a) Tipp: Achte bei den Begriffen auf die unterschiedlichen Farben.

3

a) Schreibe die folgenden Sätze ab und fülle die Lücken aus:
Zeigerpflanzen bevorzugen _____ Bedingungen zum Wachsen. Deshalb zeigen sie an, wie die _____ an ihrem Wuchsort sind.

Seite 186

1 Beginne mit den untersten Bildern und folge den Pfeilen. Zum Beispiel:
Gras → Rötelmaus → …

Seite 189

1 Beachte, dass auch bei der Esche nur ein einzelnes Blatt abgebildet ist. Lies dazu die Schilder ganz unten am Anfang des Bestimmungsschlüssels.

2 Der Bestimmungsschlüssel zeigt nicht alle Baumarten, die in deiner Umgebung vorkommen können. Wenn du ein Blatt nicht bestimmen kannst, nutze zusätzlich ein Bäume-Bestimmungsbuch mit guten Fotos und Zeichnungen oder eine passende Bestimmungs-App.

Seite 190

1 Die folgenden Wörter nennen vier wichtige Bestandteile eines Gartens für Tiere. Bringe die Buchstaben in die richtige Reihenfolge:
HEINSTAUFEN, HEISIGRAUFEN, SIEWE, KECHEN
Vielleicht hast du noch weitere Ideen?

Seite 191

1 Die Bilder zeigen eine Pflanze und zwei Tiere. Weitere Wiesenbewohner sind im Abschnitt „Lebensgemeinschaft Wiese" genannt.

Seite 192

1 Achte auf die fett gedruckten Wörter im Text.

Seite 194

1 Lies den zweiten Textabschnitt.

Seite 195

1 Nimm die Bilder 1 bis 3 zu Hilfe und schreibe drei Sätze.

Basiskonzepte

Seite 198/199

1 Lies z. B. die Überschriften der vier Kästen.

2 Beispiele findest du in den Abschnitten „Organ" und „Organe arbeiten zusammen".

3

a) Lies die Thermometer ab bei dieser Markierung: „Wasser gefriert".

Seite 200/201

1 Schreibe den folgenden Text ab und fülle die Lücken aus:
Der Körper des Karpfens ist _____ . Damit bietet er dem Wasser wenig Widerstand. Karpfen haben verschieden geformte _____ . Die kräftige _____ dient dem Hauptantrieb beim Schwimmen. Die kleineren Brust- und Bauchflossen dienen dem _____ . Karpfen können in verschiedenen Wassertiefen schweben. Das ermöglicht die _____ .

Seite 202/203

1 Ein Beispiel: Züchtung der Hunderassen aus dem Wolf.

Seite 204/205

1 Denke dazu an sehr kleine und sehr große Dinge, die in einem Modell abgebildet werden können.

Seite 206/207

1 Vergleiche: Wie viele Menschen können in einem Auto, in einem Bus und in einer Straßenbahn transportiert werden?

1 Arbeiten in den Naturwissenschaften

1 Beispiele:
- NOT-AUS-Schalter: Wenn er gedrückt ist, werden alle Strom- und Gasleitungen unterbrochen.
- Feuerlöscher und Löschdecke: Für den Fall, dass ein Feuer ausbricht, sind sie vorhanden.
- Augendusche: Sollte ein Spritzer ins Auge gelangen, kann das Auge mit ihrer Hilfe ausgewaschen werden.
- Erste-Hilfe-Kasten: Er enthält Verbandsmaterial für den Fall, dass sich beim Experimentieren jemand verletzt.

2 Das gesuchte Gerät ist der Gasbrenner.

3
a) Bestandteile des Gasbrenners: Brennerrohr, Gasdüse, Einstellschraube zur Luftregulierung, Gasregulierung.
b) 1. Schutzbrille aufsetzen, Haare zusammenbinden; 2. Gasbrenner mittig auf dem Tisch platzieren; 3. Gaszufuhr und Luftzufuhr schließen, 4. Gasschlauch mit dem Gashahn am Tisch verbinden, 5. Gashahn am Tisch öffnen, 6. Schraube für die Gaszufuhr öffnen und das ausströmende Gas entzünden.

4 Man arbeitet so ähnlich wie in den Naturwissenschaften. Man stellt Fragen an Naturphänomene, äußert Vermutungen, plant Versuche und führt sie durch. Dann notiert man die Beobachtungen und erhält so Ergebnisse und Antworten auf die Fragen.

5 In einer Gefahrensituation muss möglichst schnell gehandelt werden. Deshalb ist es wichtig, dass jeder im Fachraum die Lage des NOT-AUS-Schalters genau kennt und im Gefahrfall auch bedienen kann. Da auch die Lehrkraft einen Unfall erleiden kann, ist es wichtig, dass auch Schülerinnen und Schüler den NOT-AUS-Schalter kennen und bedienen können.

6 Im Fachraum ist gegenseitige Rücksichtnahme besonders wichtig, damit sich niemand verletzt und keine Unfälle passieren. Beim Erhitzen einer Flüssigkeit in einem Reagenzglas hält man beispielsweise die Öffnung immer von Personen weg. So trifft die heiße Flüssigkeit niemanden, wenn sie einmal aus dem Reagenzglas spritzen sollte.

7

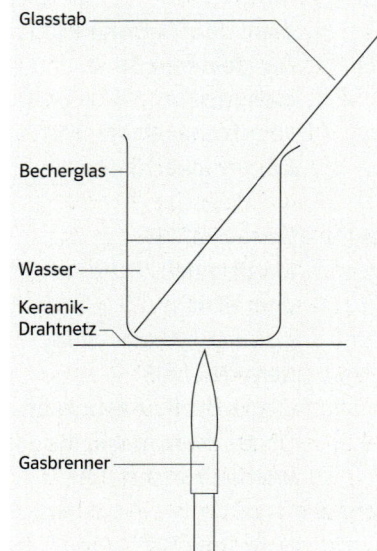

8 Lauras Verhalten ist leichtsinnig. Eine normale Sehbrille verfügt nicht über Seitenklappen. Deshalb können bei einer Sehbrille Spritzer von der Seite ins Auge gelangen. Eine Sehbrille ersetzt daher keine Labor-Schutzbrille.

9 Zum Eindampfen einer Lösung wird eine Abdampfschale benutzt. Hält man eine heiße Abdampfschale unter kaltes Wasser, kann sie zerspringen.

10 Eine Löschdecke sollte nicht zum Löschen von Personen eingesetzt werden, da beim Andrücken der Decke brennende oder glühende Teile auf die Haut gedrückt werden. Dadurch kann man sich selbst verbrennen. Zudem bringt sich der Löschende durch die Nähe in Gefahr, Verbrennungen zu erleiden.

11 Ein Experiment wird z.B. wiederholt, wenn es nicht gelungen ist oder man sich nicht sicher ist, ob das Ergebnis richtig ist. Manche Experimente werden wiederholt, weil man bei verschiedenen Bedingungen (z.B. unterschiedliche Temperaturen) messen muss, um zu einem Ergebnis zu kommen.

12 In einer Experimentierpause stellt man die leuchtende Flamme ein, da diese gut zu sehen ist. In einer längeren Pause sollte der Gasbrenner jedoch ganz ausgestellt werden.

2 Von den Sinnen zum Messen

1 Die *Hornhaut* ist das „Fenster" des Auges. Sie schützt das Auge und lässt zugleich Licht hindurch. Durch die *Pupille* fällt Licht ins Innere des Auges. Die *Iris* regelt die Öffnung der Pupille und damit den Lichteinfall. Sie ist die Blende des Auges. *Ringmuskeln* verändern der *Linse*. So können wir Ge-

genstände in verschiedener Entfernung scharf stellen. Der *Glaskörper* gibt dem Auge seine Form. Die derbe *Lederhaut* schützt das Auge, die *Aderhaut* sorgt für die Versorgung mit Nährstoffen und Sauerstoff. In der *Netzhaut* liegen die *Sehsinneszellen*, die die Lichtreize aufnehmen. Im *Gelben Fleck* liegen besonders viele Sehsinneszellen. Der *Blinde Fleck* ist die Austrittsstelle des *Sehnervs*. Dort gibt es keine Sehsinneszellen. Der Sehnerv leitet elektrische Impulse zum Gehirn.

2 Über das *Außenohr* gelangen die Schallwellen zum *Trommelfell*. Das Trommelfell gibt die Schwingungen über die *Gehörknöchelchen* (Hammer, Amboss und Steigbügel) an die *Hörschnecke* weiter. Dort reizen sie die *Hörsinneszellen*, die daraufhin elektrische Impulse erzeugen. Über den *Hörnerv* gelangen die Impulse zum Gehirn. Dort werden sie verarbeitet.

3 Ultraschall (sehr hohe Töne), Infraschall (sehr tiefe Töne)

4 Temperatur kann man in den Einheiten Celsius, Fahrenheit und Kelvin angeben.

5 Menschen, deren Sehsinn komplett ausgefallen ist, bezeichnet man als blind. Blinde können oft sehr gut hören und tasten. Trotzdem ist es schwierig für sie, sich in einer unbekannten Umgebung zurechtzufinden. Es gibt verschiedene Hilfsmittel für Blinde, z.B. die Braille-Schrift zum Lesen mit den Fingerspitzen und den Blindenstock, der hilft, Hindernissen

auszuweichen. Den Umgang mit solchen Hilfsmitteln müssen Blinde erlernen.

6 In der Mitte der Mind-Map steht „Sinnesorgane des Menschen". Von dort gehen fünf Äste ab: Auge, Ohr, Haut, Zunge, Nase. Mit weiteren Ästen werden den Sinnesorganen die Reize und die Sinnesleistungen zugeordnet: Auge – Licht – Sehen, Ohr – Schallwellen – Hören, Haut – Berührung, Druck, Hitze, Kälte – Fühlen, Zunge – Geschmacksstoffe – Schmecken, Nase – Duftstoffe – Riechen.

7 Landschnecken haben einfach gebaute Augen. Sie können nur Hell und Dunkel unterscheiden und Bewegung wahrnehmen. Spinnen haben zwar acht Augen, sie sehen aber nur in der Nähe gut. Greifvögel haben besonders leistungsfähige Augen. Sie können eine Maus noch aus großer Höhe erkennen. Hunde sehen schlechter als wir. Sie haben aber ein feines Gehör und einen besonders ausgeprägten Geruchssinn. Sie verfolgen Spuren „mit der Nase". Fledermäuse jagen nachts und können ihre Beutetiere auch bei völliger Dunkelheit orten – allerdings nicht mit den Augen. Sie senden im Flug Ultraschalllaute aus. Die Beutetiere reflektieren diese Laute. Die Fledermaus nimmt die Ultraschalllaute wahr und weiß dann, wo die Beutetiere sich befinden. Die Klapperschlange hat ein „Wärmeauge", mit dem sie sich ein Wärmebild ihrer Umgebung macht. Sie nimmt die Infrarotstrahlung ihrer Beutetiere wahr und kann diese so orten.

8 Die Angabe 1000 Hz bedeutet, dass die Stimmgabel pro Sekunde 1000 Schwingungen durchführt.

9 *Schutz für die Augen:* Schutzbrille bei gefährlichen Arbeiten und beim Experimentieren, Sonnenbrille mit UV-Schutz, Sonnenfinsternisbrille beim Beobachten einer Sonnenfinsternis.
Schutz für die Ohren: Nicht zu laute Musik hören, nicht zu häufig Musik über Kopfhörer hören, bei starker Lärmbelastung einen Gehörschutz tragen.

10 Die Haut der Fingerspitzen kann besonders gut tasten, denn sie enthält sehr viele Sinneskörperchen. Die Haut des Rückens z.B. enthält viel weniger Sinneskörperchen.

11 Von klein nach groß: 50 g, 150 g, 200 g, 2 kg, 2 500 g, 40 kg, 2 t, 3 500 kg, 30 t

12 Beim Kochen verwendet man eine Küchenwaage. Ihr Messbereich (bis ca. 2 kg) wurde darauf angepasst.
Im Büro verwendet man Briefwaagen. Sie sind für kleine Massen, z.B. Briefe, geeignet und haben eine sehr genaue Skala. So kann man die Masse bestimmen und damit das richtige Porto.

13 Im Gehirn werden die elektrischen Impulse zu Bildern verarbeitet. Das Ergebnis wird auch mit früheren Bildern der Umwelt verglichen. So kann es zu fehlerhaften Deutungen und damit zu optischen Täuschungen kommen.

14 Mit deinem Temperatursinn kannst du nur Temperaturunterschiede erkennen, aber keine genauen Tem-

peraturen bestimmen. Dafür brauchst du ein Thermometer.

15

a) Man wählt ein Material, aus dem man die Wägestücke herstellen will, z. B. Sand. Dafür braucht man zusätzlich jeweils ein Gefäß, z. B. eine kleine Tüte. Mithilfe einer Balkenwaage und echten Wägestücken kann man nun eigene Wägestücke herstellen. Dazu wird das echte Wägestück auf eine Seite der Waage gelegt. Auf der anderen Seite liegt eine Tüte, die mit Sand gefüllt wird. Wenn die Waage im Gleichgewicht ist, ist die richtige Sandmenge im eigenen Wägestück enthalten. Nun wird die Tüte verknotet und das eigene Wägestück korrekt beschriftet.

b) Wenn man als Vergleich echte, geeichte Wägestücke zur Erstellung der eigenen Wägestücke verwendet hat, ist das korrekt.

3 Vom ganz Kleinen und ganz Großen

1 Eine Lupe ist eine Sammellinse. Hinter einer Sammellinse schneiden sich die parallelen Lichtstrahlen im Brennpunkt.

2 Gesamtvergrößerung:
12 x 40 = 480-fach

3

Bestandteile	Tier-zelle	Pflanzen-zelle
Zellwand		x
Zellmembran	x	x
Zellplasma	x	x
Vakuole		x
Zellkern	x	x
Chloroplasten		x
Mitochondrien	x	x

4 Nenne die wichtigsten Aussagen des Teilchenmodells

5 Im Zentrum unseres Sonnensystems steht die Sonne. Die Planeten umkreisen die Sonne. Die Monde umkreisen die Planeten. Unser Sonnensystem hat 8 Planeten: Merkur, Venus, Erde, Mars, Jupiter, Saturn, Uranus und Neptun.

6 Ich gebe in die kleine runde Öffnung der Sicherheitsnadel einen Tropfen Wasser. Dieser Tropfen hat die Form einer Sammellinse. Ich kann diese „Lupe" am anderen Ende der Sicherheitsnadel anfassen.

7 *Zellwand*: Form und Festigkeit; *Zellmembran*: dünne Abgrenzung zum Zellplama; *Zellplasma*: Hier liegen die Zellbestandteile (Organellen); *Vakuole*: Lagerung von Wasser, gelösten Stoffen und Ölen; *Zellkern*: steuert die Vorgänge in den Zellen; *Chloroplasten*: hier werden Nährstoffe hergestellt (Fotosynthese); *Mitochondrien*: Freisetzung von Energie für die Lebensvorgänge

8 Schritte zum Mikroskopieren eines Moosblättchens:
1. Mit der Pipette einen Tropfen Wasser auf einen Objektträger geben,
2. Ein Moosblättchen abzupfen und glatt in den Wassertropfen legen,
3. Vorsichtig mit einem Deckgläschen abdecken,
4. Mikroskopieren.

9 Beim geozentrischen Weltbild steht die Erde im Mittelpunkt.

Die Sonne und die anderen Planeten drehen sich um die Erde. Beim aktuellen, heliozentrischen Weltbild dagegen ist die Sonne der Mittelpunkt. Um sie herum drehen sich die Planeten.

10 Ein Fernrohr besteht aus einer Röhre und zwei Sammellinsen. Das vordere Objektiv erzeugt ein Zwischenbild des Gegenstandes. Dieses Zwischenbild durch das hintere Okular vergrößert. Betrachtet man einen weit entfernten Gegenstand durch ein Fernrohr, sieht man ihn als vergrößertes Bild.

11

a)

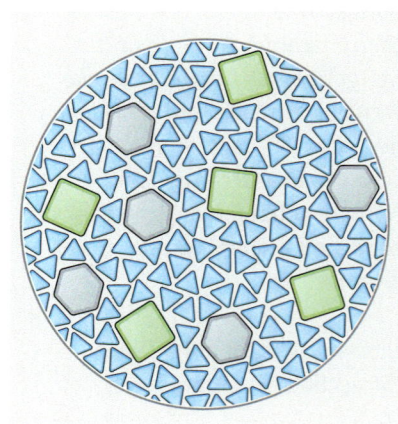

b) Nach dem Erhitzen erhält man nicht reines Salz oder reinen Zucker. Da die Teilchen im Wasser gemischt wurden, bekommt man Zucker und Salz auch gemischt zurück.

12

a) Der Abstand zwischen Erde und Sonne, real 150 Millionen Kilometer, wird als 1 Astronomische Einheit definiert. Deshalb beträgt der Abstand zwischen Erde und Sonne in diesem Modell 1 m.

b) Jupiter und Saturn haben einen realen Abstand von 620 Mio. km. 1 AE sind 150 Mio. km.
Rechnung: 620 : 150 = 4,13 ≈ 4
Antwort: Der Abstand beträgt also 4,13 AE. In diesem Modell sind das 4,13 m. Das sind gerundet 4 m.

13 Krankheitserreger wie Bakterien und Viren sind sehr klein. Man kann sie mit bloßem Auge nicht sehen. Früher wusste man nicht, dass es solche Mikroorganismen gibt und dass sie Krankheiten verursachen können. Erst als sie mit leistungsfähigen Mikroskopen sichtbar gemacht und identifiziert werden konnten, konnte man Infektionskrankheiten gezielt bekämpfen.

14 *Zelle*: Eizelle,
Gewebe: Schleimhaut, Zwiebelhaut
Organ: Eichenblatt, Zwiebelschuppe, Auge
Organismus: Eiche, Hund

4 Bewegung zu Wasser, zu Lande und in der Luft

1 Die Wirbelsäule stützt den Körper und schützt das Rückenmark. Die Schädelknochen schützen das Gehirn. Der Brustkorb schützt innere Organe wie Herz und Lunge.

2 Ellenbogen- und Knie-Gelenk: Beugen der Arme und Beine, Gelenk zwischen Wirbelsäule und Schädel: Drehen und Neigen des Kopfes,
Gelenke zwischen den Wirbeln: Drehen und Beugen des Oberkörpers,
Fingergelenke: Beugen der Finger, Greifen

3 Die Geschwindigkeit wird in Kilometer pro Stunde (km/h) oder in Meter pro Sekunde (m/s) angegeben.

4 Bei der Fahrt einer Achterbahn können verschiedene Bewegungen beobachtet werden: Der Wagen einer Achterbahn wird nach dem Start ganz gleichmäßig nach oben auf den höchsten Punkt der Achterbahn gezogen. Anschließend fährt der Achterbahnwagen hinab und wird schneller. Seine Geschwindigkeit nimmt zu. Wenn der Wagen in eine Kurve fährt, dann ändert sich die Richtung der Bewegung. Wenn es hinaufgeht, dann wird der Wagen langsamer. Seine Geschwindigkeit nimmt ab.

5 Autofahrer werden u.a. durch Sicherheitsgurte und Airbags geschützt.
Radfahrer werden nur durch den Helm geschützt. Nutzen sie das Fahrrad alleine, am besten auf ausgewiesenen Radwegen, sind sie ebenfalls besser geschützt. Alle Verkehrsteilnehmer dürfen das Smartphone nicht während der Fahrt bedienen und sollten eine rücksichtsvolle und vorsichtige Fahrweise haben. Viele weitere Verkehrsregeln können und sollen Unfälle verhindern.

6 Maßnahmen, die helfen, das Skelett und die Muskeln gesund zu erhalten: beim Tragen, Heben und Sitzen auf die richtige Haltung achten, Rückengymnastik, Muskeltraining, Bewegung allgemein.

7 Skelettmuskeln bestehen aus Muskelfasern, die zu Muskelfaserbündeln zusammengefasst sind.

Außen sind sie von der Muskelhaut umgeben. Blutgefäße versorgen sie mit Nährstoffen und Sauerstoff. Über Sehnen sind die Skelettmuskeln am Knochen befestigt.

8 Beuger und Strecker sind Gegenspieler: Wenn man den vorderen Oberarmmuskel (Beuger oder Bizeps) anspannt, verkürzt er sich und der Arm wird gebeugt. Der Beuger kann sich aber nicht selbst wieder entspannen. Wenn man den Arm wieder strecken will, spannt man deshalb den hinteren Oberarmmuskel (Strecker oder Trizeps) an. Dadurch wird der Beuger wieder gedehnt.

9 *Fortbewegung an Land, Beispiel Hunde*:
Hunde sind Zehengänger. Sie setzen beim Gehen nur die Zehen und den vorderen Fußballen auf. So können sie sehr schnell loslaufen oder aus dem Stand aufspringen. Das ist ein Vorteil bei der Jagd oder auf der Flucht. Sie können außerdem größere Schritte machen. Auch dadurch sind sie schneller.
Fortbewegung im Wasser, Beispiel Karpfen:
Karpfen haben einen stromlinienförmigen Körper und die Haut ist mit einer Schleimschicht bedeckt. Dadurch ist der Widerstand im Wasser geringer. Sie haben verschieden geformte Flossen, die dem Antrieb und der Steuerung dienen.
Fortbewegung in der Luft, Beispiel Vögel:
Vögel haben einen stromlinienförmigen Körper. Dadurch ist der Luftwiderstand geringer. Ihre Röhrenknochen sind hohl, ihr

Skelett ist leicht. Am großen Brustbein sitzen die Flugmuskeln. Die Lungenflügel haben Luftsäcke, die die Vögel beim Fliegen zusätzlich mit Sauerstoff versorgen. Schwungfedern bilden die Tragflächen beim Fliegen, die Schwanzfedern dienen der Steuerung.

10 In einer Stunde fährt das Auto 75 Kilometer weit. In einer halben Stunde fährt es 37,5 Kilometer weit. In 1,5 Stunden fährt das Auto also 112,5 Kilometer weit.

11 Energie ist z. B. nötig, damit ein Auto fahren kann. Die Energie liefert das Verbrennen eines Treibstoffs. Dazu ist außer dem Treibstoff auch Sauerstoff nötig. Auch Lebewesen brauchen Energie, um sich zu bewegen. Sie gewinnen die Energie aus Nährstoffen und Sauerstoff: Bei der Zellatmung reagiert Glucose mit Sauerstoff. Dabei wird Energie frei, die genutzt werden kann.

12 Der Mensch ist das einzige „Wirbeltier", das aufrecht geht. Durch die doppelte S-Form ist die Wirbelsäule elastischer beim aufrechten Gang und kann Stöße besser abfedern.

13 Siehe obere Hälfte von Bild 3 auf S. 129

14 Wenn alle (allein) mit dem Auto unterwegs sind, hat das diese Nachteile: Es kommt zu Staus, viel Lärm, Abgasen, hohem Kraftstoffverbrauch. Der Vorteil ist, das jeder mit seinem Auto zu einem beliebigen Ziel fahren kann. Wenn diese Personen mit dem Bus oder der Bahn unterwegs sind, gibt es keine Staus, weniger Lärm, weniger Abgase, geringer Kraftstoffverbrauch. Der Nachteil ist, dass Bus und Bahn nur bestimmte Haltestellen anfahren.

5 Pflanzen – Tiere – Lebensräume

1 Spitze Kallen an allen vier Pfoten für festen Halt beim Klettern; kräftige Hinterbeine zum Springen von Ast zu Ast; langer, buschiger Schwanz als Steuerruder beim Balancieren und Springen

2 Der Kopf des Maulwurfs ist vorne schmal, seine Nase ist rüsselförmig. Damit kann er gut in der Erde wühlen. Die Vorderfüße des Maulwurfs sind Grabfüße. Sie sind breit und schaufelförmig und haben eine zusätzliche Kralle (Sichelbein). Das Fell des Maulwurfs hat keinen Strich. Damit kann er in seinen Gängen gut vorwärts und rückwärts kriechen. Der Geruchssinn und der Tastsinn des Maulwurfs sind sehr gut. So kann er Beutetiere in der Erde aufspüren. Seine Ohren liegen unter dem Fell und haben keine Ohrmuscheln. Sie behindern ihn nicht, wenn er durch die engen Gänge kriecht.

3 Gräser → Rötelmaus → Fuchs
Faulbaum → Reh → Fuchs
Stieleiche → Rötelmaus → Fuchs

4 Folgende Punkte sollten im Flyer vorkommen:
Du solltest kein Haustier halten, wenn …
– du noch nichts über die Bedürfnisse des Tiers weißt
– du nicht genügend Zeit hast, um es gut zu versorgen
– du nicht genügend Geld hast, um Futter, Tierarzt usw. zu bezahlen
– du niemanden hast, der die Pflege übernimmt, wenn du mal nicht kannst
– bei dir zu Hause immer alles sauber und ordentlich sein muss
– jemand aus deiner Familie eine Allergie gegen dein Wunschtier hat

5 Zuerst hielten sich vermutlich Wölfe in der Nähe des Menschen auf und fraßen die Reste von deren Beute. Vielleicht konnten die Menschen nach und nach einige Wölfe zähmen. Von deren Nachkommen wählten sie Tiere mit besonderen Eigenschaften zur Zucht aus. So entstanden in vielen Tausend Jahren viele verschiedene Hunderassen.

6 Alle Kohlsorten sind aus dem Wildkohl gezüchtet worden. Bei der Züchtung hat man immer die Wildkohl-Pflanzen mit den gewünschten Eigenschaften vermehrt, für Kohlrabi z.B. Pflanzen mit besonders verdicktem Stängel. Auf diese Weise hatten die Kohlpflanzen von Generation zu Generation immer dickere Stängel. Für Brokkoli wurden Kohlpflanzen mit großen, dichten Blütenständen vermehrt.

7 Beispiel Buntspecht im Lebensraum Wald: Der Meißelschnabel, die lange Zunge, die Kletterfüße und der Stützschwanz sind Angepasstheiten an ihren Lebensraum und ihre Lebensweise an Bäumen. Sie klettern, meißeln ihre

Bruthöhlen selbst und ernähren sich von Insekten unter der Rinde.

8 Wer Zimmerpflanzen richtig pflegen will, muss ihre Bedürfnisse kennen: Wie viel Wasser braucht die Pflanze, braucht sie feuchte Luft, muss sie gedüngt werden, braucht sie viel oder wenig Licht, wann muss die Pflanze umgetopft werden? Außerdem ist es wichtig, auf möglichen Schädlingsbefall zu achten.

9 Ein Ökosystem ist ein bestimmter Lebensraum mit der darin vorkommenden Lebensgemeinschaft von Pflanzen, Tieren und allen übrigen Lebewesen. Beispiele: Wald, Wiese, See, Teich, Bach, Fluss, Meer.

10 Je mehr Beutetiere es gibt, desto mehr Räuber finden Nahrung. Je mehr Räuber es gibt, desto weniger Beutetiere gibt es nach einiger Zeit. Die Anzahl der Räuber und der Beutetiere ändert sich deshalb ständig. Diese Wechselbeziehung bezeichnet man als biologisches Gleichgewicht.

11 Abwässer aus Haushalten und aus der Industrie belasten die Gewässer mit verschiedenen Stoffen. Auch Pflanzenschutzmittel und Düngemittel aus der Landwirtschaft gelangen durch Auswaschung zum Teil in die Gewässer.

12 Die Landwirte müssten nicht mehr möglichst viel in möglichst kurzer Zeit produzieren. Sie würden für ihre Produkte mehr Geld bekommen. Die Verbraucher würden von hochwertigeren Lebensmitteln und einer gesünderen Umwelt profitieren.

13 Individuelle Lösung. Wäge ab, was dir besonders wichtig ist. Die Haltungsformen sind unterschiedlich artgerecht. Die Eier unterscheiden sich im Preis.

14 Schutzmaßnahmen für Lurche: Tümpel und Teiche nicht trockenlegen oder zuschütten, einen Gartenteich anlegen, Stellen mit Holz, Laub und Steinen in der Landschaft belassen oder im Garten anlegen, Krötentunnel, Krötenfangzäune. Begründung: Lurche legen ihre Eier ins Wasser ab. Dort entwickeln sich die Larven. Erwachsene Lurche leben an Land. Holz, Laub und Steine bieten ihnen Unterschlupf. Zur Laichzeit wandern sie zu den Laichgewässern. Straßen bringen sie in Lebensgefahr.

Astronomische Einheit
Dies ist eine Einheit für große Entfernungen im Weltraum. Sie entspricht dem Abstand der Erde zur Sonne, also 150 Millionen Kilometer.

Bewegung
Ortsveränderung eines Körpers, die mit Richtung und Geschwindigkeit beschrieben werden kann

Bewegungsenergie
Dies hat ein Körper, wenn er seinen Ort ändert.

Brennpunkt
Punkt (vor oder) hinter einer Linse, in dem sich alle Parallelstrahlen schneiden

chemische Energie
Diese Energie ist in vielen Stoffen enthalten (z. B. Holz und Lebensmittel) und kann in Wärme umgewandelt werden, wenn der Stoff verbrannt wird.

Chloroplasten
Organellen in den Zellen grüner Pflanzen. Sie enthalten das Chlorophyll. In den Chloroplasten findet die Fotosynthese statt.

Daunen
auch Daunenfedern genannt. Sie liegen unter den Deckfedern und bilden ein isolierendes Luftpolster.

Deckfedern
bilden das äußere Federkleid der Vögel

Energie
Das Wort „Energie" kommt aus dem Griechischen und bedeutet so viel wie „das Wirkende". Energie bewirkt etwas, z. B. dass ein Auto fährt

oder eine Lampe leuchtet. Man unterscheidet verschiedene Energieformen, z. B. Bewegungsenergie und elektrische Energie.

Energieflussdiagramm
Darstellung, die zeigt, in welcher Reihenfolge welche Energiewandler welche Energieform(en) umwandeln

Energieumwandlung
Energie kann durch Energiewandler in andere Energieformen umgewandelt werden. Dabei geht keine Energie verloren. Zum Beispiel wandelt ein Auto die chemische Energie im Benzin in Bewegungsenergie und Wärme um.

Fernrohr
optisches Gerät, das mithilfe von Linsen weit entfernte Gegenstände groß darstellen kann

Fotosynthese
Vorgang, bei dem grüne Pflanzen aus Wasser und Kohlenstoffdioxid Traubenzucker (Glucose) und Sauerstoff herstellen. Sie nutzen dazu die Energie des Sonnenlichts.

Frequenz
Anzahl der Schwingungen in einer bestimmten Zeit (meistens 1 Sekunde)

Gasbrenner
Laborgerät zum Erhitzen

Geschwindigkeit
gibt an, welche Strecke in einer bestimmten Zeit zurückgelegt wird

Hörschnecke
liegt im Innenohr. In der Hörschnecke sitzen die Hörsinneszellen.

Impuls, elektrischer
Erregte Sinneszellen erzeugen elektrise Impulse. Die Impulse werden über Nerven zum Gehirn geleitet.

Kristall
In Kristallen sind Teilchen regelmäßig angeordnet. Sie bilden ein Kristallgitter und bestimmte Formen.

Kristallisation
Wenn man z. B. Salz oder Zucker löst und danach das Lösungsmittel abdampft, entstehen wieder Kristalle. Diesen Vorgang nennt man Kristallisation.

Lärm
Schall, der uns stört

Lebensgemeinschaft
Biozönose. Gesamtheit der Lebewesen in einem Ökosystem

Linse
geschliffener Glaskörper in optischen Geräten

Lösung
Wenn sich Stoffe in z. B. Wasser lösen, liegen die Teilchen nicht mehr im Verbund vor.

Lupe
optisches Gerät, bestehend aus einer Sammellinse, das kleine Gegenstände vergrößert darstellt

Masse
Die Masse eines Körpers misst man mit einer Balkenwaage. Massen gibt man in den Einheiten Gramm, Kilogramm und Tonne an.

Milchstraße
Galaxie, zu der auch unser Sonnensystem, damit auch die Erde, gehört

Mitochondrien
Organellen, die der Zelle Energie liefern. „Kraftwerke der Zelle"

Modell
vereinfachtes Abbild der Wirklichkeit

Nährstoff
Kohlenhydrate, Fette und Eiweiße sind Nährstoffe.

Netzhaut
In der Netzhaut im Inneren des Auges sitzen die Sehsinneszellen.

Objektiv
Linse am „hinteren" Ende eines optischen Geräts

Öffentlicher Personennahverkehr (ÖPNV)
öffentliche Transportangebote, z. B. Bus, S-Bahn, U-Bahn und Straßenbahn

Ökosystem
Lebensgemeinschaft (Biozönose) von Pflanzen und Tieren im entsprechenden Lebensraum (Biotop). Beispiele: Wald, Wiese, Teich

Okular
„vordere" Linse in einem optischen Gerät. Hierdurch schaut das Auge.

Organellen
Zellkörperchen mit speziellen Aufgaben. Beispiele: Zellkern, Chloroplasten, Mitochondrien

Planet
nicht selbstleuchtender Himmelskörper, der von ein oder mehreren Monden umkreist werden kann

Reiz
Signal aus der Umwelt, z. B. Licht, Schall oder Duftstoffe. Reize lösen an den passenden Sinneszellen elektrische Impulse aus.

Sammellinse
nach außen gewölbte Linse, die einfallende Lichtstrahlen bündelt

Schall
alles, was wir hören

Schwungfedern
bilden als Arm- und Handschwingen die Tragflächen des Flügels

Sinnesorgan
Organe mit speziellen Sinneszellen: Augen, Ohren, Nase, Zunge und Haut

Sinneszelle
Zellen in Sinnesorganen, die auf bestimmte Reize reagieren. Beispiel: die Sehsinneszellen im Auge

Sonnensystem
Das ist ein System, das aus einer oder mehreren Sonnen besteht, um die auch Planeten kreisen können. Unser Sonnensystem besteht aus einer Sonne und acht Planeten.

Spiegelteleskop
optisches Gerät, das u. a. mithilfe von Spiegeln weit entfernte Gegenstände groß darstellen kann

Stromlinienform
Form, die bei der Fortbewegung dem Wasser oder der Luft wenig Widerstand entgegensetzt.

Teilchen
kleinste Bestandteile der Materie, nur im Modell vorstellbar

Teilchenmodell
Modell für die kleinsten Teilchen, mit dem man viele Eigenschaften erklären kann

Temperatur
gibt an, wie heiß oder kalt ein Körper ist; Angabe in verschiedenen Einheiten: Celsius, Fahrenheit und Kelvin

Thermometer
Messgerät für die Temperatur

UV-Strahlung
ultraviolette Strahlung. Teil des Lichts, den wir nicht sehen können, auch UV-Licht genannt

Waage
Messgerät für die Masse

Wahrnehmung
Sehen, Hören, Tasten, Fühlen, Riechen oder Schmecken. Die Wahrnehmung geschieht im Gehirn.

Weltbild
menschliche Modelle zur Position der Erde im Weltraum, mithilfe von wissenschaftlichen Erkenntnissen kann es sich weiter entwickeln

Zellatmung
Bei der Zellatmung gewinnen Lebewesen Energie aus Traubenzucker (Glucose) und Sauerstoff. Dabei entstehen Kohlenstoffdioxid und Wasser.

Zelle
Grundbaustein aller Lebewesen

Züchtung
Bei der Züchtung werden gezielt Tiere oder Pflanzen mit bestimmten gewünschten Eigenschaften zur Fortpflanzung ausgewählt.

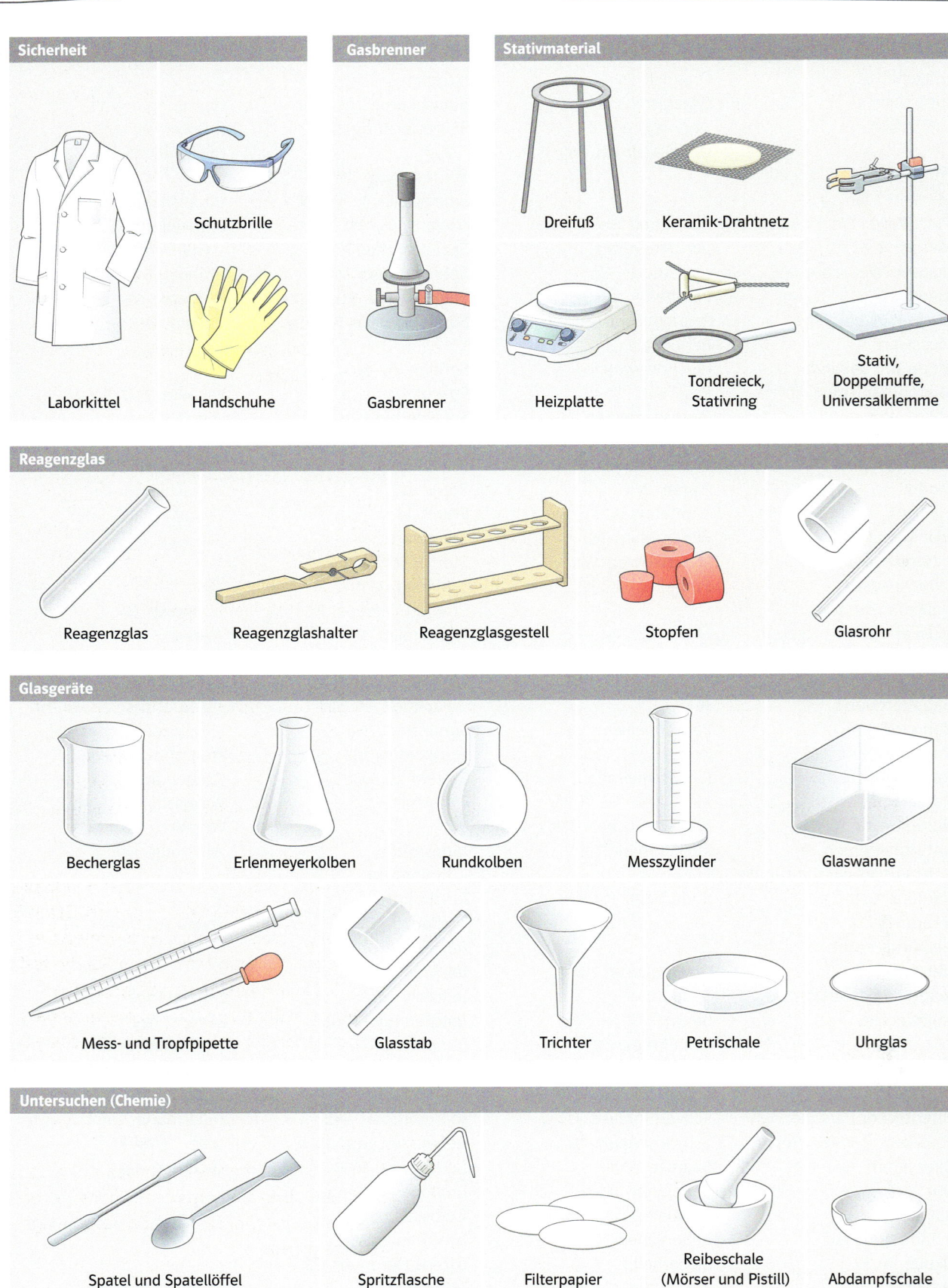

Sicherheit

Schutzbrille

Laborkittel

Handschuhe

Gasbrenner

Gasbrenner

Stativmaterial

Dreifuß

Keramik-Drahtnetz

Heizplatte

Tondreieck, Stativring

Stativ, Doppelmuffe, Universalklemme

Reagenzglas

Reagenzglas

Reagenzglashalter

Reagenzglasgestell

Stopfen

Glasrohr

Glasgeräte

Becherglas

Erlenmeyerkolben

Rundkolben

Messzylinder

Glaswanne

Mess- und Tropfpipette

Glasstab

Trichter

Petrischale

Uhrglas

Untersuchen (Chemie)

Spatel und Spatellöffel

Spritzflasche

Filterpapier

Reibeschale (Mörser und Pistill)

Abdampfschale

Piktogramm	Bezeichnung	Gefahrenklasse
	GHS01 (Explodierende Bombe)	– Explosive Stoffe – Selbstzersetzliche Stoffe – …
	GHS02 (Flamme)	– Entzündbare Flüssigkeiten – Entzündbare Gase – …
	GHS03 (Flamme über einem Kreis)	– Entzündend wirkende Flüssigkeiten und Feststoffe – Entzündend wirkende Gase
	GHS04 (Gasflasche)	– Unter Druck stehende Gase
	GHS05 (Ätzwirkung)	– Metallkorrosiv – Hautätzend – Hautreizend – …
	GHS06 (Totenkopf mit gekreuzten Knochen)	– Akute Toxizität
	GHS07 (Ausrufezeichen)	– Hautreizend – Augenreizend – Sensibilisierung der Haut – …
	GHS08 (Gesundheitsgefahr)	– Krebserzeugend – Erbgutverändernd – …
	GHS09 (Umwelt)	– Gewässergefährdend

1 Gefahrensymbole und ihre Bedeutung

Viele Chemikalien sind mit farbigen Symbolen auf ihren Etiketten gekennzeichnet. Diese Symbole werden **Gefahrenpiktogramme** genannt (▷ B 1). Stoffe mit einer solchen Kennzeichnung sind Gefahrstoffe, mit denen man besonders vorsichtig umgehen muss. Sie können durch Einatmen, Verschlucken oder sogar durch die Haut in den Körper gelangen. Informationen zu den Gefahrstoffen kann man beispielsweise in der GESTIS-Stoffdatenbank der Deutschen Gesetzlichen Unfallversicherung finden.

Die Gefahrenpiktogramme

Ein Gefahrenpiktogramm umfasst häufig mehrere Gefahrenklassen (▷ B 1). So kann zum Beispiel das Gefahrenpiktogramm GHS 05 bedeuten, dass der Stoff zur Gefahrenklasse „Metallkorrosiv", „Hautreizend", „Hautätzend", „Schwere Augenschädigung" oder „Augenreizung" gehört.

Signalwörter, H- und P-Sätze

Signalwörter auf dem Chemikalienetikett geben Auskunft über das Ausmaß der Gefährdung durch diesen Stoff. Es gibt zwei unterschiedliche Signalwörter, nämlich „Gefahr" für schwerwiegende Gefahren und „Achtung" für weniger schwerwiegende Gefahren:

Die **Gefahrenhinweise** sind in den **H-Sätzen** zusammengefasst (englisch: hazard, Gefahr). Die H-Sätze weisen auf die besonderen Gefahren beim Umgang mit einem Gefahrstoff hin. Die **Sicherheitshinweise** sind in den **P-Sätzen** enthalten (englisch: precautionary, vorbeugend). Die P-Sätze geben Ratschläge für den sicheren und sachgerechten Umgang mit einem Gefahrstoff.

Entsorgung von Gefahrstoffen

Reste von Gefahrstoffen, die nach einem Experiment übrig bleiben, werden in dafür vorgesehene, gekennzeichnete Entsorgungsgefäße gegeben.

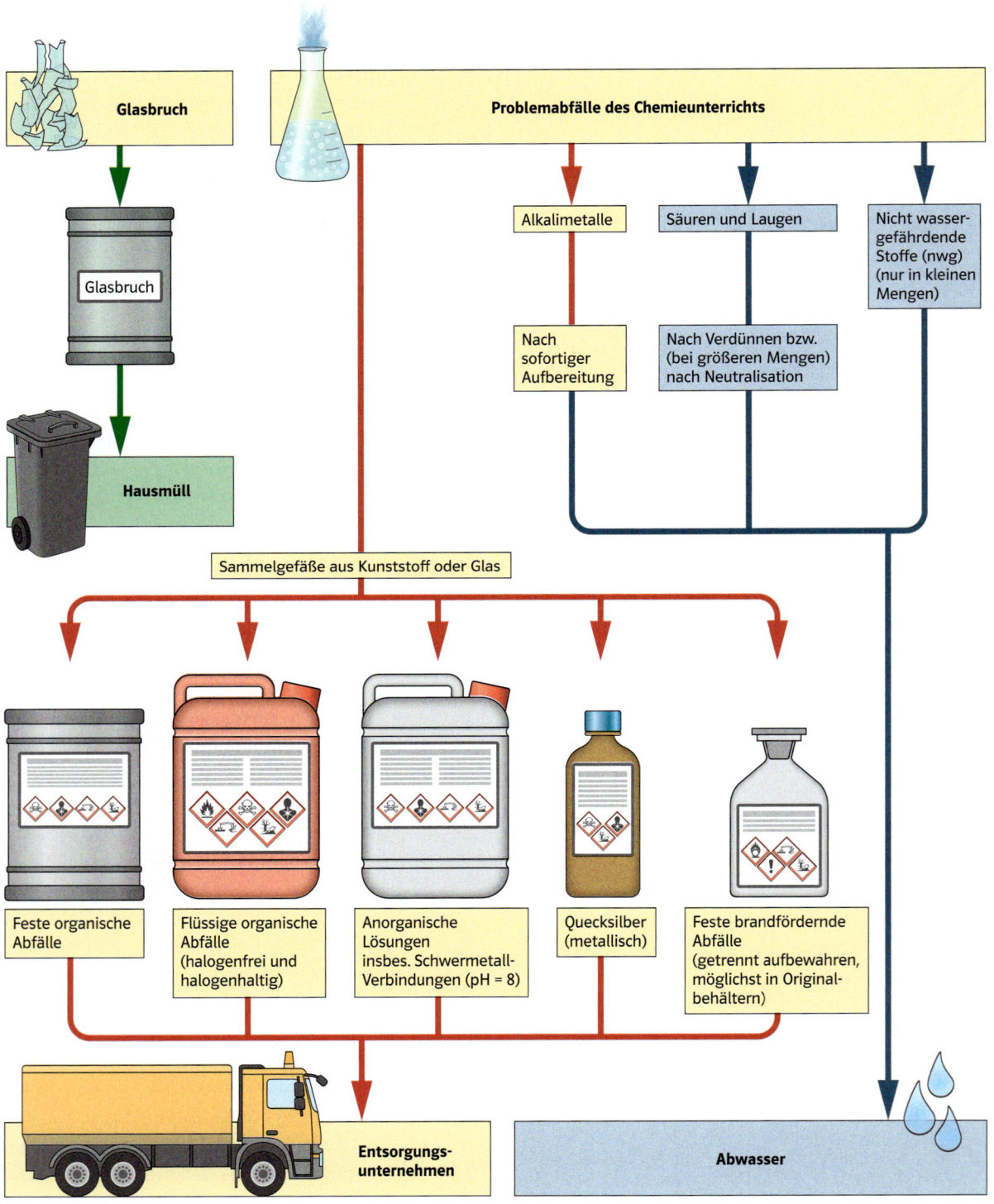

Glasbruch

Problemabfälle des Chemieunterrichts

Glasbruch

Hausmüll

Alkalimetalle

Säuren und Laugen

Nicht wasser-
gefährdende
Stoffe (nwg)
(nur in kleinen
Mengen)

Nach
sofortiger
Aufbereitung

Nach Verdünnen bzw.
(bei größeren Mengen)
nach Neutralisation

Sammelgefäße aus Kunststoff oder Glas

Feste organische
Abfälle

Flüssige organische
Abfälle
(halogenfrei und
halogenhaltig)

Anorganische
Lösungen
insbes. Schwermetall-
Verbindungen (pH = 8)

Quecksilber
(metallisch)

Feste brandfördernde
Abfälle
(getrennt aufbewahren,
möglichst in Original-
behältern)

Entsorgungs-
unternehmen

Abwasser

Vorsilben für Vielfache und Teile von Einheiten

Vorsilbe	Bedeutung	Beispiel	Vorstellung zum Beispiel
Femto f	$10^{-15} = 0{,}000\,000\,000\,000\,001$	$1\,fm = 10^{-15}\,m$	Größe von Protonen und Neutronen
Pico p	$10^{-12} = 0{,}000\,000\,000\,001$	$1\,pPa = 10^{-12}\,Pa$	Luftdruck im erdnahen Weltraum
Nano n	$10^{-9} = 0{,}000\,000\,001$	$1\,nm = 10^{-9}\,m$	Größe von Molekülen
Mikro μ	$10^{-6} = 0{,}000\,001$	$1\,\mu g = 10^{-6}\,g$	Masse eines größeren Staubkorns
Milli m	$10^{-3} = 0{,}001$	$1\,mV = 10^{-3}\,V$	Spannung in den Nerven zur Reizleitung
Zenti c	$10^{-2} = 0{,}01$	$1\,cl = 10^{-2}\,l$	Volumen von einem Kaffeelöffel Flüssigkeit
Dezi d	$10^{-1} = 0{,}1$	$1\,dm = 10^{-1}\,m$	Handbreite
	$10^{0} = 1$	$1\,A$	Stromstärke bei einem Zitteraal-Angriff
Deka da	$10^{1} = 10$	$1\,dam = 10\,m$	Breite einer Straße
Hekto h	$10^{2} = 100$	$1\,hl = 10^{2}\,l$	Volumen eines größeren Koffers
Kilo k	$10^{3} = 1000$	$1\,kA = 10^{3}\,A$	Stromstärke bei einer Elektrolokomotive
Mega M	$10^{6} = 1\,000\,000$	$1\,MHz = 10^{6}\,Hz$	Frequenz elektrischer Schwingungen im Radio
Giga G	$10^{9} = 1\,000\,000\,000$	$1\,GW = 10^{9}\,W$	Leistung eines Kernkraftwerks
Tera T	$10^{12} = 1\,000\,000\,000\,000$	$1\,TW = 10^{12}\,W$	Leistung eines Gewitterblitzes
Peta P	$10^{15} = 1\,000\,000\,000\,000\,000$	$1\,Pm = 10^{15}\,m$	Weg, den das Licht in einem Monat zurücklegt

Größen und Einheiten

Größe	Zeichen	Einheit	Zeichen	Größe	Zeichen	Einheit	Zeichen
Länge	s, l	Meter	m	Kraft	F	Newton	N
Fläche	A	Quadratmeter	m²	Arbeit	W	Joule, Wattsekunde	J, Ws
Volumen	V	Kubikmeter	m³	Energie	E	Joule, Wattsekunde	J, Ws
Masse	m	Kilogramm	kg	Leistung	P	Watt	W
Dichte	r		$\frac{kg}{m^3}; \frac{g}{cm^3}$				
Stoffmenge	n	Mol	mol	Temperatur	T	Grad Celsius	°C
						Kelvin	K
Molare Masse	M		g/mol	Ladung	Q	Coulomb	C
Zeit	t	Sekunde	s	Stromstärke	I	Ampere	A
Geschwindigkeit	v		$\frac{m}{s}; \frac{km}{h}$	Spannung	U	Volt	V
Frequenz	f	Hertz	Hz	Widerstand	R	Ohm	

Umrechnungen

Umrechnung von Masseinheiten

Tonne t		Kilogramm kg		Gramm g		Milligramm mg
1 t	=	1000 kg				
		1 kg	=	1000 g		
				1 g	=	1000 mg

Umrechnung von Volumeneinheiten

Kubik-meter m³		Kubikdezi-meter dm³		Kubikzenti-meter cm³		Kubikmilli-meter mm³
1 m³	=	1000 dm³				
		1 dm³ (l)	=	1000 cm³ (ml)		
				1 cm³	=	1000 mm³

Bilder

U1.1 stock.adobe.com, Dublin (Silver); **2.1** Getty Images, München (Cultura/GIPhotoStock); **2.2** Getty Images Plus, München (DigitalVision/ Ableimages); **3.1** Getty Images, München (Moment Open/John Lawson, Belhaven); **4.1** Getty Images, München (Johner Images); **4.2** Getty Images, München (Moment/Jena Ardell); **5.1** plainpicture GmbH & Co. KG, Hamburg (NTB scanpix/Bård Løken); **6.1** plainpicture GmbH & Co. KG, Hamburg (DEEPOL by plainpicture/ Huett Lundström); **6.2** Getty Images Plus, München (Stockbyte/ Stephen Derr); **7.1** plainpicture GmbH & Co. KG, Hamburg (Oliver Jäckel); **7.2** Getty Images Plus, München (DigitalVision/Portra); **7.3** plainpicture GmbH & Co. KG, Hamburg (DEEPOL by plainpicture/ Chris Ryan); **8.1** Alamy stock photo, Abingdon (Michelle M Peters); **8.2** ShutterStock.com RF, New York (Elena Protcheva); **9.1** ShutterStock.com RF, New York (KMPT); **9.2** Getty Images Plus, München (E+/Rhoberazzi); **12.1** stock.adobe.com, Dublin (Sir_Oliver); **12.2** stock.adobe.com, Dublin (Matthias Buehner); **12.3** Getty Images Plus, München (iStock/hohl); **14.1** Alamy stock photo, Abingdon (PhotoAlto/Frederic Cirou); **15.1** F1online digitale Bildagentur, Frankfurt (Westend61/Sigrid Gombert); **19.1** ShutterStock.com RF, New York (Ventura); **19.2** stock.adobe.com, Dublin (Gekon); **20.1** Getty Images, München (Westend61); **20.2** plainpicture GmbH & Co. KG, Hamburg (Cavan Images/Gregory Miller); **20.3** stock.adobe.com, Dublin (sveta); **20.4** By Simon A. Eugster - Own work, CC BY-SA 3.0, https://commons.wikimedia.org/w/index.php?curid=7496195; **20.5** ShutterStock.com RF, New York (Rabbitmindphoto); **20.6** Getty Images, München (OJO Images/Adam Gault); **20.7** Getty Images Plus, München (iStock/studiocasper); **20.8** ShutterStock.com RF, New York (rzstudio); **20.9** ShutterStock.com RF, New York (Catalin Rusnac); **21.1** KOMA AMOK ®, Stuttgart; **23.1** Getty Images Plus, München (iStock/ Michał Chodyra); **24.1** plainpicture GmbH & Co. KG, Hamburg (Mohamad Itani); **24.2** plainpicture GmbH & Co. KG, Hamburg (BY); **25.1** ShutterStock.com RF, New York (BrAt82); **25.2** plainpicture GmbH & Co. KG, Hamburg (DEEPOL by plainpicture); **25.3** plainpicture GmbH & Co. KG, Hamburg (Barbara Ködel); **28.1** ShutterStock.com RF, New York (Pressmaster); **29.1** ShutterStock. com RF, New York (KonstantinChristian); **30.1** stock.adobe.com, Dublin (Eileen Kumpf); **30.2** stock.adobe.com, Dublin (tomatito26); **30.3** stock.adobe.com, Dublin (Hal Brindley); **31.1** Thinkstock, München (iStock/Benny Rytter); **31.2** www.panthermedia.net, München (Torsten Gudescheit); **31.3** Thinkstock, München (iStock/ nathanphoto); **34.1** Alamy stock photo, Abingdon (Artem Kuzin); **34.3** stock.adobe.com, Dublin (Peter Hermes Furian); **34.4** Thinkstock, München (Hemera/Ovidiu Nedelus); **35.1** Unsplash, Montréal, QC (Jason Howell); **38.1** Mauritius Images, Mittenwald (Science Source/ Edward Kinsman); **38.2** stock.adobe.com, Dublin (Ingo Bartussek); **38.3** ShutterStock.com RF, New York (Morozov Anatoly); **39.1** Alamy stock photo, Abingdon (Yon Marsh Science); **42.2** ShutterStock.com RF, New York (clarst5); **43.1** ShutterStock.com RF, New York (focal point); **46.2** Alamy stock photo, Abingdon (Daisy-Daisy); **47.1** Image Professionals GmbH/ Science Photo Library, München (King-Holmes, James); **48.1** Getty Images Plus, München (iStock/svetikd); **49.1** dreamstime.com, Brentwood, TN (Sandor Kacso); **49.2** ShutterStock. com RF, New York (Andreas Gradin); **52.1** plainpicture GmbH & Co. KG, Hamburg (Do-It-Studios); **52.2** plainpicture GmbH & Co. KG, Hamburg (Thorsten Marquardt); **53.1** Getty Images, München (© Laura Natividad/Moment); **54.1** Getty Images Plus, München (Stockbyte/Thinkstock) **58.1** www.panthermedia.net, München (viperagp); **58.2** Getty Images Plus, München (Photodisc/D-BASE); **64.1** ShutterStock.com RF, New York (Alex Hubenov); **67.1** stock. adobe.com, Dublin (Claireliot); **68.1** Getty Images Plus, München (Photodisc/Ed Reschke); **68.2** Alamy stock photo, Abingdon (Leonid Nyshko); **69.1** Getty Images Plus, München (E+/barbaragibbbons); **69.2** Getty Images, München (500px Prime/Marshall Lusher); **69.3** Getty Images, München (Craig Lineham / EyeEm); **70.2** www. panthermedia.net, München; **71.1** stock.adobe.com, Dublin (Norman Chan); **71.2** stock.adobe.com, Dublin (Soho A studio); **73.4** Thinkstock, München (iStock/Ang Chee Seng); **77.1** Thinkstock, München (iStock/ binabina); **77.2** Okapia, Frankfurt (Hans Reinhard); **77.3** Ernst Klett Verlag GmbH, Stuttgart (Aribert Jung); **80.2** Getty Images, München (Mike Kemp/Tetra Images); **81.1** akg-images, Berlin; **83.1** stock.adobe. com, Dublin (kai); **84.1** Getty Images Plus, München (iStock/wloven); **84.2** Picture-Alliance, Frankfurt/M. (dpa/Bernd Hanselmann); **85.1** stock.adobe.com, Dublin (Nomad_Soul); **85.2** ShutterStock.com RF, New York (Oleksiy Mark); **86.1** stock.adobe.com, Dublin (HandmadePictures); **86.2** iStockphoto, Calgary, Alberta (knape); **86.3** Getty Images Plus, München (iStock/fotyma); **88.1** Image Professionals GmbH/ Science Photo Library, München (Science Source); **88.2** Getty Images, München (Moment/jopstock); **88.3** Alamy stock photo, Abingdon (Ana Giuliani); **89.2** Getty Images, München (Stockbyte/Comstock); **89.3** plainpicture GmbH & Co. KG, Hamburg (DEEPOL by plainpicture/Kniel Synnatzschke); **89.4** Getty Images, München (Thodsaphol Tamklang / EyeEm); **90.1** Getty Images Plus, München (iStock/m-gucci); **90.2** akg-images, Berlin; **91.1** ShutterStock.com RF, New York (Withan Tor); **92.1** ShutterStock.com RF, New York (Rido); **92.2** ShutterStock.com RF, New York (Stock-Asso); **94.1** ShutterStock.com RF, New York (Denis Belitsky); **98.1** By J.L. Dauvergne & G. Hüdepohl (atacamaphoto.com)/ESO - http://www.eso.org/public/images/eso-paranal-51/, CC BY 4.0, https://commons.wikimedia.org/w/index.php?curid=22549633; **98.2** stock.adobe.com, Dublin (fascinadora); **100.1** NASA, Washington , D.C.; **101.1** Alamy stock photo, Abingdon (Stocktrek Images, Inc.); **103.1** stock.adobe.com, Dublin (PiotrPawe); **104.1** Getty Images Plus, München (E+/LPETTET); **104.2** Getty Images, München (Moment/ angela auclair); **105.1** Getty Images Plus, München (DigitalVision/ Rebecca Nelson); **105.2** plainpicture GmbH & Co. KG, Hamburg (Carsten Görling); **105.3** plainpicture GmbH & Co. KG, Hamburg (NaturePL/Andy Rouse); **106.1** Thinkstock, München (Hemera/ Stephanie Swartz); **106.2** stock.adobe.com, Dublin (Boris Ryaposov); **106.3** iStockphoto, Calgary, Alberta (craftvision); **109.1** ShutterStock. com RF, New York (jannoon028); **115.3** ShutterStock.com RF, New York (fizkes); **117.1** Alamy stock photo, Abingdon (Granger Historical Picture Archive); **118.1** stock.adobe.com, Dublin (Kseniya Abramova); **118.3** ShutterStock.com RF, New York (alenas); **121.1** Getty Images Plus, München (iStock/SerrNovik); **122.1** plainpicture GmbH & Co. KG, Hamburg (Jochen Knobloch); **122.2** Getty Images Plus, München (E+/ Imgorthand); **122.3** plainpicture GmbH & Co. KG, Hamburg (Caiaimages/Paul Bradbury); **122.4** plainpicture GmbH & Co. KG, Hamburg (Aviation); **122.5** plainpicture GmbH & Co. KG, Hamburg (Minden Pictures/Tui De Roy); **122.6** plainpicture GmbH & Co. KG, Hamburg (Carsten Büll); **123.1** Alamy stock photo, Abingdon (robertharding/James Hager); **123.2** Getty Images, München (Getty Images Sport/David Madison); **124.1** iStockphoto, Calgary, Alberta (code6d); **124.2** Getty Images Plus, München (iStock/samcam); **125.1** plainpicture GmbH & Co. KG, Hamburg (DEEPOL by plainpicture/ Lisbeth Hjort); **125.2** stock.adobe.com, Dublin (maho); **126.2** Getty Images RF, München (PhotoDisc); **128.1** iStockphoto, Calgary, Alberta (Paul Mckeown); **128.2** ShutterStock.com RF, New York (Nildo Scoop); **130.1** iStockphoto, Calgary, Alberta (chictype); **130.2** ShutterStock. com RF, New York (Art Konovalov); **130.3** ShutterStock.com RF, New York (jo Crebbin); **131.1** ShutterStock.com RF, New York (Julia Rauhe); **132.1** ShutterStock.com RF, New York (Philip Lange); **132.2** stock. adobe.com, Dublin (Jeff Schultes); **133.1** Thinkstock, München (iStock/Alistair Scott); **133.2** ShutterStock.com RF, New York (Dmitriy Shironosov); **136.2** Getty Images, München (Moment/2010 Ellen van Bodegom); **140.1** Picture-Alliance, Frankfurt/M. (sampics / Christina Pahnke); **140.2** stock.adobe.com, Dublin (Giovanni Rinaldi); **146.1** dreamstime.com, Brentwood, TN (Steve Byland); **147.1** ShutterStock.

com RF, New York (tea maeklong); **150.1** ullstein bild, Berlin (TopFoto); **150.2** ShutterStock.com RF, New York (IM_photo); **151.1** akg-images, Berlin; **151.2** akg-images, Berlin (Science Photo Library); **152.1** Thinkstock, München (iStock/Carol Buchanan); **152.2** Getty Images Plus, München (Corbis Documentary/Clouds Hill Imaging Ltd.); **152.3** Picture-Alliance, Frankfurt/M. (dpa/Greg Wood); **153.1** akg-images, Berlin; **153.2** ShutterStock.com RF, New York (stefbennett); **153.3** ShutterStock.com RF, New York (Ulf Buschmann); **153.4** Image Professionals GmbH/ Science Photo Library, München (Eye Of Science); **155.1** ShutterStock.com RF, New York (Dmitriy Shironosov); **155.2** Thinkstock, München (iStock/Paul Hutchings); **156.1** Getty Images Plus, München (Image Source/ Rebecca Nelson); **156.2** Getty Images, München (Moment/Angelo DeSantis); **157.1** Getty Images, München (Moment Open/Matteo Colombo); **157.2** Getty Images, München (Moment Open/Fabrizio Moglia); **158.1** plainpicture GmbH & Co. KG, Hamburg (Mélanie Bahuon); **159.1** Getty Images Plus, München (Photodisc/Roy JAMES Shakespeare); **160.1** dreamstime.com, Brentwood, TN (Outdoorsman); **160.2** stock.adobe.com, Dublin (Carolin Tietz); **160.3** stock.adobe.com, Dublin (Martina Berg); **160.4** iStockphoto, Calgary, Alberta (olga mirenska); **161.1** Thinkstock, München (Stockbyte/Tom Brakefield); **161.2** Thinkstock, München (istock/Hramovnick); **164.1** FOCUS, Hamburg (S. Julienne, Cosmos); **164.2** stock.adobe.com, Dublin (Svenni); **166.1** Picture-Alliance, Frankfurt/M. (KEYSTONE/ XAVIER GEHRIG); **166.2** ullstein bild, Berlin (imageBROKER/Helmut Meyer zur Capellen); **167.1** Getty Images, München (E+/davidf); **168.1** Getty Images, München (EyeEm/Wilaipon Pasawat); **168.2** Getty Images Plus, München (E+/PeopleImages); **168.3** Getty Images Plus, München (iStock/IvonneW); **168.4** Getty Images Plus, München (E+/ ClarkandCompany); **169.2** plainpicture GmbH & Co. KG, Hamburg (Johner); **172.1** plainpicture GmbH & Co. KG, Hamburg (NaturePL/ Peter Cairns); **172.2** plainpicture GmbH & Co. KG, Hamburg (DEEPOL by plainpicture/Mark Johnson); **172.3** plainpicture GmbH & Co. KG, Hamburg (Reilika Landen); **173.3** Avenue Images GmbH, Hamburg (tbkmedia); **175.1** ShutterStock.com RF, New York (guentermanaus); **175.2** ShutterStock.com RF, New York (Piotr Krzeslak); **175.3** ShutterStock.com RF, New York (Geanina Bechea); **176.1** Getty Images, München (Moment/ Vicki Jauron, Babylon and Beyond Photography); **176.2** plainpicture GmbH & Co. KG, Hamburg (Buiten-Beeld/Jelger Herder); **176.3** Getty Images, München (Putra Kurniawan / EyeEm); **176.4** Getty Images Plus, München (E+/ DieterMeyrl); **176.5** Alamy stock photo, Abingdon (LianeM); **176.6** Getty Images, München (imageBROKER/Erhard Nerger); **177.1** plainpicture GmbH & Co. KG, Hamburg (Wolfgang Simlinger); **177.2** stock.adobe.com, Dublin (Bo Valentino); **180.1** Thinkstock, München (iStock/connect11); **180.2** iStockphoto, Calgary, Alberta (Tanuki Photography); **180.3** ShutterStock.com RF, New York (Damian Herde); **180.4** ShutterStock.com RF, New York (Henri Koskinen); **183.1** iStockphoto, Calgary, Alberta (Andrew Howe); **183.2** stock.adobe. com, Dublin (M. Schuppich); **184.1** Getty Images Plus, München (Vetta/Image Source); **184.2** plainpicture GmbH & Co. KG, Hamburg (Frank Lothar Lange); **185.1** plainpicture GmbH & Co. KG, Hamburg (Ableimages/Jutta Klee); **185.2** Thinkstock, München (iStock/ Mataüw); **185.3** Getty Images, München (imageBROKER/Jurgen & Christine Sohns); **185.4** Getty Images, München (Westend61); **185.5** Von Rasbak - Eigenes Werk, CC BY-SA 3.0, https://commons. wikimedia.org/w/index.php?curid=210595; **190.1** iStockphoto, Calgary, Alberta (TT); **190.2** stock.adobe.com, Dublin (Harald Lange); **191.1** www.panthermedia.net, München (B. Packert); **191.2** Thinkstock, München (iStock/Caymia); **191.3** www.panthermedia.net, München (Rudmer Zwerver); **192.1** stock.adobe.com, Dublin (Ivonne Wierink); **192.2** ShutterStock.com RF, New York (optimarc); **193.1** Groenert, Hansjörg, Koblenz; **193.2** Getty Images RF, München (Digital Vision/Ricky John Molloy); **193.3** iStockphoto, Calgary,

Alberta (Nancy Nehring); **195.1** stock.adobe.com, Dublin (Stefan Schurr); **195.2** Mauritius Images, Mittenwald (Erich); **195.3** Thinkstock, München (iStock/mthaler); **196.1** stock.adobe.com, Dublin (fuege01); **197.1** ShutterStock.com RF, New York (Sompoch Tangthai); **198.1** ShutterStock.com RF, New York (isak55); **201.2** ShutterStock.com RF, New York (BrAt82); **202.1** Thinkstock, München (istock/Hramovnick); **203.2** akg-images, Berlin; **204.1** stock.adobe. com, Dublin (Nomad_Soul); **205.1** ShutterStock.com RF, New York (Denis Belitsky); **206.1** iStockphoto, Calgary, Alberta (Paul Mckeown); **206.2** ShutterStock.com RF, New York (Art Konovalov); **207.1** ShutterStock.com RF, New York (Nildo Scoop); **207.2** Getty Images RF, München (PhotoDisc); **208.1** iStockphoto, Calgary, Alberta (Andy Gehrig); **208.2** Thinkstock, München (iStock/ZigaC); **208.3** Getty Images Plus, München (istock/Lucie Caizlova); **209.1** Getty Images Plus, München (Stockbyte/Thinkstock); **214.1** Thomas Weccard Fotodesign BFF, Ludwigsburg;

Illustrationen

Balonier, Matthias, Lützelbach, **22.3; 29.2; 33.3; 33.4; 36.1; 36.2; 36.3; 40.1; 41.1; 42.1; 49.3; 54.2; 57.2; 59.1; 66.1; 71.3; 74.1; 75.1; 76.5; 80.1; 93.1; 108.1; 109.2; 110.1; 111.1; 111.2; 112.1; 112.2; 112.3; 114.1; 114.2; 114.3; 116.3; 126.1; 127.2; 136.1; 142.1; 147.2; 147.3; 147.4; 149.1; 149.2; 149.3; 149.4; 149.5; 149.6; 164.3; 165.2; 172.5; 173.1; 174.1; 174.2; 181.1; 182.1; 189.1; 194.1; 200.1; 200.2; 212.1; 212.4; 213.2; 214.2; 234.1; 234.2; 234.3; 234.4; 234.5; 234.6; 235.1;** Buffler, Udo, Marburg, **138.3; 165.1; 186.1; 186.2;** Ernst Klett Verlag GmbH, Stuttgart, **37.1; 39.2; 57.1; 63.2; 70.3; 212.2; 212.3; 215.1;** Holtermann, Helmut, Dannenberg, **62.1; 86.4; 87.1; 87.2; 88.4; 88.5; 88.6; 89.1; 111.3; 226.1;** Hormann, Joachim, Stuttgart, **56.1; 56.2; 56.3; 56.4;** Kramer, Angelika, Stuttgart- Bad Cannstatt, **73.1; 73.9; 76.1; 76.2; 76.3; 76.4; 76.6; 76.7; 115.1; 115.2; 178.1; 179.1; 179.2; 179.3; 213.1; 224.1;** Lothringer, Cyprian, Leipzig, **10.1; 16.1; 17.1; 44.1; 45.1; 78.1; 79.1; 134.1; 134.2; 135.1; 144.1; 144.2; 145.1; 162.1; 162.2; 162.3; 163.1; 163.2;** Mall, Karin, Berlin, **13.1; 13.3; 13.4; 13.6; 18.2; 20.10; 22.1; 26.2; 32.1; 46.1; 48.2; 51.1; 51.2; 51.3; 55.1; 70.1; 83.2;** Marzell, Alfred, Schwäbisch Gmünd, **95.1;** Menzel, Tom, Scharbeutz/Klingberg, **13.2; 18.1; 26.1; 26.3; 27.1; 27.2; 27.3; 32.2; 33.1; 41.2; 50.1; 61.2; 64.2; 65.1; 72.1; 72.2; 120.1; 129.1; 141.1; 142.2; 143.1; 143.2; 148.1; 148.3; 148.4; 153.5; 211.1;** Nehren, Otto, Achern, **33.2; 34.2; 60.1; 60.2; 61.1; 63.1; 65.2; 96.1; 96.2; 97.1; 97.2; 99.1; 107.1; 107.2; 107.3; 107.4; 116.1; 118.2; 119.1; 119.2; 170.1; 171.1; 188.1; 188.2; 188.3;** Römer, Gerhart, Ihringen a.K., **43.2; 138.1; 138.2;** Rost, Hans Christian, Stuttgart, **73.2; 73.3; 73.5; 73.6; 73.7; 73.10; 73.11; 73.12; 73.13; 73.14;** Schobel, Ingrid, Hannover, **73.8; 136.5; 137.1; 169.1;** Wildermuth, Werner, Würzburg, **33.5; 127.1; 236.1;** Wirth, Jürgen, Dreieich, **82.1; 110.2; 113.1; 113.2; 113.3; 116.2; 136.3; 139.1; 139.2; 148.2; 172.4; 173.2; 173.4; 187.1; 201.1; 203.1;**

Die Reihenfolge und Nummerierung der Bild- und Textquellen im Quellennachweis erfolgt automatisch und entspricht u. U. nicht der Nummerierung der Bild- und Textquellen im Werk. Die automatische Vergabe der Positionsnummern erfolgt in der Regel von links oben nach rechts unten, ausgehend von der linken oberen Ecke der Abbildung.

Hinweis zu den Versuchen

Vor der Durchführung eines Versuchs müssen mögliche Gefahrenquellen besprochen werden. Die geltenden Richtlinien zur Vermeidung von Unfällen beim Experimentieren sind zu beachten. Da Experimentieren grundsätzlich umsichtig erfolgen muss, wird auf die üblichen Verhaltensregeln, insbesondere auf die „Richtlinie zur Sicherheit im Unterricht" (RiSU) nicht jedes Mal erneut hingewiesen.

Einige Substanzen, mit denen im Unterricht umgegangen wird, sind als Gefahrstoffe eingestuft. Sie können in den einschlägigen Verzeichnissen nachgeschlagen werden, zum Beispiel in der GESTIS-Stoffdatenbank der Deutschen Gesetzlichen Unfallversicherung.

Die Versuchsanleitungen sind nach Schüler- und Lehrerversuchen unterschieden und enthalten in besonderen Fällen Hinweise auf mögliche Gefahren. Das Tragen einer Schutzbrille beim Experimentieren ist unerlässlich.

1. Auflage

1 5 4 3 2 1 | 25 24 23 22 21

Alle Drucke dieser Auflage sind unverändert und können im Unterricht nebeneinander verwendet werden. Die letzte Zahl bezeichnet das Jahr des Druckes.

Autorinnen und Autoren: Manfred Bergau, Steffen Faller, Wolfgang Kugel, Wencke Lehmacher, Patrick Letschert, Heike Mesch, Ralf Schröder
Unter Mitarbeit von Autorinnen und Autoren der folgenden Werke: 978-3-12-068441-1, 978-3-12-068486-2, 978-3-12-068608-8, 978-3-12-068781-98, 978-3-12-068782-5, 978-3-12-068962-1, 978-3-12-068980-5, 978-3-12-068984-3, 978-3-12-069005-4, 978-3-12-069010-8, 978-3-12-069020-7, 978-3-12-069080-1, 978-3-12-069085-6, 978-3-12-069095-5, 978-3-12-069105-1, 978-3-12-069135-8, 978-3-12-069280-5

Entstanden in Zusammenarbeit mit dem Projektteam des Verlages.

Layoutkonzeption und Gestaltung: KOMA AMOK®, Kunstbüro für Gestaltung, Stuttgart
Umschlaggestaltung: KOMA AMOK®, Kunstbüro für Gestaltung, Stuttgart
Titelbild: U1.1 stock.adobe.com, Dublin (Silver)
Satz: media office gmbh, Kornwestheim
Reproduktion: Meyle + Müller, Medien-Management, Pforzheim
Druck: Firmengruppe APPL, aprinta druck, Wemding

Printed in Germany
ISBN 978-3-12-049190-3